KB044516

영어는 우리말이다(1)

놀라운 사실

영어는 우리말이다 (1)

홍인섭

영어가 우리말인 이유는 다음의 두 가지 때문이다.
첫째는, 영어단어 속에는 우리말과 발음과 뜻에 있어 동일하거나 유사한 수많은 단어가 그대로 존재한다는 점이다. 둘째는, 영어의 어휘생성 자체가 아예 우리말의 음운현상과 음운규칙을 그대로 따르기 때문이라는 점이다.

일러두기

이 책에서는 영어가 우리말이라는 사실을 입증하는데 동원되는 다양한 음운적 용례와 함께 그에 해당하는 영어단어를 아울러 제시하여 대조하는 방식으로 진행한다.

여기서 인용되는 영어단어들은 일반 독자들에게 친숙하고도 평이한 단어들이 대부분이다. 이런 단어들은 굳이 영어사전을 열어서 확인해 보지 않더라도 독자와 필자 간에 상호 '오케이'가 될 수 있다.

예를 들어, girl(걸)이라는 단어가 '소녀'라는데 대해 이의를 달 사람은 없을 것이다. 따라서 이런 경우라면 굳이 영어사전을 찾아서 확인해 볼 필요는 없다.

그런데 간혹 어떤 특별한 경우에는 전혀 생소한 단어가 있다. 예를 들면, Od(=God)라든지, Gude(=God)라는 단어는 우리가 영어 하면서 평생 한 번 볼지조차 모를 정도로 사용빈도가 희소한 단어이다. 그런데 이 단어들은 영어가 우리말임을 입증하는데 빼놓을 수 없는 아주 중요한 단어들이다.

또 우리가 잘 알고 쓰는 친숙한 단어라 하더라도 우리의 의표를 찌르는 뜻밖의 뜻풀이를 달고 있는 단어들도 있다. 접속사 'but'이라는 단어의 경우인데, 이 but이 '그러나'의 뜻임을 모르는 동포는 단 한 사람도 없다. 그런데 이 but이라는 단어가 품사를 명사로 하여 '친구'라는 뜻도 있음을 아는 동포도 아마 거의 없을 듯하다. 이 명사 but이라는 단어는 소리음가를 [벗]으로 하여 우리말 '벗(친구)'을 구현한 영어단어인데, 이처럼 우리가 잘 아는 쉬운 단어라 하더라도 이런 경우에는 하는 수 없이 영어사전에서 직접 눈으로 확인해 봐야 할 것이다.

또한, 비록 우리가 잘 알고 쓰는 친숙한 단어일지라도 그 단어에 달린 여러 가지의 뜻풀이 중에서 어떤 특정한 용례 하나를 찍어 살펴보아야 하는 경우도 있는데, 이런 때도 역시 영어사전 확인이 불가피하다.

이 책에서 인용되는 영어단어의 수는 권1의 본 책에서는 2백여 개 정도이지만, 향후 필자가 연속발간을 계획하고 있는 권2, 권3… 등에서는 그 수가 모름지기 2~3천 단어는 그냥 넘을 것 같고, 많게는 거의 1만 단어에 육박할지도 모를 일이다. 그러니 이 수많은 단어를 일일이 영어사전을 찾아서 대조 확인하려면 매우 많은 시간의 소비와 수고가 뒤따를 것이다.

이는 독자에게 큰 불편을 끼치는 일이 될 수 있다. 이에 이 책에서는 이러한 독자의 불편과 수고를 덜기 위하여 인용되는 모든 단어에 대하여 영어사전의 뜻풀이를 찾아서 이를 일일이 수기 작성해 넣음으로써 독자의 편의를 도모하고자 하였다.

필자가 이 책의 집필과정에서 사용한 영어사전의 종류는 모두 네 가지이다. 이 중 세 개는 상업용 영어사전으로서 필자가 스마트폰에 내장하여 쓰는 전자사전들이고, 나머지 한 개는 인터넷상에서 누구나 이용할 수 있도록 공개된 네이버 영어사전이다. 이들 영어사전을 열거하면 다음과 같다.

▸ YBM 올인올 (YBM)
▸ DioDict4 (뉴에이스)
▸ Prime 영한사전 (동아출판)
▸ 네이버 영어사전 (NAVER)

이들은 모두 스마트폰에 내장하거나 스마트폰에서 사용할 수 있도록 고안된 전자사전으로서 아주 훌륭한 영어사전들이다. 이 전자사전들은 필자가 영어단어를 탐색하는 방대하고도 고된 작업에 지대한 도움을 준 동반자로서 필자는 그 탁월한 기능과 편리함이 주는 효용성에 이루 말할 수 없는 고마움을 느낀다.

여기서 독자에게 필히 언급을 해야 할 사항이 있다.

이 책에서 필자가 인용하는 영어단어 중에 어떤 것을 독자가 직접 사전을 열어 확인하고자 하여 독자가 소지하거나 이용 중인 영어사전에서 찾아보면 나오지 않는 단어가 있을 수 있다는 점이다.

그 이유는 이렇다. 필자가 사용한 영어사전 네 종류는 각각의 고유한 특징과 장점에 따라 차별성을 발휘하는 부분이 있다. 이러다 보니 네 종류의 영어사전에 수록된 어휘가 모두 동일하지는 않다. 다시 말해, 필자가 인용하는 보통의 단어들은 대개 4종류의 사전 모두에서 찾을 수 있기도 하지만, 간혹 어떤 것은 좀 특별한 단어로서 위의 네 가지 영어사전 중의 어느 일부에서만 수록된 단어들이 간혹 있다. 심지어는 단 한 곳에만 수록된 경우도 있다.

몇 가지 예를 든다.

- Gude(=God)이라는 단어는 DioDict, NAVER 두 곳
- cor(심장)이라는 단어는 DioDict, YBM, NAVER 세 곳
- 벗(친구)의 뜻으로 쓰이는 'but'이라는 단어는 DioDict 한 곳
- town(마을)과 동의어인 toon이라는 단어는 Prime 한 곳
- dong(남성의 음경)이라는 단어에 '똥'이라는 뜻은 YBM 한 곳

따라서 이러한 단어들이 등장할 때는 독자의 오해와 혼선을 피하고자 반드시 그 출처를 명기하였다. 이때 사용한 출판사별 약호는 다음과 같다.

▸ YBM = 'YBM'

▸ DioDict4 = '디오딕'

▸ Prime = '프라임'

▸ NAVER = '네이버'

이 책에서 어떤 단어의 출처표시를 '출처: YBM/네이버' 이렇게 하였

다면, 이 단어는 YBM 사전과 네이버 영어사전에만 수록되어 있다는 의미이다.

한편, 네 종류의 사전에 모두 올라있는 평범한 단어일지라도 그 뜻풀이는 사전마다 약간씩 다르기도 하다. 어떤 단어의 경우에는 주석 설명을 달아 놓은 부분이 있는데, 이러한 뜻풀이나 주석 설명 부분을 인용할 때는 해당 부분에 대하여만 영어사전의 출처를 표기하였다.

다음으로는 국어사전이다.

이 책의 본문에서는 독자의 이해를 돕기 위해 간혹 국어사전의 용례를 동원하기도 한다. 이때 사용한 국어사전은 국립국어원의 표준국어대사전을 출처로 삼았다.

끝으로, 이 책은 '영어는 우리말'이라는 주제로 시작하기는 하는데, 필자가 쓰고자 하는 분량이 하도 방대하여 이를 한 권으로 끝내기에는 지면이 턱없이 부족함을 느낀다. 그 전체적인 분량이 얼마나 될지는 사실 필자 자신도 어림이 되지를 않는다. 이에 필자의 여건과 역량이 닿는 범위 내에서 시리즈로 책을 발간할 계획이다.

수많은 영어단어 각각은 어떻게 우리말에서 만들어진 것인가를 입증함은 물론, 우리 전래의 토종말과 우리말 자체의 흥미로운 어원 풀이며, 심지어는 우리 고전문학 해석의 엉터리성에 대한 집성도 해야 하고, 성경에 등장하는 수많은 지명, 인명 및 기독교 용어들이 어째서 우리말인지, 한자(어휘)는 어째서 우리말인지도 살펴보아야 하고, 고대사에 등장하는 여러 지명, 인명에 얽힌 퍼즐 조각 맞추기 등등을 해야 하기 때문이다.

차 례

1장 — 들어가며

필자는 소시적부터 간간이 우리 국악 민요를 즐겨 듣곤 했다.

우리 민요는 우리 민족의 정서를 고스란히 담고 있다. 그 때문인지 몰라도 우리 민요는 가슴 한구석을 절절하게 만드는 울림이 있다. 특히 타령조의 민요는 더욱더 그러하다. 창부타령이라든지 태평가라든지 매화타령 같은 곡들은 애간장이 녹아내릴 것 같은 애절한 곡조를 띠고 있다. 가사의 내용은 구구절절 한 맺힌 옛 여인네들의 절규에 가깝다고나 할까.

아무튼 국악명창의 카랑카랑한 목소리로 울려 나오는 우리 민요나 타령을 따라서 흥얼거리는 것은 아주 색다른 감흥이 있기도 하다. 그래서 가끔 애창곡 삼아 흥얼거리기도 한다. 그런데 민요를 듣거나 부를 때면 늘 궁금한 게 있었다.

"닐니리야 닐니리야 니나노~"

이 구절에서 '닐니리야'는 대체 뭔 말인가? '니나노'는 또 뭔 뜻일까? 이게 궁금했다.

그 밖에도 많다. 어화둥둥, 어랑어랑, 에루화, 어야더야, 얼씨구 절씨구, 지화자, 강강술래, 쾌지나칭칭나네, 옹헤야 등등. 민요와 타령을 장식하는 이런 말들 말이다. 이 말들은 대체 무슨 의미일까?

사실 이런 거 몰라도 우리 민요 듣고 따라 부르는데 큰 지장은 없다. 일상생활에 지장을 받는 일도 없다. 먹고사는 문제와도 전혀 상관없다. 세상 사람들이 다들 아는 걸 유독 필자 혼자만 모르는 것도 아니니 어디 가서 쪽팔리는 일도 없다. 그렇지만 궁금한 건 어쩔 수 없다.

혹시나 해서 이런 말들에 대한 뜻을 설명하는 데가 있나 싶어 어원집을 찾아보기도 하고 인터넷을 뒤져도 봤지만 어느 한 곳 속 시원한 답을 내놓는 데가 없다. 국어사전이나 민속용어 사전 같은 걸 찾아보면 강강술래의 어원이니 쾌지나칭칭나네의 유래니 해서 뭐라 뭐라고 잔뜩 '썰'(說)을 풀어놓고 있긴 하지만 사실 필자의 귀에는 하나도 들어오질 않는다. 그저 추정되는 '썰'일 뿐이라는 건데, 그 '썰'이라고 하는 것들이 가당치도 않을 뿐 아니라 유치하기도 하고 웃기기도 하는 소리들이어서 아예 무시하는 편이다. 적잖이 아쉽기도 하고 답답하기도 하지만 현실적으로 이를 해결할 뾰족한 수는 달리 없었다.

민요와 타령에 등장하는 이런 말들은 분명 우리 토속말일 테고, 그렇다면 분명 무슨 뜻이 있을텐데… 그러기에 그 유구한 세월을 거쳐 오면서도 생명력을 잃지 않고 유지하면서 우리 민족의 정서로 자리잡지 않았겠나, 하는 추측과 함께 호기심에 궁금증만 품고 지낼 따름이었다.

그러던 차에, 필자의 이러한 호기심과 궁금증에 기름을 붓는 계기가 생겼다. 대략 4, 5년 전쯤의 일이다. 업무 도중 잠시 커피 한잔하면서 쉬는 동안 인터넷으로 유튜브 동영상을 이리저리 서핑 하던 중에 필자의 눈길을 끄는 제목의 동영상을 하나 마주치게 되었다. 그것은 다름 아닌 인도 남서부 지역의 타밀지방이라고 하는 곳의 드라비다족이 사용하는 언어에 우리말과 같은 어휘가 많다는 내용이었다.

그래서 호기심에 동영상을 틀어 보았더니 엄마, 아빠, 나, 니(너) 등과 같은 몇 가지 가족 호칭이 우리말과 동일한 것이다. 이게 어쩐 일인가? 신기하다는 생각이 들었다.

곧이어 타밀어와 우리말의 유사점이라는 키워드를 타고 들어가 인터넷 검색을 해보니 그 방면 연구를 진행한 저명한 비교언어학 분야의 교수도 계시고 우리말과 유사한 어휘목록이 수백 개에 달한다는 자료도 있고 해서 열심히 읽어 보기도 하였다.

읽어보니 사실 별건 아니다. 우리말과 같거나 유사하다고 해서 만든 어휘목록을 보니 음절의 한두 마디가 좀 비슷할 뿐이었다.

필자의 생각과 기준으로 볼때, 같거나 유사하다고 생각 드는 어휘는 고작 수십여 개에도 미치지 못한다. 하지만 인도의 타밀어에 우리말과 같은 어휘 그것도 중요한 가족 호칭의 기축어휘가 단 몇 개라도 존재한다는 것은 범상한 일은 아니라는 생각이 퍼뜩 스쳐 지나갔다.

인도라… 어찌해서 저 멀리 떨어진 인도라는 나라의 말에서 우리말과 같은 단어가 있는 것일까? 속으로 중얼거렸다. 인도는 오늘날 인도유럽어족이란 불리는 여러 언어의 본산지인데… 우리는 알타이어계이고….

아무튼 타밀어와 우리말의 유사성에 대한 동영상은 필자의 호기심을 자극한 채 필자의 기억 메모리에 무작위로 저장되었다.

그 무렵에 필자는 틈이 나거나 전철을 탈 때면 스마트폰으로 인터넷 서핑을 하면서 주로 역사나 언어에 관한 자료나 동영상을 검색하는 걸 즐거움으로 삼았다.

그러던 어느 날인가 인도의 고대어인 산스크리트어라고 하는 언어에 우리말 토속사투리가 남아 있다는 내용의 글과 동영상이 있음을 알게 되었다. 산스크리트어라는 게 생소하긴 하지만 얼마 전에 접하였던 인도 타밀어에 우리말과 같은 어휘가 있다는 동영상 내용이 겹쳐지면서 '인도'라는 지역적 공통점에 필자의 '삘'(feel)이 꽂혔다.

산스크리트어는 싯담어, 한자로는 실담어(悉談語) 또는 범어(梵語)라고도 하는데 이는 인류 최고(最古)의 언어로서 인도유럽어의 모태가 되었다고 하는 언어이다. 여기에 우리 토종말이 남아 있다니….

이때 호기심과 더불어 필자의 머릿속을 스치고 지나간 단순무식한 아이디어가 하나 있었다. 필자는 무식자(無識者)이다. 그러니 인도 고대언어인 산스크리트어(실담어)에 우리 토종말이 남아 있다는 주장이 맞는지의 판단을 내릴 만한 계제는 전혀 아니다. 다만 앞서 겪은 인도 타밀어에 우리말과 같은 단어가 쓰이고 있다는 점을 반추하니 그게 전혀 뜬금없는 얘기만은 아닐 수도 있겠다 싶었다. 타밀지방의 타밀어에 우리말과 똑같거나 유사한 어휘가 있다는 것은 확인된 팩트였다. 그 갯수가 몇 개인지는 중요치 않다. 단 한 개라도 발음과 뜻이 똑같은 말이 있다는 그 자체가 중요한 포인트라고 여겨졌다.

그런데 그 타밀이라는 지역은 당연히 인도유럽어의 본산인 인도 지역인만큼 당연히 그곳의 고대언어인 산스크리트어(실담어)의 영향권에 있는 것 아니겠는가. 타밀어에 우리말과 같은 어휘가 존재한다는 사실을 보면 그 모체인 산스크리트어(실담어)에도 우리 토속어가 남아 있을 가능성도 점쳐볼 수 있겠구나 싶었다.

타밀어가 됐든 산스크리트어가 됐든 이는 인도말이다. 인도말은 인도유럽어의 본산이다. 더욱이 산스크리트어(실담어)는 적어도 수천년 넘게 이어져 내려오는 세월 동안 라틴어, 헬라어 등 고대언어 형성에 영향을 끼쳤고, 결국에는 오늘날의 인도유럽어 형성에 영향을 끼친 모태어(母胎語) 역할을 한 언어이다.

그렇다면 영어, 불어, 독일, 스페인어 등 유럽 쪽 제반 언어들은 모두 이 인도유럽어의 모체인 산스크리트어의 영향을 받은 언어라는 말이 된다. 그렇다면 타밀어의 경우처럼 영어, 불어, 독일어, 스페인어 등과 같은 유럽 쪽 언어에도 우리말의 흔적이 있지 않을까 하는 나름의 상상이 펼쳐졌다.

상상은 혹시 영어에도 우리말의 흔적이 있지 않을까로 이어졌고, 만일 그렇다면… 필자가 평소 우리 국악 민요에서 궁금해 했던 '니나노', '닐니리야' 등등의 뜻이나 어원을 영어에서 알아낼 수 있지 않을까 하는 데까지 상상의 날개가 펼쳐졌다.

그런데 왜 하필 영어인가?

그 이유는 간단하다. 이 세상 수많은 인도유럽어라는 것 중에 필자가 아는 건 달랑 영어 하나밖에 없기 때문이다.

그렇다고 필자가 영어를 잘하는 형편은 아니다. 그저 평범한 어휘 실력에 간단한 대화 정도가 가능한 수준이다. 제2외국어로는 일본어를 조금 할 줄 안다. 이 역시 간단한 독해와 초보적인 일상대화 정도가 가능한 수준일 뿐이다. 따라서 영어, 일본어 이외의 독일어나 불어라든지 스페인어 등등의 외국어에 대해서는 완전 깜깜이나 다름없다. 독일어는 고등학교 때 제2외국어로서 잠시 배운 적이 있긴 하나 너무 어려워서 진작 포기했으므로 독일어에 관한 한 역시 깜깜이이다.

다만, 독일어의 관사격인 der des dem den… 정도만 그 당시 열심히 외웠던 덕분에 일부 기억 속에 남아 있을 뿐이다. 독일어로 '구텐 모르겐' 하면 영어의 'Good morning'이요, '이히 리베 디히' 하면 영어로 'I love you'라는 정도가 온전한 문장으로 필자가 알아먹을 수 있는 전부이다. 그러니 필자의 이러한 알량한 외국어 수준에서 고작 떠올리는 게 영어뿐인 건 당연하다.

영어에서 우리말 고어를 찾아보겠다고 기웃거리는 거… 이게 다소 황당한 '시츄에이션'이기는 하지만 그렇다고 완전 맨땅에 헤딩하기 식의 막무가내는 아니다. 뭔가 필자의 뇌리를 스치면서 구미를 당기는 구석이 있기 때문이었는데, 평소 필자는 까마득히 오래전부터 영어단어 many나 much 같은 몇몇 단어에 의구심을 품었던 적이 있어서다.

영어단어 many는 스펠대로 읽으면 [마니] 인데, 이건 우리말 '많이'를 소리발음으로 연음하면 [마니]로서 발음과 뜻이 같아진다. 또 much는 역시 스펠대로 읽으면 [무치]이다. 이건 우리말 '무지'와 비슷하다. 예를 들면 '무지 재미있다' 할 때의 그 '무지' 말이다.

영어단어 form을 한번 보자. 이건 우리말의 '폼'과 소리가 비슷하다. 그 뜻은 우리말 '저 친구 하는 폼을 보니…'에서 쓰이는 '폼'이라는 말의 용례와 같다.

하나 더 본다. 영어단어 charm이라는 단어를 알 것이다. '매력 있다'는 뜻의 단어이다. 이 charm의 소리발음은 [참]이다. 이건 우리말에서 자주 쓰인다. 중매쟁이가 "이봐 총각~ 내가 잘 아는 아주 참한 규수가 있는데… 선 한번 보실라우?" 할 때 쓰인 '참'하다는 말은 이른바 '맘에 드는, 괜찮은'이라는 말이다. 그러니 고상한 말로 바꾸면 '매력 있는'이라는 뜻으로서 영어단어 charm과 같은 발음, 같은 뜻이 된다.

그러고 보니 영어단어 중에 우리말의 소리발음과 뜻이 비슷한 것들이 제법 있다. 필자의 구미가 당기고 호기심이 자극되었다. 혹시나 우리말 민요에 등장한 니나노, 닐니리야 같은 말의 어원을 알아낼 단초가 영어 속에 남아 있지 않을까…?

항간의 말에 무식하면 용감하다는 말이 있다.

이게 필자가 영어 어원 연구랍시고 한 4, 5년 넘는 고독한 탐구생활에 들어가게 된 꼬투리이다.

필자는 사실 영어의 어원을 '연구'한 게 아니다.

거의 반평생을 영어에 주눅 들다시피 살아온 주제에 감히 영어의 어원을 '연구'한다는 건 언감생심이요 꿈조차 꾸지 않던 일이다. 어원은커녕 고작 영어단어 몇 개 꾸겨 외우기도 벅찬 실정이다.

영어의 어원연구라면 영어학자나 언어학자들의 몫일 뿐이라는 게 평생을 지녀온 지론이다. 일개 필부에 지나지 않는 무식한 필자로서는 누가 영어단어 salary는 salt에서 유래한 거라느니 어쩌느니 하는 소리 해주면 그저 감지덕지 받아먹고는 혹시 뭐 또 다른 거 더 없나 하고 껄떡댈 뿐이다. 그래야 영어단어 한 개라도 누워서 떡 먹기식으로 손쉽게 주워 먹을 수 있으니 말이다.

그런데, 필자는 이 책의 제목을 "영어는 우리말이다" 라고 하고 있다.

꼴에, 영어의 어원을 연구할 주제도 못 된다 하는 판에, 영어의 어원을 연구한 것도 아니라면서… 감히 코미디를 하려 드는 거냐 하는 힐난이 쏟아질 수 있다. 그러나 사실은 사실이다. 영어는 우리말인 게 맞다. 이에 필자는 이 사실을 말하려 하는 것뿐이다.

'연구'라는 말과는 별도로 '발견'이라는 게 있다.

발견은 누구나 할 수 있다. 연구하지 않더라도 '예기치 않은 발견의 기회'는 어느 누구에게나 주어질 수 있기 때문이다. 필자는 이 '예기치 않은 발견의 기회'를 통해 영어가 우리말이라는 사실을 처음으로 알아낸 발견자에 속할 뿐이다.

연구를 통해서든 발견을 통해서든, 드러난 사실을 말하는 건 코미디가 아니라 할 것이므로 힐난의 화살이 피해 가기를 바랄 뿐이다.

콜럼버스의 신대륙 발견은 연구의 산물이 아니다. 우연의 결과이다.

그러나 '연구' 아닌 '우연'의 결과라 해서 그 가치나 의의가 손상되지는 않는다.

평범한 일상에서의 사소한 호기심이나 궁금증이 우리 생활주변에서의 발명품이 되거나 놀라운 발견의 실마리가 되곤 하는 일이 드물지 않은데, 필자가 영어는 우리말이라는 사실을 발견함도 결국은 이와 같은 아주 단순한 호기심에서 비롯된 것이다.

무식하면 거친 바다를 향해 한 조각 나룻배 노를 저어서라도 태평양을 건너보겠다는 만용을 부릴 수 있다. 그 바다가 얼마나 넓은 망망대해인지도 모르고… 그런데 가끔은 이 만용이 통하는 때가 있는 모양이다.

필자가 이 무모한 항해 길에 나섰다가 겪은 고충이 한둘이 아니다.

더욱이 홀로 나선 항해 길이다 보니 외롭기도 그지없다. 주변에서는 필자가 또라이 소리를 한다고 치부해 버리니… 어디 진지하게 토론할 상대도 마땅히 없다. 감당해야 할 자료정리도 만만치 않다. 영어단어 1만여 개에 달하는 꽤 많은 분량의 자료가 쌓이는 데다, 그밖에 역사자료나 민속, 풍속에 관한 국내외 자료 등을 포함하면 이를 분석 정리하여야 하는 속칭 노가다 삽질 작업이 가히 가공할 만하다.

그런데도 이를 감당할 수 있었던 것은 필자의 직업적 근성이 한몫했다.

필자의 본업은 경영관리 컨설턴트이다.

필자는 대학을 졸업하고 모 그룹에 입사하여 모 회사에서 약 15년간의 직장생활을 한 후, 소규모의 컨설팅회사를 차려 지금까지 대략 16, 7년가량을 이어오는 중이다. 그런데 필자는 회사 신입사원 시절부터 엑셀이라는 컴퓨터 프로그램을 접하여 제법 능숙하게 다룰 줄을 알아서 이를 기반으로 한 업무용 전산프로그램을 만드는 일을 겸하고 있다. 그러니, 컨설턴트 겸 전산개발자인 셈이다.

컨설턴트로서는 명색이 정부(중기청)에서 인정해 주는 컨설턴트로서 그 등급은 '특급'이다. 이에 오랜 기간 다양한 분야의 컨설팅을 수행해

오면서 쌓인 나름의 내공이 있다. 인사, 급여, 조직, 원가, 영업, 생산관리 등을 비롯한 전략적 시뮬레이션 모델에 이르기까지 기업체의 경영관련 각 분야에서의 컨설팅을 수행하다 보면 한마디로 '맥을 잡는' 노하우가 생기는 것이다.

복잡다단하고 이리저리 얽히고설킨 기업 일선에서의 자료와 현상들을 정리하고 분석해서 문제점의 핵심을 요약하고는 개선방안까지를 도출해야 하는 것이 사명이기 때문이다.

여기서 쌓인 노하우는 필자가 영어단어를 탐색하는 과정에서 어떤 어휘들 사이의 공통적인 분모나 특성을 찾아내어 분류하는 등의 작업에 아주 짭짤하게 동원되기도 한 게 사실이다.

한편 엑셀을 다루는 실력은 '자칭' 전문가 수준이다.

이에 자료들을 데이터베이스화하여 컴퓨터에 입력하고, 분류/검색하는 등의 작업을 직접 할 수 있었음이 큰 도움이 된 것도 사실이다. 1만여 개에 달하는 영어단어를 컴퓨터의 도움 없이 수작업으로 관리한다는 것은 사실상 불가능에 가깝기 때문이다.

이 책의 제목이 '영어는 우리말이다'라 하고 있으므로 논의주제가 영어라는 것에 한정된다는 선입견이 들 수도 있겠지만 사실은 이에 머물지 않는다. 우리말이 인류 원시언어의 뿌리말 아닐까 하는 데까지 노를 저어 나간다. 이는 필자가 나름대로 우리말 상고어의 조어원리를 알아내었기 때문이고, 이 우리말 조어원리가 전 세계적으로 공통이라는 사실을 뒷받침한다고 판단하기 때문이다.

영어가 우리말이라는 주장을 단번에 수긍할 사람은 단 한 사람도 없다.
그걸 수긍할 수 있으려면 이를 입증할 수 있는 그럴만한 객관적인 근거나 증거가 제시되어야 한다. 그 객관적인 근거라는 것은 음운적인 측면에서의 규칙성과 공통성 그리고 일관성을 말하는 건데, 이를 위해서는 비교적 많은 지면을 통한 서술이 필요하다. 그리고 나서는 영어의 어휘를 이에 대입하여 살펴봄이 필요하기도 하다.

이는 책 한 권 분량을 훨씬 뛰어넘는다. 이에 부득이 본 책 권1에서는 총론이라 할 수 있는 상고어의 음운현상 위주로 서술하고, 각론이라 할 수 있는 개별 영어단어에 대하여는 권2, 권3…을 통해 이어가고자 한다.
다만, 본 책 권1에서마저도 총론 부분을 다 커버하지 못하고 다음으로 넘기는 부분이 있긴 한데, 이는 다름 아닌 상고어에서의 자음의 양상 및 조어원리에 관한 것이다. 이는 다음 권에서 이어 나가기로 한다.

아무튼 필자가 주장하는바, 영어가 우리말이라는 것과 인류 원시언어의 뿌리가 우리 상고어 조선말이라는 사실이 객관적으로 입증된다면, 이는 보통 일이 아니다.
콜럼버스의 신대륙 발견을 '지리상의 발견'이라 한다면, 이는 모름지기 '인문학상의 발견'이라 해도 과언이 아닐지 모른다. 그 중심에는 우리 대한민국이라는 나라가 우뚝 서 있다. 우리 한민족이 경사 잔치를 벌여야 할지도 모를 일이다.

2장

소 뒷발질에 쥐를 잡다?

우리 속담에 "소 뒷발질하다가 쥐 잡는다"는 말이 있다. 이는 생각지도 않은 일로 뜻밖의 횡재를 한다는 뜻이다. 이런 일이 필자에게 일어났다. 필자의 어설픈 뒷발질에 그만… 쥐가 잡혔다.

인도유럽어의 본산인 산스크리트어와 인도 남서부의 타밀지방에서 쓰는 타밀어에 우리말과 같거나 유사한 단어가 있다는 인터넷 정보에 '삘'(feel)이 꽂히는 바람에… 오늘날 인도유럽어족의 하나인 영어에도 그 흔적이 남아 있지 않을까? 그렇다면 오늘날 우리 민요에 남아있는 토속어나 니나노, 닐니리야, 아리랑… 같은 말의 어원을 찾을 수 있지 않을까 하는 황당한 호기심에서 심심풀이 삼아 영어단어 뒤지기에 나선 것인데….

가끔은 출퇴근길 전철 안에서나 간혹은 저녁 잠자리에 이불 덮어 쓰고 드러누워 스마트폰에 내장해 둔 영어사전을 하릴없이 이리저리 둘러보는 짓을 하면서 시도 때도 없이 발차기를 했다. 그런데 놀랍게도 이 어설픈 필자의 발차기에 쥐가 잡힌 것이다.

이부자리에서 내지른 이불킥 정도였는데 쥐가 잡히다니… 어떤 때는 온몸에 전율과 함께 소름이 돋는가 싶은 한기가 몰아쳐서 이불을 뒤집어 쓰기도 하고 어떤 때는 쥐를 잡은 흥분과 짜릿한 쾌감에 뒤집어쓴 이불 속에서 열광하기도 하였다.

필자의 방구석엔 쥐새끼가 살지 않는다. 그러니 필자가 쥐를 잡았다고 하는 말은 진짜 새앙쥐 같은 찍찍이 쥐를 잡았다는 소리가 아니다.

영어사전을 a부터 z까지 무작위로 훑어보면서 안테나를 바짝 세우고 들여다보니 영어단어 중에 우리말과 소리발음과 뜻이 같은 단어가 하나씩 둘씩 눈에 띄는데… 필자의 뒷발질에 쥐가 잡혔다고 하는 건 그걸 두고 하는 말이다. 뒷발질에 쥐가 채여 나오는 놀라움에 흥분을 곁들여 쥐잡기를 계속하다 보니 어느덧 수백 마리를 넘기 시작했다.

그와 함께 놀라운 사실도 서서히 드러나기 시작했다. 영어가 우리말이었던 것이다. 그러니 필자의 뒷발질에 채인 것은 쥐가 아니라 놀랍게도 어마어마한 진주였다.

잡아도 잡아도 줄줄이 끊이지 않고 등장하는 쥐선생들… 이게 대체 어찌 된 일인가 하는 궁금증이 역시 꼬리를 물기 시작했다. 그래서 필자는 혹시 쥐가 나오는 쥐구멍이 없나 하는 생각에 여기저기 둘러보기 시작하였다.

그러던 어느 땐가 저 멀리 희미하게 쥐구멍이 보이기 시작했다. 일단 쥐잡기를 잠시 멈추기로 하였다. 허구한 날 쥐잡기 한답시고 발차기 하기보단 아예 쥐구멍을 찾아서 쥐선생들을 일거에 일망타진하는 게 낫겠다 싶었다. 그래서 플래시를 켜 들고 쥐구멍 수색에 나섰다. 어찌어찌해서 쥐들이 드나드는 쥐구멍을 이리저리 따라 들어가다 보니 드디어 저 깊숙한 쪽에 자리 잡은 쥐구멍의 안채가 드러났다. 그런데 놀랍게도 그 쥐구멍의 안채 쪽에는 휘황찬란한 보석으로 가득 찬 으리으리한 보물창고가 자리하고 있었다. 감춰진 보물창고를 발견한 것이다. 어마어마한 보물이 그곳에 쌓여있었다.

필자가 쥐구멍 수색 때 들고 들어간 플래시라는 건 '우리말'을 뜻한다. 이 우리말이라는 강력한 플래시로 조명을 하니 비로소 감춰진 보물창고가 그 모습을 드러낸 것이다. 소 뒷발질에 쥐가 잡힌 게 아니라 어마어마한 보물창고가 잡힌 것이다.

그런데 문제가 있다.

이 보물창고로 통하는 문에는 크고 튼튼한 자물쇠가 채워져 있었다. 그 자물쇠는 한 개가 아닌 두 개나 되었다. 이 두 개의 철통같은 자물쇠가 이중으로 채워져서 필자가 들어가는 걸 허락하지 않았다.

그 두 개의 열쇠를 살펴보니, 한 개의 자물쇠는 비밀코드를 요구하는 것이었고 다른 하나는 키워드의 입력을 기다리고 있었다. 그래야 문을 열어주겠다는 것이다. 즉 비밀코드와 키워드, 둘 다 알아야 비로소 보물창고를 열 수 있다는 얘기다.

자물쇠를 열어야 보물창고 안에 널려 있는 보물을 캐낼 수 있을 텐데… 난감하게도 그 자물쇠에는 비밀코드가 걸려있다. 그 비밀코드와 키워드를 모르면 자물쇠가 열리지 않으니 그 안으로 들어갈 수가 없다. 그 안의 보물을 캐낼 수 없는 것이다. 비밀코드와 키워드를 알아내야 하는데… 이를 어떻게 알아낼 수 있을까?

궁리를 거듭하던 끝에 필자는 쥐구멍을 수색할 때 들고 들어가 비췄던 '우리말'이라는 강력한 플래시를 다시 비춰 보기로 하였다. 이 플래시 불빛을 자물쇠에 가까이 바싹 들이대고는 이리저리 자물쇠를 돌려보기도 하고, 위아래 앞뒤를 뒤집어가며 그 구조를 살펴보던 중에, 어느 날인가 어렴풋이 필자의 머릿속을 스치고 지나가는 작은 실마리가 하나 있었다. 이는 우리말 음운 버릇이나 사투리에서 나타나는 현상인데… 혹시 이게 그 자물쇠를 열어줄 비밀코드는 아닐까…? 하는 생각이 불현듯 떠올랐다.

그래서 이를 자물쇠의 비밀번호에 맞추고는 한번 돌려 보기로 하였다.

기적 같은 일이 벌어졌다. 단 한두 번의 시도로 비밀번호가 풀린 것이다. 철커덩하는 소리와 함께 인류 유사 근 1만년 이래 입을 꾹 다물고 있던 자물쇠가 그 입을 벌려 주었다.

그 흥분과 감격은 이루 말할 수 없다. 110V 전깃줄을 만진 듯 온몸을 타고 흐르는 짜르르한 전율과 함께 온몸에 소름이 쫙 돌아서 한여름인데도 싸늘한 한기를 느껴 방의 에어컨을 꺼야 했다.

첫 번째 자물쇠를 풀어준 비밀코드라는 게 뭐냐 하면, 그것은 다름 아닌 우리말의 호격접미사이다. 이는 그저 너무도 평범하고 단순한 우리말의 일상적 음운습관에 불과하다.

그런데 이 간단한 우리말의 음운규칙 하나가 인류 언어형성의 비밀을 풀어주고 영어가 우리말에서 비롯된 것임을 음운적으로 입증하는 비밀병기였던 것이다. 놀랍게도 이 호격접미사가 우리말에서 뿐만이 아니라 영어에도 똑같이 적용되고 있었다. 그뿐만 아니라 이게 만국 공통이라는 사실이다. 고대사의 모든 지명, 인명, 국명은 물론 영어단어는 모두 이 규칙을 통해 만들어진 것이다.

우리말 태초 원시언어의 태동에서부터 오늘날의 언어에 이르기까지의 모든 어원을 풀 수 있는 실마리가 드러난 것이다. 이는 곧 인류의 언어 기원사나 다름없다. 우리말이 전 세계 언어의 뿌리 조상언어이기 때문이다.

필자는 언어학자가 아님은 물론, 국어 문법을 잘 아는 축에도 끼지 못한다. 수십년 전의 중고등학교 시절 국어시간에 배워 들은 게 국어 문법의 전부일 뿐인데, 그마저도 세월의 풍화작용으로 다 까먹은 탓에 머릿속에 남은 게 거의 없다. 텅텅 비었다.

영어 어원 탐구한답시고 나대다 보니 음운적 기초이론의 토대가 필요함을 절실히 깨닫기도 하여 뭔가 공부 좀 해보려고 책방에 나가서 문법책 한두 권 사다가 들여다보려 했지만… 몇 장 넘기다 도무지 머리에 들어오지 않아 일찌감치 포기하고 말았다.

이건 필자의 영역이 아닌 것 같다. 이는 관련 학문분야의 재기발랄하고 총명한 강호제현의 몫으로 맡겨 두기로 하고, 필자는 한두 가닥 남은 국어시간의 기억만을 가지고 풀어가려 한다.

호격접미사!

이는 필자가 명명한 것이다. 호격조사라는 용어가 있는 줄은 안다. 접미사라는 말이 있는 줄도 알긴 안다. 그런데 이 둘을 짬뽕한 호격접미사라는 말이 있는지 없는지는 모르겠다. 인터넷 뒤져봐도 안 나오는 걸 보니 아마도 없는 듯하다. 그러나 이 용어를 사용함이 불가피하다.

호격은 호격인데 실제 호격은 아니고 마치 접미사처럼 쓰이기 때문이다. 그래서 필자는 이를 호격접미사라 부르기로 하고 이 말을 확정해서 사용하기로 한다. 이 호격접미사에 대하여는 다른 장에서 별도로 상술하겠지만, 우선은 그 개요만 간단히 언급하고 가기로 한다.

우리말에서 사람을 부를 때 붙이는 조사를 호격조사라 한다.

예를 들어 '영숙'이라는 이름의 친구를 부를 때 '영숙아'라고 한다. 이와 같이 사람을 부를 때는 이름에 [아]를 붙인다. 이 [아]를 조사라고 하는데, '부른다는 의미'에서 이를 호격(呼格)이라 하여 '호격조사'라고 하는 것이다.

지영이는 '지영아', 미선이는 '미선아' 이렇게 부른다. 받침이 없는 이름에는 이 [아]가 [야]로 바뀐다. 그러므로 미희는 '미희야', 희수는 '희수야' 이렇게 된다.

한편, 이 호격조사로는 [이]가 쓰이기도 한다. 어느 경우냐 하면, 사람의 이름을 거명해서 등장시키는 경우이다. 예를 들면, 어느 모임에 꼭 나와야 할 사람(미영)이 안 나왔다. 그래서 누가 묻는다. "미영이 오늘 왜 안 나왔어?"

여기서는 '미영이'라고 하여 제삼자를 지칭하는 호격조사로 [이]가 쓰였다. 또는 대면 대화에서다. 이도령이 춘향에게 수줍은 고백을 할 때, "춘향이, 손이 참 곱구나" 이럴 때도 있다.

여기서는 '춘향아'라고 하여 부르든, '춘향이'라고 부르든 같은 말이다. 또는 여러 사람을 열거해서 거명할 때도, 회장이 "야 이번 달 회비 안 낸 애들은 누구냐?" 이에 회계가 대답한다. "준석이, 명진이, 지선이…" 이런다. 즉 사람 이름에 [이]를 붙여서 부른다(단, 이름 끝에 받침이 없으면 호격은 생략된다. '서희, 유라, 세나…').

이와 같이 어떤 대상을 호칭할 때 부르는 조사를 호격조사라고 하는데, 이는 비단 사람에게만 국한하는 건 아니고 동물이든 자연물이든 무형체이든 상관없이 다 쓰인다. 다만 그 대상물은 명사라는 게 전제된다.

그런데 필자가 우리말의 습관을 관찰해보니 이 호격조사가 대상물을 부르는 호격의 용도에만 사용되는 게 아니라는 점이다. 그냥 갖다 붙인다. 그리하면 어휘가 탄생하는데, 이게 상고어의 조어방식이자 규칙으로서 대단히 중요하다.

예를 들면, [알]이라는 글자가 있다고 하자. 이 [알]은 우리말 상고어로 신(god)이다.

여기에 다음과 같이 호격을 붙여보면,

- 호격접미사 [아]를 붙이면 → 알+아=알아=(연음하여) [아라]
- 호격접미사 [이]를 붙이면 → 알+이=알이=(연음하여) [아리]

이렇게 된다. 보다시피 호격접미사에 의해 [아라]와 [아리]라는 두 개의 어휘가 생겼다.

여기서 [아라]와 [아리]를 살펴본다.

① 아라

우리 경인뱃길을 '아라뱃길'이라 하는데 여기 쓰인 '아라'가 바로 이 [아라]이다. 우리나라 최초의 남북극 해양 연구용 쇄빙선의 이름이 '아라온'인데, 여기의 [아라]이다. 또한 우리 고대사에서 가야를 부르는 말 중에 '아라가야'라는 말이 있다. 이 아라가야의 '아라' 역시 이 [아라]이다.

전 세계 지명 중에는 이 [아라]가 들어간 지명이 무수히 많다.

[아라]는 신(god)을 가리키는 몸통말 [알]에 단지 호격 [아]가 붙은 것일 뿐이므로 그 뜻 또한 당연히 신(god)이다. 따라서 이런 지명, 국명에 쓰인 [아라]는 '신(god)이 함께하는, 신성한'이라는 의미이다.

② 아리

우리 아리랑의 가사 "아리아리~ 스리스리~ 아라리가 났네…"에서 등장하는 '아리'가 바로 이 [아리]이다. [아리]는 [아라]와 마찬가지로 신(god)을 가리키는 몸통말 [알]에 단지 호격 [이]가 붙은 것이므로 그 뜻 역시 신(god)이다. 그러므로 아리랑 가사에서의 [아리]는 신(하나님) 자체로서, 신을 부르거나 신을 가리키는 말이다.

참고로 [스리]도 신(god), [아라리]도 신(god), [아리랑]도 신(god)이다(이에 대하여는 추후 아리랑의 어원 부분에서 별도 상술한다).

여기서 쓰인 호격 [아] 또는 [이]가 조사의 역할로 끝나는 게 아니라 아예 고착이 되어서 각각의 독립된 어휘를 형성하여 존속한다는 점이다. 이런 의미에서 필자는 이를 접미사의 역할을 하는 것으로 일단 간주하는 것이다. 한편, 이 호격접미사는 발음을 편하게 하기 위해서 갖다 붙이는 때도 있고, 명사가 아닌 부사나 형용사에도 갖다 붙여서 쓰기도 한다.

예를 들면, "네가 정 그렇다면 할 수 없지 뭐" 해도 되는데, "네가 정이(히) 그렇다면…"이라고 하는 때도 있다. 여기서 두 문장의 차이점은 [정]과 [정이] 에 있다. 여기서 '정'은 부사이다. 그런데도 [정이]라고 함으로써 [이]가 붙었다.

또는 "갑작스러운 일이 생겨서…"라고 하기도 하고, "갑자기 일이 생겨서…"라고 할 경우이다. '갑자기'는 '갑작'이라는 추상명사에 [이]가 붙어서 부사가 되었다. 즉, 갑작+이=갑작이=(연음하여) '갑자기'로 된 것이다.

결국, 호격조사 [아] 또는 [이]는 호격의 역할만을 하는 게 아니라 음편의 역할을 겸하여 조어(造語)를 주도하는 핵심자인 것이다.

그런데 여기서 중요한 점 하나가 있다.

우리말에서 호격접미사에 [아]와 [이]만 있는 게 아니라는 사실이다. 필자가 발견한 우리말 호격접미사에는 [우]라는 게 하나 더 있다. 이게 비밀코드를 푸는 결정적인 열쇠이다. 이 [우] 때문에라도 호격의 [아] [이]를 조사라고 할 수 없다. 왜냐하면 우리말에서 '미영아' 또는 '미영이'라는 호격조사는 자연스럽지만, '미영우'라는 호격조사는 없기 때문이다.

그런데 이 [우]가 우리말에서 이와 같이 사람을 호칭하는 데 쓰이지는 않지만, 다른 일반어에서는 [아] [이]와 더불어 동등하게 사용되는 엄연하고도 명백한 호격접미사이다.

예를 들면, [선우]라는 말이 있다. 이 [선우]는 흉노의 왕을 가리키는 칭호이다. 한편 [선우]는 우리나라의 성씨이기도 하다. 이 [선우]는 우리 상고어에서 신(god)을 가리키는 씨앗말인 [선]에 호격 [우]가 붙어서 만들어진 말이다. 즉, '선+우=선우'가 된 것이므로, [선우]라는 말은 곧 신(god)이라는 말이다. 미리 얘기하지만, 고대 왕의 명칭은 다 이런 식이다. 사람의' 성씨도 마찬가지다. 우리나라, 외국 가리지 않는다.

그렇기 때문에 하는 수 없이 '호격은 호격이로되, 역할은 접미사'라는 복합적 의미에서 궁여지책으로 '호격접미사'라 하기로 한 것이다.

필자가 알아낸 이 호격접미사가 대단히 중요하다. 인류 언어의 기원을 푸는 열쇠이기 때문이다. 나아가 세계사와 고대사의 비밀을 푸는 키워드이기도 한데, 실로 충격적이다. 이 호격접미사가 우리말에서만 적용되는 음운현상이 아니라는 것이다. 놀랍게도 이게 영어에도 그대로 똑같이 적용된다는 사실이다. 그뿐만이 아니다.

지구상의 전 세계적인 지명, 국명, 왕조의 이름, 관직명, 왕의 이름, 종교용어 등 모든 것에 다름 아닌 우리말 호격접미사의 규칙이 예외 없이 적용되고 있다는 점이다. 그래서 영어는 우리말이라는 것이고, 우리말이 세계 인류언어의 뿌리말이라는 근거이다.

아무튼, 이 호격접미사가 대단히 중요한데 필자는 여기서 이 호격접미사를 간단히만 언급한 편이다. 뭔가 하면, 우리말에서 호격조사는 [아]만 있는 게 아니라 [하]도 있다. 예를 들면, 우리 백제가요 정읍사에는, "달하 노피곰 돋아샤…"라고 시작하는데, 달을 부르는 말을 '달하!' 하였다. 우리 고어에서는 [하]가 더 많이 쓰였는데, 이는 우리말 어휘에서 숱한 흔적을 남기고 있으며 오늘날의 어휘에도 그 생명력을 유지한다. 예를 들면, 전하, 폐하, 각하, 귀하… 등의 [하]는 모두 호격접미사이다(후술 참조).

그밖에도 이 호격접미사는 모음의 변화를 겪는 바람에 그 세력을 확장하여 결국에는 '모든 모음'이 그 대상이 되고 만다. 또한 자음의 변화가 따르기도 하는데, 이에 대하여는 별도의 장에서 상세히 살펴볼 것이므로 여기서는 이 정도로 지나가기로 한다.

현재 우리가 한자어인 줄로 알고 있는 대다수의 우리 어휘는 이 호격접미사에 의해 생성된 어휘들이다. 또한 고대 지명, 인명, 국명 등도 이 호격접미사의 변화에 따라 생성된 것들이다. 그런데 이 호격접미사를 알아차리지 못함으로써 우리말이든 고대사이든 꼬이는 일들이 매우 빈번한 것이다.

뻔히 두 눈 뜨고도 우리 것을 잃어버리는 사례도 있다. 또는 고대사의 지명이나 인명의 비정(批正)에도 혼선이 빚어지곤 하는 것이다. 그러나 이제 이 호격접미사의 정체를 알게 되었으므로 고대사의 해석이나 우리말의 어원을 밝히는데 새로운 기원이 열리게 될 것이다.

호격접미사라는 이름의 비밀코드를 가지고 자물쇠 하나는 풀었다.

두 개 중 하나를 풀었으니, 나머지 자물쇠 하나마저도 풀어야 비로소 보물창고의 문을 활짝 열어젖힐 수 있다. 나머지 자물쇠가 요구하는 키워드를 찾아서 넣어야 한다.

그 키워드를 찾아낸다는 건 결코 쉽지 않은 일이다. 한동안 궁리에 궁리를 거듭했다. 영어단어를 이리 살펴보고 저리 살펴보고… 우리말을 이리 살폈다가 저리 살폈다가, 굴려도 보고, 돌려도 보면서….

필자는 먼저 발견해 둔 비밀코드인 '호격접미사'를 동원했다. 이 호격접미사를 무기 삼아 대입해 보면서 그 활용형에 따른 어휘의 유형과 변화양상을 관찰해 나갔다.

우리나라는 물론 서양의 인명, 국명, 지명 등을 유심히 들여다보았다. 식물, 동물, 어류의 이름도 살펴보았다. 사람의 신체용어, 신분용어, 가족관계 호칭, 고대 왕조의 명칭, 종교용어, 고대신화에 등장하는 신들의 이름 등을 살펴보기도 하였다. 우리 고대국가의 명칭과 이들 고대국가의 역대 왕들의 계보를 보면서 그 이름을 분석해 보기도 하였다.

환단고기나 조선상고사에 등장하는 인명, 지명들은 물론 우리 민요 가락에 남아 있는 토속말이라든가 전라도, 경상도 지방 등에서 쓰이는 사투리라든가… 우리 민간신앙이나 풍속에 등장하는 용어 등등을 틈틈이 비교 관찰해 나가면서 공통분모 찾기를 시도했다. 깊고 깊은 사색에 젖어들기도 하였다.

한두 차례의 헛발질과 시행착오가 없진 않았지만, 이러한 과정을 거치는 동안에 서서히 뭔가 윤곽이 드러나면서 가닥이 잡혀가는 게 있었다. 얽히고 설킨 실타래 같은 현상들을 한 가닥씩 풀고 헤집기를 하며 다듬어 들어가다 보니 공통분모로 여겨지는 그 무언가가 머릿속에서 정리가 되었다. 그건 다름 아닌 신(god)이라는 관념이었다.

그렇다. 신(god)이었다. 고대언어를 형성한 기본관념은 모두 신(god)을 둘러싸고 출발한 것이라는 많은 단서가 발견되었다.

놀라운 것은, 이 신(god)에 관한 말과 그 관념은 우리말에서 시작하는 것인데, 이게 영어에도 그대로 똑같이 적용된다는 점이다. 영어뿐만이 아니라 만국 공통이다. 고대 인명, 지명, 국명, 왕조, 자연물의 명칭… 모든 것의 출발이 그렇다.

혹시 저 자물쇠가 요구하는 키워드가 바로 이 '신(god)'이라는 말이 아닐까 하는 생각에, 어느 날 저 보물창고의 문에 채워진 나머지 자물쇠 하나에 이 키워드를 넣고는 엔터(enter) 키를 힘차게 내리쳤다.

그랬는데… 웬일인가! 자물쇠가 스르르 열렸다. 정확한 키워드가 입력된 것이었다. 보물창고를 지키던 두 개의 자물쇠가 필자의 앞에서 모두 입을 벌리고 길을 터준 것이다. 비밀코드를 발견한 흥분과 감격에 이은 또 한번의 놀라움에 온 전신이 얼얼했다.

원시언어 출발의 비밀코드는 바로 우리말의 호격접미사, 원시언어 형성의 핵심 키워드는 신(god)이었던 것이다.

고대 원시언어의 출발은 모두 신(god)이다.

대단히 중요한 사실로서, 인류의 모든 말의 기원은 모두 이 신(god)의 관념에서 나왔다. 예외가 없다. 예를 들면, 사람의 이름은 모두 신(god)의 뜻이다. 인류 최초의 사람인 아담과 이브는 물론 그들에게서 나와 이 지구상에 계보를 퍼뜨린 모든 사람의 이름은 신(god)을 칭하는 말이거나 신성(神聖)을 가리키는 말이다. 오늘날의 우리 이름도 마찬가지다. 유럽 쪽 인명도 마찬가지다. 전 세계의 인명이 다 마찬가지이다.

사람의 이름을 신(god)이라는 뜻으로 작명하는 인류전통의 시초가 된 사례는 성경에 있다. 태초의 인간 아담과 이브가 동침하여 잉태가 이루어지고 해산을 하여 처음으로 자손을 낳은 사건은 놀라운 경험이자 신(하나님)의 축복이라고 여겼던 것이다.

그 생명 탄생과 생육의 과정을 신(하나님)의 개입에 의한 은혜와 축복이라고 여긴 아담과 이브는 감사의 마음까지를 담아서, 그 첫아들의 이름을 당시에 신(god)이라는 의미인 '가인'이라고 지어준 것이다. 그 이름을 부를 때마다, 그 아들을 낳게 해준 신(하나님)의 은혜에 대한 찬양과 감사를 늘 상기하는 것이다.

성경의 창세기 기록을 보자.

> "아담이 그 아내 하와와 동침하매 하와가 잉태하여 가인을 낳고 이르되 내가 여호와로 인하여 득남하였다 하니라."
>
> (창세기 4:1)

여기서 '여호와로 인하여 득남하였다'는 표현에 그 답이 있다. 즉 여호와가 지니신 '생명 창조의 능력과 그 은혜'를 입어 새 생명을 얻었다는 감사의 마음과 찬양의 뜻을 담은 것이다. 그래서 아들의 이름을 신(god)의 뜻인 '가인'이라고 지어 놓고는 그 이름을 부를 때마다 신(하나님)을 찬양하는 셈이다.

그 전통이 수천년 내지 1만년을 관통하는 인류의 역사를 통해 오늘날에까지 이어지고 있다. 그러므로 사람의 이름을 신(god)이라는 뜻의 호칭으로 지어준다고 해서, 그 사람 자체를 신(god)으로 여긴다는 말은 절대 아니다.

참고로, 우리가 tv사극을 볼 때 임금이 신하들 앞에서 자신을 가리켜 '과인' 이라 칭함을 종종 보는데, 이때의 '과인'이 바로 이 '가인'의 변형으로서 이는 우리 상고어 음운상 같은 말이다. 임금이 자신을 칭하는 말인 '과인'을 한자로는 과인(寡人)으로 쓰고, 이를 국어사전에서는

"덕이 적은 사람이라는 뜻으로서 임금이 자신을 낮추어 부르는 말"이라고 풀고 있으나 본래 '가인', '과인'은 신(god)을 뜻하는 말이다. 그러니 사실은 임금이 자신을 낮추어 부르는 말이 아닌 것이다. [짐]이라는 말도 마찬가지이다.

이 '가인'이라는 이름은 우리 왕조시대 임금의 호칭으로 쓰이기까지 그 명맥을 잇고 있는 것이다.

비단 사람의 이름뿐만이 아니다.

우주 천체, 자연현상, 동물, 식물, 어류, 곤충 등의 이름, 지명, 국명, 왕의 명칭, 지배자, 관직의 명칭, 음식물의 이름, 농경에 쓰이는 농기구, 의복의 명칭, 신체의 명칭, 일상생활의 가재도구의 명칭 등등의 모든 어휘도 신(god)의 뜻에서 나왔다.

우리말의 모든 부사, 감탄사의 기원도 그 어원이 모두 신(god)이다. 또한 우리 민간에서 쓰이는 모든 질병의 명칭 또한 신(god)의 뜻이다. 모든 민속행사, 오락, 운동경기, 게임, 춤 등의 명칭도 그렇다.

이게 우리말에서만 그런 게 아니고 영어를 비롯한 인도유럽어의 모든 경우에도 마찬가지이다. 그렇다면 영어나 인도유럽어에서의 이 신(god)을 칭하는 기본 음절이나 음소 또는 어휘는 과연 어디에서 파생했을까?

이 점이 궁금한데… 놀랍게도 다름 아닌 우리말에 있다는 사실이다.

이에 대하여는 별도의 본문에서 후술하기로 한다.

드디어 보물창고로 들어가는 문에 채워진 두 개의 자물쇠를 모두 열었다. 인류 원시언어의 비밀코드는 우리말 호격접미사에 있다. 그리고 그 핵심 키워드는 바로 신(god)이다. 이 두 개의 감춰진 비밀병기가 보물창고의 문을 열어주었다.

그 보물창고 안에 잔뜩 쌓인 으리으리한 보물은 우리 한민족의 것이다. 인류 태초 문명의 시작점이 우리 한민족이고, 인류 역사의 주인공은 우리 한민족이다. 세계 모든 언어의 뿌리는 우리말에서 뻗어 나갔다.

참으로 감개무량하고도 가슴이 벅차올라서 할 말을 잊을 지경이다.

3장 — 보물창고의 진주 명세

거기에 숨겨진 보물창고가 있을 줄은 차마 상상도 할 수 없던 일이었다. 게다가 그 보물창고의 열쇠가 우리말 속에 있다는 놀라운 사실이 드러난 것은 경악을 금할 수 없는 충격이다. 그 보물창고 문을 따고 들어가서 캐낸 보석이 실로 어마어마하다. 금은보화에 진주며 다이아몬드며… 도무지 값으로는 환산 자체가 안될 만큼의 휘황찬란한 보물들이다.

그 보물들의 주요 명세는 대략 이렇다.

① 영어가 우리말이라는 것이다.

천하의 영어. 오늘날 세계 공용어가 되다시피 하여 전 세계를 휘어잡는 언어 중의 언어. 그 영어가 다름 아닌 우리말에 뿌리를 둔 우리말이라는 사실이다.

영어의 모든 어휘는 우리말의 음가 및 음운습관과 음운규칙을 따라 만들어졌다. 영어단어는 우리말의 소리발음에 따라 알파벳으로 표기하여 철자화한 우리말이다.

② 우리말 어휘 형성의 시원(始源)과 토속사투리 등의 조어 원리를 알아내었다.

이게 필자가 발견한 보물 중에서도 가장 빛나는 보물 중의 보물이다. 우리 한민족 일만년의 역사를 일구어온 우리 한민족이 쓰는 우리말의 근원과 조어 규칙을 발견한 것이다. 따라서 우리말 어휘의 모든 어원을 분명하고도 손쉽게 밝힐 수 있게 되었다.

필자가 궁금했던 니나노, 닐니리야는 물론 아리랑, 스리랑, 강강술래, 쾌지나칭칭나네, 옹헤야, 얼씨구, 지화자, 어랑어랑, 어야더야, 에루화, 둥게… 등등은 물론, 우리 민속 명절인 설날, 단오, 추석, 유두절이라든지 고시레와 같은 민간 풍속어를 비롯하여 우리 고전가요에 등장하는 아으 동동다리, 아으 다롱디리, 얄리얄리얄랑셩 등과 같은 모든 궁금증의 어원을 다 풀 수 있게 되었다. 윷놀이와 같은 민속놀이의 어원도 파악할 수 있게 되었다.

우리 국어, 국문학, 민속, 풍속연구 사상 일대 변혁이 일어날 만하다. 중요한 사실은, 우리말의 조어원리가 모든 언어에 공통적으로 적용되는 뿌리 규칙이라는 점이다.

③ 이 지구상 인류 언어의 출발은 신(god) 이라는 사실이다.

이는 우리말 원시 상고어의 출발점이다. 영어는 우리말에 뿌리를 두고 있는 만큼 영어의 어휘도 당연히 신(god)에서 시작한다. 그래서 영어를 신의 언어라고 하기도 하는데, 그 원류는 당연히 우리말이다.

태초의 천지창조 이래 아담과 이브가 에덴동산에서 살 때부터 말은 시작되었을 것이다. 그 말은 신(god)과의 소통을 위한 것이었다.

우리말의 상고어와 현재 쓰고 있는 모든 말은 완벽히 신(god)으로부터 비롯된 것임을 필자가 발견했다. 우리말은 모든 언어의 뿌리말이므로 모든 언어는 신(god)의 언어라고 하는 것은 맞는 말이다.

추후 별도 상술하겠지만, 우리말은 일물(一物) 일자(一字)의 원칙이다. 이를 바탕으로 하는 것으로서 필자가 발견한 또 다른 중요한 사실이 있다. 다름 아닌 고대 우리말의 소리음절 글자 하나하나가 모두 신(god) 또는 신(god)의 씨말(씨앗말)이라는 사실이다.

예를 들어 보자.

[가]라는 글자에 모든 받침을 붙여보면, '각, 간, 갇, 갈, 감, 갑, 갓, 강, 갖, 갗, 갘, 같, 갚, 갛' 이렇게 되는데, 이 글자 하나하나가 고대 상고어에서 신(god) 또는 신(god)의 씨앗말이다.

이번에는 모음만 바꿔본다.

[갈]이라는 글자가 있다 치고, 단모음만 대입해서 바꿔보면, '갈 걸 골 굴 글 길' 이렇게 된다. 여기에 복모음까지 대입하면, '갈 걸 골 굴 글 길+겔 갤 괄 궐 괼 귈 궬' 이렇게 된다. 한편 겹모음까지 추가하면 '갈 걸 골 굴 글 길+겔 갤 괄 궐 귈 궬+갈 결 골 귤 갤' 이렇게 된다.

놀랍게도 이 글자 하나하나가 고대 상고어에서 신(god) 또는 신(god)의 씨앗말이다.

이렇게 매트릭스를 만들다 보면, 결국 모든 글자가 다 해당된다. 결국 우리말에서 소리발음 될 수 있는 모든 각 글자 하나하나가 신(god)의 씨앗말이다. 그러므로 각각의 글자 하나하나는 신(god)이라는 의미에서는 차별 없이 동등한 말이다. 이렇게 보면, '갈=걸=골=굴=글=길=겔=갤=괄=궐=괼=귈=궬=걀=결=굘=귤=걜'의 등식이 성립된다.

여기서 놀라운 사실을 발견한다.

한마디로 하면, 모음이 의미 없다는 결론이다. 자음만이 의미 있을 뿐이라는 것이다. 히브리어에서 초성 자음만을 열거해서 단어를 만든다는 말이나 결국 같은 말인것이다. 즉 상고어에서는 모음의 음가는 전혀 의미가 없다는 말이다. 따라서 히브리어는 우리말의 특성을 따라서 만들어졌다는 얘기이다.

상고어의 조어는 이러한 각각의 글자를 결합하여 탄생한다. 여기에 호격접미사가 개입함으로써 어휘의 변화가 다양하고도 폭넓게 발생한다. 이게 무궁무진한 흥미와 놀라움을 유발한다. 모든 어원의 궁금증과 비밀이 여기서 다 풀린다.

예를 들어, 위에서 든 '갈 걸 골 굴… '의 각 글자에 호격 [이]를 붙여보면, '가리 거리 고리 구리 그리 기리 게리 과리 궈리 괴리 귀리 궤리 갸리 겨리 교리 규리 걔리' 이렇게 될 터인데, 일단 여기서 의미 있는 어휘만 발췌해 보기로 한다.

우선 [고리]가 눈에 띈다. 또 [구리]도 눈에 들어온다. 여기서 보는 [고리], [구리]는 다름 아닌 우리 고대국가 고구려의 다른 이름들이다. 그 다음으론 [그리]가 눈에 띈다. 이는 예수 '그리스도'의 [그리]이다(이는 후술한다).

한편 [과리]는 된소리인 [꽈리]로 정착되어 우리 화초의 이름이다. [귀리]는 우리의 밀, 보리 등과 더불어 곡식 이름인 [귀리]이다.

[규리]는 우리의 여자 이름으로 많이 쓰인다.

하나만 더 보면 [거리] [괴리]가 있다. 이 [거리] [괴리]를 한자를 빌어 표기한 어휘가 거리(距離)와 괴리(乖離)이다. 이건 아주 단적인 예를 든 것이지만, 이게 우리말의 어휘 생성배경이자 규칙이다. 그런데 놀라운 점은, 영어가 이와 똑같은 규칙을 따른다는 점이다.

영어단어는 이와 같은 우리말 음가와 우리말의 음운규칙에 그 생성배경을 두고 있다. 그래서 영어는 우리말인 것이다.

태초의 말은 곧 신(god)과의 소통을 위한 수단에서 출발했다.

이 태초의 언어는 신(god)을 찬양하거나, 신(god)을 외치거나, 신(god)의 도움을 구하거나, 신(god)의 능력에 의지하거나, 신(god)을 두려워하거나 하는 등의 모든경우에 신과의 소통을 위한 '소리말'에서 비롯된 것이다.

그러므로 고대사회는 신비사회이다. 신(god)과 인간이 공존하는 사회이면서 신(god)이 직접 통치하는 신비사회 말이다. 그 근거가 우리말에 그대로 남아 있다. 물론 영어는 더욱 강력한 신(god)의 언어이다. 이에 대한 자세한 내용 역시 별도 후술한다.

④ 성경이 인류 원시언어의 기원에 대한 답을 준다는 점이다.

성경은 태초에 하나님에 의한 천지창조의 내력과 근원을 설명하는 유일한 책이다. 우주만물의 창조, 인간의 창조, 에덴동산에서의 인간의 범죄와 타락, 노아의 홍수로 인한 인류의 멸절, 대홍수 이후의 바벨탑사건과 언어의 혼잡, 민족의 형성과 이동, 아브라함과 모세의 출애굽사건, 예수그리스도에 의한 인류구원의 사역에 이르기까지를 정확히 기록한 방대한 기록이다.

이 성경의 창세기에서는 최초의 인간인 아담과 이브과 등장한다. 이 두 사람이 에덴동산에서 썼던 말이 바로 인류 최초의 언어이자 태초의 원시언어일 것이다. 성경의 기록을 보면 아담과 이브는 에덴동산에서 직접 여호와 하나님과 대화를 하였다. 그러므로 이들이 벌인 사건과 그로인해 벌어진 일들과 관련하여 사용된 말에서 태초의 언어를 유추할 수 있다.

예를 들면, 성경에서 천지창조 이후에 인간의 의식주용 생활어휘로서 처음 등장하는 것이 '옷'이다. 아담과 이브가 금지된 선악과를 따먹고는 눈이 밝아져서 자신들의 벌거벗음을 깨닫게 된다. 그리고는 부끄러움과 두려움에 무화과나무 잎으로 치마를 만들어 몸을 가리게 되는데, 이를 본 여호와 하나님께서는 이들에게 가죽으로

옷을 만들어 입혀 주신다. 이 '옷'이 아담과 이브의 의식주에서 하나님의 수공(?)이 들어간 최초의 생활용품이다. 인간이 의복을 몸에 걸치기 시작한 최초의 사건이 되는데, 이를 '옷'이라 불렀다는 점이다. 그렇다면, 아담과 이브는 왜 이를 '옷'이라 불렀을까? 이 '옷'은 무슨 의미일까? 매우 중요한 포인트이다.

이는 태초의 언어로서 에덴동산에서 아담과 이브가 하나님을 부르거나 가리키던 말 중의 하나가 '옷'이었다는 얘기를 시사하는 것이다.

즉, '옷(하나님)'으로부터 받았다는 말이다. 또는 '옷(하나님)'이 만들어준 것이라는 뜻이다. 그래서 여호와 하나님이 가죽으로 만들어 준 몸에 걸치는 그것을 일컬어 '옷'이라고 하였다. 이는 필자가 관찰 분석하여 파악한 결과인데, 고대의 모든 어휘는 모두 이와 같다. 즉 모든 사물, 삼라만상이 다 신(god) 또는 신성(神聖)의 뜻이다.

참고로, 이 '옷'의 영어단어는 coat이다. 영어성경에는 여호와 하나님이 가죽으로 된 옷(coat)을 만들어 입혀 주었다고 한다. 이 영어단어 coat의 발음은 [코트]로서 이를 한 음절로 읽으면 우리말 음가 [콧]이다. 이 [콧]은 우리말의 신(하나님)을 칭하는 말인 [곳]과 같은 말이다. [콧]은 [곳]의 거센소리일 뿐이다. 나중에 상술하겠지만, 영어단어 God은 우리말 [곳](신)을 그대로 스펠한 단어이다.

그런데 여기서 보는 coat(콧)도 우리말 [곳](신)을 스펠한 단어이다. 즉, coat라는 단어는 [곳](신)에서 만들어진 것이다. 우리말은

[옷]이고, 영어로는 [곳]이다. 즉 [옷]과 [곳]은 같은 말이다. 둘 다 신(하나님)을 가리킨다는 점에서 말이다. [곳]을 스펠한 영어단어가 바로 God(곳)이다.(God의 어원은 후술한다.)

아무튼 이 '옷'은 대단히 중요하고도 시사하는 바가 막대한 단어이다. 이 '옷'이라는 말이 신(god)을 가리키는 말로써 고대 조어의 핵심적인 키워드 중의 하나이다. 우리말에서뿐 아니라, 영어를 비롯한 세계 모든 말에서도 마찬가지이다.

이 옷은 추후 더 언급하겠지만, {앗} 계열의 말이다. 즉, {앗/엇/옷/웃/읏/잇…} 글자들 중의 하나이다. 이 말의 뜻은 상고어에서 옷=앗=엇=웃=읏=잇…으로 모두 동일한 말이라는 뜻이며, 각각의 글자는 신(god)의 씨앗말이다. 이 글자들에 각각 호격접미사 [아]를 붙여보면, 오사=아사=어사=우사=으사=이사… 등이 된다.

이 중에서 우선 눈에 띄는 것을 보면, [아사]가 있다. 이 [아사]는 우리 고조선의 도읍인 아사달의 [아사]이다. 이 [아사]가 일본어로는 아침(朝)을 뜻한다. 카자흐스탄의 수도는 아스타나 또는 아사타나이다. 이 아사타나의 '아사'가 바로 이 [아사]이기도 하다.

그다음으로 [어사]가 보이는데, 이는 '암행어사'의 [어사]이다.

다른 하나는, [이사]가 있다. 이는 우리 고대국가 신라의 왕의 호칭인 이사금의 [이사]이다.

한편 여기에 호격접미사 [이]를 붙여보면, 오시=아시=어시=우시=으시=이시… 등이 된다. 이 중에서 눈에 띄는 것을 보면, [아시]가 있다. 또 [이시]도 있다. 이 [아시] 또는 [이시]는 수메르의 신화에 등장하는 아시타르(또는 이시타르) 여신의 [아시]와 [이시]이다.

이 {옷} 계열의 어휘는 대단히 중요하다. 특히 헬라(그리스) 인명, 지명 등에는 이 {옷} 계열의 말이 거의 무조건 등장한다. 다시 말하면 성경에 등장하는 사건과 어휘가 곧 인류 언어의 시작이라는 말이며, 이것이 현대어에 그대로 남아 있다.

참고로 부언하면, 여기서 {옷} 계열의 말이 고대 상고어로 신(god)이라고 하는 것은 필자가 제멋대로 하는 소리가 아니다. 영어단어에 근거가 있어서이다.

Od [ad / ɔd]
감 〈고어〉 god의 단축형

이 '옷'을 우리 음가대로 스펠한 영어단어가 Od(옷)인데, 이 Od(옷)의 영어사전 뜻풀이가 God이라고 하기 때문이다. 영어사전 뜻풀이는 이 Od가 god의 단축형이라 하고 있지만, 이는 필자 판단으로 단축형이 아니라 본래부터 존재하던 단어이다. 〈고어〉라고 표기된 걸 보면, 고대에는 이 Od(옷)이라는 단어가 God의 단축형이 아닌 독립된 별개 단어로 쓰였을 것이 틀림없다.

여기서 예를 든 내용은 성경에서 찾을 수 있는 인류 언어 기원의 작은 일부에 불과하다. 다른 본문에서 추가로 상술하겠지만, 여기서 한 가지만 더 언급하고 지나간다.

성경은 태초의 언어가 하나였다는 사실을 알려주고 있다.

"온 땅의 언어가 하나요 말이 하나였더라."

(창세기 11:1)

즉, 노아의 홍수 이후 바벨탑사건으로 인한 언어의 분화 이전에는 언어가 하나였다는 것이다.

그렇다면, 태초에 하나로 존재했던 그 언어는 어떻게 되었을까. 그 언어마저도 바벨탑사건 때 사라져 버린 것일까? 아니면 살아남았을까. 살아남았다면 지금의 어느 말일까? 궁금하기 그지없는데, 필자의 판단으로는 그게 다름 아닌 우리말일 가능성을 99%의 확률로 점쳐 본다. 그럴만한 충분한 이유와 어원적 근거가 있기 때문이다. 아무튼 성경에서 알려주는 인류 언어의 형성에 관한 힌트에 대하여는 별도로 후술하기로 한다.

⑤ 우리말이 이 지구상 모든 인류 언어의 뿌리이자 조상어라는 점이다.

필자의 호기심의 출발은 타밀어니 산스크리트어니 영어니 하는 데서 시작하였으나, 알고 보니 그게 아니다. 영어뿐 아니라 전 세계의 모든 국명, 지명, 세계사에 등장하는 인명 등이 모두 위에서 언급한 우리말 규칙을 따르고 있다. 이것이 세상 모든 인류 언어의 조상언어는 우리말일 것으로 추정하는 강력한 근거이다.

이 지구상의 모든 국명 지명 인명 등은 모두 우리 조선말 상고어에서 비롯되었고 오늘날까지도 이어지고 있는 것이 그 증거이다. 그러니 라틴어, 헬라어, 히브리어, 산스크리트어, 인도유럽어, 우랄알타이어… 등등 가릴 것 없이 애초의 원시 모태어는 우리 고대 조선말이다.

⑥ 한자가 우리말이라는 사실이다.

이제껏 한자는 중국에서 만든 것이고 중국의 문자로 여겨왔다.

간혹 일부 학자들 사이에서 한자를 만든 것은 중국이 아닌 우리 한민족의 조상 동이족이 만든 것이라는 주장이 있어온 것도 사실이다. 한자라는 글자 자체를 우리 동이족이 만들었다고 하는 주장인데… 이게 잘 먹히지를 않는다.

그걸 입증할 만한 증거라는 게 있지 않은 까닭이기도 하지만, 한자를 가지고 만든 것이라고 굳게 믿어 마지않는 수많은 우리의 한자어 어휘들 앞에서는 입을 다물 수밖에 없기 때문이기도 하다.

그러나, 아니다.

필자가 영어어원을 탐구한답시고 몇 년 들여다본 결과로 얻은 결론은 이른바 한자어 어휘는 모두 우리말이다. 우리말 중에 한자어로 된 어휘가 95%를 넘는다느니, 그래서 순우리말 어휘는 5%가 채

되지 않는다느니 하는 소리는 접어야 한다.

모든 한자어휘는 모두 우리말 상고어를 소리 나는 대로 표기하기 위하여 한자를 동원 음차표기한 것일 뿐이다. 그러므로 한자어휘는 당연히 우리말이다. 한자를 만든 주체도 우리 동이족이다. 이와 관련하여는 추후 별도 상술할 계획이다

⑦ 성경의 지명, 인명 등에 쓰인 말이 우리말이다.

대단히 감격스럽고도 가슴 떨리는 일이 아닐 수 없다.

성경의 구약성경 원본은 히브리어로, 신약성경 원본은 헬라어로 기록되었다. 히브리어든 헬라어든 모든 언어는 모두 우리말에 뿌리를 두고 있는 만큼, 성경의 지명, 인명 등이 우리말이라는 것은 논리적으로 당연하다.

성경에서 구세주를 그리스도라 한다. 이 '그리스도'는 헬라말이고 히브리말로는 메시아인데, 이 그리스도와 메시아가 다름 아닌 우리말이다. 할렐루야, 아멘도 우리말이다. 여호와 하나님의 이름을 부르는 여호와 삼마, 여호와 닛시, 여호와 라파, 엘로힘, 아도나이 등은 물론이고 기독교 용어는 모두 우리말 상고어에서 만들어진 말이다.

기독교계와 성경학자들 사이에 오랜 세월 동안 성경의 난제라고 일컬어지는 부분이 있다. 예를 들면, "홀이 유다를 떠나지 아니하며 치리자의 지팡이가 그 발 사이에서 떠나지 아니하시기를 실로가 오

시기까지 미치리니 그에게 모든 백성이 복종하리로다."(창세기 49:10) 라는 성경구절이 있다. 여기에서 '실로'가 무엇을 뜻하는 말인지 이제껏 전 세계의 그 누구도 정확히 알지 못한다. 다만 앞뒤 문맥으로 보아 메시아(구세주)를 가리키는 말일 것이라고 추측만 할 뿐이다.

그런데 필자가 알고 보니 이 '실로'가 바로 우리말이다. 우리 상고어로 '실로'는 신(하나님)을 가리키는 말이다. '실로'는 메시아(하나님) 맞다. 우리조차도 몰랐다. 그러니 누구라도 그 정확한 말뜻을 모르는 게 어찌 보면 당연하다. 성경의 지명, 인명이 모두 우리말이라는 사실은 매우 조심스럽지만 그래도 할 수 없다. 언어가 입증하기 때문이다.

⑧ 우리 민간 무속신앙이나 불교, 이슬람 등 전 세계의 종교에서 쓰이는 종교어휘는 모두 우리말이다.

인류의 종교행위는 태초부터 이어져 내려오는 뿌리 깊은 인간의 본성이다. 그러니 여기에서 쓰이는 모든 용어는 태곳적부터 이어져 전수되고 내려온 말들이라고 보아 무방할 것이다. 따라서 우리말이 모든 상고어의 모태어인 만큼, 이들 종교나 종교행위에 쓰이는 말들은 당연히 우리말이다.

예를 들어, 우리가 뜻을 잘 모르고 쓰던 말 중에 "수리 수리 마수리"가 있다. 여기서 [수리]는 우리 아리랑의 노랫말에 나오는 [스리]와 같은 말이다. 즉, 신(god)이라는 뜻이다. 이 [스리]는 '스리랑'의 '스리'이다. '스리랑' 역시 신(god)이라는 말이다. 나라 이름 '스리랑카'

는 우리말 '스리랑'과 어원상 완전히 같은 말이다. [수리]는 아프리카의 국명인 '수리남'의 [수리]와도 같다.

또한 [마수리] 역시 신(god)이다. 그러니 "수리 수리 마수리"는 그저 신(god)을 부르는 말일 뿐이다. 이건 우리 민간에서 어린아이들이 가위바위보 내기 전에 주먹을 쥔 양손을 실을 감듯 돌려가면서 "구리 구리 구리" 외치는 것과 같은데, 여기서 [구리]는 이미 언급한 바 있듯이 고대국가 고구려의 다른 이름인 [구리]와 같은 말로서 신(god) 이다. 그러니 "구리 구리 구리"를 외치는 건 마치 기독교인들이 통상 "주여!" 소리 내는 것과 같은 의미라 할 수 있다.

특히나 우리 토속 민간 무속신앙에서 쓰이는 말들은 우리 상고어를 그대로 보존하고 있다는 점에서 우리 고어 연구에 매우 중요한 역할을 할 수 있다. 이는 고대 하늘에 드리는 제천행사에서 유래된 것이 오늘날에는 그 형태가 변질된 것이므로 이를 유추하여 고대 제천행사의 원형을 되짚어 볼 수도 있을 것이다.

⑨ 세계사와 우리 상고사에 등장하는 모든 지명 인명은 순우리말이다.

역사는 지명과 인명의 나열이다. 다만 그것을 사건의 전개나 시간의 순서에 따라 적어놓은 것이다. 그러므로 역사에 등장하는 지명과 인명은 고대사를 파악하는데 매우 중요한 요소이다. 중요한 건, 서양사든 중국 역사서든 우리 역사서든 불문하고 고대사에 등장하는 지명과 인명이 모두 우리말이라는 점이다.

우리 상고어로 된 지명과 인명을 우리말 소리발음대로 알파벳과 한자를 빌려 음차한 것이다. 상고어의 모든 언어의 뿌리가 우리말이라는 점에서 비추어보면 이는 당연한 현상이라 하겠다.

예를 들면, 고대의 고고학적 지역으로서 지금의 발칸반도에 해당하는 '일리리아'라는 문명과 지명이 있다. 일리리아人도 있고 일리리아語도 있다. 오늘날 유럽의 알바니아語는 이 일리리아語를 기반으로 하고 있다. 이 '일리리아'는 일부의 학설에 의하면 기원전 7천년경 빈카문명의 창시자로서 그곳에 정착한 태양숭배 종족이며, 인류문명을 개척한 종족일 것으로 보는 견해가 있다고 한다.

여기서 필자가 주목하고자 하는 것은, 이 '일리리아'의 명칭과 어원에 관한 것이다. 이 '일리리아'는 우리말이다. 이는 필자가 발견한 음운규칙상 우리말의 '아라리'와 완전히 같은 말이다. 이 '아라리'는 우리 민요 아리랑의 가사에 나오는 말로서, "아리 아리랑 스리 스리랑 아라리가 났네…"의 그 '아라리'이다.

이 '아라리'는 우리말 상고어로 신(god)이다. 그러므로 '아라리=일리리아=신(god)'이다. 또 이 '일리리아'는 우리말 '닐리리야'와도 완전히 같은 말이다.

이와 같이 고대 문명에 등장한 '일리리아'라는 말이 우리말이라는 점을 감안할 때, 이는 결코 범상한 일이 아니다.

다른 예를 본다.

동유럽의 나라 헝가리는 역사적으로 아시아와의 친연성을 많이 지닌 나라이다. 언어도 우리말과 비슷한 단어가 여럿 있다고 하는 나라인데, 이 헝가리는 스스로를 '마자르'족이라고 부른다. 일부 역사학자들은 이 '마자르'라는 말이 '말갈'에서 변형된 말 아닐까 하는 추측을 하기도 한다.

하지만 필자의 견해로는 그게 아니다. 음운적으로 '말갈'이라는 말에서 음이 변하여 '마자르'가 파생한다는 건 있을 수 없는 일이다. 고대사에 등장하는 지명이나 인명, 종족 명 등의 표기는 매우 사실적이고도 정확하다는 게 필자의 판단이기 때문이다.

필자의 분석으로는, 헝가리의 '마자르'라는 말의 몸통말은 [마잘]로서, 이는 우리말 '무절'에서 나온 것이다. 이 '무절'이란 우리 고대국가 백제에서의 무사집단을 가리키는 말이다. 이 무사집단이 고구려에서는 조의선인, 신라에서는 화랑, 백제에서는 무절로 불렸다. 이 '무절'의 어원은 음운상 {마잘/마절/머절/무절/무잘/모질/무질/미절…} 등등과 모두 같은 말이다.

따라서, 헝가리 '마자르'의 몸통말 [마잘]은 백제의 무사집단인 [무절]과 같은 말이다. 그러면 이 [마잘]과 [마자르]의 관계는 무엇인가?

그건 간단하다. 다름 아닌 호격접미사가 붙은 차이밖에 없다.

[마잘]에 호격접미사 [우]가 붙은 것인데, 그러면 '마잘+우=마자루'가 된다. 그런데 인도유럽어권에서는 이 호격 [우]가 대부분 [으]

로 대체되어 동일시 된다. 그래서 [마자루]=[마자르]이다.

이와 같이 해놓고 보니, 헝가리의 마자르는 다름 아닌 우리 고대 백제계 무사집단의 후예일 가능성이 높은 것이다. 말갈이라는 말과는 어원적으로 관계가 없는 것이다. 아무튼 이는 역사학계의 연구 대상이다.

한편, 한자문화권에서의 고대사에 한자로 표기된 지명, 인명은 모두 우리말을 소리 나는대로 한자를 단순 음차하여 표기한 것뿐이므로 그 한자를 놓고 뜻풀이를 하는 건 아무 의미가 없다는 점이다. 한자의 뜻은 전혀 의미가 없다. 다만 비슷한 의미전달을 위해 적합한 한자를 골라 표기했을 수는 있다.

예를 들면, 동이족의 경우가 그렇다. 동이를 한자로 東夷(동이)라 표기하니까 모두들 '동쪽의 오랑캐'라고 해서 우리 동이족을 비하하는 표현이라 하여 흥분을 하는데, 이는 전혀 그렇지가 않다.

후술하겠지만, '동이'의 [동]은 우리 상고어로 신(god)이다. 이 [동]에 호격접미사 [이]가 붙으면 '동+이=동이'가 된다. 동이의 뜻은 단지 이뿐이다. 즉, '동이'라는 말의 뜻은 '신(god)'이다. 그러니 '동이족'이라는 말은 신(god)의 자손이라는 말이다. 이를 다른 말로 천손이라 하는 것이다. 그러니 이 동이(東夷)를 두고 '동쪽의 활 잘 쏘는 오랑캐'라느니 어쩌느니 하면서 우리 민족은 옛날부터 활을 잘 쏘는 민족이라서 '동이'라고 불렸다느니 하는 건 부질없는 일이라는 말이다.

한자의 뜻은 아무런 관련이 없다. 자세한 내용은 뒤에서 언급하기로 한다.

이와 비슷한 연유로 인해 우리는 역사의 퍼즐조각을 맞추는 데 실패하거나 놓쳐온 부분이 많다. 어떤 역사서에 고조선을 동호(東胡)라고 부른다는 기록이 있다.

고조선은 우리의 역사이니 고조선은 동이족의 뿌리일 것이다. 그런데 고대 역사서의 어떤 데서 고조선을 '동호'라고 부른다는 말 한마디에 주저앉아 버리고 만다. 즉 양자를 별개 취급한다는 말인데, '동이'와 '동호'는 과연 별개의 다른 말일까?

아니다. 완전히 똑같은 말이다.

우리말 상고어의 조어규칙을 진작 알았더라면 이런 불상사는 없었을 테지만 지금이라도 늦지 않다. 우리 상고어 음운규칙에서 동이=동호라는 사실을 알면 된다. 이 둘은 완전히 같은 말이다. 단지 호격접미사의 차이일 뿐이다.

앞에서도 언급했듯이, 우리말 상고어로 [동]은 신(god)이다. 이 [동]에 호격접미사 [이]가 붙은 게 [동이]이고, 호격접미사 [호]가 붙은 게 [동호]일 뿐이다. 그러니 고조선을 동호라고 부른다는 역사서의 기록은 정확한 것이고, 그 동호는 곧 우리 고대 동이족을 칭하는 것이다.

이 대목에서 아주 중요한 점이 하나 있다.

영어단어에서 [동이]를 영어알파벳으로 철자화한 것이 tongue인데, 이게 아주 특이한 사례이다. 그런데 퉁구스(Tungus)라는 말 자체도 이 '동이' 또는 '동호'를 알파벳으로 철자화한 것이라는 점이다. 이는 역사책을 다시 써야 할 만큼 중요한 문제이다.

고대사에서 동호(東胡)와 동이(東夷)는 완전히 같은 말로 대입하여 재해석해야 한다. 또 고대사에서 퉁구스족이라고 표기된 부분은 모두 동이족으로 바꿔야 한다. 그 퉁구스라는 말이 '동이'를 말하는 건데, 엉뚱하게도 우리는 '퉁구스'가 저 먼 나라의 것인 줄로 착각하고 그리 알아왔다. 고대사의 '퉁구스'를 '동이'로 대체하여 재해석한다면 아예 판도 자체가 바뀐다(퉁구스에 대하여는 추후 후술한다).

필자가 자투리나마 틈틈이 접한 몇몇 역사서를 읽다 보면 이런 데가 한두 군데가 아니다. 바로 잡아야 한다. 중국의 동북공정이라는 거센 공격을 일거에 무력화 시킬 수 있는 언어적 근거가 마련되었기 때문이다.

이상 보물창고에서 발견한 진주의 명세표를 대략 살펴보았다.

그런데 이게 다가 아니다.

이 지구의 원시언어가 우리말에 근거를 두고 있음은 어제오늘에 생긴 일이 아니다. 짧게는 수천년 길게는 1만년에 가까운 유구한 세월 전에 발생한 사건이다. 그러므로 인류가 발굴하는 고고학적 유물이나 고분벽화 등에 나타나는 그림과 문양들에 대한 해석 역시 우리말을 준거 삼아 조명해야 한다. 그래야 비로소 답이 나온다.

이제까지는 우리 고구려 고분벽화에 등장하는 삼족오의 의미라든가, 용봉문양, 일상문 등과 같은 그림의 뜻과 의미를 파악하는데 뜬구름 잡기식의 추측성 접근이 부득이했을지 몰라도, 금후로는 보다 분명한 의미파악이 가능해질 것으로 여겨진다. 예를 들어 해(태양) 속에 그려진 삼족오는 왜 하필 까마귀인가? 다리는 왜 3개인가? 달 속에 그려진 두꺼비(개구리)의 뜻은 뭔가?

어느 고구려벽화에 그려진 몸이 밀착한 한 쌍의 남녀 그림에서는 여자가 손에 가위를, 남자는 웬 커다란 삼지창을 들고 있다. 이게 뭔 말인가? 여자가 큰 가위는 왜 들고 있으며, 남자는 또 왜 큰 저팔계 삼지창 같은 걸 들고 있는가… 등등의 궁금증 말이다.

이에 대한 답을 간단히 언급하자면, 여자가 손에 들고 있는 [가위]는 우리말 상고어로 신(하나님)이다. 이 [가위]는 한가위의 어원이기도 하다.

남자가 들고 있는 커다란 삼지창은 우리 고유 토종 민간말로는 [소시랑] 또는 [쇠시랑]으로 부르는 농기구인데, 이 [소시랑/쇠시랑]이라는 말이 우리말 상고어로 신(하나님)의 뜻말이다. 그러므로 남녀가 들고 있는 [가위]와 [소시랑/쇠시랑]은 곧 신(하나님)을 상징하는 것이다. 이는 필자의 판단이다.

한편 수메르 문명에서 출토된 유물에는 소머리 형상이 나오는데… 대체 이 소머리가 왜 등장하는 걸까? 수레바퀴가 등장하기도 한다.

고대 이집트 벽화에는 왜 소의 머리를 한 사람 즉 반인반수(半人半獸)가 등장하는 걸까? 고대 이집트에는 진짜 그런 비주얼의 존재가 있었다는 얘긴가? 아니면 상징물인가? 등등이다. 그런데, 필자의 견해로는 이게 모두 우리말 상고어에서 연유한다.

이왕 소머리 얘기를 꺼냈으니 잠시 보고 간다.

소머리의 몸통말은 [소멀]이다. 이 [소멀]에 호격 [이]가 붙은 게 소머리이다. 즉 소멀+이=소멀이=소머리. 한편 수메르의 몸통말은 [수멜]이다. 이 [수멜]에 호격 [우]가 붙은 게 수메르이다. 즉 수멜+우=수메루(수메르)이다.

그런데 이 소머리의 [소멀]과 수메르의 [수멜]은 우리말 상고어에서는 {사말/사물/소말/소멀/수말/수밀/수밀/세말/세말…}의 계열에 속하는 말로서 모두 같은 말이다.

그러므로 [소멀]과 [수멜]은 같은 말이다. 즉 고대에는 [소머리]로 부르는 이도 있었고 [수메르]로 부르는 이도 있었다는 얘기다. 그래도 다 알아먹었다는 얘기다.

이 [소멀] 계열의 말은 우리 상고로 신(god)을 뜻하는 {삼}과 {알} 계열의 씨앗말의 조합으로 만들어진 말이다. 그러므로 이 [소멀] 계열의 말들은 그 뜻이 당연히 신(god)이다.

참고로 이 [소멀] 계열의 말 중에서 눈에 띄는 것을 보기로 한다.

먼저 '사말'인데, 여기에 호격 [이]가 붙으면 '사마리'가 되고, 여기에 호격 [아]가 한번 중복사용 되어 성경에 나오는 '사마리아'이다. [수밀] 이라는 말이 보인다. 여기에 호격 [이]가 붙으면 '수밀+이=수밀이'가 된다. 이게 바로 고대 환국 12연방 중의 하나인 '수밀이국(須密爾國)'의 [수밀이]이다. 이 [수밀이]와 [수메르]가 우리말 음운 규칙상 완전히 동일한 말이라는 점을 상기할 필요가 있다.

다음으로 [소말]이 보인다. 이 [소말]에 호격 [이]가 붙으면 '소마리' 이고, 이게 자음 강조되어 '소말리'가 된다. 이 '소말리'에 호격 [아]가 한번 더 붙은게 오늘날 아프리카의 국가중 하나의 이름인 '소말리아' 이다. 구체적인 호격접미사의 양상에 대하여는 후술한다.

그러니 수메르라는 말은 본래 뜻이 신(god)이요, 그 소리음가는 우리말 '소머리'와 동일한 것이요, 그러니 '수메르'라는 말을 표현하기 위하여 문자가 없던 시대에 부득이 실제 동물인 소의 대가리(소머리)를 동원한 것이요… 그럼으로써 소기의 목적을 달성한 것이요… 이렇게 되는 것이다.

여기서 필히 유의하고자 하는 게 있다.

실제로 소의 대가리를 형상으로 만들거나 또는 그 그림을 그려 놓고는, "이게 뭐냐?"고 물었을 때, 즉시 "소머리요"라고 대답하는 건 우리 민족밖에 없을 것이다. 그러니 수메르문명의 주인공은 우리 동이족일 수밖에 없다. 이 얘기를 필자는 하고 싶은 것이다.

결론적으로, 우리 고대역사 기록인 환단고기라든가, 수메르문명 등에 대한 모든 고대사에 대한 조명이 새로이 이루어져야 한다. 세계사의 주역은 우리 한민족이다. 고대사는 우리 동이족의 역사다.

수메르 문명은 우리 동이족의 문명이다. 왜냐면 수메르 문명에 등장하는 유물이나 쐐기문자 판독으로 드러난 지명 인명 등이 모두 우리말이기 때문이다. 그것들은 우리말이 아니면 결코 설명되지 않는다. 세계사를 다시 써야 한다. 우리 역사도 새로 써야 한다.

그밖에도 해외여행이나 토픽감으로 보는 외국의 문화나 풍습 등과 관련해서도 흥미로운 것들이 있다. 예를 들면, 인도에서는 코끼리를 아주 숭상한다. 힌두교에서는 소를 또 신성시한다. 하물며 인도의 어느 종족은 쥐를 신으로 숭상하기까지 한다. 참 특이한데… 이게 예전에는 잘 이해가 가지를 않았다. 그런데 알고 보니 이게 다 우리말에서 비롯된 풍습이었다.

간단히만 하고 지나간다. 코끼리의 몸통말은 [고낄](또는 코낄/꼬낄)이다. 이는 '고깔'과 더불어 같은 계열의 말이다. '고깔'은 우리 고어로 신(god)이다. 그러니 [고낄]도 신(god)이다. 이 [고낄]에 호격 [이]가 붙어 고끼리(코끼리)인 것이다. '고깔'은 고깔모자의 어원이다.

서양 고대문명의 유물에서는 이 '고깔모자'가 매우 신성시 되기도 하는데, 그 까닭이 여기 있는 것이다. 즉 '고깔'이라는 말이 신(god)을 뜻하기 때문이다.

한편, 우리말 상고어에서 [소]는 신(god)이다. [쥐]도 마찬가지다.

그래서 인도에서는 [코끼리] [소] [쥐] 등을 신성시 하는 것이다. 다만, 실제 동물 그 자체가 신(god)이라는 뜻은 아닌데도… 말이다. 여기서 주목할 점은, 인도사람들이 [소] [쥐] [코끼리] 등은 우리말인데도, 이를 신(god)의 뜻으로 인식한다는 점이다.

사실 이 [쥐]와 관련해서는 우리도 오인하고 지내는 게 하나 있다. 다름 아닌 '낮말은 새가 듣고 밤말은 쥐가 듣는다'라는 우리 민간말 속담이다.

이 말은 '낮에 하는 말은 새(bird)가 듣고, 밤중에 하는 말은 쥐새끼(rat)조차 엿들을 수 있으니, 늘 말조심 하라'는 뜻이다. 필자도 이제껏 그리 알고 살아왔다. 그러나 우리말 어원연구를 하며 알고 보니 이 속담은 우리 민간에서 [새]와 [쥐]의 뜻을 오해한 결과이다. 우리말 상고어에서 [새]=신(god)이다. [쥐](또는 [지])도 신(god)이다.

그러니 이 속담의 참뜻은 '낮말은 신(하나님)이 듣고, 밤에 하는 말도 (보이지 않는) 신(하나님)이 다 듣고 계신다. 그러니 말조심해라' 하는 뜻이다.

끝으로 하나만 더 짚고 가고자 한다.

외국의 국장(國章)이나 정부조직의 문장(紋章) 같은 걸 보면 주로 등장하는 게 독수리 문양이다. 우리나라 경찰의 상징도 독수리이다. 비단 경찰뿐이 아니다. 군도 그렇다. 미국의 경찰도… 이거 왜 그럴까? 독수리가 용맹하고 굳센 새라서 그러는 건가?

이건 그렇다 치는데, 아주 특이한 국장(國章)을 가진 나라도 있다.

예를 들면 인도네시아의 가루다 판찰라스 라고 하는 국장(國章)의 경우가 그것이다.

그림에서 보다시피, 큰 독수리가 있고, 이 독수리의 가슴 쪽에는 칸을 다섯으로 나눈 도형이 있는데, 이 칸 속에 다섯 가지의 그림이 그려져 있다.

이 그림이 상징하는 의미는 무얼까? 그 다섯 가지 그림은, '①소머리 ②나무 ③둥근 고리 ④벼이삭과 목화 ⑤별'이다. 이 국장의 의미에 대해서는 인도네시아 사람들이 더 잘 알 테지만, 필자가 이 그림을 보고 느끼는 소회는 남다르다. 이게 우리말을 모르고서는 설명이 안 되는 그림이기 때문이다. 그런데 이게 저 외국 인도네시아의 국장이다.

대체 어찌 된 일인가?

이 문장에 그려진 소머리를 대하니, 방금 우리가 앞에서 살펴본 수메르의 [소머리]가 떠오른다. [소머리]는 신(god)이다. '나무'는 우리 상고어에서 역시 신(god)이다. '나무관세음보살' 또는 '나무아미타불'에 등장하는 [나무]가 그것이다. 나머지 그림에 대하여는 생략하는데, 좌우지간 이 그림의 의미는 우리말로만 해석이 가능하다.

혹시 인도네시아 사람들이 이 그림의 의미를 잘 몰라서 궁금하다면… 우리가 가르쳐줄 수 있다. 우리는 알기 때문이다. 이게 참으로 불가사의하다. 아무튼, 이와 같은 사례는 우리말이 상고적에 전 세계 모든 곳에, 모든 인류에게 두루 퍼져 쓰이던 언어였다는 증표 아닐까 싶다.

이상으로 필자가 캐낸 보물의 명세를 대략 적어 보았는데, 이들 하나하나가 매우 엄청나다. 또한 무궁무진하다.

그밖에도 일본어가 우리말에서 파생하였다는 점이라든가 한자에 남아 있는 우리 동이족의 고대 종교생활상의 흔적과 유대민족과의 유사성이라든가 하는 등등의 매우 다양하고 방대한 내용이 많지만 이를 일일이 다 열거할 수가 없다.

실로 가슴이 벅차고 심장이 떨린다. 우리 한민족의 쾌거다. 우리 동이족의 인류 문화적 위대함이 세상에 드러났기 때문이다.

이와 관련된 자세한 내용은 이 책의 다른 본문 요소요소에서 살펴보려고 한다.

4장

영어는 우리말이다

영어는 5세기경 브리튼 섬에 침입한 앵글로색슨족의 언어다. 또한 영어는 종교의 자유를 찾아 메이플라워호를 타고 신대륙 미국으로 건너간 청교도들의 후손이 미국이라는 나라를 건설하여 오늘날의 초강대국 미국의 언어가 되어 전 세계적인 공용어가 된 지 오래다.

영어는 우리말이 아니다. 언어학적으로 보나 인종적으로 보나 지리적으로 보나 무엇하나 우리말 우리 민족과의 관련성이나 친연성은 아무리 눈 씻고 찾아보려야 찾아볼 수 없는 구조다.

그런데도 영어는 우리말이다. 이 모순되고도 역설적인 명제가 우리 앞에, 우리 한민족의 바로 코앞에 등장했다. 이는 비단 우리 한민족에만 국한된 일이 아니다. 전 지구적 차원의 관심사이자 메가톤급의 핵이슈가 될 것이다.

영어가 우리말이라는 명제가 성립하는 순간 세계사는 다시 써야 한다. 우리 고대사도 다시 써야 한다. 그동안 몇몇 강단과 재야사학자들을 중심으로 줄기차게 주장되어온 대륙사관에 기초한 우리 한민족과 동북아 고대사에 관련된 여러 가설이 이제는 재조명되어 사실로 검증될 수 있는 매우 중요한 근거가 확보된 것이다.

세계사도 마찬가지다. 고고학적 유물의 발견에 비할 바가 아니다. 언어가 전파되었고 그 언어가 엄연히 현존한다는 점은 그 어떤 유물이나 유적에 의한 뒷받침보다도 가장 강력하고 확실한 증거이기 때문이다.

영어는 우리말이다. 대체 어찌 된 일인가?

우리나라는 유라시아대륙의 동쪽 맨 끝이다. 반면 영국은 유라시아대륙의 저 서쪽 맨 끝에 있다. 지리적으로 수만km나 떨어져 있고 위치적으로 유라시아대륙의 극과 극이다. 인종적으로 앵글로색슨은 백인종이며 우리 한민족은 퉁구스계 황인종이다. 영어는 인도유럽어족에 속한 굴절어다. 반면 우리말은 우랄알타이어계의 교착어다. 물론 어순도 다르다. 어휘 문법 등 제반 비교언어학적 관점에서 동질성이라곤 눈곱만큼도 찾아볼 수 없이 완벽히 이질적인 언어다.

그럼에도 영어는 우리말이다. 다만 여기서 필자가 '영어는 우리말'이라고 하는 건 '영어는 우리말에 뿌리를 둔 언어'라는 말이다. 여기서 영어가 우리말에 뿌리를 두고 있다는 것은 다음 두 가지를 내포한다.

하나는, 영어단어 속에 우리말과 발음과 뜻에 있어서 동일하거나 유사한 단어가 그대로 존재한다는 점이고,

다른 하나는 영어의 어휘 생성 자체가 아예 우리말의 음운규칙을 그

대로 따르고 있다는 점이다.

참으로 불가사의하다.

도대체 고대사에 무슨 사연이 있었길래 앵글로색슨의 영어에 우리말이 남아있는 것이며, 더욱이 영어의 어휘는 어찌하여 우리말 음운규칙을 따라 생성된 것일까.

영어에는 우리말의 발음과 뜻이 같은 단어를 그대로 쓰는 게 한두 개가 아니다. 그것이 몇몇 단어에서 우연의 일치라고 치부할 수 있을 정도의 미미한 숫자라면 모르되 영어에 담겨있는 우리말 단어의 숫자가 무려 수천 개에 달한다. 이보다 더 중요한 사실은 영어의 어휘 자체가 아예 우리말 소리발음과 우리말 음운규칙을 그대로 따라 만들어졌다는 점이다.

그렇다면 우리말과 영어의 관계는 대체 무얼까 하는 궁금증이 생긴다.

그래서 인터넷을 좀 뒤져보니 이미 언어학자들 사이에서는 우리말의 비교언어적 차원의 특성에 대해서 직접 언급을 한 게 있었다. 이에 한두 가지 인용해 본다.

1920년대에 한국어를 연구한 독일의 언어학자 Eakardt는 "한국어는 언어적으로 교착어가 아니라 인도유럽어 계통의 굴절어"라고 밝혔다.

이러한 주장은 유럽의 비교언어학 전문가들에 의해서 지지를 받기도 했는데, 언어학자 Kopplemann은 1928년, "인도유럽어와 우랄알타이어 사이의 친연관계를 설정할 수 있다면 그 고리로서 가장 적합한 것이 한국어"라고 하여 Eakardt의 주장을 뒷받침 해주었고, 역시 언어학자인 Arntz는 1939년 "한 언어의 모습이 완전히 변하는 데는 2천 년이면 충분하다"며 "원래 한국어가 인도유럽어였을 가능성이 있다"고 주장하였다는 것이다.

그러나 필자는 이러한 주장에 직성이 풀리지 않는다.

필자가 영어가 우리말이라고 하는 데는 이것이 단순한 어족의 분류라는 차원에 머무는 사안이 아니라고 판단하기 때문이다. 그 이유는 필자가 영어는 우리말을 근원적 모태어로 삼고 있다는 사실을 발견하기 때문이다. 영어의 어원은 우리말에 있다. 우리말이 아니고는 영어의 어원이 설명되지 않는다.

이는 대단히 의미심장하고도 중요한 점이다. 그러니 우리말은 영어의 조상어에 해당한다. 따라서 영어는 우리말을 뿌리로 삼고 있는 우리 한국어의 '제2의 국어'라고 해야 할 것이다.

같은 어족에 속하는 언어들은 서로 친구나 형제 사이이다. 예를 들어 영어, 불어, 독일어, 스페인어 같은 대표적 인도유럽어들 사이에는 문법적 구조가 유사함은 물론 같거나 유사한 단어들이 엄청 많다.

두 가지 언어가 동일한 어족에 속하는지를 비교 판단하는 데 중요하게 고려해야 할 점이 어휘의 유사성이다. 비교 대상 양 언어에서 어휘의 뜻과 발음이 같거나 유사하면 동일한 어휘라고 판단하는 것이다.

그중에서도 비중 있게 다루어지는 부분이 생활어휘(기본어휘) 혹은 기축어휘이다. 즉 신과의 관계, 사람의 신체, 호칭, 가족관계, 주거, 음식, 생리현상 등 인간이 기본적인 의식주 생활을 영위하는 생존언어라든가, 인간의 원초적 본능인 식욕, 성욕 등과 관련된 어휘를 생활어휘(기본어휘)라 하겠다. 또한 인간사회에서 의사소통이나 개인적, 집단적 사회생활을 영위하는데 동원되는 어휘들을 모두 아울러서 기축어휘라 한다. 이런 기축어휘를 동일 어족에 속한 언어들끼리는 많은 부분을 공유한다. 그런다고 해서 이러한 언어들을 동일한 언어라고는 하지 않는다.

그런데 영어와 우리말의 관계는 그런 어족 따질 사이가 아니다. 현존 언어체계나 비교언어학적으로는 친연관계를 찾아볼 수 없는 극적으로 이질적인 사이이므로 이와 같은 전통적인 어족의 분류개념이 개입될 여지도 없다. 그럼에도 영어가 우리말이라고 하는 맥락이고 보면, 우리말과 영어의 관계는 결코 범상한 일이 아니다. 여기엔 분명 우리가 모르고 지내온 뭔가 특별한 핵 이슈나 이벤트가 있음이 틀림없다.

그게 뭘까?

필자의 졸견으로는 태초의 인류 원시 조상어가 바로 우리말이었을 거라는 강한 확신이다. 그 근거에 대한 구체적인 얘기의 전개는 관련 본문에서 다루기로 한다.

영어가 우리말이라니…?

기존에 우리가 지니고 있는 상식이나 언어나 역사적인 지식으로는 도저히 이해가 되지를 않는다. 우리의 사고가 이러한 고정관념에 묶여 있는 탓에 헷갈리고 황당스러울 수 있다. 그럼에도 영어는 우리말인 게 맞다.

필자는 영어에 우리말과 같거나 유사한 단어가 많다는 이유만으로 영어가 우리말이라고 단정하는게 결코 아니다. 그건 어불성설이다.

그건 그것대로의 큰 의미가 있는 건 맞다. 하지만 결정적인 근거가 있어야 한다. 그 결정적 근거라는 것은 다름 아닌 음운현상과 조어에서의 공통적이고도 일관된 규칙성을 말하되, 그 규칙성의 근거를 우리말에 두고 있느냐의 여부이다. 그런데 놀랍게도 영어는 우리말의 음운현상과 조어규칙을 그대로 따르고 있다.

그러기에 필자가 영어는 우리말이라고 단언하는 것이다. 영어가 우리말에서 따르고 있는 음운현상과 조어규칙은 너무나 간단하고 단순한 것이다. 다만 이제껏 우리가 그걸 모르고 있었을 뿐이다. 실은 상상조차 하기 힘든 것이었기 때문이기도 하다.

필자가 그걸 찾아내었다. 이에 대하여는 다른 장에서 별도 상술하기로 한다.

천하의 영어, 세계를 제패한 공용어 그 영어의 뿌리가 다름 아닌 우리말이라니… 세상에… 필자는 처음엔 꿈인지 생시인지 분간이 안 될 정도여서 믿기지 않고 한번 벌어진 입은 잘 다물어지지를 않아서 꽤 고생했다. 그러나 결론은 변함없다.

영어는 우리말이다. 영어는 우리말을 기본 골격으로 삼고 우리말의 원형을 그대로 쓰는 우리말 틀림없다. 생각컨대, 이 책의 제목을 접하고 첫 페이지를 여는 독자들은 무슨 마른하늘에서 떨어진 뚱딴지같은 소리인가 어리둥절할 것이다. 웬 정신 나간 '국뽕 또라이'가 하나 나타나서 '개 풀 뜯어 먹는 소리'를 지껄이려나 보다 지레짐작할 수도 있을 것이다.

예전엔 필자 역시 마찬가지 입장이었고 어디선가 이런 비슷한 소리하는 거 들을 때면 속으로 그래왔다. 객관적으로 납득이 될만한 근거의 제시가 빈약하거나 아예 없는 데다 마치 장난하는 것처럼 여겨졌기 때문이다. 그러나 영어가 우리말임은 누구도 부정할 수 없는 사실이자 팩트다. 결코 '개 풀 뜯어 먹을 소리'가 아니다. 필자가 그동안 수집하고 분석하여 정리한 영어단어의 사례와 영어어휘의 조어규칙이 그것을 대변해 준다. 독자들도 이제부터 한장 한장 넘겨 가다 보면 절로 무릎을 치며 탄성을 지르는 모습을 발견하게 될 것이다.

우리말의 기록수단 즉 문자는 한자와 한글(훈민정음)이다.

우리 한민족의 조상 동이족이 한자를 만들었다(한자는 중국에서 만들어진 문자가 아니다). 세종대왕은 세계 역사상 유례가 없는 가장 과학적이며 독창적이고도 우수한 훈민정음을 창제하였다. 한자와 한글의 창제는 위대한 문명과 정신세계의 소산이자 우리 민족의 자랑이다.

바야흐로 이제는 이에 더해 우리가 쓰는 우리말이 영어의 뿌리가 되어서 전 세계 영어를 쓰는 수십억 인류의 입을 통해 전 세계로 뻗어 나갔으니… 참으로 가슴 벅차고 감개무량한 일이 아닐 수 없다.

근세사에서 오늘날처럼 우리 대한민국의 국제적 위상이 드높이 빛나는 때가 없었다. 세계 10위권에 드는 번영한 무역대국이요, 경제강국이 되었다. 자유와 풍요로움이 넘친다. 전 세계적인 한류 열풍은 가히 폭발적이다. 삼성이나 LG는 이미 글로벌기업이 된 지 오래고, 이들이 만든 스마트폰이나 컴퓨터, 가전제품은 세계적인 이미 명품의 반열에 올라섰다. 한류 인기는 가히 메가톤급 기세로 전 세계인의 가슴을 설레게 하면서 지구를 한 바퀴 돌고 있다. 우리의 K팝이나 한류드라마, 전통문화, 음식, 스포츠 등 모든 영역에서의 우리 한민족의 위상은 경이로우리만치 드높아졌다.

이러할 때 영어가 우리말이라는 사실까지 더해지게 되었다. 필자는 우리말이 전 세계 인류의 원시 조상어일 가능성도 조심스럽게 점쳐본다. 만일 우리말이 인류의 조상어라면… 우리나라는 그야말로 인류사, 세계사를 이끌어온 주역이다.

세계사는 우리 한민족의 역사이다. 인류문명의 뿌리는 우리 한민족임이 만천하에 드러나게 되는 것이다.

영어단어에 생활어휘로서 우리말과 발음과 뜻이 같은 단어가 수백, 수천 개가 넘게 존재한다는 점은 이미 얘기한 바 있다.

그런데 필자는 여기서 한가지 상상의 나래를 펼쳐보고자 한다. 이와 같이 발음과 뜻이 같은 단어가 생활어휘로서 영어단어에 많이 존재한다는 사실이 시사하는 바는 무엇일까 하는 점이다.

예를 들면, 우리 주변의 생활용어 중에 대표적인 것 하나를 꼽으라면 화장실을 들 수 있겠다. 이는 인간의 의식주 생활 최일선의 첨병이다. 보통 말로는 변소, 문화어로는 화장실… 이 화장실을 우리 토종 토속말로는 뒷간으로 부른다. 수천년 이래 우리의 시골에서 사용된 말이다.

사실은 그리 오래지도 않다. 불과 4, 50년 전까지만 해도 이게 보통 말이었고 모름지기 오늘 지금 이 시간에도 우리의 농촌에서 연세 드신 어르신들은 화장실을 '뒷간'으로 부르고 계실 것이다(또는 '뒷간'이라고도 한다).

이 뒷간은 지방에 따라서 여러 가지 방언(사투리)으로 불린다. 뒷간, 뒤간, 똥독, 싯간, 정나, (똥)구시 등등이다. 그런데 놀랍게도 영어단어 속에는 우리말 뒷간의 용어가 사투리까지 포함해서 그대로 남아 있다.

이 지구상에서 화장실을 뒷간으로 부르는 민족은 우리밖에 없다. 그런데 영어단어에 이런 단어가 고스란히 남아 있다니… 이게 지구 이쪽 반대편과 저쪽 반대편에서 그냥 우연히 겹쳐 일어난 현상일까? 과연 그럴까?

아닐 것이다. 그럴 수는 없을 것이다. 혹시 한두 개가 우연히 일치한 것이라면 몰라도, 뒷간의 방언(사투리)까지를 포함해서 똑같은 단어가 있다는 사실을 우연으로 치기엔 너무 황당하다. 말(언어)에 발이 달려서 날아갔을 리는 없을 테고….

문득 떠오르는 상상은, 혹시 우리말을 쓰는 우리 고대 동이족들이 영국땅에 터 잡고 살았던 건 아닐까 하는 것이다.

영어의 주인공 앵글로색슨은 게르만족의 일파이다. 이 게르만족이 퍼져 살던 곳이 오늘날의 서유럽 쪽인데, 이는 고대 갈리아 지방으로서 로마의 시저가 정복전쟁을 치렀던 곳이다. 아예 그 갈리아 일대에 두루 퍼져 살던 게르만족 전체가 우리 동이족의 후예들은 아니었을까?

이건 전혀 뜬금없는 상상이 아니다. 나중에 본문에서 언급하겠지만 '갈리아'라는 지명은 우리말 어원적으로 볼 때 고구려의 다른 이름인 '고리' 또는 오늘날 우리나라의 영어 이름인 코리아와 같은 것이기 때문이다.

그렇다면 고대에는 그곳이 우리 고구려의 유민이 이동하여 세운 제2의 고구려(고리) 아니었겠는가 하는 추론도 가능하다고 보는 것이다. 고대사를 다시 들여다보아야 할 것이다. 흥미진진한 사실들이 무더기로 드러날지도 모른다.

영어는 원천적으로, 구조적으로, 전체적으로 우리말을 토대로 삼고 있는 언어이다. 그러므로 우리말은 영어의 어원을 밝혀줄 수 있는 도구라는 말이 되며, 영어의 기본어휘는 우리말 소리발음으로 인식하여야만 비로소 그 어원을 밝힐 수 있다.

예를 들면 영어단어 man, girl, God, woman, happy, mercy, glory, solar, sun, dark, game, fire, sin, joy, word, mother, father, shine, night, bright, dawn, baby, ill, mood, vogue, large, lord, road, route, way, true, tree, good, word, water, weather, snow… 등 이 수많은 영어의 기본어휘는 어디서 유래했을까?

언어학자들이 이러한 영어의 기본어휘들에 대한 어원이나 유래를 밝히려 아무리 노력해 봤자 모두 헛수고다. 이 모든 단어는 우리말에서 만들어진 말들이기 때문이다. 이러한 영어 기본어휘는 곧 우리말 그 자체이자 어원이다.

그런데 여기서 우리는 아주 중요하고도 놀라운 사실을 마주하게 된다.

우리 현대어가 잊어먹거나 잃어버린, 그래서 오늘날 우리가 일상어에서 쓰기는 쓰되 그 뜻을 모른 채 쓰는 관용어나 속담 등이 상당히 있다.

참으로 안타까운 일이다. 그런데 고맙게도, 정말 고맙게도 영어가 많은 걸 보존해주고 있다. 놀라운 일이다. 영어가 품고 있는 우리말은 적어도 2천년 이상의 역사적 시차를 반영한다고 보아야 한다.

그렇기 때문에 영어는 대략 2천년 이전의 우리 조선말 고대어를 잘 보존하고 있다 해도 무방할 것이다. 영어 안에 우리 고어나 토속사투리(방언)로 쓰이는 말들이 많이 보존되어 있다. 이는 다른 말로 바꾸면, 영어를 통해 역으로 잃어버린 우리말을 되살려 낼 수 있다는 말이다.

영어를 통해 윷놀이의 어원을 밝혀낼 수 있음도 그 중의 대표적인 사례이다.

영어는 우리말을 1, 2천년씩이나 잘 보존해준 김치냉장고 같은 존재이자 우리말의 보물창고이다.

5장 간략히 살펴보는 영국사와 우리말

영어는 영국의 말이다. 영국은 앵글로색슨의 나라이다. 그러므로 영어는 앵글로색슨의 말이다. 그런데 이 영어가 우리말이다. 고로 앵글로색슨의 말은 곧 우리말이다. 그렇다면 앵글로색슨은 우리말을 쓰던 족속이었다는 얘긴데… 이거 백 퍼센트 맞는 얘기일까? 궁금증이 생긴다.

앵글로색슨이 들어가기 전의 브리튼 섬은 무인도여서 아무도 살지 않던 땅인가?

그 무인도에 앵글로색슨이 최초로 들어가 터 잡고 살았던 내력이라면 앵글로색슨이 우리말을 쓰던 족속이었을 거라는 추측은 백 퍼센트 맞을듯하다. 그런데 실은 그렇지가 않다는 점에서 궁금증이 증폭되는 것이다. 그 땅엔 이미 오래전부터 켈트족이라는 족속이 뿌리내리고 살던 땅이었기 때문이다. 앵글로색슨이 침입하자 그 땅의 선주민이었던 켈트족, 픽트족들은 대거 영국땅 북쪽으로 밀리고 밀리다 오늘날의 스코틀랜드지역과 아일랜드 쪽에 몰려 살게 된 것이다.

그런데 필자가 관찰한 바로는 스코틀랜드와 아일랜드에서 쓰는 영어 안에 남아 있는 우리말 단어가 유독 많이 존재한다는 점이다. 즉 선주민이었던 켈트족, 픽트족이 모여 사는 곳에서 우리말이 많이 남아 있다는 것인데, 혹시 그들이 고대에 우리말을 쓰던 족속들은 아니었을까 하는 의심이 들기 때문이다.

도대체 어떤 사연이 고대 영국땅에서 펼쳐졌는지 궁금하거니와 어찌해서 우리말이 그곳에 있는 건지… 무식한 필자로서는 답이 안 나온다.

이에 대한 탐구는 역사학도들의 총명에 맡길 뿐이다. 다만 이에 영국의 역사에 관심이 가지 않을 수 없어 간단히 그 얼개만이라도 살펴보기로 한다.

오늘날 영국은 Great Britain(대영제국)으로 불린다.

영국은 우리 한반도 면적보다 약간 큰 잉글랜드 섬과 서쪽의 아일랜드섬으로 구성되어 있다. Great Britain은 4개의 연방으로 구성되어 있는데 연방이면서도 한 개의 국가이다. 그래서 영국을 다른 이름으로 United Kingdom이라 부르기도 한다.

영국의 본토라 할 수 있는 잉글랜

드 섬은 생긴 모양이 우리나라 한반도 토끼 모양과 약간 비슷하게 생겼는데, 영국은 잉글랜드, 웨일즈, 스코틀랜드 그리고 북아일랜드 이렇게 4개의 지역이 모여서 영국이라는 나라를 구성하고 있다.

위치별로는 동남부 쪽에 상대적으로 큰 면적의 잉글랜드, 남서부 지역의 웨일즈, 북부의 스코틀랜드, 서쪽 바다 건너 아일랜드섬의 북쪽 일부 지역인 북아일랜드가 그것이다.

영국이 세계사 무대에 등장하여 존재감을 드러낸 시기는 BC 54년경이다. 로마의 줄리어스 시저가 오늘의 서유럽 지역인 갈리아 정복에 나서면서 섬나라인 잉글랜드를 접수하고자 그 시기에 공략을 시도한다.

그러나 그 잉글랜드 섬에 원래부터 거주하던 선주민인 켈트족이 워낙 거세고 싸움을 잘하는 민족이었던 탓인지는 몰라도 그 당시 세계 최강국인 로마가 정복에 실패하고 물러 나온다. 10여 년쯤 후 BC 44년경 로마는 1차 원정실패로 구겨진 자존심 회복과 설욕의 기회 겸 유럽의 명실상부한 패자가 되려는 야심으로 재차 영국공략을 단행한다. 그러나 이마저도 실패로 끝나 원정을 포기하고 머쓱하니 철수하게 된다.

이로부터 약 100년 후인 AD 43년 로마는 전열을 가다듬고 회심의 일전을 벌여 드디어 영국을 접수한다.

로마황제 클라디우스가 직접 군대를 이끌고 이 원정에 나섰다고 하니 로마가 영국정복을 위해 얼마나 절치부심했는지 알 수 있는 대목이다. 이때로부터 로마가 영국으로부터 철수하는 AD 5세기 초엽까지의 약 400여 년 동안 영국은 로마의 지배하에 있게 된다.

로마가 영국을 정복하는 데 성공했다고 해서 완전한 승리를 거둔 것은 아니다. 선주민인 켈트족 특히 픽트족이라 불리는 북부 스코틀랜드 지역의 종족은 타고난 싸움꾼들인 데다 자부심이 강하고 나름대로 문화를 지닌 종족으로서 로마에 대하여 결사 항전을 벌이거나 북쪽의 산악지대로 피해 숨어 들어가는 등 항전 의지를 굽히지 않은 탓에 로마는 이들을 북쪽과 서쪽으로 밀어내는 전략으로 맞서 결국 잉글랜드와 웨일즈 지역을 장악하는 것으로 만족해야 했다.

이후 로마가 장악한 잉글랜드·웨일즈 지역에 거주하던 선주민 켈트족은 당시 세계문명국인 로마의 문화와 문물을 받아들이면서 서서히 로마에 동화되어 갔다.

로마의 법, 관습, 도로와 함께 언어, 즉 로마제국의 공용어인 라틴어까지 잉글랜드로 물밀듯 몰려 들어왔다. 로마는 로마대로 지속적인 유럽 통치의 병참기지로서 영국을 활용할 목적으로 그곳에 로마의 문물을 적극 투입하고 교화하여 비교적 평온한 관계를 유지하였다.

여기서 한가지 주목하고자 하는 점은, 당시 로마의 언어 라틴어는 알파벳 문자로 표기하였다는 사실이다. 선주민인 켈트족에게는 문자가 없었다. 켈트족은 로마의 앞선 문물에 호의적이었고 적극적으로 받아들여 자신들의 것으로 만들려는 의지가 강했고, 특히 피지배층으로서 출세의 지름길은 라틴어를 익혀 로마 총독부의 관원이 되거나 로마와 무역을 하거나 로마인과 결혼을 하는 등 상류사회에 진출하려는 이들에게 라틴어(알파벳)는 필수 스펙이 되어 광범위하게 보급되었을 것으로 추정된다.

만일 선주민 켈트족이 우리말을 사용하는 한민족(동이족 또는 흉노)의 후예라고 가정하면, 우리말이 알파벳으로 철자화되고 기록되기 시작한 것은 바로 이때부터 비롯되었다고 추정할 수 있다는 점이다. 이러한 추정이 맞는다면 우리말이 알파벳으로 표기되기 시작한 기원은 대략 2천년 전의 일이 되는 것이다.

일단 이와 같은 추정까지만 해두고 다음으로 넘어가기로 한다.

로마의 지배에 저항적이지 않고 또 어느 정도는 호의적이었던 남쪽의 잉글랜드와 웨일즈가 로마와 평화공존 관계를 유지했던 반면, 북쪽 스코틀랜드지역으로 쫓겨간 켈트족은 로마의 지배를 거부하고 지속적으로 침략을 해서 약탈을 하거나 노략질을 하는 등으로 로마 정부를 괴롭혀 오고 있었다.

이에 로마는 AD 122년경 북쪽 스코틀랜드 지역 야만족의 침략을 막고자 방벽을 쌓기로 한다. 마치 오늘날 중국의 만리장성을 연상케 하는 매우 큰 프로젝트인데 방벽의 총 길이가 120KM 정도에 달한다.

이 방벽은 로마황제 하드리아누스의 이름을 따 하드리아누스 방벽이라 하여 오늘날까지도 잘 보존되어 있는데, 이는 오늘날 스코틀랜드와 잉글랜드를 구분 짓는 경계와 거의 흡사하다.

이러한 가운데 약 300여 년의 세월이 흘러 AD 4세기 중반에 이르렀을 무렵 유럽대륙에는 대격동이 일어나게 된다. 유럽 고대사의 판 자체를 뒤흔든 이른바 게르만족의 대이동이 시작된 것이다. 게르만족의 대이동은 훈족(또는 흉노)의 서진(西進)으로 촉발된 것인데, 당시 훈족이라는 이름은 당시의 유럽을 두려움에 떨게 하고 완전 '후덜덜' 분위기로 몰아간 공포의 대명사로 불렸다. 유럽의 역사가들은 이 훈족의 정체가 무엇인지 그때도 몰랐고 지금도 모르고 있다. 다만 유럽을 심판하기 위한 하나님의 벌이 저들을 통해서 내려지고 있다고 믿고 그들을 악마의 화신으로 여겼을 뿐이다. 어느 날 갑자기 초원의 동쪽 저 끝자락에서 뽀얀 먼지 바람을 일으키며 나타났는가 싶더니만 어느새 전광석화와 같이 말을 타고 밀려 들려와서는 닥치는 대로 약탈하고 무자비한 살육을 서슴지 않는 야만인들 앞에서 유럽세계는 숨죽이며 공포에 떨어야 했다.

훈족이 휩쓸고 간 지역엔 생명이라고는 개미 새끼 한 마리도 안 남을 만큼 처절한 살육이 벌어졌다. 그들은 "우리는 천손, 하늘의 자손이다. 항복하라. 아니면 죽음이 기다리니 양자택일하라"는 무시무시한 최후통첩을 날리고 나선 돌아오는 답변에 따라 일말의 주저함 없이 작업에 들어갔다.

훈족에게 항복을 선택한 나라나 도시에 대하여는 매우 관대했다. 털끝 하나 건들지 않고 오히려 보호해 주고 이들을 후방 지원세력으로 동참시킴으로써 다음 정복 수순에 협조자가 되게 만드는 전략이었다. 왕족이나 귀족 등 지배계급은 목숨을 부지할 수 있었고 어느 정도의 기득권을 유지할 수도 있었다. 반면 대항했던 종족이나 도시는 그야말로 개미 새끼, 풀 한 포기도 안 남고 초토화되어 멸족되는 운명을 맞아야 했다.

유럽의 역사가들은 이 훈족을 동쪽의 초원지대에서 출발하여 유라시아대륙의 서쪽을 향해 종횡무진 내달린 동방의 유목민족인 흉노족의 일부로 보고 있을 뿐, 그들의 발원이 어딘지, 그들의 종족이 어디서 유래하였는지 등에 대해서는 아는 게 없다. 그저 혜성처럼 나타나서 유럽을 온통 피비린내 나는 전쟁의 회오리바람 속으로 몰아넣고 유린하다가 또 어느 날 갑자기 바람처럼 사라진 불가사의한 종족으로만 바라보고 있을 뿐이다. 유럽인들은 이들에 대해 진저리나는 역사적 경험을 기억 속에 지니고 있다. 그래서 17세기까지에 이르러서도 훈족의 '훈'자만 나와도 가위눌릴 만큼 유럽인들에게 훈족은 혹독히 공포스러운 존재였다.

이러한 배경으로 유럽의 역사가들은 훈족을 야만족, 악마의 화신인 것처럼 묘사하지만 사실 훈족이 그렇게 무지막지한 미개종족은 아니었던 것으로 전한다. 그것은 그들의 시각에서 본 것이므로 그럴 수밖에 없겠지만 어쨌든 그들은 나름대로 문화와 군사기술을 지니고 있었으며, 관대할 때는 관대함을 베풀 줄도 알았고 전략적으로 포용정책이 필요할 때는 그렇게 하였다. 공포전략이 필요할 때는 완전 탈탈 털어서 '후덜덜'하게 만들기도 한 것이다. 다시 말해 완전 '또라이' 미개 족속이 아니라 정치, 외교적인 기술을 적절히 구사할 줄 아는 영악한 종족이었다고 보는 시각도 있다는 것이다.

우리 역사학계에서는 이들 훈족을 흉노족의 일부로 보는 시각이 있는데 필자도 이에 동감한다. 우리 역사학계만 그렇게 보는 게 아니라 유럽의 일부 학계에서도 그렇게 본다. 흉노란 고대 고조선과 부여, 고구려 인근에 위치하고 우리와 같은 민족군에 속했던 말갈, 돌궐, 선비, 거란, 여진 등을 총칭하는 개념인데 훈과 흉노라는 말은 필자의 연구 결과 둘 다 고대어 우리말이다.

흉노족은 고대 한민족의 일부였으므로 그 흉노족의 일부인 훈족 역시 한민족(동이족)의 후예라는 등식이 성립될 법한 대목이기도 하다.

여기서 잠시 훈족을 음운적으로 살펴본다. 영어로는 훈족을 Hun[훈]으로 표기한다.

이 [훈]에 대하여는 나중에 다른 본문에서 언급할 것이지만, 우리 '한민족'의 [한]과 [훈]이 상고어에서는 어원적으로 완전히 같은 말이라는 점이다. 그러니 '훈족'은 '한민족'과 동일한 말이 되는 것이다. 이 'Hun'의 영어발음은 [훈]이 아니고 [hʌn]이다. 즉 [헌] 또는 [한]에 가깝게 들리

> **Hun** [hʌn]
>
> 명
>
> 1. 훈족, 흉노(4–5세기에 유럽에 침입했던 중앙 아시아의 유목민)
> 2. 야만인, 문명의 파괴자

는 발음이다.

아무튼 이 훈족의 침입이 당시 서유럽, 북유럽의 게르만족에게 충격과 소용돌이를 일으키는데 그치지 않고 결국에는 당시 세계최강의 G1 로마제국을 무너뜨리는 기폭제가 된다. 훈족의 말발굽이 자신들의 터전을 휩쓸자 갈리아지역에 머물던 게르만족들은 살기 위해 물러날 수밖에 없었다.

그들은 압박해 오는 훈족의 공포를 피해 남쪽으로의 대이동을 시작하는데, 그쪽은 로마제국의 영역이었으므로 게르만족은 로마제국의 영내로 진입하지 않을 수 없는 형국이 조성된 것이다. 살기 위해 피난길에 오른 게르만족과 변경을 지키려는 로마제국과의 일대 결전은 피할 수 없는 운명이 된다.

AD 4세기 말 무렵 로마는 무더기로 남하하는 게르만족의 준동으로 인해 매우 후달리게 되고 골치를 썩이게 된다. 로마제국은 이들을 야만족으로 분류하고 정복해서 교화시켜야 하는 미개 족속으로 여겼지만, 막상 이들 게르만족의 쌈박질 전투력이 결코 무시할 수 없는 내공인데다 죽기 살기로 덤벼드는 터라 천하의 로마군대가 오히려 탈탈 털릴 급박한 지경에까지 이르렀다.

로마는 당장 본국의 안위를 걱정해야 할 만큼 다급한 처지에 이르게 되었기 때문에 식민지 영국에 주둔하던 군대를 AD 401~409년에 걸쳐 빼내면서 결국 모두 철수하게 된다.

이렇게 되자 로마군대가 빠져나간 잉글랜드 섬에는 힘의 공백으로 인한 혼란이 일기 시작하였다. 과거 약 400년간 로마의 치하에서 비교적 평화로운 가운데 태평성대를 누리던 잉글랜드는 심각한 위협과 고민에 빠지게 된 것이다.

로마에 의해 북쪽 끝과 서쪽 끝으로 밀려나 절치부심 고토의 회복을 노리던 원주민 켈트족과 북쪽의 스코트족이 그 원인이 된 것이다.

원주민으로서 로마의 식민지 체제에 동화되어 평화공존을 누려온 잉글랜드지역의 켈트족과는 달리 이들은 로마에 투항하지 않고 결사 항전의 투지를 잃지 않고 버텨왔던 터라, 로마군대의 철수가 이루어지자 기다렸다는 듯이 자신들의 고향 본토 회복을 위한 실력행사에 나선 것이다. 이에 잉글랜드는 자신들만의 힘으로는 북쪽 스코트족의 침입을 막아내기엔 역부족임을 뼈저리게 깨닫게 된다. 종전 보호막이었던 로마에 지원을 청해봤자 로마는 이미 '내 코가 석 자나 빠진' 딱한 상황이라 영국의 절박한 SOS 구호요청 타전에도 불구하고 로마는 이를 돌아볼 계제가 아니었으므로, 로마로부터의 지원병 기대는 헛된 꿈에 다름 아니었다.

다급해진 잉글랜드는 로마에 대한 기대를 접고 다른 제2의 카드를 찾게 되는데, 이는 다름 아닌 저 바다 건너 대륙 독일 북부 지역에 터 잡고 있던 색슨족(게르만의 일파)을 향하여 구원의 손짓을 보내기로 한다. 그들을 용병으로 삼아 침략을 일삼는 잉글랜드 북쪽과 서쪽의 켈트족과 스코트족을 막아낼 요량이었다.

원래 색슨족은 AD 280년경부터 로마의 치하 당시에도 수시로 잉글랜드 동부해안에 출몰하여 약탈과 노략질을 일삼던 종족이었으므로 그다지 좋은 감정은 아닌 상대였지만, 그들의 쌈박질 실력을 관찰과 경험을 통해 알고 있던 터라 부득이 그들을 연합전선의 구원투수로 등판시키기로 한 것이다.

한편 원병요청서를 받아든 북부 독일의 색슨족은 그야말로 이게 웬 떡이냐 싶어 곧바로 "Why not? 땡큐!" 회신을 보내고는 즉시 작업에 돌입, 잉글랜드 섬을 향해 배를 타고 건너간다. 이들의 타고난 쌈박질 실력은 그야말로 익히 듣고, 보고, 알던 대로 내공이 엄청나서 용병 원청업체인 잉글랜드 당국을 크게 만족시켜 주었다. 그러나 그들이 색슨족을 불러들인 것은 중대 패착으로서 나중에 잉글랜드로서는 돌이킬 수 없는 화근이 되고 만다. 발등에 떨어진 불을 끄기 위한 고육지책으로 색슨족을 용병으로 불러들인 것이었지만 이들이 뒤통수를 친 것이다.

이들이 반란을 일으켰다. 용병계약을 맺고 일하던 하청업자가 원청업체 잉글랜드의 안방을 차지하려 든 것이다. 평소 잉글랜드의 비옥한 토지와 살기에 좋고 온화한 기후 등을 탐내오던 색슨족이 하청업체라는 자신의 본분을 망각하고는 아예 주인을 몰아내고 그 땅을 자신들이 차지하겠노라 폭탄선언을 하고 나온 것이다.

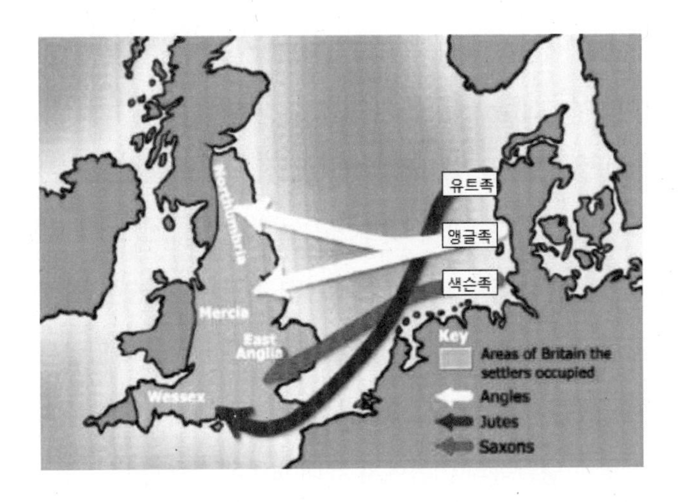

색슨족으로부터 마른하늘 날벼락과도 같은 뒤통수를 얻어맞은 잉글랜드는 전대미문의 하극상을 벌이는 용병 하청업자 색슨족의 뻔뻔함과 적반하장도 유분수의 후안무치에 치를 떨지만 이미 때는 늦어 손을 쓸 수 없게 되었다.

토끼 잡으려다 호랑이 불러들인 격이 된 것이다. 자신들보다 쌈박질 내공이 몇 수는 위 인데다가 한 성질 하는 색슨족을 향해서는 겁에 질려 계약서 내용대로 하자고 제대로 한번 따져보지도 못한 채 잉글랜드는 결국 꼬리를 내리고 만다.

또 한편, 북부 독일의 게르만족 중에 1번 타자로 잉글랜드에 용병출정 하였던 색슨족보다는 약간 북쪽에 있던 앵글족이라는 게르만의 일파가 있었는데, 색슨족과는 이웃하고 살던 이들로서 역시 쌈박질에선 둘째가라면 서럽다며 명함 내미는 종족이었다. 바다 건너 저쪽 영국 섬에서 색슨족이 잉글랜드를 탈탈 털고 한참 짭짤하게 재미를 보는 중이라는 소식을 접한 이 앵글족도 이에 과감히 출사표를 던진다.

먼저 진출한 색슨족과 나중에 도착한 앵글족은 평소 서로 잘 알고 지내던 사이라서 그랬는지는 몰라도 별 마찰 없이 사이좋게 잉글랜드를 접수하는데 협력작업을 벌이게 된다. 이러한 역사적 곡절로 인하여 오늘날의 영국이 앵글로색슨족의 나라라고 일컬음 받는 계기가 된 것이다.

얼마 후에는 앵글족의 바로 위쪽(북쪽) 유틀란트반도에 머물던 유트족까지 덩달아 숟가락을 들고 영국 섬으로 향하게 되고 잉글랜드는 결국 앵글족, 색슨족, 유트족의 3파전 양상으로 전개된다. 잉글랜드라는 영국의 국명은 앵글족의 이름에서 유래하게 된 것이다.

결국 대략 400년 가까이 로마제국의 지배와 보호 아래 종주국 로마에 협력하는 스탠스로 문화와 문명의 달콤함을 누리며 평온한 세월을 구가했던 영국의 선주민 잉글랜드 켈트족. 로마군대의 철수로 빚어진 힘의 공백기를 틈타 호시탐탐 고토회복 무력통일의 기회를 노리던 북쪽 스코틀랜드지역의 켈트족과 스코트족, 픽트족, 또 서쪽 끝자락과 아일랜드섬으로까지 밀려났던 켈트족의 도발로 사면초가에 몰려 고민하던 잉글랜드 켈트족. 어떻게든 자력구제와 자력갱생의 기치를 올리고 버텨보려 안간힘을 썼지만 역부족임을 절감, 눈물을 머금고 바다 건너 유럽대륙 서북쪽의 게르만 일파 색슨족이 싸움을 잘한다는 소문을 듣고 용병 하청에 연봉계약을 해주고 끌어들였다가 강도로 돌변한 그들에게 심한 뒤통수를 맞고는 결국 안방을 내주게 된 그들의 사연이 애처롭다.

주객전도로 원청업체에서 하청업체 신세로 신분 추락한 잉글랜드 켈트족은 로마의 지배에서 벗어났는가 싶어 독립만세를 외치고 희망찬

장밋빛 청사진을 그렸건만… 잉크가 채 마르기도 전에 앵글로색슨족을 상전으로 모셔야 하는 처지가 되고 말았다.

여기서 한 가지 주목하고 지나가고자 하는 부분이 있다.

이 앵글로색슨이야말로 오늘날 대영제국을 이룩한 주역이며, 이들은 오늘날 미국에서까지도 주류세력으로 건재한다는 것이다. WASP, 즉 화이트, 앵글로색슨, 개신교 라는 3가지 스펙을 갖춰야 미국에서 사람 대접받는다는 얘긴데, 바로 이 앵글로색슨의 언어가 고대영어이고 그 안에 우리말이 수두룩하게 남아 있다는 점이다.

그렇다면 앵글로색슨족은 우리말을 쓰던 종족, 즉 우리 고대 한민족의 후예라는 말인가? 아니면 잉글랜드 선주민 켈트족이 우리말을 쓰고 있던 종족이었는데, 여기에 앵글로색슨이 지배계층으로 등극하면서 오랜 세월에 걸쳐 그들의 말에 켈트족의 말(우리말)이 섞여 들어간 것일까? 이점에 대하여는 앞으로 연구가 필요할 것으로 보인다.

만일 앵글로색슨의 언어가 우리말이어서 영국의 로마자로 철자화되어 표기되기 시작한 것이 이때로부터 라고 추정하면 영어가 우리말을 품고 지내온 세월은 대략 1500년 정도라는 점이며, 영어에 남아 있는 우리말의 연원은 최소 1500년 이전의 고대 한국어와 그 시절의 생활상을 반영하고 있다는 점을 주목하고자 한다.

앞에서 한번 추정한바, 우리말이 영국에서 철자화가 가능했을 시점의 추정은 영국이 로마제국에 복속된 AD 1세기로부터 치면 2천년, 앵글로색슨의 상륙 이후로 보면 1500년 전의 일이 되는 것이다. 일단 한 번 철자화된 언어는 여간해선 흔들림 없는 생명력을 유지한다는 점에서 보면 영어에 담긴 우리말의 보존 연한도 덩달아 최소 1500년, 최장 2천년에 달하는 장구한 세월이라는 점이다.

우리말이 비로소 발음대로 표기될 수 있게 된 시점이 훈민정음이 반포된 15세기 이후 고작 500년 남짓임을 고려하면, 영어사전은 우리말 고어를 무려 1500년 넘도록 상하지 않게 잘 보존해준 김치냉장고 같은 존재나 다름없다.

한편, 앵글로색슨은 게르만족의 일파로 독일 북서부 끝자락, 오늘날 덴마크의 접경 일대에 살던 종족이다. 유트족도 그 근방이다. 당시 게르만족의 종족 수는 대략 12종족에 달했던 것으로 알려져 있다. 이들 앵글, 색슨, 유트 세 종족은 광범위한 게르만족의 일부일 뿐인바, 이들만이 독특하게도 우리말을 쓰던 종족이고 나머지 다른 게르만파들은 그게 아니었을 거라고 추정할 수 있을까?

필자는 나머지 다른 게르만파 종족들도 사정은 이들 앵글, 색슨, 유트 3종족과 비슷비슷하지 않았을까 여긴다. 그렇다면 당시 서유럽 일대를 장악한 게르만족 전체가 아예 우리말을 쓰는 우리 족속들은 아니었을까 하는 데까지 생각이 미치는 것이다.

이 게르만이 영어로는 German인데, 이를 스펠대로 읽으면 [걸만]이다. 이 [걸만]은 필자가 분석하는바 상고어에서 '갈만/갈문/갈멘/칼멘/골만/콜만/쿨만/길만/킬만…' 등과 모두 동등한 반열에 속하는 같은 어휘들이다. 여기서 주목할 것은 [갈문]이라는 말이다. 우리 고대국가 신라에 '갈문왕'이라는 호칭제도가 있었다. 이 '갈문왕'이란 왕의 아버지나 형제, 장인, 여왕의 남편 등을 일컫던 말인데 왕에 버금가는 높은 지위였다. 이 '갈문왕'의 [갈문]과 German의 [걸만]이 어원적으로는 같다는 사실이다.

아무튼 약간의 비약과 성급함이 있는 듯하지만 필자는 당시 갈리아 지역으로 불리던 서부유럽(독일, 프랑스, 덴마크, 이베리아반도 등)에 퍼져있던 게르만족은 우리 고조선과 부여, 고구려의 유민 등이 동북아의 혼란한 시기에 서쪽으로 이동을 거듭하여 정착한 우리 한민족이 아닌가 하는 생각이 들기도 한다.

덧붙이면, 필자가 발견한 우리말 어원상 색슨(Saxon)이라는 말은 숙신(肅愼)과 동일한 말이다. 또한 숙신은 식신과도 완전히 동일한 말이다. 고대 우리 동이족을 포함한 북방민족(흉노, 선비, 예맥, 조선, 동호, 산융, 거란, 말갈, 돌궐 등)을 일컬어 숙신, 식신 또는 직신 등으로 불렀는데, 이 북방민족들은 이름만 달리 불렸을 뿐 모두 고조선 동이족의 후예로서 다 우리 민족이라는 얘기다.

이 숙신 또는 식신은 고대 게르만족의 주 활동무대의 일부였던 유럽의 작센지역과도 같은 동일한 어원이다. 이렇게 보면 색슨족은 곧 고대 북방민족의 일파로서 우리 고조선의 한 족속인 숙신의 후예 아닌가 싶은 것이다.

고구려 또는 부여가 색족 혹은 맥족이다. 고조선 멸망 이후 부여와 고구려가 건국되면서 이합집산의 과정을 거치는 바람에 명확하지는 하지만 대체로 고구려를 색족, 부여를 맥족으로 구분하기도 한다. 다시 말해 색슨은 Saxon=색손(色孫), 즉 고구려의 후손이라는 말에 가깝다.

그런데 아주 흥미로운 사실이 하나 있다.

영국의 스코틀랜드와 아일랜드 사람들을 영어로 Mac(맥)이라 한다.

그들은 또 이름 앞에 이 Mac(맥)을 붙여 쓰는데, 이는 'son of…'라는 뜻으로서 '누구누구의 아들…'이라는 의미다. 줄여서 Mc으로 쓰기도 하는데, 맥아더(McArther), 맥케인(McCain), 맥켄지(McKenzie), 맥도날드(McDonald)… 등등, 이 '맥'자 돌림의 이름이 무지하게 많다.

> **Mac**
>
> 명
>
> 1. 맥, 남자이름
> 2. 〈구어〉 스코틀랜드 사람, 아일랜드 사람

> **Mac-**
>
> 접 원래는 "son of"의 뜻으로, 아일랜드 및 스코틀랜드계의 성에 붙임

이건 무얼 의미하는 걸까. 이들은 스스로 [맥]이라 칭하거나, [맥]의 자손임을 자부하는 의미에서, 또한 세월이 흐르더라도 이를 잊지 않

고 간직하거나 후손들에게 대대로 이어지게 하려 한 것 아니겠는가 하는 생각이다. 이런 걸 두고 우리말로는 '맥을 잇는다'고 한다. 그렇다면 이 [맥]이 무엇인가? 우리 고조선의 후신인 부여가 맥족인데… 바로 그 [맥] 아닌가? 결국, 스코틀랜드와 아일랜드의 영국인들은 자신들이 맥족의 후예임을 선언하는 것이나 다름없다고 보는 것이다.

그렇다면, 영국이라는 나라는 결국 색족과 맥족의 나라라는 말이 된다. 다시 말해 앵글로색슨이라는 명칭 자체에서 유래하는 잉글랜드의 [색족]과 스코틀랜드 및 아일랜드 지역에서 스스로 [맥족]임을 자처하는 양대 족속의 공존지역 아닌가 하는 데까지 상상의 나래가 펼쳐진다는 것이다.

필자의 이러한 추측과 상상에 펌프질을 하는 사연이 하나 있다. 우리 고대의 색족과 맥족의 관계가 그리 매끄러운 사이가 아니었다는 점이, 오늘날 영국 내 스코틀랜드와 잉글랜드 사이가 그리 원만하지 않다는 점과 겹치기 때문이다.

먼저 우리 쪽을 보면, 맥족의 부여는 고조선의 대를 이은 직계 적통임을 자임하였다. 그런데 부여에서 가지를 쳐 살림을 차려 나간 색족의 고구려가 나중에는 힘을 길러 친정집 부여를 거꾸러뜨리고는 도리어 자신들이 고조선의 적통임을 선언하며 치고 나오자… 부여는 배신감에다 골육상쟁의 원한에 더해 적통경쟁이라는 회오리 속에 갇히는 바람에 고구려에 대한 감정의 골이 깊이 드리워지게 된 것이다.

한편, 영국은 북쪽 스코틀랜드의 분리독립이라는 뜨거운 이슈로 몸살을 앓아온 나라다. 스코틀랜드와 남쪽의 잉글랜드는 역사적으로 견원지간이나 다름없는 세월을 누벼왔다. 영국연방이라는 한 국가 안에서 어쩔 수 없이 공존하기는 하지만 스코틀랜드는 틈만 나면 영국에서 분리되기를 갈구하며 주야장천 분리독립을 주창하여 왔다.

드디어 이 뜨거운 이슈는 2014년 9월 18일 역사적인 국민찬반투표에까지 붙여지게 되는데, 국민여론을 물어본 결과 반대여론이 우세하여 결국 무산되고는 말았지만 양 진영 간의 긴장관계가 여간 팽팽한게 아님을 보여주는 사례다.

이렇게 우리 쪽과 영국 양쪽의 사연을 다 듣고 나서 보니 뭔가 짚이는 게 있는 듯하다. 우리 쪽 부여의 [맥족]과 고구려의 [색족]이 종전의 터전이었던 고조선과 그 일대의 동북아시아를 떠나 눈을 돌려 중앙아시아의 광활한 초원을 지나 끝없이 서쪽으로, 서쪽으로 서유럽, 북유럽에 이를 때까지 서로 앞서거니 뒤서거니 하면서 종횡무진 말발굽을 내달리는 장면을 상정해 본다. 어쩔 수 없는 한 핏줄이었으므로 이민족과의 혈투가 벌어질 때는 협력하되 큰불 끄고 나서 한가해지면 그땐 장자권 지위쟁탈전을 벌이며 서로 쥐어박고 쌈박질했을지도 모른다.

오늘날 영국에서 벌어지는 양파 간 경기는 아직 끝나지 않은 승부라고 여기는 [맥]과 [색]이 결국 영국이라는 운동장으로까지 경기장을 옮겨 들어가 벌이는 시합의 연장전 아닌가 싶은데….

이와 같은 사연이 영국이라는 나라가 색족과 맥족의 나라일지도 모른다는 상상의 나래에 펌프질이 가해진 배경이다.

잉글랜드의 어원이 되는 앵글족의 앵글은 우리말 '인걸 또는 잉걸'이다. 필자의 어원탐구 결과에 의하면 '앵글'은 영어단어 angel과 어원을 같이하는 말이다.

이처럼, 게르만의 지명이나 종족 명이 우리말로 되어있다는 것은 그 일대에 머물던 게르만족의 전부는 아니더라도 상당 부분 우리 고대 한민족의 후손이 진을 치고 있었던 것은 아닐까 하는 추론을 뒷받침한다.

옛 갈리아지역은 영어로 Gaul(골)이다. 프랑스의 대통령이었던 드골 장군의 이름이 de Gaulle(드골)이다. 이 [골]은 우리 고구려의 옛 이름 중 하나인 [고리]의 몸통말인 [골]과 같다. 그리고 '갈리아'는 고구려의 옛 이름 중 하나인 '고려/구려'와 같은 작명법이다(후술한다).

한편 갈리아의 지명 Gaul을 스펠대로 읽으면 [가울]이다. 여기에 호격 [이]가 붙으면 '가울+이=가우리'가 된다. 이는 고대에 중국에서는 우리 고구려를 [가우리]라고 불렀다는 점을 상기하면 이건 보통일이 아니다.

혹시 갈리아는 우리 고조선/고구려 유민들이 그쪽으로 이동하여 세운 소위 '제2의 고구려'는 아닐까?

【 바이킹과 노르만의 침입 】

앵글로색슨족이 영국을 접수한 이래 대략 4, 5백년이 또 흐른 1016년경 덴마크에서 발원한 바이킹족이 영국에 침입하여 새로운 패자가 된다. 또 한참 후에는 프랑스 북부 노르망디의 침입으로 영국은 불어를 쓰는 노르만족에게 왕위를 내주게 된다

이로써 당시 영국의 왕실과 지배계층은 불어를, 피지배층인 앵글로색슨족은 영어를 쓰는 이중구조로 지내게 된다 이 과정에서 영어는 불어의 영향을 많이 받는데, 아무튼 영어든 불어든 독일어든 다 인도유럽어족에 속하는 언어들이라서 서로 유사한 점이 많으며 역사상 민족의 이동과 세력의 명멸에 따라 이합집산을 거치고 서로 주고받고 하면서 언어 역시 많은 영향을 받는 것으로 알려져 있다

그밖에 더 자세한 영국의 역사에 대하여 궁금한 독자는 스스로 찾아보기를 권하며 이 책에서는 생략하기로 한다.

6장 영어를 들여다본다

설마 영어가 우리말 일 줄이야…

꿈에도 생각할 수 없고 맨정신으론 상상조차도 할 수 없는 일이다.

이건 비단 우리뿐이 아니라 전 세계 70억의 인구 중 언어학자든 보통 사람이든, 영어를 쓰는 나라의 사람이든 딴 나라 사람이든, 그 누구를 불문하고 다 마찬가지임은 두말할 나위도 없다. 만일 어떤 사람이 영어가 우리말이라고 하는 주장을 대하면서 단번에 끄덕인다면 또라이(?) 소리 듣기 십상이다. 다행인지 불행인지 아무튼 인류 역사 1만년, 70억 지구촌 인구 중에 단 한 사람도 그런 사람은 없었다.

하지만 이제부턴 사정이 다르다. 필자가 이를 음운상의 규칙으로 반박 불가의 근거를 제시할 것이기 때문이다. 이 책을 통해 보물 지도를 들고 보물섬을 찾아가는 듯한 그 흥미진진한 탐구의 여정으로 들어가 보기로 한다.

우리는 전 국민이 영어공부에 쩔쩔매고 학창시절 학습시간의 대부분을 영어책과 씨름하느라 보낸다. 학생은 직접 당사자, 학부모는 간접 당사자, 이렇게 엮여서 전 국민이 영어 공부벌레가 된 지 오래다. 문법이며 단어암기에 독해, 청취, 회화 등을 위해 온갖 노력을 다 쏟아붓는다.

어떤 이들은 영어와 평생을 벗하며 사는 이들도 있다. 직무적 필요에서든, 학문적 필요에 의해서든, 사업적 필요에 의해서든, 아니면 영어권 국가에 이민을 가서 먹고살기 위해서든… 좋든 싫든 영어로 살고 영어로 죽어야 하는 사람도 있는 판이다.

그런데도 우리는 영어가 우리말인 줄을 모르고 살아왔다. 간혹 우리말과 비슷하다 싶은 단어가 한두 개 튀어나오면 그저 '거 신기하네. 쩝 우연이겠지 뭐' 정도로 지나간다. 영어단어 why는 소리발음 [와이]를 복모음 한 음절로 줄이면 [왜]로 되어 우리말과 완전히 같다. 또 son은 어떤가. 스펠대로 읽으면 '손', 우리말 그대로 아들 손(孫)이다. seed는 우리말 씨앗과 비슷하다. soot는 우리말 숯과 발음과 뜻이 똑같다. 또 barley는 우리말 보리와 비슷하기도 하다.

이뿐 아니라 어휘공부 하다 보면 신기하다 싶을 정도로 우리말과 발음이나 뜻이 흡사한 경우가 종종 있다. 이건 독자들의 느낌대로, 추측한 대로 맞는 얘기다. 영어의 뿌리가 우리말이기에 그런 것이다. 우연이 아니라 필연이다.

다른 예를 한번 본다. time은 우리말 틈과 비슷하다. '틈이 나다'라는 말은 '시간이 나다'라는 말이다. 그러고 보니 day(낮)는 또 우리말 대낮의 '대'와 비슷하다. 데이(day)를 복모음 한 음절로 축약하면 [대]가 되기 때문이다. 또 main이라는 단어는 어떤가. 이 main의 영어발음 [메인]을 한 음절로 축약하면 [맨]이 된다. 이는 우리말의 '맨 처음, 맨 먼저'의 '맨'과 같다. 여기서 우리말 '맨-'은 '아주, 가장'이라는 의미로서 영어의 main과 뜻이 그대로 같다.

한편 영어단어 mad는 '미친, 정신 나간'의 뜻인데, 이 mad를 한 음절로 읽으면 '맛'이다. 이는 우리말로 "저 친구는 맛이 갔어" 할 때 쓰는 '맛'과 소리발음이 같지 않은가. 맛(mad)이 갔다는 얘기는 정신 나갔다는 얘기다. 이렇게 따지고 들어가 보니 우리말과 같은 발음에 뜻이 같은 영어단어들이 제법 많이 따라 나온다.

그러나 억지로 뜯어 맞춰서 단어 연상 암기법 따르듯 하면 곤란하다.

예를 들면 abnormal 같은 경우다. 필자가 고등학교 시절 종로에 있던 모 입시학원에서 단과반 영어를 수강한 적이 있다. abnormal은 normal의 반대어로서 '비정상'이라는 뜻인데, 성문종합영어인지 성문핵심영어인지는 기억이 가물가물 하긴 한데, 이 단어만큼은 그 순간 직후 여태껏 평생 잊어먹지 않는다. 학원 선생님이 유인물로 영어단어 연상 암기법을 매일 한 장씩 나눠 주셨다.

그중 한 단어가 abnormal. '애비놈을? 이렇게 철자를 비틀어 읽어보자. 비정상이지?' 이런 식이다. 그렇다고 해서 abnomal이 우리말인가? 이건 말도 안 되는 소리다. 필자가 영어가 우리말이라고 주장하려는 요점은 결코 이런 데 있지 않다. 웃자고 해본 얘기일 뿐이다.

참고로, 요즘 신조어로서 영어단어에 eddress라는 게 있다. 이건 email+address를 합쳐 만든 합성어이다. 또 chunnel은 [처널]로 발음하는 해저터널이라는 뜻인데, 영불해협을 잇는 해저터널을 말한다. 이는 본래 해협을 말하는 영어단어 channel(채널)과 tunnel(터널)을 합성하여 만든 단어이다. 또한 motel이라는 단어는 motor(자동차)+hotel을 결합한 현대 신조어이다.

이 책에서는 이런 신조어 단어들은 철저히 논외로 함은 당연하다

이번엔 다른 데로 눈을 한번 돌려본다.

외국 인명 중엔 우리 이름과 같은 이름들이 간혹 눈에 띈다.

예를 들면, '유리'라는 이름이다. 이 유리라는 이름은 우리나라 여성 이름으로 예쁘게 쓰이는 이름 중 하나다. 이름이 예뻐서 그런지 실물을 안 보고도 이름이 유리이면 예쁠 것 같은 예감이다.

이 유리라는 이름을 외국인들도 쓴다. 주로 남자 이름이다. 대표적인 인물로는 옛 소련의 공산당 서기장인 '유리 안드로포프'가 있다. 또 한 사람은 '유리 겔라'라는 이름의 인물이다. 이는 누구냐 하면 지금부터 한 30여 년 전쯤엔가 TV에 나와서 손가락으로 숟가락이나 포크를 살살 문지르기만 해도 숟가락이 구부러지는 신기한 묘기를 선보여서 한때 선풍적인 인기를 누렸던 이스라엘인 남성 마술사이다. 또 한 사람이 있다. 구소련의 최초 우주비행사인 '유리 가가린'이다.

이 유리는 우리 고대국가 왕의 이름이기도 하다. 고구려의 시조 동명

성왕의 아들로서 고구려 2대 왕이었던 유리왕이 그렇고, 신라의 4대 왕이 또한 유리왕이다. 이거 웬일일까. 유리는 우리 집 거실 유리 창문이나 유리구슬 할 때의 그 유리도 있는데….

신라 때의 범종인 성덕대왕 신종이 있다. 이 종은 일명 에밀레종이라고도 불린다. 종이 울릴 때 에밀레~ 하는 소리가 들려서 에밀레종이라 한다는 건데, 이걸 만들 때 어떤 아기를 시주받아 쇳물에 던져 넣어서 종을 만들었더니 종이 울릴 때마다 아기가 어미를 원망하거나 그리워하는 소리가 '에밀레'라고 들리기 때문이라는 전설도 있다. 아기를 쇳물에 넣었다는 전설의 내용도 황당하지만, 범종에서 '에밀레'라는 소리가 나온다는 것도 황당하긴 마찬가지다. 그렇다면 이 '에밀레'라는 말은 무슨 뜻이며 이 말의 유래는 과연 무엇일까. 얼핏 들어서는 이건 외국말 같다. 우선 비슷하게 떠오르는 건 '에밀'이라는 이름이다. 에밀은 서양에서 남자 이름이다. 대표작 〈목로주점〉으로 유명한 프랑스의 소설가 '에밀 졸라'도 있다. 에밀은 루소가 지은 소설의 책 제목이기도 하다.

한편 에밀리는 Emilie라는 스펠로 쓰는 서양의 여자 이름이다. Emilie는 우리말 소리음가 '에밀레'를 가질 수도 있다. 명작 〈폭풍의 언덕〉을 써서 유명한 영국의 여류 소설가 에밀리 브론테가 있다.

에밀레종의 '에밀레'와 서양의 '에밀/에밀리'는 매우 닮았는데 혹시 무슨 관계라도 있는 건가?

고구려의 인물 중에 을파소라는 사람이 있다. 참전계경이라는 책을 저술한 고구려의 재상인데, 이름이 '을파소'이다. 그런데 미국 텍사스주에 있는 어느 도시의 이름은 '엘파소'이다.

을파소와 엘파소. 고구려 때의 이름인 을파소가 미국 도시의 이름인 엘파소와 거의 같다는 얘긴데… 거 참 희한하다.

El Paso

명 엘패소(미국 Texas 주의 도시:대규모 군사기지가 있다.)

이름 관련해서 하나 더 보기로 한다.

우리나라 여성 이름으로서 많이 쓰이는 이름 중에 민아, 미나, 민이, 미라, 미미, 윤아, 유나, 진아 등이 있는데, 이 예쁜 이름들이 외국 여성의 이름으로도 같이 쓰인다.

민아(미나)=Mina/Minna, 민이=Minnie, 윤아(유나)=Una, 미라=Myra, 진아(지나)=Gina 등등이다. 수지라는 이름도 예쁜 이름 중 하나다(Susie/Suzy). 미미도 있다(Mimi). 이 이름들은 필자가 만들어낸 게 아니고 영어사전에 올라있는 이름들이다. 이거 왜 그럴까?

이번엔 남자 이름을 보기로 한다.

영어 이름 Charles(찰스)는 우리말 철수와 비슷하다. Charlie(찰리)는 철이, Hans(한스)는 한수/헌수, Joseph(요셉)은 요섭, 유명한 고대 그리스 우화작가 Aesop(이솝)은 이섭과 비슷하다. Dorsey라는 이름은 우리 옛날 시골 이름 돌쇠와 비슷하다. John(존)은 우리말 '준'과 비슷하다.

우리말 음운현상을 반영하면 이 영어 인명들은 그대로 우리말 이름과 같은 이름들이다. 간혹 어떤 이름은 외국의 지명으로 등장하기도 한다. 우리 이름 중 '민호'라는 이름이 스페인의 강 이름 Minho와 철자가 같은 경우 등이다(혹 독자 중에 위에 열거된 이름 쓰는 분들이 있더라도 아무런 다른 의도가 없으므로 혹여나 오해 없기 바란다).

이름 얘기가 나온 김에 한번 더 보자. 이번엔 성씨다.

우리 성씨 중엔 김, 이, 박이 단연 압도적이다. 3대 성씨라 불린다.

그런데 외국인명에서도 우리나라 3대 성씨를 쓴다. 그런데 이 3대 성씨가 인명에만 쓰이는 게 아니고 외국의 지명에도 두루 쓰인다.

먼저 김(金)씨의 경우를 본다. 우리나라 사람들은 김씨를 영어로 표기할 때 대부분은 Kim이라고 쓴다. 이 Kim이라는 이름을 가진 외국인을 찾아보았다.

- 킴 노박(Kim Novak): 1950년대 미국의 은막계를 휘어잡은 왕년의 유명 여배우이다. 콜롬비아영화사 소속 주연배우로서 당시의 유명한 육감적 여배우 메릴린 먼로의 대항마로 활약한 배우이다.
- 킴 베신저(Kim Basinger): 미국의 유명한 여자 모델이자 배우이다. 이 또한 왕년에 한 가닥 했던 배우였다(본명은 키밀라 앤 베신저이다).

이 Kim은 인명 이외에 지명으로도 많이 등장한다(미국 콜로라도주의 어느 마을의 이름을 비롯하여 다수 존재한다).

다음은 이(李)씨인데 외국의 인명으로 등장하는 이씨는 Lee, Lie, Leigh 등이 있다. 스펠은 달라도 발음은 모두 [리]이다.

- 미국의 훌륭한 인물 중에 두 명이나 리(Lee)씨가 있다. 남북전쟁 당시 남군을 이끈 최고의 군인 Robert Lee 장군이고, 다른 한 사람은 미국 독립전쟁 때의 정치가로서 독립결의안을 제출하기도 했던 유명한 Richard Lee이다.
- 비비안 리(Vivien Leigh): 미국의 유명한 여배우이다. 불후의 명작 영화 '바람과 함께 사라지다'에서 여주인공 스칼렛 오하라 역을 맡았다. 레트 버틀러 역의 클라크 게이블과의 열연으로 일약 스타덤에 오른 세기의 미모를 자랑하는 여배우다.

그다음으로는 스펠을 Lie로 쓰는 이씨인데, 노르웨이 출신 유명인물 중에 세 명이나 있다.

- 마리우스 리(Marius Sophus Lie): 리 대수학으로 잘 알려진 노르웨이 수학자이다.
- 요나스 리(Jonas Lie): 노르웨이 소설가로 입센 등과 함께 노르웨이 문학의 전성기를 구축한 대표적인 작가이다.
- 트리그베 브단 리(Trygve Halvdan Lie): 노르웨이(오슬로) 출신 초대 유엔 사무총장이다.

이 Lee가 지명으로 쓰이는 경우도 있다. 아일랜드의 남서부를 흐르는 강이 있는데, 이 강의 이름이 Lee강(江) 이다.

그밖에도 Lee 또는 Leigh 등으로 표기되는 지명이 다수 존재한다.

박(Park)씨로는, 뭉고 파크(Mungo Park)인데 스코틀랜드 출신의 아프리카 탐험가이다.

그 밖에도 우리 성씨와 같은 외국 성씨가 여럿 있는데 그중에 담(Dam)씨도 있다. 덴마크의 생의학자로서 K비타민을 발견한 노벨상 수상자 헨릭 담(Henrik Dam)이 담(Dam)씨이다. 우리 성씨 중에도 담씨가 있음은 물론이다.

문(文)씨도 있다. 영국인으로서 맹인용 점자 체계를 고안한 윌리엄 문(William Moon)이 문(Moon)씨이다. 우리 성씨 중에 문씨는 드물지 않은 성씨이기도 하다.

우리와 같은 이름이나 성씨를 외국에서 찾아 열거해 보았는데 대체 왜 그런 걸까? 궁금하다. 그만한 이유가 있을 것인데… 이에 대하여는 다른 장에서 살펴보기로 한다.

이상은 우리가 영어단어에서 우리말과 우연히나마 비슷하게 여겨지는 단어들의 예를 들어봄으로써 뭔가 조금이나마 그럴듯하고도 수상한 단초가 있음을 보고자 한 것이다. 정리하면, 우리나라 사람으로서 영어단어 many에서 우리말 많이[마니]를 유추한다거나 much에서 [무지]를 떠올리거나 하는 건 정확한 판단이며 이는 예리한 감각의 결과이다. 영어단어는 우리말을 기준으로 만들어졌기 때문이다.

필자가 수년간 영어사전과 씨름을 하는 동안 찾아낸 이러한 단어만 해도 수백, 수천 개가 넘는다. 이런 단어들은 직관적으로 약간의 주의를 기울이기만 해도 금세 알아챌 수 있는 단어들이다. 왜냐하면 발음이 같거나 유사하기 때문이다. 그런데 직관적으로 쉽게 포착되지 않는 경우가 있다. 그 이유는 영어 안에도 우리말의 경우와 같은 구개음화 현상이 존재하고 때로는 역구개음화된 현상이 있기 때문이다. 또한 우리말에서처럼 모음조화가 등장하거나 두음법칙에 따라 보아야 하는 경우도 있다. 이런 부분까지 감안하고 기타 묵음처리라든가 자음접변 등과 같은 우리말 음운현상까지를 감안해서 관찰하면 2, 3천 단어를 훌쩍 넘는다. 전체적으로는 우리말 소리음가와 음운규칙에서 파생한 단어까지를 모아보면 무려 1만 단어가 넘는다.

여기서 미리 언급해 두고자 하는 점이 있다. 앞에서 거론한 영어단어라는 건 우리말과 발음과 뜻 혹은 용례가 동일하여 우리말이라고 추정할 수 있는 경우에 대한 것만을 말한 것이다. 필자가 영어가 우리말이라고 주장하는 근거는 결코 이러한 단어의 유무 여부에 있지 않다. 그 숫자도 별로 중요하지 않다. 중요하고도 결정적인 근거는 바로 영어단어가 우리말 음운규칙을 따른다는 점이고, 그 규칙이라는 게 일관성과 공통성을 지니고 있다는 사실이다.

예를 들면 이렇다. 영어단어 holy, hero, sun 등은 우리말에서 만들어진 단어이다. 그런데 이 단어들은 우리말 일상어휘에서 발음과 뜻이 같은 용례를 찾으려 아무리 애써본들 허사다. holy는 [홀리]이다.

우리말에 [홀리]로 소리 나면서 '거룩한'의 뜻을 지닌 단어는 없다. 또 hero도 [히로]로 발음하면서 영웅이라는 뜻의 단어는 없다. sun도 마찬가지다. 이러한 단어는 그 생성근원에 대한 우리말 음운규칙을 알지 못하면 영원히 드러나지 않는 것이기 때문이다. 바로 이러한 단어들이 영어가 우리말이라는 사실을 객관적, 음운적으로 입증하는 증거가 된다.

이에 대하여는 별도의 장에서 상술할 것이므로 뒤로 미루기로 하고, 여기서는 우리가 일반적으로 어떤 영어단어가 우리말 단어인지를 쉽게 알아차리지 못하는 이유와 현상에 대하여 몇 가지 살펴보고자 한다.

① 영어단어는 우리말보다 축약된 형태를 취한다.

- 갈매기가 우리말로는 세 음절이지만 영어에서는 그냥 '갈' 한 음절 gull로 하여 끝냈다.

gull [gʌ'l]
명 갈매기

- 올빼미의 경우도 마찬가지다. 앞 한 음절 '올'만 따서 owl(올=올빼미)이다.

owl [ɑ'ul]
명 올빼미

- 둗거비(두꺼비)의 앞 한 음절 '둗'만 따서 toad(둗=두꺼비)이다. 둗거비는 두꺼비의 고어(최세진, 훈몽자회 1527)이다.

toad [to'ud]
명 두꺼비

- 땡삐는 땅벌의 방언인데, 이 경우에는 뒤 한 음절 '삐'만 써서 bee(비=벌)이다.

bee [bi:]
명 벌, 꿀벌

다른 예로서는, 우리말 어휘의 음절을 쪼개서 쓰는 경우이다.

예를 들면 '골몰'의 경우다. 이는 우리말에서 무슨 일로 고민을 하거나 깊이 생각하는걸 '골몰하다'라고 한다. 그런데 영어단어에서는 골몰을 둘로 쪼갠 [골]과 [몰]을 가지고 각각 단어를 만들어 쓰기도 한다.

먼저, [골]을 가지고 만든 단어는 gall이다. 이 [골]은 우리 다른 말로 '골내다' 또는 '골이 나다' 할 때의 그 '골'이기도 하다. 누가 시무룩하거나 화가 나서 열받은 표정을 지을 때 "저 사람 지금 골났다"고 한다. 영어단어 gall은 이 '골'의 내용을 포함하고 있다.

gall[2]

타 …을 애태우다, 화나게 하다

명 화나게 하는 일(것); 초조, 고민, 걱정(거리)

그다음 [몰]을 가지고 만든 영어단어는 mull이다. 우리말에서의 '골몰하다' 또는 '몰두하다, 몰입' 등의 '몰'이다.

mull[1] [mʌl]

동 〈美구어〉 곰곰이 생각하다, 심사숙고하다

이와 같이 우리말 '골몰'을 쪼개서 영어단어 gall[골]과 mull[몰]의 두 단어가 생긴 것을 볼 수 있다. 이러한 예가 매우 많다.

또 다른 예를 하나 더 보기로 한다.

우리말에서는 흔히 동일한 글자를 중첩해서 어휘를 만든다.

예를 들면 우리 민간말에 "띨하다"는 말이 있다. 좀 멍청한 애를 가리켜 말할 때 쓰는 비문화어인데, 이를 '띨하다'로 하는 때도 있지만 보통은 '띨'을 두 번 반복해서 '띨띨하다'고 쓰는 용례가 더 많다. "쟤는 어째 저리 띨띨하냐?" 할 때의 '띨띨'. 이 띨띨의 한 글자 [띨]을 따서 만들어진 영어단어가 dill이다.

> dill[3]
>
> 명 형
>
> 〈濠·뉴질 속어〉 얼간이(의), 바보(의)

이와 비슷한 거 하나 더 본다. 우리말에 '떨떨하다'는 말이 있다. 또는 '얼떨떨하다'고 하기도 한다. 어떤 일에 충격을 받거나 놀라면 정신이 떨떨해진다. 이 '떨떨'의 [떨]을 가지고 만든 단어는 dull이다.

> dull [dʌl]
>
> 형
>
> 1. 머리가 둔한, 어리석은, 우둔한
> 2. (감각이) 무딘, 둔한; (눈, 귀 따위가)나쁜; 무감동의

이 dull 단어는 우리말 '덜떨어지다'의 '덜"이기도 하다. 어딘가 좀 모자라는 애를 가리켜 '덜떨어진 애'라고 하는데, 그 '덜'이기도 하고, '돌대가리' 할 때의 '돌'이기도 하다.

영어사전 뜻풀이를 보면 알 수 있다.

② 영어단어는 우리말 원형의 몸통(어간)에 해당하는 부분을 따서 단어로 만들어 쓰기도 한다.

옛날에는 오늘날 같은 체계화된 문법이라는 게 없었으니 무슨 기본형이니 뭐니 그딴 것도 있었을 리 없다.

예를 들면, 먹다, 자다, 가다, 기쁘다, 걷다, 걸다, 슬프다 등과 같이 '~다'로 끝나는 기본형이라는 개념 자체가 없다는 것이다. 이는 우리말에서도 겨우 근대 이후에나 문법체계가 생기면서 확립된 개념일 뿐, 옛날 옛적에는 이런 거 아예 개념이 없었다. 오로지 대화체(구어체)만 있을 뿐이다.

따라서 영어단어는 문어체가 아닌 구어체나 대화체를 가지고 만들어졌다고 보는 게 불가피하고도 당연하다. 그러다 보니 우리말 어휘의 몸통(어간)에 해당하는 음절만을 따서 쓰는 경우가 많다.

예를 들면, 우리말에 '까불다' 또는 '까부르다'라는 말이 있다. 이 '까불다'라는 말은 우리 농촌에서 키를 위아래로 흔들어서 곡식의 티나 검불을 날려버리는 것을 말한다. 즉, '까불다'라는 말은 곡식에 섞여 있는 티나 검불을 제거해서 알곡만을 골라내는 작업이다.

이 '까불다'의 몸통말인 앞 두 음절 '까불'을 알파벳으로 스펠한 게 영단어 garble[까블]인데 영어사전은 이를 "〈고어〉 …을 골라내다, 정선하다"라고 뜻풀이하고 있다.

garble [ga':rbl]

타

1. (사실, 언명(言明) 등을) 왜곡하다, 곡해하다; (문장 등에) 함부로 손을 대다[손질하다]
2. (기호, 메시지 등을) 혼동하다, 착각하다
3. 〈고어〉 …을 골라내다, 정선(精選)하다

이와 같이 영어단어는 우리말의 몸통(어간) 부분만을 따서 어휘를 만든다. 물론 오늘날의 기본형의 형태라고 볼 수 있는 상태 그대로 만들어진 어휘가 없는 건 아니다.

예를 들면, 선별해서 가려낸다 혹은 여과해서 골라낸다는 뜻인 '걸른다(거른다)'의 경우이다. 이 '걸른다'를 통째로 스펠화한 단어는 cullender이다. 이 cullender는 우리말 '걸른다'를 몸통+어미까지 통째로 영어로 스펠화 했다. 단어의 끝에 '–er'이 붙어 있으니까 혹시 그거 뗀 원형동사 cullend 같은 게 따로 있는 거 아닐까 생각할 수도 있는데, 그건 아니다. 이 단어는 끝에 '–er'이 통째로 붙어서 우리말 '걸른다'를 소리발음대로 구현한 경우이다.

cullender
[kʌ'ləndər]
명 = colander

▸ cul–len–der(걸른다)

[걸 – 른 – 다]

이 cullender를 영어사전에서 찾아보니, colander로 가라 해서 따라 가봤다. 결국 cullender와 colander는 동일한 단어이다.

colander
[kʌ'ləndər]
명 (부엌용) 여과기
타 …을 여과하다, 거르다 (또는 cullender)

이 colander 역시 [걸른다]로 읽지 못할 이유가 없지만, 마치 '골른다'를 염두에 두고 만든 단어 같다.

▸ col–an–der(골른다)

[골 – 른 – 다]

여기서 예로 든 cullender(걸른다) 또는 colander(골른다)와 같은 단어는 다소 예외적인 사례이다. 보통의 경우에는 의미를 분별할 수 있는 어간 부분이라 할 수 있는 음절만을 가지고 스펠화를 구현한다.

예를 들면, 우리말 비속어로 분류된 말 중에, 비밀을 누설하거나 하여 밀고하는 것을 가리켜 '꼬발르다' 또는 '코발르다'라는 말이 있다. 도둑놈이 말하기를 "어떤 놈이 경찰에 꼬발르는 바람에 다 들통나게 생겼다"라고 했을 때의 '꼬발르다'는 몰래 일러바친다는 뜻이다. 이를 점잖은 표현으로 바꾼 게 고발 또는 밀고이다. 이 '꼬발르다'를 다른 말로 '까발리다'로 하기도 한다. '꼬발르다(코발르다)' 또는 '까발리다'의 어간 부분인 앞 두 음절 '꼬발(코발)' 또는 '까발'을 알파벳으로 스펠한 게 영어단어 copper이다.

copper[2]
[kɑ'per / kɔ'per]
명 〈속어〉 순경, 결찰관; 밀고자; (모범수, 밀고자에 대한) 감형
자 (경찰에) 밀고하다

▸ copper(꼬발르다)

[꼬 – 발(코발)]

참고로, 한자어 고발(告發)은 이 순우리말 '꼬발'을 음차한 것이다.

③ 어휘의 뜻이 우리와 반대이거나 또는 우리말의 음운현상을 알지 못한 혼동 때문이다.

예를 들면 영어단어 barley는 우리말에서의 곡식인 보리이다. 그런데 이 barley는 우리말 보리와 발음이 그저 비슷하기만 한 걸까?

아니다. 완전 동일한 말이다. 이건 필자가 파악한 우리말 원시 상고어 조어규칙과 음운현상을 대입하면 드러난다(후술한다). 그러므

로 우리 현대말 보리는 상고어에서는 발리(barley)와 같은 말이다.

한편 영어단어 duck(오리)은 우리의 닭이다. duck은 우리말 닥(닭)을 알파벳으로 스펠한 것이다. 그런데도 영어에서는 이 duck이 오리이다. 영어와 우리말 사이에서 오리와 닭이 뒤바뀌었다. 영어단어 corn도 마찬가지 사례이다. 이 corn(콘)은 우리말 콩을 알파벳화한 것이다. 이 콩(corn)이 영국에서는 옥수수가 되었다(이에 대한 판단근거는 별도의 장에서 상술한다).

한편 반대의 뜻으로 쓰이는 경우는 이러하다.

영어단어 shit의 뜻은 똥이다. 그런데 이게 원래 우리말로는 오줌이다. 애 엄마가 꼬마 녀석 오줌을 뉠 때, "우리 아들, 이제 쉬할 때 됐네" 하는 게 그것인데, 아이의 '고추'를 꺼내서 오줌 깡통 대주고는 '쉬~잇' 그런다. 이건 애더러 오줌 누라는 얘기다. '쉿'은 우리말로는 오줌이다. 하지만 이걸 알파벳으로 스펠한 영어단어 shit(쉿)의 뜻은 '똥'이다. 영어와 우리말 사이에서 똥과 오줌이 뒤바뀐 사례이다.

이와 같이 영어단어에는 우리말의 용례와 서로 뒤바뀐 것들이 적지 않다.

이번에는 완전히 뜻이 반대인 사례를 하나 더 보고 지나가기로 한다.

다름 아닌 영어단어 night(밤)이다. 이 night를 모음대변이 이전의 고대영어에서는 [나이트/나잇]이 아닌 [니트/닛]으로 발음하였을 것이다. 이 [닛]은 우리말 '낫(낮)=day'에서 파생한 음가이다. 우리는 훤한 대낮을 '낫(낮)'이라 하는데 반하여 영어에서는 거꾸로 껌껌한 밤을 가리켜 이 night 단어를 쓴다. 완전 정반대이다.

하나만 더 본다.

영어단어 jazz가 있다. 이는 본디 우리말 '째지다'의 어간 [째지]를 따서 만든 단어이다. 예를 들면 '기분 째지다' 할 때의 그 '째지다'. 이 jazz는 서양의 흥겨운 재즈 음악을 말한다. 또 재즈 춤을 말하기도 한다.

jazz [dʒæz]

명

1. 재즈(음악)
2. 재즈 춤
3. 〈美 속어〉 활발, 활기; 흥분, 열광, 광란
4. 〈속어〉 성교; 여성 성기

(출처: YBM)

그런데 이 jazz의 영어단어의 뜻풀이에 보면 '여성 성기'라는 뜻이 하나 더 달려있다. 왜 그럴까? 그 답은 영어가 우리말이기 때문에 그런 것인데, 이에 대한 상세설명은 다른 본문에서 다루기로 하되, 영어단어 jazz의 뜻풀이에 '여성 성기'라는 뜻이 왜 달려있는지부터 먼저 보기로 한다.

이 jazz는 본래 스펠대로 읽으면 '자지'이다. 우리말로 자지는 남성 성기이다. 그런데 왜 영어단어에서는 여성 성기라 하는가?

이는 성기를 비롯한 신체용어에서 남녀 간 성별에 따른 용어가 고대 상고어에서는 그 분화가 명확하지 않아 혼동된 현상이다. 그래서 헷갈리게 된 것인데, 아무튼 영어단어 jazz는 우리말 남자 성기 '자지'를 알파벳으로 표기한 것이되, 그 뜻풀이는 우리와는 반대인 '여성 성기'를 칭한다. 이와 같이 영어단어에는 우리말의 용례와 서로 뒤바뀐 것들이 적지않다.

④ 구개음화 또는 역구개음화의 문제이다.

'굳이'를 [구디]로 하지 않고 [구지]로 발음하는 경우가 구개음화의 예이다. 기름 ···› [지름], 기와 ···› [지와] 등으로 변하는 것을 말하는데, 'ㄱ'뿐 아니라 'ㄷ'이 'ㅈ'으로 변화하는 경우도 포함해서 말한다. 우리말은 구개음화가 매우 빈번하고 다양하다. 특히 고어의 경우에는 더욱 그렇다.

우리말 고어에서는 구개음화되지 않은 상태로 남아 있는 경우가 훨씬 많다. 예를 들면 목뎍(목적), 텬디(천지), 됴션(조선) 등등 수없이 많은데, 모름지기 구개음화 되기 전의 말이 오히려 정상인 것처럼 보인다.

오늘날의 시각으로 보면 참 기이해 보이지만 불과 몇십 년 전인 1930, 1940년대까지도 이어졌음을 상기할 필요가 있다. 그 당시 조선, 동아일보 등의 신문기사를 봐도 이를 확인할 수 있기 때문이다.

이 구개음화의 현상은 우리 근대 국어에 들어와서의 일이다. 북한말에서는 오늘날에도 구개음화를 외면하는 현상이 만연한다. 예를 들면, '그렇지 : 그렇디' 같은 경우이다. 남한말에서는 '그렇지'이지만 북한말에서는 '그렇디'라고 하여 'ㄷ'을 그대로 쓴다. 즉 역구개음화 상태를 유지한다는 점이다. '좋지 : 됴티'도 북한말에서 구개음화를 외면하는 대표적인 예이다.

그런데 영어단어 중에는 우리말이 구개음화되기 전의 상태, 즉 역구개음화의 상태로 남아 있는 단어들이 꽤 있다. 예를 들면, 영어단어 중에 gong이 있다.

이 gong(공)은 우리말의 종(鐘)이다. 레슬링이나 권투시합 중계할 때 아나운서가 "방금 막 경기 시작을 알리는 공이 울렸습니다" 하는 소리 많이 들어왔을 것이다. 이때 울린 공이 바로 영어단어의 gong인데, 이는 우리말로 '종이 울렸다'는 얘기다. 즉, [공]의 ㄱ이 ㅈ으로 구개음화되면 [종]이 된다. 영어단어 gong은 우리말 종과 같은 말이다. 따라서 이는 우리말 종(鐘)을 표현한 영어 gong(공)이 역구개음화 형태로 남아 있는 사례이다.

> **gong** [gɔːŋ / gɔŋ]
>
> 명
>
> 1. (신호용) 징, 공; (접시 모양의) 종, 공 벨(gong bell)
> 2. 〈英속어〉 메달, 훈장; (특히) 군인 기장(記章)

참고로 이 단어 gong의 두 번째 뜻풀이에 유의한다. 이 gong은 우리말 공(功), 즉 "혁혁한 공을 세우다" 할 때의 공(功)이란 뜻풀이도 품고 있다. 그래서 영어사전의 두 번째 뜻풀이에 '메달, 훈장'이 있다. 공을 세울 때 받는 것이 메달, 훈장이기 때문이다.

요즘 인터넷 SNS상에서 막강한 소통파워를 발휘하는 트위터. 영어단어로는 twitter. 이 트위터(twitter)가 우리말이다.

이 트위터(twitter)는 우리말 '투덜대다'가 원형이다. 어간부분인 앞의 두 음절 '투덜'을 스펠한 게 바로 이 twitter이다. 그런데 이걸 영어권의 소리발음을 따라하다 보면 '트위러 r~' 이렇게 혀를 꼬부려서 빠다 칠이 들어가 버리는 바람에 우리말 음가가 사라져 버린 탓에 우리가 알아차리지 못할 뿐이다.

> **twitter** [twi'tər]
> 자
> 1. (새가) 지저귀다
> 2. 재잘거리다, 낄낄거리다

영어단어의 발음기호 표시대로 곧이곧대로 읽으면 거의 우리말 소리음가를 회복한다. 고대의 앵글로색슨족은 우리말의 음가를 따라 알파벳으로 철자화하는데 아주 꼼꼼한 실력을 발휘하였기 때문이다.

영단어 twitter는 twi(투)+tter(덜)='투덜'이다. 또는 '튀덜'이다. 이 '투덜' 또는 '튀덜'이 구개음화하면 우리말 '주절' 또는 '쥐절'이다. 그래서 우리말에 "저 친구 지금 뭐라고 주절대는 거야?" 또는 "야! 헛소리 쥐절대지 말고 바른대로 말 안 할래?"라는 표현에서의 '주절/쥐절'은 '투덜/튀덜'과 같은 말이다. 이는 구개음화의 문제일 뿐이기 때문이다. 아무튼 우리말에서 '투덜/주절대다'라는 말은 '말하다, 지껄이다, 읊조리다'는 의미이다. 그래서 영어단어 twitter는 SNS상에서 '서로 말하고 지껄이고, 읊조리는 것'이다. 오늘날 스마트폰에서 페이스북 등과 더불어 SNS상의 대표주자로 만인에게 통하는 트위터(Twitter). 이 트위터(twitter)는 우리말이다.

한편 영어에서는 동일한 단어를 두 가지의 발음으로 읽음으로써 저절로 구개음화가 되는 경우도 있다.

예를 들면 게놈(genome)이라는 단어의 경우가 그것인데, 영어사전상의 발음기호로는 [지놈]이다. 그러나 실전에서는 이 genome은 [게놈]으로도 통한다. 결국 이 genome은 [게놈]과 [지놈] 라는 두 가지 발음이 공존함으로써 묵시적인 구개음화가 공공연하게 발생하는 것이다.

이는 gel[겔]이라는 단어의 경우도 마찬가지다. 이 gel의 영어사전 소리발음은 [젤]이다. 아예 jell[젤]로 변환된 단어가 존재하기도 하지만, 아무튼 이 gel은 [겔]과 [젤]의 두 가지 소리발음이 공존한다.

영어단어 안에는 구개음화된 단어가 각각 별도로 있어서 공존하는 경우도 많다.

예를 들면 kirn[컨]이라는 단어인데, 이 [컨]이 우리말 음운기준으로 구개음화되면 [천]이다. 영어사전에는 이 kirn(컨)=churn(천)이라고 표기되어 있다. 여기서 흥미로운 점은 이 churn은 우리가 아는 기본단어인 turn(돌리다)이 구개음화된 것이기도 하다는 점이다.

kirn [kəːrn]

명 교유기(攪乳器)(churn)

churn [tʃəːrn]

명 (버터 제조용) 우유 교반기(攪拌器); 그 비슷한 용기

즉, 우리말 음운기준 구개음화 되면, [턴]은 [천]이다. 그래서 뜻풀

이 중에 '돌리다'의 뜻이 달리게 된 것이다(이 churn과 한자 '구를 전(轉)'과의 관계는 동일하다).

이외에도 우리말 현대어 발음을 기준으로 볼 때 구개음화 되지 않은 채 남아 있는 영어단어는 쉽게 알아차릴 수가 없다. 이런 단어 중에는 고대사회의 생활상을 엿볼 수 있는 단어도 있는가 하면, 아예 오늘날 우리가 일상에서 그대로 쓰는 단어들도 있다. 매우 중요한 어원상의 흔적인데, 이러한 영어단어들에 관하여는 별도 후술하기로 한다.

예를 들면, 'nadir'나 'punctum' 같은 단어들인데, nadir[나덜]은 우리말에서의 '한나절/반나절'의 '나절'을, punctum[빵덤]은 우리말 '빵점/반점'을 스펠 한 단어들로서 역 구개음화 상태로 남아 있는 것들이다.

⑤ 중세영어의 모음대변이가 애초의 우리말 발음대로 철자화된 고대영어의 발음을 변형시켰다.

고대영어에서 중세영어로 넘어가는 시기인 15세기 무렵 영어의 모음표기와 발음에 큰 변화가 일어나는데, 이를 모음대변이(Great Vowel shift)라고 한다. 이때 고대영어의 많은 단어가 철자나 발음에 변형이 생겼다.

예를 들면 'house' 같은 경우 현대영어에서는 이를 [하우스]로 발음하지만 고대영어에서는 [호스] 또는 [후스]로 발음하였을 것이라는 게 언어학자들의 추정이다. 이 때문에 이 house는 우리말 집 주소를 말할 때 쓰는 '호수'를 스펠한 우리말 단어임에도 우리가 알아채지 못하는 이유이다.

또한 'town'의 예를 들어보면, 이는 고대영어에서는 [타운]이 아닌 [톤/툰]으로 발음되었을 것으로 추정한다. 왜냐하면 영어단어에 'toon'이라는 단어가 따로 있는데, 영어사전은 이를 town과 동의어라 하기 때문이다. 즉, town=toon이다(이는 필자의 판단이다).

toon^2 [tu':n]
명 〈스코〉 = TOWN

(출처: 프라임)

한편, '언덕, 사구(모래언덕)'라는 뜻을 지닌 'down'이라는 단어가 있는데, 이 역시 고대영어에서는 [다운]이 아닌 [돈/둔]으로 읽었을 것이다. 이는 우리말에서 언덕을 뜻하는 말인 '둔덕'의 [둔]을 의도하여 스펠한 단어이기 때문이다. 영어단어에는 소리발음을 [둔]으로 하고 뜻이 down과 같은 단어인 dune이 하나 더 있는데, 이 단어가 고대영어에서 'down'의 발음이 [둔]이었을 것임을 뒷받침한다.

down^3
명 1. 초지(草地) 구릉 지대 2. 〈고어〉 언덕; 〈美〉 사구(沙丘)

dune [dju:n]
명 (해변의) 사구(沙丘), 모래 언덕

이 모음대변이와 관련하여 정작 중요한 포인트가 있다. 영어단어 중에 shine, right 등의 경우처럼 스펠 중간에 '–i–'가 있는 경우이다. 이를 현대영어에서는 대부분 [ai] 음가로 발음한다. 하지만 모음대변

이 이전에는 [ai]가 아닌 [i] 음가로 읽었을 것으로 추정된다는 점이다.

이는 필자의 강력한 판단인데, 이 영어단어 shine과 right은 우리말 상고어 [신]과 [릿]에서 각각 파생한 어휘이기 때문이다. 따라서 고대영어에서는 shine을 [샤인]이 아닌 [신], right는 [라잍]이 아닌 [리트/릿]으로 읽었을 것이라고 추정한다.

나일(Nile)강도 고대에는 [나일]강이 아닌 [닐]강으로 읽혔을 것이다. 왜냐하면 이 Nile은 우리말 상고어 '닐'을 스펠한 단어이기 때문이다. 또한 독일의 라인(Rhine)강 역시 [라인]이 아닌 [린]으로 읽혔을 것이다. 이는 영어가 원천적으로 우리말 상고어를 뿌리로 삼고 있다는 점과 필자가 파악한 상고어의 어휘 조어규칙을 놓고 볼 때 필시 그러했으리라는 강한 확신의 근거가 있기 때문인데, 이에 대하여는 후술한다.

영어가 이러한 판단을 스스로 뒷받침해 주기도 한다. 예를 들면 [샤인]으로 발음하는 shine과는 뜻풀이가 거의 비슷하지만 이를 [신]으로 발음하는 sheen이라는 단어가 따로 있기 때문이다. 따라서 sheen은 고대영어에서 shine과 동일한 단어였을 가능성을 배제할 수 없다. shine이든 sheen이든 원래는 [신]이라는 한 음절의 소리음가로 발음되는 것

shine [ʃain]

명 빛나다, 비치다, 빛을 내다; (반사광 따위로) 반짝이다.

sheen [ʃiːn]

명 번쩍임, 광채; 섬광, 광택, 윤(luster)

형 〈고어〉 번쩍이는, 빛나는; 아름다운

자 〈스코·北英〉 빛나다, 번쩍이다

으로서, 이들은 우리말 신(神)에서 만들어진 단어이기 때문이다.

그다음은 right의 경우인데, 이를 영어에서는 [리트]로 발음되는 reet/reat라는 단어와 아예 동일한 단어라고 선언하고 있다. 즉, reet= reat=[리트]=right인 것이다. 따라서 고대영어에서 right 역시 [라이트]가 아닌 [리트/릿]로 발음되었을 것이다. 이는 필자의 판단이다.

reat [riːt]

형 (美속어) = reet

(출처: 디오딕/네이버)

reet [riːt]

형 (美속어) 만족스러운, 옳은, 좋은(right); 굉장히 좋은, 매력적인

(출처: 디오딕/네이버)

한편 이 right와 유사 스펠의 단어인 light 역시 고대발음으로는 [라이트]가 아닌 [리트]로 읽었음 직하다. 이는 우선 이 light의 과거, 과거분사형이 lit라는 점에 그 근거가 있고, 다른 유사단어를 통해 간접 유추할 수 있기도 한데, 다름 아닌 twilight/twilit이라는 두 단어의 관계가 그것이다. 이 twilight과 twilit의 둘은 서로 다른 별개의 단어이다. 그럼에도 뜻은 동일하다. 그러므로 twilight=twilit이고, [–light]=[–lit] =[–리트]이기 때문이다.

twilight [twɑ'ilait]

명 (해뜨기 전, 해진 후의) 어스름, 박명; 황혼, 땅거미; 해질녘, 새벽녘

twilit [twɑ'ilit]

형 (美속어) = 어슴푸레한

하나만 더 보기로 한다.

영어단어에 sipe[사이프]라는 단어가 있다. 이 단어는 '스며나오다, 배어나오다'라는 뜻이다. 그런데 영어단어에는 seep[시프]라는 단어도 있는바, 이 seep의 뜻은 sipe와 거의 같다. 이 sipe/seep 단어는 우리말 '습(濕)하다'의 '습'을 철자화한 영어단어이다.

> **sipe** [saip]
>
> 자 〈英〉 (액체가) 졸졸 흐르다, 우러나다, 배어 나오다, 스며들다

> **seep**[1] [siːp]
>
> 자 (액체 따위가) 스며 나오다, 배어 나오다, 배어들다

이 두 단어 sipe와 seep는 그 뜻이 거의 같은 단어임에도 [사이프] 발음과 [시프] 발음이 공존한다.

이상에서 보는 바와 같이 영어단어의 중간에 있는 스펠 '–i–'는 고대영어에서는 대부분 [ai] 음가가 아닌 [i] 음가였을 것임을 염두에 둘 필요가 있다. 그 이유는 우리말 단음절의 음가 특성을 따르기 때문이다(이에 대하여는 별도 상술한다). 이와 같은 모음변이의 사례는 영어단어 내에 상당히 많이 남아 있다. 이에 대하여는 따로 후술한다.

⑥ 영어단어 스펠 중의 's'를 우리말 'ㅅ' 음가가 아닌 된소리 쌍시옷(ㅆ)으로 발음함으로써 우리말 음가를 잃는다.

예를 들어 영어단어 sin(죄)은 우리말 '신(神)'에서 만들어진 단어이다. 역시 sun(태양)은 우리말 '선'에서, soul(영혼)은 우리말 '솔'에서 만들어진 단어이다. 그런데 영어에서는 이 sin을 [씬], sun은 [썬], soul은 [쏘울] 등과 같이 'ㅆ' 된소리 음가로 발음하여 우리말 음가와 멀어짐으로써 식별에 다소 걸림돌이 된다는 점이다. 다시

말해 sin=[신], sun=[선], soul=[솔 또는 소울]로 순순하게 읽을 때 비로소 우리말 소리음가와 일치하는 것이다.

⑦ 우리말에는 buck[bʌk]의 'ʌ'와 같은 [어/아]의 중간발음이 없다.

우리 토종발음으로는 [어] 아니면 [아] 둘 중의 하나이지, 애매하게 그 중간을 취하는 발음은 없다. 이 발음이 우리말을 철자화한 영어단어임에도 불구하고 쉽사리 인지되지 않는 요인이기도 하다.

필자의 관찰결과로 판단컨대, 영어 발음기호 'ʌ'는 '어와 아의 중간'이라는 의미가 아니다. 앵글로색슨이 고대에 우리말을 스펠화하면서 'ʌ'는 우리말의 [어]로 발음하는 것과 [아]로 발음되는 말을 동시에 함축하는 단어라는 신호인 것이다.

영어단어 buck이라는 단어는 [벅] 또는 [박]으로 소리 나는 우리말을 집어넣어 스펠화한 것이라는 의미다. 다만 된소리화 효과로 인해 벅은 '뻑', 박은 '빡'으로도 대체된다.

▸ buck을 [벅/뻑]으로 읽으면,

– 뻑이다(=뻐기다)

▸ buck을 [박]으로 읽으면,

– (머리를 들이) 박다

buck [bʌk]

자

1. (말이나) 나귀가 등짐을 떨어뜨리려고) 뛰어오르다, 날뛰다
2. 〈美구어〉 완강하게 반항하다, 결사 반대하다
3. 〈英〉 자랑하다, 뽐내다, 허풍떨다
4. 〈美〉 (파로faro 따위의) 도박을 하다

타

1. …을 머리[뿔]로 받다
2. 〈美구어〉 …에 강경히 반항[반대]하다.
3. (눈, 얼음 따위) …를 헤치고 나아가다(길을내다)
4. (도박)을 하다, (도박에서) …을 걸다

– (도박판에서 돈을) 박다.

– 박차다(완강히 반대하다)/박차고 나가다

buck
부 〈美구어〉 완전히; 적나라 하게

영어사전의 buck에 대한 뜻풀이를 살펴보면 이와 같은 우리말 용례를 모두 품고 있음을 알 수 있다. 참고로 우리말 민간어에서 '빽가다'라는 말이 있는데, 이 '빽가다'라는 말에서의 '빽'은 '아주, 완전히'라는 의미이다. 예를 들어 외국인이 우리나라 대중교통의 편리함에 "빽갔다"라는 건 '완전히 매료되었다'는 말이다. 이때 쓰인 '빽'을 스펠한 게 바로 이 buck이기도 하다.

⑧ 우리말에는 all[ɔ:l]의 'ɔ'와 같은 [어/오]의 중간발음이 없다.

이는 바로 앞에서 살펴본 영어 발음기호 'ʌ'의 경우와 같다.

영어에서는 이 'ɔ'의 발음을 [어]도 아니고 [오]도 아닌 [어]와 [오]의 어중간한 발음으로 하라는 건데, 이 역시 필자의 관찰결과로 판단하건대 'ɔ'는 우리말의 [어]로 발음하는 것과 [오]로 발음되는 말을 동시에 함축 표현하고 있다는 신호이다.

참고로 부연하면, 영어단어 'all'은 우리말 상고어에서 신(god)을 칭하는 씨앗말인 [알]을 스펠한 단어이다. 이 'all'을 스펠을 따라 독일어식으로 그대로 읽는다면 우리말 음가 [알]이 되어야 한다. 그렇지만 이 단어의 발음기호인 [ɔ:l]을 따르면 우리말 소리음가 [올]도 아니고 [얼]도 아닌 그 어중간을 취하게 된다.

그러므로 영어단어 all은 사실상 우리말 음가 [알/올/얼]의 세 글자와 연관이 있게 된다는 얘긴데, 이것이 시사하는 음운상의 의미는 대단히 중요하다. 이는 고대어에서의 '모음은 자유롭다' 하는 현상의 방증임과 아울러 영어는 우리말이라는 점을 강력하게 입증하는 근거이기 때문이다. 후술하겠지만, 우리말 상고어에서 신(god)의 씨앗말인 '알'은 {알/얼/올/울/을/일} 등과 모두 동일하다. 영어단어 'all'은 이 중에서 '알/얼/올'의 3개를 취하고 있는 것이다. 이와 관련된 세부적인 내용에 대하여는 후술한다.

⑨ 우리말에는 f, v 발음이 없다.

영어의 [f]는 우리말 'ㅂ/ㅍ' 또는 'ㅎ'을 표기하는 것이다.

예를 들어 foo-foo는 토종 우리말 바보를 영어로 철자화한 것인데, 여기서는 우리말 바보의 'ㅂ'을 [f]를 써서 표기하였다(이 '바보'를 철자화란 단어로서 boo-boo가 또 있기는 하다).

> foo foo
>
> 명 〈美속어〉 바보, 멍청이; 향수 (또는 foo-foo)

영어의 [v]는 우리말 'ㅂ'을 표기한다(된소리 'ㅃ'을 포함한다).

예를 들면 vogie라는 단어가 있는데, 이는 우리말 '빼기다'를 표기한 것이다. 다만

> vogie [vo'ugi, va'gi]
>
> 형 〈스코〉 자부하는, 자만하는, 뽐내는

(출처: YBM/디오딕/네이버)

어간격인 앞 음절 두 글자 [빼기]를 따서 스펠화하였다. 이 vogie라는 단어는 우리말 빼기다의 '빼'를 [v]를 써서 표기하였다. 이 vogie 단어의 뜻풀이는 우리말 '빼기다'의 내용 그대로이다.

⑩ 우리말에는 the나 think 같은 th발음 [ə, θ]이 없다.

이건 대단히 중요하다.

요즘 학생들이 사슴뿔이라고 부르기도 하는 발음기호 [ə]는 이른바 영어에서 혓바닥을 앞니에 대고 바람을 불어서 [d]도 아닌 게, [s]도 아닌 게, 이 둘의 중간도 아닌 게, 이 둘을 합친 것도 아닌 묘한 발음이라서 우리가 따라 하기엔 다소 어려움이 따르는 발음이다.

이 사슴뿔 [ə]는 필자의 관찰 결과 우리말의 'ㄷ' 또는 'ㅅ'으로 발음되는 어원의 것임을 표시하는 것으로서, 'ㄷ'으로 발음되는 어원을 갖기도 하고, 'ㅅ'으로 발음되는 어원을 갖기도 한다는 것을 보여주는 신호이다.

영국의 전설적인 왕 Arther. 이를 우리는 표기할 때 '아더'왕이라 하기도 하고 '아서' 왕이라 하기도 한다. 이 Arther는 우리말 상고어에서 나온 말인데, 필자가 파악한 원시 조어규칙상, '아더'라 해도 맞고, '아서'라 해도 똑같은 결과이기 때문이다(후술한다).

한편 'th' 발음으로서 흔히 학생들이 '번데기 기호'라 부르는 [θ] 역시 마찬가지이다. 이 [θ] 발음기호는 우리말 소리음가 'ㄷ'과 'ㅅ'으로 발음되는 어원을 동시에 갖는다는 의미이다. 다만, 이 [θ] 기호는

'ㄸ'과 'ㅆ'을 포함한다. 예를 들어 영어문장 'Thank you'를 우리는 '땡큐'라 표기하기도 하고 '쌩큐'로 하기도 한다.

⑪ 우리말 현대어는 두음법칙이 적용되므로 L, R로 시작하는 영어단어는 ㄴ(니은)으로 읽거나, 음가 없이 읽어야 우리말과 일치한다.

예를 들어 lore를 스펠대로 읽으면 [로레]인데, 우리말은 두음에 'ㄹ'이 오는 것을 허용치 않으므로 lore와 같이 앞에 나온 L 또는 R은 'ㄴ'으로 바꿔 읽거나 또는 묵음처리 하여야 우리말 음가를 찾을 수 있다.

> **lore** [lɔːr]
>
> 명 (전승적인) 지식, 구전; (일반적으로) 학식, 지식, 박식

고대의 노래는 요즘의 노래가 아니다.

문자가 없는 시절이므로 역사, 족보, 전승 등 모든 걸 기억에 의존해야 했으므로 이때 기억을 돕기 위해 곡조를 붙여 읊조린 것이 노래다. 이런 노래를 통해 구전이나 지식 등을 후대에 전승해 준 것이다. 대사를 몽땅 외우고 가락을 붙여 읊조리듯 하는 우리의 전통 판소리가 그런 예이다.

한가지 우리가 알아야 할 중요한 사실은, 우리말에서 두음법칙이라는 게 등장한 건 아주 극히 최근의 일이라는 사실이다. 본래 우리말 중세까지에는 두음법칙이라는 건 없었다. 또한 현대어라 할지라도 북한말에서는 아예 두음법칙이라는 말 자체가 없는 실정이다. 북한말에서는 여자를 '녀자', 역사를 '력사'라고 하듯 말이다. 그러므

로 오늘날에 인위적으로 만든 우리 국어의 두음법칙을 가지고 억지로 고대언어를 꿰어맞추려는 것은 약간의 무리가 있다는 판단이다.

⑫ 우리말 'ㄹ'을 처리하는 L과 R 발음에는 음가 차이가 없는 경우가 많다.

예를 들어 boor은 발음기호 따라 [부~얼] 하느라 혓바닥에 빠다를 치지 말고 그냥 우리 토종발음 [불]로 읽어야 한다. 이 boor은 우리 민간 비속어 '불상놈' 할 때의 바로 그 '불'이다. 불한당 할 때의 '불'도 이 boor 또는 bull이다.

> **boor** [buər]
>
> 명 거친 사람, 야인, 버릇없는 사람; 무식한 농사꾼, 교양없는 시골뜨기; (네덜란드, 독일 등의) 소작 농민

⑬ 영어단어 끝의 자음을 폐쇄하지 않고 파열하여 발음함으로써 우리 음가를 잃는다.

예를 들면 mood 같은 경우이다. 이 mood 단어의 뜻은 '기분, 분위기'인데, 이는 우리말 '멋' 또는 '맛'을 스펠화한 단어이다. 우리말의 '일할 맛이 난다', '고풍스러운 멋이 있다', '그분은 멋을 아는 분이다' 등등을 말할 때의 멋/맛을 스펠한 게 바로 mood이다. 그런데 이 mood를 영어발음 [무드]로 발음하는 순간 우리말 [멋/맛]의 음가는 완전히 사라져 버린다. 앵글로색슨이 의도한 mood의 당초 음가는 우리말 [멋/맛]에 있다.

⑭ 우리말 ㅇ(이응) 받침 음가를 영어단어는 n 음가로 대체한다.

예를 들면 우리말 '동이 튼다'의 '동'은 아침 새벽이라는 말이다. 영어단어 dawn의 발음은 [돈]인데, 이 dawn은 우리말 '동 트다'의 '동'을 스펠화한 것이다. 그래서 우리가 이를 알아채지 못한 이유이다. 이 dawn은 한자 '동녁 동(東)'과 '새벽 단(旦)' 의 두 글자를 만든다.

다른 예로, 옥수수 corn의 경우도 마찬가지다. 이 콘(corn)은 본래 우리말 콩이다. 영어단어는 우리말 종성받침 ㅇ(이응)을 그냥 [n]으로 처리하는 경우가 대단히 많다. 하지만 영어에서는 'ㅇ'(이응)을 회피하고 'n'으로 회귀하는 경향이 강하다는 것은 우리가 익히 알고 있는 현상이기도 하다. 예를 들면 '–ing' 발음은 대개 [n]으로 발음하는 것이 그것이다. (darling(달링) ···▸ [달린], calling(콜링) ···▸ 콜린])

⑮ 영어단어의 묵음스펠이 우리말 음가 판단을 흐리게 한다.

영어단어 중에는 묵음스펠이 종종 있다. 주로 자음이 묵음처리 되는데, 간혹 모음이 묵음처리 되는 경우도 있다.

자음이 묵음처리 되는 사례는 매우 많다. 예를 들면, talk, balm, palm 같은 단어는 스펠 중간의 L의 발음이 생략된다. 그래서 balm=[밤]으로, palm=[팜]으로 발음하고 끝낸다. talk는 그냥 [톡]으로 발음한다. 또 knock는 앞의 'k' 발음을 생략한다. 그래서 그냥 [노크/녹]로 발음한다. 이 knock의 경우 만일 'k'를 생략치 않고 발음한다면 knock=[크녹] 또는 [크낙] 이렇게 될 터인데… 이러고 보니 문득 떠오르는 새 이름이 하나 있다. 우리 천연기념물로 지정된 딱다구리인데, 이를 다른 이름으로 '크낙새'라고 부른다. 광릉에 사는 크낙새는 주둥이 부리로 나무껍질을 빛의 속도로 박치기한다.

모음이 생략된 대표적인 경우의 단어는 wrong이다. 이 wrong에서 앞의 'w'를 묵음처리 하여 그냥 wrong=[롱]으로 발음하고 말지만, 만일 이 'w'의 음가를 살려 발음을 한다면, wrong=[우롱]의 소리발음이 될 것이다. 이 [우롱]은 '조롱하다, 모욕하다'라는 뜻의 우리말이다. 이 영어단어 wrong은 우리말 '우롱'을 그대로 스펠한 단어이다.

> **wrong**
>
> 형
> 1. 도의(도덕)상 나쁜, 옳지 못한, 그릇된
> 2. (사실,진리 따위에서) 빗나간, 잘못된, 틀린
> 3. 부적당한; 난처한, 서투른
>
> … (중략) …
>
> 타
> 1. (남)에게 (…로/…하여) 부당한 대우를 하다, 학대하다, 모욕하다
> 2. (남)을 (부당하게)나쁘게 생각하다, 오해하다, (남)을 중상(中傷)하다

형용사로 쓰이는 wrong의 뜻풀이는 '그릇된, 잘못된'의 용례로 주로 쓰이기도 하지만, 이 wrong이 지닌 동사의 용례를 보면 우리말 '우롱하다'라는 개념을 지니고 있음을 볼 수 있다. 영어사전 뜻풀이를 보면 직접적으로 '우롱'이라는 용어를 쓰진 않지만 그 내용은 우롱과 다름없다.

이상에서 여러 가지 사례를 들어봄으로써 우리말 영어단어임에도 불구하고 우리가 분간하지 못하는 경우를 살펴보았다. 물론 이

게 다는 아니다. 보다 근원적으로 우리말의 음운사례를 준용하여야 드러나는 것도 있기 때문이다. 이에 대하여는 별도의 본문에서 상세히 서술하기로 한다.

일부 예리한 비교언어학자 중에는 우리말이 알타이어가 아닌 인도유럽어 쪽에 가깝다고 주장하는 학자도 있다. 또 우리나라 구한말 혹은 그 이전에 우리나라에 머물렀던 외국인 신부나 선교사 중에는 우리말이 인도유럽어 계통과 유사하다는 기록을 남긴 이들도 있었다.

한편, 우리 민족이 백인종에 가깝다는 주장을 펴는 학자들도 있다. 그뿐 아니다. 우리나라 유적에서 출토되는 인골의 유전자 분석 결과는 놀랍게도 백인종 그것도 앵글로색슨의 유전자와 가장 유사하다는 결과를 내놓아 학계를 충격에 빠뜨리기도 한다.

얼마 전엔가는 독일의 공영방송인 ZDF에서는 유럽으로 이동한 동방 유목민족 흉노족의 뿌리가 한반도에서부터 출발한 것이라는 다큐멘터리를 제작하여 방영하기도 하였다.

영어가 우리말이라는 사실이 밝혀지기 전까지는 이러한 모든 사실들이 도무지 이해할 수 없는 불가사의한 단편에 지나지 않았다. 듣기에 싫진 않았지만 그렇다고 가슴에 와 닿는 것도 아니었다.

그러나 이제는 아니다. 언어, 즉 앵글로색슨의 영어가 우리말에 뿌리를 두고 있는 우리말이라는 사실이 분명해진 이상, 위에서 열거한 갖가지 학설이나 고고학적 발견들은 이제 천군만마보다 강력한 화력 지원군을 얻었다. 가장 확실한 증거가 확보되었으므로 이제는 모든 가능성을 열어 두고 연구를 할 때이다.

일부에서 위서 논란이 이는 가운데 배척되는 〈환단고기〉의 내용에도 다시 귀를 기울여 보아야 한다. 우리 고대사의 지평을 무한대로 넓혀도 되리라 본다. 유라시아의 광활한 대륙 이쪽 끝에서 저쪽 끝까지 종횡무진하며 중앙아시아의 초원을 호령하는 패자로 군림했던 우리 한민족의 화려했던 옛 역사를 오늘에 되살려야 한다.

우리 고대 한민족은 유럽대륙과 동북아시아를 통째로 정복하고 지배하였던 세계 최강의 역사를 지닌 민족이다. 우리 언어가 세계 모든 문명의 시초언어이다. 우리는 그 후예이다.

두 주먹이 불끈 쥐어진다.

7장

우리말과 같은 영어단어 맛보기

우리의 생활어 중에서 우리말과 발음 뜻이 같은 영어단어를 몇 개만 살펴보기로 한다. 이는 맛보기일 뿐이다. 자세한 내용은 각 본론에서 주제별로 그때그때 다루기로 한다.

영어단어에는 완전 우리 토종말을 그대로 보존하는 것들이 많이 있다. 그런데 흥미로운 점은 그런 것들의 상당수는 우리가 비속어 또는 비문화어로 분류하여 저속어 취급을 하는 경우가 많은데 영어단어에서도 그런 것들엔 〈비어〉 〈속어〉 등의 딱지가 붙은 경우가 많다는 점이다. 혹은 〈고어〉 또는 〈폐어〉라는 딱지도 종종 붙어 있다. 다시 말하면 〈고어〉란 오래전에 쓰이던 옛말이라는 것이고, 〈폐어〉라 함은 지금은 폐기처분 돼서 쓰지 않는 단어라는 말이다.

그러나 비어든, 속어든, 고어든, 폐어든, 또는 영어사전 저 구석에 틀어박혀서 생전 한번도 구경 안 해볼 그런 단어일지라도 중요성이나 그 의의가 전혀 손상되지 않는다.

오히려 이런 단어일수록 더욱 귀하고 값지다. 우리 토종말은 인류 원시언어의 화석이다. 특히 우리 지방 사투리는 태곳적 언어의 시초를 밝혀 주는 뿌리말이다. 언어학적으로 대단히 의미심장한 대목이다.

그런데 이를 영어단어가 잘 보존해 주고 있다. 비어, 속어, 고어, 폐어 등으로 분류된 영어 어휘들이야말로 진정 우리말이 원시 상고어의 뿌리라는 증거가 되어 대변해 주고 있다는 점이다. 매우 귀중한 단어들이다. 이 단어들을 통해서 거꾸로 우리말을 찾을 수가 있다. 우리가 일상에서 쓰긴 쓰되, 정확한 의미를 알 수 없거나 그 어원을 밝히지 못하는 관용어들이 부지기수다. 이들 중 일부를 영어단어가 우리에게 설명해 준다. 대단히 흥미롭고도 유익한 사례가 많이 등장한다.

한편, 영어사전에 남아있는 우리말 영어단어 중에는 〈스코틀랜드〉 〈아일랜드〉 혹은 〈북잉글랜드〉라는 딱지가 붙은 게 유별나게 많다. 스코틀랜드나 아일랜드 지역에서 쓰는 단어라는 말인데, 이는 우리말이 그쪽에 많이 남아 있다는 걸 의미하는 것이다. 이게 시사하는 바는 무엇일까?

고대 영국 브리튼섬에 살던 족속 중에 선주민인 켈트족이나 픽트족이 우리말을 쓰던 족속인 까닭은 아닐까 하는 상상이 고개를 드는 것이다. 스코틀랜드나 아일랜드로 밀려난 족속이 켈트족, 픽트족이기 때문이다.

하여튼, 이러한 궁금증에 관하여는 일단 물음표를 붙여 놓고 통과하기로 한다. 이는 일자무식인 필자가 범접할 수 없는 영역이다. 오직 역사학자, 인류고고학자, 언어학자 등의 역량이자 몫이다.

여기서는 우리말과 발음 뜻에 있어서 동일하거나 비슷한 영어단어들을 살펴보기로 한다. 흥미롭기도 하고 신기하기도 할 것이다. 거듭 언급하지만, 이러한 단어들의 존재 유무는 영어가 우리말이라고 하는 명제의 간접증거일 뿐이다. 직접증거는 따로 있다. 이에 대하여는 별도의 장에서 서술할 것이다.

이 책에서는 다소 원색적이고도 망측한 용어나 용례가 등장할 수 있다. 순수한 어원탐구의 연구목적이니 만큼 있는 그대로의 표현이 부득이하다.

■ hut= 헛(간)

우리나라 전통적 시골집에서 안채에 딸린 헛간 또는 오두막을 말할 때 쓰는 그 [헛]이다.

> **hut** [hʌt]
>
> 명 오두막, 임시가옥, 임시막사

피자는 우리 젊은이들이 즐겨 먹는 음식이다. 물론 필자도 좋아해서 가끔 즐겨 먹는다. 유명 피자집 중에 '피자헛'이라는 데가 있다. 영어로 'Pizza Hut'이다. 여기서 hut이 그 헛(hut)이다. 그러니 피자헛은 '피자 먹는 아담한 작은집'이라는 뜻일게다.

여기서 미리 한마디 하고 가면, 피자도 당연히 우리말이다.

■ cot= 곳(간)

헛간이 있으면 곳간도 있겠다. 이 '곳간'의 [곳]을 스펠한 단어가 cot(곳)이다.

> **cot** [kat / kɔt]
> 명 오두막집, 작은 집

곳간은 헛간과 마찬가지로 우리 토속 시골 집에서 안채와는 별도로 조그만 창고같이 만들어 놓는 집이 있는데, 이를 토종말로 곳간 또는 곳집이라고 한다. 이 곳간은 추수로 거둬들인 보릿자루며, 쌀가마며, 배추, 옥수수, 고구마, 고추, 감자 등등, 이런 것들을 보관하는 용도로 쓴다.

여기엔 가끔 마차나, 쟁기, 낫 같은 농기구도 보관한다. 이 '곳간'의 [곳]을 스펠한 영어단어가 cot(곳) 이다.

■ soot= 숯

나무를 태우다 만 시커먼 검댕을 숯이라 한다. 이 숯을 피워서 숯불구이 돼지갈비도 구워 먹고 한다.

> **soot** [sut]
> 명 검댕

■ culm= 그을음

나무나 숯 또는 석탄이나 기름을 태울때 완전연소 되지 않아 발생하는 시커먼 탄소 가루가 그을음이다.

> **culm** [kʌlm]
> 명 탄가루, 분탄(粉炭)

■ shim= 심

어떤 것에 힘을 지탱시켜주기 위해 박아주는걸 '심'이라 한다. "심을 박는다" 할 때의 그 '심' 이다. 우리말 연필 '심'에서도 용례를 찾아볼 수 있다.

> **shim** [ʃim]
>
> 명 심; 틈새를 메우거나 물건을 수평으로 하기 위해 사용하는 나뭇조각이나 금속조각 등
>
> 동 …에 심을 박아 메우다

■ chichi= 찌찌(젖)

이 찌찌는 유아어로서 우리나라 사람이면 모르는 이 없는 국민 단어다. 애 엄마가 아기에게 젖 먹일 시간 되면 "찌찌 먹자" 할 때의 그 찌찌(젖)이다.

참고로, [젖]으로 발음되는 단어로서 jut(젖)이 있다. 이 단어는 돌출, 튀어나온것 … 으로 설명하고 있다. 무엇을 의미하는지 굳이 설명이 필요 없을 것이다.

> **chichi** [tʃiː' tʃiː']
>
> 명 〈속어·비어〉 여자의 가슴, 젖퉁이, 성적 매력이 있는 여자

> **jut** [dʒʌt]
>
> 명 돌출물, 돌출부, 튀어나온 것

jut은 [젖] 아니면 [잣] 또는 우리말 음운현상을 따르면 [좆]이다. [잣]에 호격접미사 [이]를 붙이면 우리말 [자지]이다. [좆]은 또한 무슨 말인지 설명이 필요 없을 것으로 본다. 아무튼 튀어나온 것은 다 'jut' 이다

원래 우리 토종말로 튀어나온 것은 모두 [좆]이라고 한다. 영어에도 똑같은 일이 벌어지는 것이다.

■ bud= 벗(친구)

우리말 친구 '벗'이 영어 알파벳으로 철자화된 단어가 bud(벗)이다. 여기서 우리가 한 번 주목하고 지나가야 할 점이 있다. 영어는 우리말과 소리음가가 같으면 스펠을 달리하여 두 개, 세 개라도 만들어 쓰는 경우가 있는데, 이 경우가 그렇다.

bud [bʌd]
명 〈美구어〉 = buddy

buddy [bʌ'di]
명 〈구어〉 동료, 친구, 동지

영어에 이 [벗]의 음가로 소리 나는 단어가 bud만 있는 게 아니다. but도 있다. 이 but[벋]를 한 음절로 발음하면 소리음가가 [벗]이다. 결국 bud(벋)과 but(벋)의 우리말 소리음가는 모두 [벗]이라는 점에서 동일하다. 영어는 이를 반영하고 있다. 놀랍게도 영어에 벗(친구)을 뜻하는 단어로 'but'도 함께 올라 있다. 매우 흥미롭다. 정리하면, bud(벗)은 우리말 벗(친구)을 스펠한 우리말 영어단어이다. 또한 우리말 '벗'과 동일한 소리음가를 갖는 영어단어 'but'도 '친구'라는 뜻을 가진 별도의 단어이다.

but [bʌt]
명 〈속어〉 친구

(출처:디오딕)

■ gash= 가시(각시, 여자)

우리 토종말로 '각시'가 있다. 아내, 여자를 가리키는 말이다.

우리말에서 "각시를 얻다"라는 말은 장가

gash [gæʃ]
명 〈비어〉 (여자의) 외음부, 여자, 성교

든다는 뜻이다. 그런데 이 각시는 우리 고어에서 '가시'와 함께 쓰였다.

송강 정철의 속미인곡, "뎨(저) 가는 뎌(저) 각시 본 듯도 하여이고"라는 구절에서 '각시'라 하였고, 고려가요 서경별곡에서는 대동강연 이라고 불리는 제3연에서, "네 가시 아즐가 네 가시 아즐가 네 가시 럼난디 몰라서"라고 하여 '가시'로 썼다. 이 '가시'가 영어단어에도 gash라는 스펠 아래 '여자'라는 뜻으로 올라있다. 그러고 보면 앵글로색슨도 옛적부터 여자를 우리처럼 '가시'라고 불렀다는 얘기다.

■ col= 골(골짜기)

우리말 산골 또는 골짜기 할 때의 '골' 그대로이다.

이는 일기예보에서 쓰는 기압골이라는 말의 '골'의 용례와도 같다.

> **col** [kal / kɔl]
>
> 명
>
> 1. (봉우리와 봉우리 사이의) 고개, 콜
> 2. (기상) 기압골

■ gorge= ①고지(高地) ②꼬지(게 먹다)

① 고지란 높은 땅을 말한다. 자연지형에서 산이나 계곡이 높이 솟은 지형을 말한다. 6·25 때 우리 국군은 전투에 유리한 고지를 사수하기 위해서 죽을 힘을 다해 싸웠고 수많은 우리 군인이 전사했다. 국군의 고귀한 희생의 피로 지켜낸 땅이다.

이 고지를 영어사전에서는 '협곡, 계곡' 등의 뜻으로 달고 있다.

영어단어 gorge[고지]는 우리말 고지(高地)를 알파벳으로 철자화한 것이다(이 고지는 순우리말이다. 한자어가 아니다).

> **gorge** [gɔːrdʒ]
> 명
> 1. 험한 바위틈, 협곡, 계곡
> 2. 배불리 먹은 식사, 폭음 폭식(한 것)

② 한편 이 gorge의 영어 뜻풀이에 '배불리 먹은 식사, 폭음 폭식' 등의 뜻이 달려있다. 이건 우리말에 "꼬지게 먹다" 또는 "뽀지게 먹다"는 말이 있는데 예를 들어, 뒤 집 잔치에 가서 잔뜩 먹고 와서 하는 말, "오늘 아주 완전 꼬지게 먹고 왔어~" 이러는 건 '배불리, 배 터지게' 먹고 왔다는 얘기다.

이 '꼬지다' 또는 '꼬지게'의 앞 두 음절 '꼬지'를 스펠 구현한 게 바로 이 단어 gorge[꼬지] 이다.

■ shebang= 시방

우리의 업무 일상에 시방서란 말이 있다. 건설업계나 제조업계 쪽에서는 아마도 이 시방서로 해가 뜨고 이 시방서로 해가 질 만큼 밀접한 사이 아닐까 한다.

> **shebang** [ʃəbæŋ]
> 명 〈美구어〉
> 1. (조직, 계획, 사건의) 골격, 뼈대, 짜임새
> 2. 오두막집, 선술집, 파티, 소란

시방서란 공사 따위에서 일정한 순서를 적은 문서 또는 제품이나 공사에 필요한 재료, 품질, 시공방법, 납기 등 도면에 나타내기 어려운 주요 사항을 따로 명확히 기술한 것을 말

한다. 따라서 시방서란 작업의 시공방법 등의 설명내용, 즉 '시방'을 기록한 문서를 말하는 건데, 이 '시방'을 영어단어로 스펠한 것이 바로 shebang이다. 즉, she(시)+bang(방)=shebang(시방).

흔히들 이 시방을 두고 '시공방법'의 줄임말 아닐까 여기곤 한다. 만일 그렇다면 시방을 한자로는 시방(施方)이라 써야 할 테지만, 시방(示方)이다.

혹시 한자가 아닌가 하기도 하고, 일본말에서 온 것은 아닐까 하여 기웃거리기도 하지만… 아니다. 순우리말이다(우리말 '지금'이라는 말을 사투리로 '시방'이라고도 하는데 이와 동일한 어원이다).

■ birl= 벌(초벌, 애벌)

> **burl, birl** [bə:rl]
> 명 〈호주 구어〉 시도, 해보기

이 벌은 초벌작품 또는 초벌구이 등과 같이 처음으로 하는 '시도'를 말할 때 쓰는 그 '벌'이다. 이 '벌'은 도자기나 항아리 등 토기의 처음 구운 '애벌구이'와 같은 용례로도 등장한다.

이 '벌'을 스펠한 영어단어가 birl(burl)로서, 우리말과 발음과 뜻이 같다. 그런데, 이 birl 단어에 다른 의미 하나가 더 있는데, 우리에게 매우 흥미로운 사실을 시사해 준다.

다름 아니고, 이 birl[벌]이 술자리 용어인 '벌주(罰酒)'에서의 '벌'을 의미하는 단어라는 점이다. 다음에서 본다.

■ birl= 벌(주)

birle, birl [bəːrl]

명 〈스코〉 (술을) 따르다, (남에게) 술을 억지로 먹이다/권하다

회식이나 술자리 모임에 지각하거나 술자리 규칙을 위반하거나 했을 때 벌(罰)로서 받아 드는 게 벌주이다. 후래자삼배(後來者三盃), 즉 늦게 온 인간에게 강제로 술 석 잔 벌컥벌컥 먹이기 같은 것이다.

이거 받아 들이켰다가 그날 헬렐레 완전 맛이 가는 술꾼들이 적잖은 게 요즘의 술판 문화인데 물론 장난삼아 벌리는 짓궂은 국민적 술판 전통이다. 별로 자랑스러운 전통문화는 아닌듯 하다. 필자도 한창 때 이 벌주의 위력에 녹아나서 헬렐레 갔던 적이 한두 번이 아니다.

이 birl은 우리에게 두 가지 중요한 점을 시사해 준다.

첫째는, 영어단어에 담긴 우리말은 고대의 사회상을 엿볼 수 있는 가늠자가 되기도 한다는 점이다. 벌주 돌리는 우리 민족 술꾼들의 행태는 예나 제나 다름없었나 보다. 이 단어 하나로 그것이 적나라하게 드러나 보이기 때문이다.

둘째는, 이 영어단어 birl을 철자화 시킨 주체가 벌주의 '벌'이 벌(罰)을 의미하는 줄을 모르고 있다는 것이다. 그저 '억지로 술을 따르는 것'으로 인식한다는 점이다.

이게 무엇을 의미하는가?

우리말을 모르는 어느 누군가(=앵글로색슨)가 제3의 관찰자적 위치에서 우리말을 쓰는 부류(=동이족)의 언어현장에 있다가 보고 들은 바

를 소위 눈치로 파악했다는 점을 암시할 수도 있다는 점이다. 그렇다면 우리말을 쓰는 부류는 어휘형성에 영향을 줄 수 있을 만큼의 위치, 즉 상위계층 아니면 지배계급의 위치 아니었을까 하는 추리에 생각이 미치는 대목이다. 영어단어에는 이러한 사례가 여럿 있다.

이 birl 단어가 스코틀랜드 지역의 방언이라는 점에 눈길이 간다.

■ tantara= 딴따라

우리 민간말에 딴따라가 있다.

국어사전을 보면, '연예인을 낮잡아 부르는 말'이라고 하였고, 연예인이라 함은 연예에 종사하는 배우, 가수, 무용가 등을 통틀어서 일컫는 말이라 한다.

이 딴따라를 영어 스펠한 게 tantara이다. 영어사전의 뜻풀이로 보면, '나팔(뿔나팔) 등의 소리'라고 하였는데, 이는 취주악의 소리라는 것이다. 그래서 호른, 트럼펫 등을 불어서 내는 소리로 구성된 것을 취주악단이라 하는데, 이를 보통 딴따라라고 부른다.

> **tantara**
>
> 명 나팔(피리) 등의 소리, 트럼펫(호른) 취주

요즘에는 다소 비하적인 의미를 지녔을지 몰라도, 이 딴따라가 고대사회에서는 귀한 신분이었다. 고대에는 악기라는 게 매우 희귀할 때다. 고작 뿔을 깎아 만든 뿔피리를 불어서 소리 내는 정도이지, 오늘날과 같은 다양한 첨단 악기의 세상이 아니었다. 그런 세상에서 뿔피리라도 불어서 소리를 내는 기술은 보통 기술이 아닌 것이다. 또 아무나 하는 게 아니다.

이 딴따라가 영어사전에 있으니까, 우리가 쓰는 딴따라는 영어에서 온 거라고 말하는 이들이 있다. 그게 아니다. 딴따라는 순 우리 토종말이다. 영어사전이 이 우리말을 보존해 준 것이다. 이 딴따라는 우리말 상고어에서 신(god)을 뜻하는 '단달' 계열의 말이다. 이 '단달'의 거센소리, 된소리를 포함해, 여기에 우리말 모음변화가 들어가면 '단달, 단돌, 탄달, 탄돌, 탄들, 틴달, 틴들, 딴달, 딴딸' 등으로 가지를 치는 것이다.

이들은 모두 같은 말로서 고대 상고어로 신(god) 또는 신성(神聖)을 의미하는 말이다. 그중 하나인 '딴딸'에 호격 [아] 가 붙어서 만들어진 게 '딴딸+아=딴따라'이다.

■ gag= 객(쩍다)

gag
명 〈구어〉 개그, 익살

요즘 TV 예능프로그램에서 인기를 누리는 개그 코너가 있다.

이 개그를 직업적으로 하는 사람을 개그맨이라고 한다. 익살스러운 얘기나 재담, 만담, 유머 등을 늘어놔서 사람을 웃기거나 즐겁게 해주는 직업적 만능 재주꾼이 개그맨이다. 아주 특별한 재능을 지닌 이들이다.

이 개그의 영어단어 gag는 우리말 '객쩍다'라는 말의 '객'을 스펠한 우리말 영어단어이다. gag를 한 음절로 읽어 [객]이다.

우리말에서 '객쩍다'라는 말의 국어사전 풀이는, "행동이나 말, 생각이 쓸데없고 싱겁다"이다. 그러니 개그맨을 우리말 버전으로 하면 '객쩍은(싱거운) 소리로 남을 즐겁게 해주는 사람' 아닐까 싶다.

참고로, 이 '개그'는 우리말 개구쟁이의 어원이다. [개그]와 [개구]는 음운상 구별이 안 되는 같은 소리이다. 즉 엉뚱하고도 익살맞은 짓을 하는 애들을 가리켜 개구쟁이라고 하는 것이다.

한편 우리말에는 여기서 보는 '객쩍은 소리' 외에도 '신소리'라는 게 하나 더 있다. 영어단어에는 이 '신소리'의 '신'을 스펠한 단어도 존재한다. 다음에서 본다.

■ shine= 신(소리)

shine [ʃain]

동 빛나다, 빛을 내다, 반짝이다

명

1. 광채, 빛, 광택, 윤기
2. 〈구어〉 장난, 희롱

우리말에서 장난기 섞은 농담이나 희롱삼아 하는 말을 '신소리' 라 하는데, 이는 '객쩍은 소리'와 비슷한 뜻의 말이다. 이 '신소리'의 [신]을 스펠한 영어단어는 shine이다.

이 shine은 우리가 잘 아는 대로 본래 '빛나다, 반짝이다'라는 기본뜻을 지닌 단어인데, 이 단어의 여러 뜻풀이 중에 '장난, 희롱'이라는 뜻도 달려있다. 이게 바로 우리말 '신소리'의 [신]을 풀이한 것이다.

이 shine의 발음이 고대영어에서는 샤인[ʃain]이 아닌 신[ʃin]이었을 것으로 추정한다는 언급을 한 바 있다. 이러한 추정에 힘을 실어주는 게 바로 이 신(소리)이다. 본래 이 shine이라는 단어는 신(god)의 속성(예, 빛나는 광채)을 반영한 단어로, 우리말 신(神)을 소리발음대로 스펠한 단어이다.

■ hansel= 한설(설날/세뱃돈)

우리의 최대 민속명절인 설날을 다른 말로 '한설'이라 한다.

이 한설을 스펠한 게 영어단어 hansel이다. 이 hansel(한설) 영어단어 뜻풀이를 보면, 명사로는 '새해의 선물, 세뱃돈' 이라 하였고, 동사로는 '~의 시작을 축하하다, 처음 경험하다' 등의 뜻으로 설명하고 있다. 이는 곧 다름 아닌 우리의 명절 '설날'의 의미를 풀어 말하는 것이다.

hansel [hæ'nsl]
명 = handsel

handsel [hæ'nsəl]
명
1. (새해의) 선물, 세뱃돈
2. 착수금, 계약금, 첫 경험
동
1. (남에게) 선물을 주다, …의 시작을 축하하다
2. (사물을) 처음 경험하다, 시도하다

설날은 한해가 처음 시작되는 첫날이다. 또 이날엔 새해 선물을 주고받거나, 세뱃돈을 받기도 한다. 이를 그대로 뜻풀이한 게 영어단어 hansel(한설)이다.

놀랍다. 고대 앵글로색슨족의 사회에서도 이 우리 명절 설날이 '한설' 이라는 이름으로 불리며 행해졌다는 얘기이기 때문이다.

다만, 앵글로색슨은 이 '한설'이 새해 첫날에 벌이는 절기로서의 민속명절인 '설날'로 인식하기보다는, 이날에 벌어지는 풍경(세뱃돈)이나 새해의 첫날이 시작된다는 정도의 의미로 파악하고 있다는 점이다. 이 역시 앵글로색슨은 우리 고대 동이족의 풍습을 제3자 관찰자적 위치에서 보고 들은 것을 어휘로 만들었다는 심증이 가는 사례이다.

★ 우리 명절의 설날의 다른 이름은 '설, 한설, 까치설, 아치설, 아찬설' 등으로 불린다.
'설'이라는 말 자체가 우리 상고어에서 신(god)을 가리키는 씨앗말이다. 또한 '한'이라는 말도 역시 신(god)을 가리키는 말이다. 그러니 한설=한(god)+설(god)=한설, 즉 신(하나님)이라는 말이다. 이를 그냥 한 글자로 하여 명절인 '설'이라고 하는 것이다.
이 설날의 어원에 대하여는 별도로 후술한다.

■ alley= 올레(오솔길)

제주도에 해안선을 따라 일주하도록 잘 설계된 올레길이란 게 있다. 올레는 산책 오솔길 또는 골목길을 뜻하는 토종 우리말이다.

발음기호대로 읽으면 [앨리]가 되는데, 이는 무시해도 된다.

스펠을 음절로 구분해서 보면, all(올)+ey(에)=올레.

옛날, 아주 먼 옛날 앵글로색슨족의 교육부에 우리말을 영어철자화하는 국어담당 공무원이 있었다면 그가 바로 이 단어의 원작자이다. 원작자의 의도를 존중해서 읽어야 우리말의 음가를 확인할 수 있다. alley는 우리말 [올레]를 염두에 두고 영어철자화한 것이기 때문이다.

alley [æ'li]

명 뒷골목, (정원, 공원 등의) 오솔길, 골목길, 샛길

이 alley(올레)와 같은 단어가 하나 더 있

다. 다름 아닌 allee (올레)이다. 이와 같이 영어는 음가가 같으면 단어를 두 개 이상 만들어 쓴다.

> **allee** [æle'i]
> 명 산책길, 가로수길

참고로 '올레'는 본디 우리말 상고어로 신(god)이다. 이 '올레'는 '오레'와 음운상 같은 말이다. 우리나라 통신사 중에 '올레(Olleh)'라는 로고를 쓰는 회사도 있다.

■ girlie= 걸레

영어스펠이 '–ie'로 끝나는 경우 우리 소리 발음 [이/에] 두 가지로 발음되는 것을 포함하는 표기이다. 그래서 이 girlie는 우리말 음가 [걸리] 또는 [걸레]를 구현하는데, 이중 우리말 용례는 [걸레]이다. 혹은 [걸래]라고 하기도 한다.

> **girlie** [gə':rli]
> 명
> 1. (경멸적) 소녀, 처녀, 아가씨
> 2. 〈속어〉 매춘부 (또는 girly)

몸을 헤프게 굴리는 여자나 매춘부를 우리 토종말로 걸레라 한다. 비속어에 속한다. 방바닥 닦을 때 쓰는 걸레와는 다른 말인데, "걸레는 빨아도 걸레"라는 농담조 말의 걸레는 바로 이 방바닥 걸레를 말하는 것이다. 그러나 사람은 다르다. 회심하고 돌이키면 새사람 된다. 성경에 예수께서 그렇게 말씀하셨다고 나온다.

이 '걸레'의 몸통말은 [걸]이다. 영어단어 girl(걸)이 바로 이 [걸]로서, 영어단어 girl(걸)은 우리말이다. 이 [걸]은 윷놀이의 도개걸윷모에 등장하는 [걸]이기도 하다. 윷놀이의 어원에 대하여는 후술한다.

■ mirk(murk)= 먹

암흑 또는 시커먼 것을 토종말로 [먹]이라 한다. '벼루, 먹' 할 때의 [먹]이기도 하다. 이 '먹'은 검정 돌이다.

이를 [막]으로 읽어, 우리가 "앞길이 막막하다" 할 때의 '막'이다. 이는 앞길이 캄캄하다는 말이다.

> **murk, mirk**
> [mə:rk]
>
> 명 암흑, 어둠, 어스레함
>
> 형 어두운, 암흑의

■ muck= 묵(깻묵, 비료)

논밭에 비료로 뿌려주는 퇴비, 거름, 소똥, 말똥 등을 묵 또는 깻묵이라 한다. 이때의 [묵]인데, 사전의 발음기호를 따라 [먹]으로 하지 않고 [u]의 음가를 [우]로 하여 [묵]으로 읽는 사례다. 이를 [먹]의 음가로도 읽어, '얼굴에 먹칠'을 하다(=망신당하다) 등의 용례에 등장한다.

> **muck** [mʌk]
>
> 명
>
> 1. 소(말)의 똥, 퇴비, 거름, 비료
> 2. 오물, 먼지, 불결한 상태, 혼란

■ jobbie(1)= 잡비(똥)

우리말 잡비를 스펠한 우리말 영어단어이다. 이 잡비란 논밭 작물에 비료로 뿌려주는 퇴비를 말한다.

요즘 같은 화학비료가 대량 생산되기 전

> **jobbie[1] (jobby)**
>
> 명 〈일반〉 똥 (주로 스코틀랜드, 잉글랜드 북동부에서 비격식적으로 쓰임)

(출처: 디오딕)

의 옛날 농촌에서는 비료를 직접 만들어 썼다. 두엄(똥)과 풀, 짚 등을 섞어서 썩히면 훌륭한 비료가 된다. 이를 잡비라 하는데, '똥'이 주원료이다. 그래서 영어단어에서는 이 잡비 jobby 단어를 '똥'이라 하였다.

간혹 우리말에서 방언에 이 잡비를 '조비'라 부르는 데도 있다.

■ jobbie(2)= 잡배

영어스펠의 끝 '-ie'는 우리말 소리발음 [이/에]를 동시에 구현한다. 그래서 이 jobbie는 우리말 '잡베' 또는 '잡배'이다. 이게 한자어로 가서 '잡배'(雜輩)라는 어휘를 만들었다.

> **jobbie² (jobby)**
> 명 〈일반〉 쓰레기 같은(별 볼 일없는) 인간 (주로 스코틀랜드, 잉글랜드 북동부에서 비격식적으로 쓰임)

(출처: 디오딕)

우리 정치판에서 가끔 듣는 얘기 중에 "시정잡배만도 못한 발언"이 있다. 여기서 시정잡배란 시정(=마을 시장판)에서 건들거리는 건달패나 쓰레기 같은 인간을 가리키는 순 우리 토종말이다. 이 잡배를 영어가 그대로 스펠화했다.

수천년 전 영국땅 앵글로색슨족 중에도 잡배들이 꽤 많았던 모양이다. 이 단어가 스코틀랜드에서 쓰이는 〈비격식어〉라고 하는데 눈길이 간다.

별론이지만, 이 시정잡배의 '시정'을 市井이라 하여 '마을 우물가'로 칭하기도 하는데, 필자 견해로는 그게 아니다. 우리 상고어 음운현상으로 [시정=시장]이다. 그러므로 시정잡배는 시장판의 건달패를 말한다. 잡배는 우물가에서 놀아봤자 별 먹을 게 없다. 시장판에서 놀아야 먹을 게 많다.

■ dork= (촌)닭

> **dork** [dɔːrk]
>
> 명 〈美속어〉 유행에 뒤진 사람, 촌뜨기, 바보, 얼간이

우리말 용례를 따라 말 그대로 '촌스럽게 보이는 애' 또는 시골뜨기를 가리켜 '촌닭'이라고 한다. 이 촌닭의 '닭'을 영어단어로 스펠한 게 dork[닭]이다.

'촌닭'이란 말은 어딘가 좀 촌스러운 티가 나는 촌뜨기를 가리켜서 하는 말이다. 그렇다고 해서 이 촌닭이 촌(시골)에서 올라온 닭이라는 말은 아니다. 그러려면 서울닭이라는 말도 있어야 한다.

우리 민간말에 이 [닭]이 들어가는 비하어가 하나 더 있다. 다름 아닌, '닭대가리'이다. 비속어로서 좀 아둔하거나 멍청한 사람을 향해서, "어휴~ 이 닭대가리 같은 인간아" 하는 때가 있다. 여기서 닭대가리는 실제 꼬끼오 닭의 대가리를 말하는 게 아니고, '돌대가리', 즉 바보라는 것이다.

영어사전은 이 dork(닭)을 '유행에 뒤진 사람, 촌뜨기, 바보' 등으로 풀고 있다.

■ dorky= 똘끼

우리 민간비속어로서 '똘끼'라는 게 있다. 이걸 발음 쉬운 말로 풀어쓰는 게 '또라이끼'이다. 즉, 약간 좀 모자라서 황당하거나 바보스러운 애를 가리킬 때 쓰는 말이다. 예를 들어 "어휴~ 쟤는 애가 원래 약간 똘끼가 있는 애야" 할 때의 '똘끼'인데, 이는 곧 바보(또라이) 기질이 있다는 말이다.

> **dorky** [dɔ':rki]
>
> 형 〈美속어〉 어리석은, 멍청한, 얼빠진

이 똘끼를 스펠한 게 영어단어 dorky(똘끼)이다. 영어사전 뜻풀이는 이를 '어리석은, 멍청한, 얼빠진' 등으로 풀고 있다. 영어가 우리말을 그대로 보존하고 있다는 게 새삼 흥미롭기 그지없다.

■ tool= 틀/똘마니/똘똘이/딸딸이

이 tool(툴)은 일반적으로 '수단, 도구'라는 뜻으로 널리 쓰이는 단어인데, 이 tool은 우리말 소리발음 [틀]/[똘]/[딸]을 의도한 스펠로서 다음과 같은 우리말 어원 4가지를 품고 있다.

> **tool** [tu:l]
>
> 명
>
> 1. 연장, 도구, 공구, 공작기계
> 2. 앞잡이, 미끼
> 3. 〈비어〉 남자의 성기
>
> 동
>
> 4. (마차, 자동차 따위)를 몰다, 운전하다, (말이) 사람을 수레에 태워 끌다

① [틀]

우리말 '베틀' 또는 가마니틀' 등의 [틀]을 스펠한 우리말 단어이다. 이 [틀] 즉 베틀이 있어야 베를 짤 수 있고 가마니틀이 있어야 가

마니도 짤 수 있는 것이다.

그러니 베틀이나 가마니틀은 베나 가마니를 짜는 도구 혹은 수단인 것이다. 영어사전의 뜻풀이인 '연장, 도구'가 이를 설명한다(영어사전의 1번 뜻풀이).

② [똘]

이 tool은 우리말 '똘마니'의 [똘]을 철자화한 우리말 영어단어이다. 똘마니란 남의 앞잡이나 끄나풀 역할을 하는 사람을 말한다.

영어사전의 뜻풀이에는 '앞잡이'라는 뜻이 달려있다(영어사전의 2번 뜻풀이).

③ [똘]

이 tool은 우리말 '똘똘이'의 [똘]이다. 우리 고유 민간말로서 남자의 성기를 '똘똘이'라 하기도 한다. 간혹 비속어에 "똘똘이 목욕시킨다"는 말이 있는 줄로 아는데… 필자는 이게 뭔지는 잘 모른다. 다만 똘똘이 목욕은 목욕탕에서 하는 것이다.

영어사전은 이 tool을 '남자의 성기'라 하면서는 이를 〈비어〉라고 딱지 달았다.

우리말에서 [똘]이 모음변화를 일으키면 [딸]로도 된다. 그러니 이 남자 성기 '똘똘이'는 '딸딸이'와도 같은 말이다(영어사전의 3번 뜻풀이).

④ [딸]

이 tool은 우리말 '딸딸이'의 '딸'이다. 이 '딸딸이'가 뭐냐 하면, 다름 아닌 농촌에서 사용하는 경운기를 가리켜 부르는 말이다.

이 '딸딸이'는 볏가리, 쌀가마, 배추 등 농작물을 실어 나르는 중요한 운송수단이다. 옛날의 소달구지가 하던 일을 대신하는 게 이 경운기, 즉 딸딸이다. 이 딸딸이는 시골 장날 동네 아주머니, 아저씨 잔뜩 태우고 장 보러 가는데 동원되는 승객 수송용으로 활용되기도 한다.

영어사전의 뜻풀이는 '마차, 자동차 따위를 몰다, 운전하다' 또는 '사람을 수레에 태워 끌다'라고 되어 있다. 우리말 '딸딸이'(경운기)의 역할과 기능을 설명하고 있다(영어사전의 4번 뜻풀이).

자동차는 현대에 들어 생긴 것이므로 이를 빼고 보면, 고대에는 수레나 마차를 '딸딸이'라고 불렀다는 얘기나 다름없다.

이 tool은 우리 민간말의 어원과 유래를 그대로 보존하고 있는 우리말 영어단어이다.

■ ginch= 김치(녀)

ginch [dʒintʃ]

명 〈속어〉 (섹스 상대로서의) 여자, (여자의) 음문

(출처: YBM)

요즘의 유행어 '김치녀'의 [김치]이다. 물론 비속어다. 사실은 여성비하 표현 '김치년'인데, 언제부턴가 인터넷 공간에선 '년'을 빼고 '녀'로 대체되어 나돈다. 네티즌들이 스스로

나선 언어순화 노력의 결실인 듯하다. 그러나 오프라인에선 여전히 거친 입 가진 사내들로부터는 끊이지 않고 상용되는 말 아닌가 싶다. 여성비하 표현으로는 이거 말고도 '조개년' 그리고 '냄비년'이라는 게 더 있다.

이 못된 어감의 3대 그랑프리 여성비하 표현의 몸통 부분, 즉 [김치], [조개], [냄비]가 영어 속에도 고스란히 남아 있는 거로 봐서는 아마도 그 역사와 뿌리가 무척 깊은 것 같다는 느낌이다. 적어도 2천년 이상은 되지 않았을까 한다.

그러면 도대체 이 말들의 정체가 뭐길래 이 땅의 여성들 나아가 앵글로색슨의 땅 영국까지 이르러 그곳의 여성들에게도 차별 없는 공세를 펴고 있는 것일까?

다행히도 이 궁금증에 답을 줄 단초가 영어 안에 있다. 마침 이참에 우리말을 잘 보존한 영어단어의 힘을 빌려서 한번 탈탈 털어보려 한다. 우선, 김치녀부터 알아보고 나머지는 이 장의 다른 부분에서 알아보겠다.

전철 안에 강아지 데리고 탄 여성이 개똥 치우지 않고 내릴라치면, 네티즌들이 순간을 놓치지 않고 스마트폰 셔터 눌러대서 인터넷에 띄운다. 일단 한번 인터넷에 올라타면 김치녀니 된장녀니 뭐니 해서 순식간에 유명인사 되고 마는데, 재수 없으면 패가망신까지는 아니더라도 신상명세 탈탈 털리고 완전 쪽팔려서 얼굴도 못 들고 숨어 나다니는 처량한 도망자 신세가 되기도 한다.

이때 인터넷상에서 와글와글 악플 다는 키워드가 '김치녀'이다. 이때

김치는 아마도 우리 토종여자, 즉 김치를 먹고 사는 한국 땅의 여성이라는 의미에서 그 (먹는) 김치를 지칭한 것 아닌가 싶다. 그러니까 김치녀의 자매어로서 된장녀라는 게 등장하는 거 아닐까.

아무튼, 김치녀 또는 김치년은 우리 토종말로서 민간에 그윽이 자리하고 있다가 어느 날 인기검색어가 되어 다시금 민간에 회자되고 유행세를 타면서 화려하게 부활한 것이다. 하지만 우리가 우리 토종말 김치의 본래 뜻을 잊어먹은 탓에, 혹은 비속어로 분류하여 쓰레기통에 버린 탓에, 쓰긴 쓰되 뜻은 모르는 그런 어정쩡한 스탠스만 취하게 된 것이다.

영어사전은 이 ginch를 두 가지로 뜻풀이하고 있다. 하나는 '여자'라는 뜻이고 다른 하나는 '여자의 성기'라고 한다.

첫 번째 뜻을 따르면 김치는 그저 여자를 지칭하는 것일 뿐이니 전혀 비속어의 반열에 들지 않아도 된다. 다만 '김치녀=김치(여자)+녀(여자)'가 되어 '여자'를 중첩 사용한 결과가 될 뿐이다.

두 번째 뜻을 따르면 김치는 여성의 성기를 뜻하니 현대어 버전으로 하면 [보지년]이 되어 이게 참 듣기 민망한 표현이 된다. 좌우지간, 김치의 뜻은 [여자] 또는 [여자의 성기] 이렇게 둘인데, 그럼 이 둘 중에 어떤 게 요즘 유행하는 [김치녀]의 의미일까?

필자는 '여자', '여자의 성기' 둘 다라고 보긴 하지만, 그중에 하나를 꼽으라면 두 번째 뜻에 방점 찍는다. 왜냐하면 오늘날 우리말 중에서 단지

'여자'라는 뜻을 김치로 칭하는 용례는 찾아볼 수 없는 반면에, '여자의 성기'라는 뜻은 현존하는 용례이기 때문이다. 원래 이 단어 ginch는 우리 토종말 '짐치/잠지'(여자의 성기)를 영어 철자화한 것이다.

우선 발음부터 보고 간다. 영어 발음기호에선 앞의 g를 'ㅈ'으로 구개음화하여 [진치]로 표기하였다. 그래서 진치(짐치)로 발음한다는 얘긴데, 이는 오늘날의 우리 토종말에서도 마찬가지다. 지방에 따라 (먹는) 김치를 [짐치]라고 하는 데가 꽤 많다.

그러면 짐치/잠지가 뭔지 알아보자.

토종말에, 꼬마 여아들이 팬티 안 입은 채 치마 입고 놀다가 다리 잘못 벌리거나 치마 들리는 바람에 사타구니가 살짝 보일라치면 곁에 있던 다른 애나 어른은 "잠지 보인다"고 놀리기도 하였는데… 이때의 그 [잠지]가 여성의 성기를 말하는 것이다. 이 [잠지]는 음운변화상 [짐치]와 같은 말이다. 둘 다 같이 쓰이는 말이기도 하다. "짐지(짐치) 보인다"고 하기도 하는데 이게 음편상 '잠지(짬지)'로 가기도 한다.

ginch는 [긴치]인데 왜 [김치]라고 하냐고 하면… 음운현상은 발음 편한 쪽으로 흘러가 변하는 속성이 있음을 감안, 여기서 [긴치]나 [김치]는 음운상 같은 말이다(영어에서도 m과 n이 자리를 바꿔가며 나타나는 사례가 흔하다).

보다 확실한 용례로서, 여자의 성기를 짐치라고 표현한 문학작품의 사례가 있기도 하다. 우리 근현대 소설 중에 분례기(방영웅 作)라는 장

편소설이 있다. 1967년에 발표되어 문단에 회오리바람을 일으킨 명작이다. 1940년대를 배경으로 한 소설인데 토속적이고도 향토적인 우리말 표현, 원색적인 묘사 등 당시로써는 파격적인 문학작품이었다. 이 소설 속에 짐치가 등장한다.

작중인물 용팔이는 분례와의 사이에 애를 낳기 위해 밤마다 그 짓(?)을 하는데 '물명주 석자'라는 노래를 불러가며 그 짓을 한다. 코믹하기도 하지만 은연중에 페이소스를 느끼게 하는 그런 노랫말로 묘사되는데, 그 짓 하는 중에 용팔이가 분례에게 중간중간 외치는 소리가 있다.

"짐치 줘, 짐치."

결론적으로, ginch(짐치)는 '여자의 성기'를 뜻하는 우리말 영어단어이다. 그러니 우리 민간 비속어 '김치년'의 뜻은 '계집년' 또는 '보지년'이라는 말이다.

우리 토종말은 사내아이의 성기를 두고도 잠지라 한다. 이는 여자아이나 사내아이나 구분 없이 성기표현 용어는 같은 말을 썼다는 사실이다. 이러한 사례는 영어에서도 마찬가지임을 발견할 수 있다. 영어에는 남녀의 성기를 표현하는 어휘가 매우 다양하게 등장하는데, 이는 후술한다.

한편 다른 본문에서 서술하겠지만, 본래 이 긴치(ginch)는 우리말 '곤지'와 같은 어원의 말이다. 연지곤지 할 때의 '곤지'이기도 하고, 경기도 쪽의 고속도로 휴게소가 있는 곤지암의 '곤지'이기도 하다. 이 곤지는 본래 우리말 상고어로 신(god)의 뜻말이다. 우리의 신체용어는 모두 상고어의 신(god)을 뜻하는 어휘에서 파생하여 만들어진다. 대단히 중요한 포인트인데, 이는 다른 본문에서 상술한다.

■ jock= 족(남자 성기)

[족]으로 발음되는… 그래서 남자의 성기다. 토종 우리말로 남자의 성기는 [좆]이 원형이다. [족]은 발음 음운상 [좆]에서 파생된 아류지만 결국 같은 말이다.

> jock
>
> 명 〈비어〉 남성의 성기

(출처: YBM/디오딕/네이버)

참고로, 영어단어에서 남자 성기를 표현하는 우리말 영어단어의 수는 매우 많다. 수십 개를 훨씬 넘는데, 고대 인류에게 인체의 성기는 매우 중요하게 다루어진 아이템인 듯하다.

그래서인지 이에 관하여는 우리 토종말과 같은 우리말 영어단어도 다양하고 폭넓게 존재한다.

■ poonce= 푼수

우리 토종말로 푼수 짓 떠는 바보 같은 사람을 푼수라 한다. 이 영어단어 poonce(푼스)는 우리말 '푼수'를 그대로 스펠한 우리말 영어단어이다.

> poonce [puːns]
>
> 명 〈호주 속어〉 호모, 바보, 얼간이

(출처: 디오딕/프라임/네이버)

■ poonj= 봉지(성교)

우리 민간에서의 '봉지'란 말은 비속어이다.

요즘 인터넷상에 무슨 암호같이 자주 등장하는 말이다. 이는 여자의 성기 또는 성 관계를 뜻하는 토종 우리말이다.

> **poonj** [pu':ndʒi]
>
> 동 〈속어〉 성교(섹스)하다
>
> (출처: 디오딕)

이런 단어들이 자주 등장하여 민망하고 망측스럽기는 하지만 할 수 없다. 영어가 우리말이라는 중대 사실을 보다 임팩트 있게 전달하고자 하는 순수 연구 목적상 불가피하기 때문이다.

이 poonj 단어의 앞부분 'poon-'은 [봉]으로 읽어 우리말 음가를 회복한다. 끝에 'j'는 그냥 [지]로 읽으면 된다. 그래서 'poon(봉)+j(지)=poonj(봉지)'이다. 미리 첨언하면, 이 poon(봉/뽕)은 우리 고유 토속말 어원상 매우 중요하고도 의미심장한 단어이다. 나중에 상술한다.

■ bull= 뻘(소리)/개 풀 뜯어 먹는 소리

우리 토종말에 엉뚱한 소리나 허튼소리를 가리켜 '뻘소리'라 한다. 영어단어 bull은 바로 이 '뻘소리'의 [뻘]을 철자화한 영어단어다.

영어사전의 뜻풀이가 아주 재미나다. bull(뻘)을 '앞뒤가 맞지 않는 이상한 소리'

> **bull** [bul]
>
> 명 앞뒤가 맞지 않는 이상한 소리('이 편지를 받지 못할 경우에는 알려주십시오' 하는 등), 허풍, 허튼소리
>
> (출처: 디오딕)
>
> ※ bullshit의 단축형

라 하고는 예문을 하나 들었는데, 이게 우습다. "이 편지를 받지 못할 경우에는 알려 주십시오." 좌우지간 이런 유의 허튼소리를 '뻘 소리'라 한다는 것이다.

여기서 이 bull(뻘)을 가지고 우리말의 어원을 하나 더 찾는다.

이 bull의 발음기호를 존중하여 [불/뿔]로 읽으면, 우리 민간의 "개 풀 뜯어 먹는 소리"의 '개 풀'이 다가온다. 원래 우리말에 '개 풀 뜯어 먹는 소리' 라는 건 없다. 우리말 고어를 잃어버린 탓에 벌어지는 와전일 뿐이다.

알다시피 개는 풀을 뜯어 먹는 동물이 아니다. 그러니 개 풀 뜯어 먹는 소리라는 것도 있을 수 없다. 그러니 그게 아니다. 이건 원래 우리 민간말 '개뿔'에서 나온 것이다. 요즘에도 우리는 누가 엉뚱한 뻘소리 할 때면 "어휴~ 개뿔이나…" 하는 영탄조의 독백을 내뱉기도 한다. 또는 "이봐~ 그 개뿔 같은 소리 좀 그만 혀"라고 할 때도 있다. 여기서 '개뿔'이 저 '개 풀뜯어 먹는 소리'의 본래 말이다. '개뿔'의 [뿔]이 바로 이 영어단어 bull이다. 우리말에서의 모음변화는 [뻘]과 [뿔]을 같은 것으로 만든다.

정리하면, 개뿔=개+뿔이다. 여기서 '개'는 우리말 '개소리' 할 때의 그 '개'와 같은 용례다. 그리고 '뿔'은 이 '뻘'소리와 같은 용례다. 그러므로 개뿔은 (어원적으로) 개소리와 뻘소리가 합쳐진 말인 것이다.

■ bullshit= 뻘짓

우리 민간말에서 엉뚱한 소리나 허튼소리를 가리켜 '뻘소리'라 하고, 그러한 짓을 '뻘짓'이라 한다.

> **bullshit** [bu'lʃit]
>
> 명 〈비어〉 엉터리, 과장, 허튼수작, 허튼소리
>
> 동 거짓말 하다, 허튼소리를 하다

바로 앞에서 '뻘소리'의 [뻘]을 나타낸 단어가 bull임을 본 바 있는데, 이 bullshit은 우리말 '뻘짓'을 아예 통째로 알파벳 철자화한 단어다. 즉 bull(뻘)+shit(짓)=bullshit(뻘짓) 이다.

이건 전 세계 70억 인구 중에 우리나라 사람 아니면 쓰는 이도, 알아먹는 이도 없는 그야말로 완전 전매특허품인데… 이게 어찌 앵글로색슨의 영어사전에 버젓이 올라 있단 말인가.

★ bullshit의 -shit은 우리말 '-짓'을 표기한 것이다.
예를 들어 허섭 ➡ 허접으로 되듯이 ㅅ ➡ ㅈ이 되는 사례는 빈번하다. 즉, -shit(싯)='-짓'이다.
bullshit는 우리말 '뻘짓'을 의도한 우리말 영어단어이다.

■ tarre= 따리 (선동, 아첨)

이번에도 역시 우리 토종말 하나 더 보기로 한다.

다름 아닌 '따리'라고 하는 말인데, 영어단어 tarre가 그것이다. tarre를 스펠대로 읽어서 우리말 음가 [따리]이다. 우리 민간말에 '따리 친다' 또는 '따리 붙는다'는 말이 있다. 이 말은 '교묘한 거짓말, 알랑거려서 속여먹기' 등의 뜻을 가진 우리 고유 말이다.

이 '따리'는 엄연히 우리 국어사전에 올라 있는 현대말이다. 요즘은 잘 안 쓰이는 말이지만, 연세 든 사람들이나 시골 장터 같은 곳에서는 아직도 여전히 '따리'라는 말이 쓰이고 있다.

'따리' 치는 사람을 '따리꾼'이라 한다. 시골 장터의 약장수판이나 야바위판 같은데 근처에는 구경꾼을 가장한 한패가 있다. 이들은 좌판 좌장과 짜고 치는 고스톱을 벌여서 옆에 둘러선 구경꾼들을 호린다. 괜히 물건 들었다 놨다 망설이는 척 몇 번 하다가는 주머니에서 진짜 돈 꺼내서 사는 시늉을 한다. 이른바 뽐뿌질을 하는 것이다. 이런 짓을 '따리'라 하고 이런 자들을 '따리꾼'이라고 한다. 잘 모르면 할머니, 할아버지한테 물으면 금방 알 수 있다. 이 '따리'를 영어 철자화한 게 tarre이다.

따리
명 알랑거리면서 남의 비위를 맞추는 짓이나 말

(출처: 표준국어대사전)

tarre [ta:r]
동 부추기다, 꼬드기다, 선동(사주) 하다

(출처: 디오딕/네이버)

고대 앵글로색슨족들도 이 '따리꾼'들을 안다는 얘기다. 놀라지 않을 수 없다.

■ hull= 헐(벗다)

굶주리고 '헐벗다' 할 때의 [헐]이다. 이 [헐]을 스펠한 단어가 hull이다.

1960년, 70년대까지만 해도 우리나라 백성들은 지지리도 못살았다. 못 먹고, 못 입고 살았다. 요즘의 기준으로 보면 참으로 거지 같은 행색으로 살았다. 불과 4, 50년 전의 일이다. 그야말로 헐벗고 굶주리는 불쌍한 역사였다.

> **hull** [hʌl]
>
> 명
>
> 1.겉껍질, 껍데기
>
> 2. 덮개, 의복

옷이 다 누덕누덕해지거나 없어서 벌거벗다시피 다니는 꼴을 '헐벗다'라고 한다.

다른 뜻이 하나 더 있다. 곤충의 유충이 허물을 벗는 것을 가리켜서 '헐벗는다'라고도 한다. 번데기가 허물을 벗으면 물찬 제비 같은 날씬한 나비 한 마리가 탄생한다. 즉, hull(헐)은 옷(의복) 또는 겉껍질이다. 영어사전은 이를 명확히 설명하고 있다. '헐벗다'는 말은 '옷을 못 입고' 추위에 떨며 산다는 말이다.

■ boogerboo= 복걸복(보껄복, 福不福)

고대 앵글로색슨족의 말이 우리말임을 강력히 시사하는 역대급 종결자가 하나 더 있다. 다름 아닌 우리 토종말 '복걸복'이라는 건데, 이 말은 '운 좋으면 되는 거고, 운 나쁘면 안 되는 거고' 하는 뜻이다. 즉 복대로 되거나 운(요행)에 맡긴다는 뜻이다.

> **boogerboo**
>
> 명 속임수쟁이, 사기꾼, 야바위꾼
>
> 동 〈미흑인 속어〉 속이다, …인 척하다

(출처: 디오딕/네이버)

이 '복걸복'은 우리 소리발음으로 [보껄복] 으로 들린다. 이 [보껄복]이 영어단어 boogerboo로 스펠되어 영어사전에 올라있다. 실로 놀라움을 금할 수 없다. 다만 스펠대로 보면 boo(보)+ger(껄)+boo(보)=[보껄보]로서, 끄트머리 글자에 ㄱ(기역) 받침이 없어서 완벽히 동일하진 않으나, 옛날 고대에는 원래 [보껄보] 또는 [보껄부]라 했을지도 모를 일이고, 또는 앵글로색슨이 알파벳 철자화할 때 약간 버벅거렸을 수도 있다는 생각이다.

길거리 야바위판 같은데서 따리꾼들이 "자~ 돈놓고 돈먹기" 하는 소리에 미혹돼서 좀 망설이다가 "쩝~ 보껄복인데… 한번 박아 볼까" 하고는 다음 날 아침 작은 아들놈 육성회비 줄 거에다 집에 갈 버스비 동전까지 탈탈 털어서 야바위판에 끼어들었다가… 종국엔 쫄딱 다 털리고 축 처진 어깨로 터덜터덜 집구석 기어들어 가는 인생들이 있었다고 한다. 어디서 '보껄복'이란 소릴 주워들어서 요행수 한번 바랐다가 가장의 체면 완전 구겨버리고… 불쌍하게 됐다.

이는 우리 토종말로서 [복걸복] 또는 [복골복], [보껄복], [보끌복] 등으로 쓰는 말이다.

영어사전에 이 boogerboo를 "속임수쟁이, 야바위꾼"이라 한 것을 보니, 옛날 앵글로색슨 동네에서도 야바위판의 따리꾼이 이 '보껄복'이란 말을 애용했던 모양이다. 이는 우리 땅에서나 알아먹고 통하는 순우리말이다. 고대 우리 동이족이 저 멀리 앵글로색슨의 동네에까지 진출해서 야바위 좌판 깔지 않았고서야 어찌 이런 일이…? 실로 불가사의하다. 연구대상이다.

★ 이 [보껄복]의 원래 의미는 '요행이나 운에 맡긴다'는 뜻임에도 불구하고 영어사전의 boogerboo의 뜻풀이는 "속임수쟁이, 야바위꾼"이라고 되어있다. 이는 우리가 앞에서 살펴본 벌주의 경우와 마찬가지 사례로 볼 수 있다.

'벌주'의 [벌] birl은 우리말 의미로는 '벌로서 건네는 술'임에도 이 birl을 영어사전은 "(억지로) 술을 권하다 또는 술을 따라 주다"라는 뜻풀이를 달고 있는 점이 시사하는 바와 동일한 사례라 하여야 할 것이다.

즉, 고대 앵글로색슨들이 단어의 본래 정확한 뜻은 알지 못하지만 제3자 관찰자 시점의 보고 들은 바에 따라 벌어지는 양상을 가지고 그 단어의 뜻을 유추해서 알아먹곤 했다는 방증이라 할 수 있다.

■ ancon= 안간(힘)

ancon

명 팔꿈치

우리 인생은 고달픈 세상살이 여정의 고비마다 안간힘을 써야 할 때가 있다.

그런데 이 안간힘이란 건 뭘 말하는 걸까? 이는 우리 민간에서 쓰긴 쓰면서도 뭔 뜻인지를 모르고 쓰는 말 중의 대표적인 사례 아닌가 싶다. 이 안간힘에 대한 답을 영어사전이 준다.

영어사전의 뜻풀이는 ancon(안간)을 '팔꿈치'라고 하고 있다. 바로 이

것이다. 그러니 우리말 '안간힘=안간+힘=팔꿈치+힘'이다. 즉, 안간힘을 쓴다는 것은 팔꿈치의 힘을 쓴다는 뜻이다. 영어사전의 뜻풀이에 의한 ancon(안간)=팔꿈치. 이 한 줄로 안간힘을 둘러싼 논란 종결한다.

팔꿈치의 힘으로 승패나 당락이 갈리는 대표적인 게 턱걸이와 팔씨름이다. 누구나 한번쯤 해봐서 알다시피, 그야말로 죽기 살기다. 턱걸이 한 개에 승패가 엇갈리기도 한다. 이를 악물고 온몸이 바들바들, 시뻘건 얼굴에 핏대 세워가며 젖먹던 힘까지 다 끌어내야 한다.

요즘 경찰·소방공무원 채용시험이 장난 아니라고들 한다. 수백 대 일의 무지막지한 경쟁을 뚫어야 하는데, 옛날에는 대입 체력장도 있었다. 턱걸이 한 개로 당락이 걸린다면 그야말로 [안간힘]을 죽기 살기 제대로 써야 한다. 턱걸이나 팔씨름할 때 동원되는 힘은 팔꿈치의 힘이다. 이게 안간힘, 된소리로 [안깐힘]이다.

■ arm= 팔(아름)

영어의 기초단어 arm(팔), 우리말이다.

용례가 적어서 우리가 잘 모르고 지나가기에 십상인데 금쪽같은 용례가 남아 있어서 그나마 다행이다.

이 arm은 두 가지 발음으로 우리말 용례가 존재한다. 하나는 영어사전의 소리발음 그대로인 [암]이고, 다른 하나는 독일어식 발음으로 읽은 [아름]이다.

① 먼저 arm을 [암]으로 소리발음하는 용례를 살펴본다.

우리말에 '암내'라는 말이 있다. 사람 몸의 겨드랑이에서 나는 심한 액취를 암내라고 한다. 이 암내는 '암내=암+내'인데, 여기서 [암]은 팔을 가리키는 것이고, [내]는 냄새이다. 그러므로 암내는 팔에서 나는 냄새이다. 다시 말해 팔과 겨드랑이 사이에서 나는 냄새를 말한다.

② 다음은 arm을 [아름]으로 소리발음하는 용례이다.

이 arm은 'r'이 중간에 있어서 [아~암]으로 혓바닥 말아 올리고 빠다를 좀 쳐야 제대로 된 영미식 발음이 나오는 건 맞다. 하지만 이 arm은 마치 독일어 발음하듯이 그대로 스펠대로 읽는다. 원래 앵글로색슨의 영어는 게르만어 계열로서 본래 독일어처럼 스펠대로 읽는 언어였다.

한편 잉글랜드섬의 원주민 켈트족 일부가 사용하는 게일어라는 게 있다. 게일어는 오늘날도 영국의 일부 지방에서 지금도 영어 다음의 공식어로 병행하여 쓰이고 있다. 이 게일어는 엄격히 스펠대로 읽는 언어이다. 아무튼, 이 arm을 스펠대로 읽으면 [아름]인데, 이 [아름]이 우리말 팔이다.

> **아름**
>
> 명 두 팔을 둥글게 모아서 만든 둘레
>
> (의존명사)
>
> 1. 둘레의 길이를 나타내는 단위
> 2. 두팔을 둥글게 모아 만든 둘레 안에 들 만한 분량을 세는 단위
>
> 유의어: 아름드리

(출처: 표준국어대사전)

이 [아름]의 우리말 용례는 이렇다.

'아름드리나무'라고 할 때의 '아름'이다. 나무 둘레의 길이가 양팔을

벌려 껴안았을 때 품에 꽉 찰 만큼의 둘레를 자랑하는 나무를 '아름드리'라 한다. 여기서 [아름]이 바로 우리 몸의 팔을 말하는 것이다.

다른 용례가 하나 더 있다.

이를테면 "그녀는 선물을 한 아름 안고서"에서 '아름'인데, 이는 선물을 '두 팔'로 가득히 껴안을 만큼이라는 말이다. 이 한 아름의 [아름]이 역시 팔이다.

예전에 줄자가 없던 시절, 긴 새끼줄 같은 걸 대략 길이 잴 때 팔을 벌려 쟀는데, 한 아름, 두 아름, 세 아름… 하기도 하였다.

■ gut= (명치) 끝

> gut [gʌt]
> 명 소화기관, 내장, 창자

이 영어단어 gut은 우리가 일생 영어 하면서 과연 몇 번이나 대할까 싶을 정도로 빈도가 낮은 단어에 속할 듯하다. 하지만 이 gut은 아리송한 우리 민간말의 어원을 풀어 주는 귀중한 단어이다.

우리 민간말에 "명치끝이 아프다"고 할 때가 있다. 위장 부근에서 소화가 안 되거나 속이 쓰릴 때 쓰는 말 같은데, '명치끝'이 아프다고들 한다. 여기서 '명치끝'이 아프다는 건 무슨 말일까? 국어사전을 보니, 명치끝은 '명치뼈의 아래쪽' 이라 한다. 그러니 국어사전은 '끝'을 아래쪽 부분(下)으로 본 건데, 이제 보니 그게 아닌 것 같다.

명치끝의 '끝'을 스펠한 우리말 영어단어가 이 gut(끗)인데, 영어사전은 이를 '내장, 창자'라고 한다. 그러니 명치끝이 아프다고 하는 건 '명치뼈의 아래'가 아프다는 게 아니고, 명치 쪽의 '장이나 창자'가 아프다는 뜻이다.

이 gut(끝)이라는 단어는 몇 가지 용례를 더 담고 있는 우리말 단어이다. 예를 들면 '밑도 끝도 없다'라는 우리말 관용표현에서의 [끝]에 해당되는 말이기도 한데, 이 gut(끝)은 '알맹이, 본질'이라는 뜻을 담고 있기도 하다.

■ goon= 꾼

goon [gu:n]

명 〈美구어〉 (노동쟁의에 고용되는) 폭력배, 건달패, 깡패

(출처: YBM/디오딕)

요즘 우리 사회 시위현장에는 어느 때부터 '꾼'들이 몰려들어 '뽐뿌질'을 해대는 전통이 자리 잡았다. 이들은 전문 시위꾼인데, 이를 직업 삼아 하는 이들도 있다.

이 꾼들이 선동질을 해대는 통에 시위의 본질이 왜곡되거나 과격화되는 경우도 있고, 그로 인해 시위가 당초 기대 이상의 소득을 얻는 경우도 있다. 시위꾼만 아니라, 총회꾼, 행패꾼, 사기꾼, 건달꾼 등도 있는데, 영어사전의 뜻풀이가 이를 설명하고 있다.

■ gang= 깡패

우리말에 깡패가 있다.

행패를 부리다가 안 되면 주먹질을 일삼는 건달들을 깡패라 하는데,

이 깡패의 '깡'을 영어로 스펠한게 gang(깡) 이다.

깡패=깡+패이다. 여기서 '패'는 무리를 가리키는 말이다. 풍물패, 사물놀이패, 각설이패 등과 같은 게 그 예이다. 그러니 깡패는 gang(깡)의 무리라는 말이다. 이를 영어에서는 깽단으로 부른다.

gang

명 무리, 패거리, 폭력단, 갱단

우리말에서도 이 깡패가 '깽'으로 불리는 용례가 있다. '깽판'이라는 말이 그것인데, 깽판이란 '깽들의 판'이라는 의미다. 즉 깡패들이 집단으로 습격을 하거나 해서 난장판으로 만들어 놓는걸 '깽판친다'고 한다.

영어단어 gang은 우리말 깡패를 영어단어화한 우리말이다.

■ bar= 발(차양막, 모기장)

여름날 따가운 햇볕이 대청마루 안까지 쏟아져 들어오는 걸 막기 위해서 창틀 위에서 아래로 내리 달아 두는 걸 우리 토종말로 '발'이라 한다. 이 '발'을 영어로 스펠한 단어가 bar(발) 이다.

bar

명 모기장

또는 길가의 옥외 포장마차나 떡볶이 파는 포장마차에서는 기다란 발을 쳐서 안에 들어온 손님과 행인들 사이의 시선을 차단한다.

또는 여름날 모기장 대용으로 '발'을 치기도 한다. 따라서 '발'을 요즘의 용례로 보면 블라인드 커튼이나 모기장 정도로 보면 되겠다.

■ par= ~뻘

여기서 살펴보는 par는 본래 골프용어로 익숙한 단어이다. 골프를 즐기는 이들에게는 이 par는 '파'로 통한다. 골프에서의 기준 타수를 의미한다.

> **par**
>
> 명
>
> 1. 동등, 표준, 같은 수준(정도)
> 2. (골프의) 기준 타수

이 par(뻘)이 본래는 우리말 '뻘'을 의도하여 만든 스펠이다.

이 '뻘'이 뭐냐 하면 우리말에서 '손아래뻘' 또는 '아버지뻘' 등의 용례에서 사용하는 '뻘'이다. 즉, 같은 수준이거나 비슷한 수준이라는 것이다. 그러니 '아버지뻘'이라 함은 나이로 볼 때 자신의 아버지나 다름없는 비슷한 나이 수준이라 하는 것이다.

영어단어 par(뻘)은 우리말 [뻘]을 스펠한 단어이다.

■ gob= 곱(많음)

짜장면 곱빼기는 보통보다 양이 훨씬 많다. 어떤 집에서는 곱빼기를 시켜도 보통값만 받고 준다. 아무튼, 양을 많이 주는 걸 곱빼기라 한다.

> **gob** [gɑb / gɔb]
>
> 명 〈구어〉 대량, 다량, 많음

토종말 곱빼기의 [곱]을 영어에서도 그대로 쓴다. 이 [곱]을 영어 철자화한 영어단어가 gob이다. 이 gob은 [곱] 또는 [갑]으로 발음되어 우리 토종말 곱절, 갑절, 곱하기 등의 용례로 등장한다.

■ tot= 덧(셈)

위의 gob(곱)과 더불어 tot이 우리말임은 참으로 놀랍다.

사무직원들이 회사에서 엑셀로 표를 만들고 하단에 합계라는 표시로 쓰는 그 tot이다. 이 'tot'은 우리 토종말 '덧셈', '덧붙이다' 등의 [덧]을 알파벳으로 스펠한 엄연한 별개의 우리말 영어단어이다.

> **tot** [tɑt / tɔt]
>
> 동 〈구어〉 …을 보태다, 합계하다
>
> 명 합계, 덧셈하기

■ chocha= 처자(여자)/초짜

이 chocha 라는 단어는 우리말 '처자/초짜/조개'의 세가지 말을 스펠한 우리말 영어단어이다.

① 이 chocha는 우리말 '처자'를 스펠한 단어이다.

이 '처자'라는 말이 국어사전에 처자(妻子), 즉 '마누라와 자식'을 가리키는 단어로 존재하기도 하지만, 본래 이 '처자'는 순우리말이다.

경상도 쪽의 민간말에서는 여자를 가리켜 부를때 '처자'라고 한다. 경상도에서는 여자를 '가시내/가스나'라 하기도 하지만 '처자'라고 하는 때도

> **chocha** [tʃo'utʃə]
>
> 명 〈비어〉 = cunt

> **cunt** [kʌnt]
>
> 명 〈비어〉
>
> 1. 여자
> 2. 여성의 성기, 성교
> 3. 녀석, 어리석은 여자, 꼴보기 싫은 놈, 멍청한 놈

못지않다. 이 '처자'를 영어사전에서는 여자라 하고 있다(영어사전의 1번 뜻풀이).

② 이 chocha는 영어사전 발음기호 표시 그대로 우리말 '초짜'이다.

항간에서는 '초짜'의 '초'를 마치 처음 초(初)인 것으로 오인하여 '어떤 일에 처음 뛰어드는 경험 없는 또는 미숙한 사람' 의 뜻으로 알고 쓰는 경향이 있다. 국어사전마저 그러한 뜻풀이에 동참한다. 이 '초짜'가 마치 '초자(初者)'로 된 완전한 한자어 이거나 아니면 '初+짜'로서 한자와 한글을 짬뽕해서 만든 용어 아닌가 싶어 기웃거리는 듯하다.

그러나 그게 아닌듯하다. 영어사전의 뜻풀이를 보면 그저 '어리석은 또는 꼴 보기 싫은 놈(여자)'으로 하고 있다(영어사전의 3번 뜻풀이). 그러니 '초짜'라는 말은 애초부터 순우리말로서 '어리석은 사람'이라는 뜻으로 존재하고 있었다는 말이다. 어떤 일에 경험이 없고 미숙한 사람을 가리켜서 '초짜'라 부르던 전래의 토종말이 한자어인 줄로 오인되는 사례라 할 것이다. 이 chocha를 'cho(조)+cha(커)=조커'로 소리발음 하면 [조커]가 등장한다. 이 조커는 광대를 뜻하는 말인 영어단어이다.

③ 이 chocha는 우리 민간의 비속어로 통하는 '조개'이다.

이 조개는 우리 한국 남성들이 여성을 비하해서 부르는 토종말인데 그냥은 '조개'라고 하지만 어떤 때는 '조개년'이라고 하는 때도 있다. 참 좋지 못한 표현이지만 아무튼 고대 우리 동이족 사내들도 여성을 향해 '조개' 또는 '조개년'이 라는 표현을 흔히 썼던 모양이다.

한편, 여성을 비하해서 부르는 비속어가 앞에서 본 '김치년' 외에 '냄비년'이라는 게 하나 더 있다. 참으로 뿌리 깊은 비속어가 아닐 수 없다. 영어사전에도 〈비어〉 딱지가 붙어 다닌다.

이 '조개'를 스펠한 영어단어가 cho(조)+cha(개)=chocha(조개)이다. 이 chocha(조개)의 영어사전 뜻풀이는 크게 "여자, 여자의 성기" 두 가지이다(영어사전의 2번 뜻풀이). 이는 우리가 앞에서 살펴본 '김치년'의 ginch의 경우와 동일하다. 그 ginch의 뜻 역시 "여자/여자의 성기"라는 두 가지 뜻을 지녔었다. 그래서 '김치년' 하는 소리는 그저 '계집년' 또는 '보지년' 하는 소리이듯이, 만일 누가 '조개년'이라고 하면 이 말의 뜻 역시 그와 같다는 결론이다.

■ cadge= 거지1

구걸해서 먹고 사는 거렁뱅이, 즉 거지를 영어 철자화한 것이다.

어느 때나, 어느 사회나 거지는 있게 마련인가 보다.

이 거지를 스펠한 게 영단어 cadge(거지)이다.

> **cadge** [kædʒ]
>
> 명 구걸, 우려내기
>
> 동 〈구어〉 조르다, 구걸하다, 우려내다, 등쳐먹다, 〈英방언〉 행상하다

■ gouge= 거지2

우리 말에서 거지라 할 때는 위에서 본 바와 같은 거렁뱅이 거지만 있는 건 아니다. 다른 거지가 하나 더 있다.

> **gouge** [gaudʒ]
>
> 명 〈美구어〉 갈취, 착취, 강탈, 사기, 협잡, 사기꾼, 게으름뱅이

백화점 매장 여직원이 갑질 엄청 해대는 꼴같잖은 진상 손님 걸려서 진땀 빼다가 그 진상 가고 나서 말한다. "어휴~ 별 그지(거지) 같은 색히… 별꼴이야 비엉신" 했다고 치자. 또는 맞선보고 귀가한 규수가 허겁지겁 엄마한테 꼬바른다.

"엄마 오늘 그 인간 별 그지 같은 인간이야. 지한테 시집오려면 열쇠가 3개는 있어야 한대. 아파트, 벤츠, 사무실 열쇠는 기본이라나 어쩐다나. 어휴 재수 없어!"

위 두 경우와 같은 설레발에 동원되는 그지(거지)가 저 구걸 거지를 말하는가?

아니다. 다른 거지이다. 뭐냐 하면, 쓸데없는 갑질이나 일삼는 덜떨어진 인간, 사기꾼, 협잡꾼, 게으름뱅이 등등 고약한 인간성에 매너까지 꽝인 인간들을 모두 싸잡아 일컫는 게 바로 우리 토종말 그지(거지)라 하겠다. 이 토종 우리말 [거지] 또는 [그지]를 알파벳으로 철자화한 단어가 바로 gouge이다. 참으로 경악을 금할 수 없다. 미묘한 뉘앙스 차이가 있는 토종 우리말 어휘도 영어는 이렇게 구분하여 철자화해서 품고 있으니 말이다.

그래서 영어는 우리말이다.

■ cadgy= 까지다(바람난, 음탕한)

> **cadgy** [kæ'dʒi]
> 명 〈스코〉 명랑한, 바람기가 많은, 음탕한

앞에서 우리는 거지(cadge)를 살펴보았다. cadge(거지)와 스펠은 아주 비슷하지만 뜻은 딴판인 단어가 있다. 다름 아닌 cadgy이다.

이 cadgy는 [까지다]로 발음되는 토종 우리말의 어간만을 따서 만든 영어단어이다. 영어는 이렇게 우리말 동사의 어간(몸통)을 따서 만들어내는 게 기본 컨셉이다. 아무튼 이 cadgy(까지)는 우리말의 속어적 표현인 '까지다'의 몸통말이다. 뭔 얘기냐 하면, 아직 초딩밖에 안된 계집애가 벌써 돈맛을 알아가지고는 절약 차원을 넘어 돈이라면 벌벌 떤다고 하자(여기서 계집애는 욕도 아니고 여성비하 표현도 아니다). 혹은 중딩밖에 안된 계집애가 하라는 공부는 안 하고 맨날 사내놈들 뒤꽁무니나 쫓아다니면서 야밤중까지 빨빨대고 연애 짓이나 한다 하자. 아니면 또래 애들 나이에 걸맞지 않게 아주 영악해서 어른 뺨치는 발칙한 애가 있다 하자(어른 '뺨치는 애'에 대하여는 후술한다). 이런 애들을 소위 '까졌다'고 하는데, 간혹 감정까지 섞어서 심하게 얘기하면 '발랑 까졌다'고 한다.

영단어 cadgy(까지)는 토종 우리말 '까지다'를 몸통말인 앞 두 글자 [까지]를 따서 스펠화한 우리말 단어이다.

■ ball= 불알

영어단어 ball(볼)은 우리가 익히 잘 아는 '공' 이다. 그래서 ball은 우선 '둥근 것'을 떠올리게 한다. 우리 얼굴의 뺨을 다른 말로 '볼'이라 하기도 한다. 또한 귓바퀴의 동그란 부분을 '귓볼'이라 하기도 한다.

여기서 '볼'을 알파벳 철자한 단어가 바로 이 ball이다. 이 영어단어 ball은 우리 신체 용어의 뜻 두 가지를 더 가지고 있다.

> **ball** [bɔːl]
>
> 명
>
> 1. 공, 구(球), 공모양의 것
> 2. (몸의) 둥글게 부푼 부분
> 3. 엄지발가락/손가락 아래쪽의 동그란 부분
>
> (출처: 네이버)
>
> ▷ the ball of the foot 발바닥 앞쪽의 볼록한 부분
>
> 4. 〈속어〉 불알

① 우리말에서 발바닥 앞쪽의 불룩한 부분을 '볼'이라고 하는데, 새 구두를 신을 때 이 '볼'이 꽉 죄면 발이 아파서 못 신는다.

영어단어 ball이 이 발바닥의 '볼'을 의미한다(영어사전 3번 뜻풀이).

② 남자 신체의 고환을 순우리말로 '불알'이라 한다. 혹은 그냥 [불]이라고도 한다. 거세하는걸 "불(을) 까다"라고 하기도 한다.

영어단어 ball이 바로 이 [불]이다. 즉 남성의 '불알'을 의미한다(영어사전의 4번 뜻풀이).

■ numbie= 냄비(멍청이)

필자 소싯적에 친구 녀석들로부터건, 소주 한잔하러 들어간 밥집 옆자

리에 자리한 시끌벅적한 건달들로부터건, 몇 번 듣곤 했던 말인데… 깔치(여자) 얘기로 너스레 떨다가는 가끔 '그 냄비년들' 하는 소리가 튀어나오는 걸 들은 적 있다. 왜 여자를 냄비년이라고 그러는 걸까? 뜻을 알지 못했다.

numbie [nʌ'mi]

명 〈美속어〉 바보, 멍청이

(출처: YBM/디오딕/네이버))

언젠가는 인터넷 글을 돌아다니는 중에, 어느 여성이 식식거리면서 쓴 듯한 글을 하나 보았다.

"오늘 어디 모임에 갔다가, 글쎄 내 주변에 있던 남자들이 자기들끼리 쏙닥대는 소릴 내가 흘깃 들었는데요. 저를 두고 하는 말이었어요. 냄비년이라고 그러더라고요. 기가 막혀서. 근데 사실 제가 냄비년이 무슨 뜻인지 모르거든요. 욕은 욕인 거 같긴 한데 냄비년이 대체 뭔 말인지도 모르면서 덤비기도 그렇고 해서… 일단 꾹 참고 나왔어요. 냄비년의 말뜻을 먼저 아는 게 급하거든요. 그래서 '지식ㅇㅇ'에 물어보는 거예요. 대충 못생긴 여자를 말하는 건지(그러면 호박이라고 하면 되는데 그건 아닌 것 같고) 아니면 여자의 신체 일부를 뜻하는 비속어 같은데… 좀 자세히 알고 싶네요. 뜻을 가르쳐 주시는 분에겐 도토리…."

필자도 궁금해서 혹시 제대로 된 답글 올라오는 거 있나 봤더니 죄다 신통치 않은 답변뿐이었다. 아주 진지한 답글도 있었다.

"여자들은 말이죠. 집에서 혼자 있을 땐 양푼에다가, 양푼 없을 땐 냄비에다가 밥 두 공기 쏟아붓고, 김치에 콩나물에 무생채 같은 거 왕창 들이밀고는 주걱으로 썩썩 비벼서 냄비를 가랑이 사이에 끼우고 우적우적 먹는대요. 그래서 내숭 떨고 그러는 여자를 냄비라고 그러는 거고, 또 가랑이 사이에 냄비를 꿰차고 먹는 거라서 여자의 거시기를 빗대서 부르는 거 같은데… 그런 뜻 아닐까요?"

에효~ 냄비년이란 한 단어에 이렇게까지 심오하고도 복잡미묘한 뜻이 담겨 있는 걸까. 혹시나 해서 국어사전을 뒤져 봤지만 허사였다. 국어사전엔 눈 씻고 봐도 없다. 이 역시 비속어 중의 비속어이기 때문이다.

영어단어 numbie를 영어사전은 '바보, 멍청이'로 뜻풀이하고 있다. 그러니 '냄비년'이라고 그러는 건 '멍청한 년'이라는 말이다.

매스컴에서는 가끔 우리 민족 스스로를 향해 '냄비근성'이 있다느니 하는 표현을 하기도 하는데, 그게 뭔 뜻이냐고 물어보면 "냄비는 물이 쉽게 끓었다가 또 쉽게 식는 속성이 있어서 그러는 건데요, 우리나라 사람은 뭔 일이 생기면 그때만 반짝 여론이 들끓다가 곧 좀 지나면 언제 그런 일 있었냐는 듯이 식어 버리고 망각하는 국민성을 일컫는 것"이라는 설명을 단다.

그게 아니고 이럴 때 쓰는 냄비근성이라는 것도 결국 '냄비년'이 '멍청한 년'이라 하는 것과 같이 그저 '멍청한 국민들'이라는 뜻이다. 냄비라는 그릇이 우리나라에 들어온 것은 근대에나 들어와서의 일이다. 수천 년 전에 오늘 같은 냄비라는 그릇이 있었을 리 없기 때문이다.

영어는 우리가 뜻을 잊어먹은, 그러나 민간에서 살아 숨 쉬고 회자되는 말들의 뜻을 우리 대신 보존해 주고 있다. 그게 비속어든 문화어든 상관없이 매우 중요하다. 생생한 우리 토종말이 영어단어로 넘어가서 거기 살아있어 영어의 뿌리가 우리말임을 팩트로 증거 하는 역할을 하기 때문이다.

numbie는 [넘비/남비] ⋯› [냄비]로 된다. 이는 우리말에서 어미가 ⋯› 에미/애미로 음편하는 현상이다. 그런데 발음기호를 보면 'b'가 묵음 처리되어 [너미]로 되어있다. 이는 발음 음편하면 [네미]가 되는데, 우리 토종말 험한 욕설 중에 '네미⋯'의 어원이다. 험한 욕설이라 해서 긴장할 필요는 없다. 그래 봤자 '멍청이'라는 정도이기 때문이다.

■ bang= (돌림)방1 (윤간)

우리 토종속어로 돌림방이라는 게 있다. 된소리로는 돌림빵 이다. 한자로는 윤간(輪姦)이라고 쓰는데, 국어사전의 정의는 "한 여자를 여러 남자가 돌려가며 강간함"이라고 한다.

돌림방='돌림(輪)+방'이다.

이때의 [방]이 바로 영어단어 bang이며 뜻은 '성교'이다.

bang은 우리 고유 토종말이다. [방]은 [팡], [빵]으로도 발음된다. 이 [방]은 우리

돌림방

명

1. '윤간'(輪姦)을 속되게 이르는 말
2. '돌림매'의 잘못

(출처:표준국어대사전)

bang

명

1. 쿵(쾅, 탕) 하는 소리, 강타
2. 〈비격식〉 원기, 정력, 기백
3. 〈미속어〉 강렬한 기쁨, 스릴
4. 〈속어〉 마약 주사
5. 〈비어〉 성교

근대 1930, 40년대까지만 해도 신문기사의 일반어로 쓰인 말이다. 그런데 국어사전은 '돌림빵'이 '윤간'의 속된말일 뿐이라고 치부한다. 속된말이 아니고 우리 고유어라 해야 맞다.

이 방(bang)은 매우 중요한 단어이다. 한자로는 房(방)으로 표시하는데, 옛 양반가에서는 이를 방사(房事)라고 써서 그짓(?) 하는 것을 점잖게 나타낸다. 방사(房事)라니 방에서 하는 짓이 비단 그 짓뿐인가 싶긴 한데….

이 [방]이 윷놀이의 말판에 등장한다. 말판의 한가운데 원 안에 한글 또는 한자로 [방]이라고 적어 놓았다. 그 [방]이 이 bang이다(윷놀이는 후술한다).

[방]이 모음변화한 동일한 말로 [봉], [뽕]이 있다. 이 [봉], [뽕]을 몸통말 삼은 영어단어로서 poonj, porn 등이 있다.

우리 민요나 타령, 근대소설 등에 등장하는 [방], [봉], [뽕]은 거의 다 이 bang(성교)의 뜻으로 유추해도 크게 무리 없다. 민요 '방아타령', 김유정의 단편 '봄봄', 민요 '뽕 따러 가세' 또는 속담 "자다가 봉창 두드리는 소리" 등등이다.

참고로 이 돌림방(윤간)을 영어단어는 gang-bang이라고 하고 있음을 볼 때 우리말에서나 앵글로색슨의 말에서나 이 [방]이 성교를 뜻하는 상고어로서의 유래가 깊음을 엿볼 수 있다.

> **gangbang**
> 명 〈비어〉 윤간, 혼음파티

■ bung= 돌림방2 (몰매)

우리 민간의 속어로서 위의 '윤간'이라는 뜻의 돌림방 말고도 다른 뜻의 돌림방이 하나 더 있다. 다름 아닌 여러 명이 한사람을 놓고 몰매질을 하는 '돌림방'이다. 이 역시 된소리로 '돌림빵' 이라고도 한다. 이 '돌림방'은 엄연히 국어사전에 올라온 우리 토종말이다. 이 돌림방 역시 '돌림(輪)+방'이다.

돌림방

명

1. '윤간'(輪姦)을 속되게 이르는 말
2. '돌림매'의 잘못

(출처:표준국어대사전)

bung

명 동

1. …에 마개를 하다
2. 〈속어〉 때려 눕히다, 몰매질을 하다

여기서 [방]은 매질을 뜻하는 것이다. 그러니 돌림방이라 함은 돌아가면서 매질하는 것이다. 이 [방]을 스펠한게 영어단어 bung[방]이다.

예전에는 중딩쯤은 넘은 사내 녀석들이 학교 구석 담장 밑에 가서 선생님 몰래 이 짓을 하곤 했는데, 요즘은 초딩 녀석들에다가 계집애들까지도 이 짓에 가세하는 모양이다. 여러 명이 한 사람을 패는 돌림방은 비열한 짓이다. 정 하려거든 일대일 맞짱을 떠라. 영어사전의 뜻은 이 bung(방)을 '몰매질'이라 한다.

영어가 우리 토종말을 이처럼 정확하게 보존하고 있음은 실로 놀라울 뿐이다. 저 옛날 동이족 학부형들의 자제들이 앵글로색슨의 땅에서 애들끼리 치고받는 돌림빵을 무던히나 해댔던 모양이다. 그러니 영어단어에 늠름히 올라있는 거 아니겠는가.

■ zonk= 쫑코(야단, 핀잔)

zonk

명 동

1. 정신을 잃게 하다, 멍하게 하다
2. (사람, 사물을) 꼼짝 못하게 만들다, 압도하다, 호되게 치다

친구나 애인 사이라도 허튼소리나 허튼수작했다간 쫑코먹는 수가 있다. 결재판 들고 임원실에 들어갔다가 호되게 쫑코만 먹고 나오는 경우도 있다. 회의시간에 엉뚱한 소리 했다가 다른 팀 팀장한테 쫑코먹고 쪽팔림 당하는 경우도 있다.

우리말 속어로서, 호되게 야단을 치거나 핀잔을 주는 것을 '쫑코먹이다' 또는 반대로 '쫑코먹다'라고 한다. 그렇다고 사람을 때리거나 하지는 않는다. 어디까지나 말로 하는 것이다. 결재판 집어 던지는 것까진 포함된다. 쫑쿠라고 하기도 하는데 이는 음운상 같은 말이다. 이는 우리 국어사전에도 올라있는 말이다. "핀잔을 속되게 이르는 말"로 풀이하고 있다.

쫑코는 우리 순 토종말인데도 버젓이 영어사전에 올라있다. 다만 뜻은 우리 국어사전에서 풀이하는 것보다는 강도가 좀 세다. 영어사전은 zonk(쫑코)를 "호되게 치거나, (상대를) 꼼짝 못 하게 만들다, 압도하다" 등으로 설명하고 있다. 아마 옛날 고대 한민족이 쓰던 쫑코의 의미는 오늘날보다 뜻이 더 강했던 모양인지는 몰라도, 아무튼 쫑코를 먹으면 심장 약한 사람은 맥 풀리고 꼼짝 못 하긴 오늘날도 마찬가지다.

■ tie= 띠

이 tie는 우리말에서의 매는 '띠'를 스펠한 단어이다.

바지를 입고는 흘러내리지 않도록 허리춤에 '띠'를 맨다. 허리에 매는 가죽 띠를 '혁띠' 또는 '혁대' 라고도 한다. 양복을 입고 매는 넥타이를 간단히 '타이' 라고도 하는데, 이는 neck(목)에 매는 '띠'라는 것이다. 또는 어떤 물건을 맬 때 쓰는 끈을 '띠'라고도 한다.

> **tie**
>
> 명 매듭, 끈, 넥타이
>
> 동 묶다, 매다, 붙들어 매다

이 '띠'를 영어 스펠한 게 바로 tie인데, 이를 지금은 [타이]로 발음하지만 이는 모음 대변이 이전에는 한 음절의 [티] 또는 [띠]로 읽혔을 것이다. 왜냐하면 이 tie는 애초에 우리말 [띠]를 의도하여 만든 단어이기 때문이다.

■ denim= 데님

이번에는 옷과 관련한 단어를 살펴보고자 한다.

우리 순 고유말 '대님'을 철자화한 denim(데님)이다. 요즘 신세대는 이 '대님'이 뭔지 잘 모를 것 같다. 그래서 우선 이 '대님'이 뭔지부터 알아보자.

> **대님**
>
> 명 한복에서, 남자들이 바지를 입은 뒤에 그 가랑이 끝 쪽을 접어서 발목을 졸라매는 끈

(출처:표준국어대사전)

> **denim** [de'nim]
>
> 명 데님 (굵은 무명실로 짠 능직의 두꺼운 면포)

우리가 명절 같을 때 남자들도 모처럼 한

복을 입을 때가 있다. 남자는 한복 바지를 추켜 올려 입은 다음, 발목 부분의 가랑이가 벌어져서 너덜거리는 걸 막기 위해서 거기를 꽉 졸라맨다. 가랑이 쪽을 접어서 걷어 올린 다음 거기를 어떤 끈으로 묶어 졸라매는데, 이때 매는 끈을 우리말로 '대님'이라고 한다. 그래서 이 '대님'은 묶는 끈인 만큼 바지 옷감보다는 좀 두툼하고 튼튼한 편이다.

영어사전에 이 denim이 '남자의 바짓가랑이를 묶는 끈'이라는 직접적인 뜻은 없다. 다만 굵은 무명실로 짠 능직천이라고 하여 denim(데님)이 굵고 튼튼한 직물이라 설명함으로써, 우리말 '대님'을 그 용도보다는 재질의 특징에 초점을 두어 표현했다.

아무튼 이 denim(데님)이라는 말이 영어단어에 남아 있다는 점은 참으로 놀랍다. 고대 우리 동이족이 그쪽 땅에 머물던 때에 정월 초엔 한설(설날) 명절을 지내면서 대님을 맨 한복을 입고서 세배를 하고, 세뱃돈도 받고 그랬던 모양이다. hansel(한설)이라는 단어가 공존하는 점을 우리가 눈여겨볼 필요가 있다 하겠다.

■ chimer= 치마

이번에는 우리 소리발음 '치마'를 스펠한 단어를 본다. 이 치마는 여자들이 입는 옷 '치마'를 말한다. 이 치마를 스펠한 단어가 chimer(치마)이다.

chimer(e)

[tʃimi'ər / tʃi'mər]

명 영국 국교회의 사제(bishop)가 rochet 위에 입는 소매 없는 검고 긴 예복 우리말 '치마'와 완전히 같은 개념의 의복은 아니지만, 가톨릭 사제들이 입는 발목까지 치렁치렁 내려오는 소매 없는 예복을 chimer(치마)라고 하는데, 그 착용 외관이 마치 우리의 치마처럼 여겨지는 의복이다.

■ tuck= 떡/한턱

이 영어단어 'tuck'은 우리말 [떡]을 스펠한 단어이다.

떡은 우리 한민족이 쌀가루를 빻아서 시루에 올리고 밑에서 물을 끓여서 올라오는 김(수증기)으로 쪄서 해 먹는 것으로 팥고물떡, 호박떡, 콩떡, 무떡, 백설기 등 종류도 다양한 별식이다. 또는 쌀로 밥을 하고 이를 절구통에 넣고 절구 방아로 메쳐서 인절미, 절편 등등 해먹는 음식이다. 송편떡은 쌀가루를 반죽해서 하나하나 손으로 빚어서 쪄 먹는 명절 음식이다.

이 떡이 영어사전에 올라있다. 영어사전은 이 tuck(떡)을 '음식/과자'라고 소개하면서 〈옛투〉라고 한다. 지역이나 민족에 따라 떡의 의미는 약간씩 다른 듯하다. 성경에는 이스라엘 민족이 먹는 음식을 떡이라고 하였다.

> **tuck** [tʌk]
>
> 명
>
> 1. (재봉) 옷의 단, 장식 주름
> 2. (英속어, 옛투) 음식물, 양식, 과자

여기서 한가지 주목할 것이 있다. 영어에서는 [떡]을 의미하는 단어로서 이 tuck 말고도 스펠을 달리하는 단어를 하나 더 만들었다는 점이다. tack(떡)이라는 단어가 그것이다. 이 'tack' 단어의 뜻

> **tack** [tæk]
>
> 명 〈속어〉 음식물, 식품

이 '음식물'이라는 점에서 tuck과 동일하다.

흥미로운 점도 있다. 우리 경상도 토속 방언에서는 떡을 [쏙]이라고도 한다. 그런데 영어사전에는 이 [쏙]까지도 sock으로 스펠하여 올라있다.

sock [sak / sɔk]

명 〈속어〉 음식, 과자, 간식

동 (남에게)한턱내다

(출처: YBM)

한편 이 tuck[턱]은 우리 민간말에서의 '한턱내다' 할 때의 [턱]을 가리키기도 한다. 우리 국어사전에서 '한턱내다'라는 말은 '좋은 일이 생겼을 때 남에게 음식을 대접하는 일'이라 하고 있다. 그러므로 여기서 이 '한턱내다'의 [턱]은 곧 '음식'을 가리키는 말이다.

■ sullage= 쓰레기

이 sullage는 오늘날 산업현장에서 슬러지라 하여 산업폐기물이나 오물 등의 '쓰레기'를 말할 때 쓰인다.

sullage [sʌ'lidʒ]

명 쓰레기, 찌꺼기, 침전물

쓰레기의 우리말 고어는 '쓸어기'이다. 우리 국어사전에서는 '쓸어기'를 '쓰레기'의 옛말이라고 푼다. 더욱이 우리 어원관련 고서에서는 쓸어기를 '쓸+어기'로 풀어 설명한다(경신록언석, 1796).

sullage를 음절 구분하면 sull(쓸)+age(어기)=쓸+어기, 즉 우리 고어의 음절구성과 그대로 같다. 이처럼 영어단어가 우리말 고어의 형태를 그대로 간직하고 있음은 참으로 경이롭다.

오늘의 쓰레기는 쓸어기 ⋯› 쓰러기 ⋯› 쓰레기로 바뀌어 왔다. 발음기호가 슬러지로 된 것은 '-어기'를 '-어지'로 구개음화 시켰기 때문이다. sullage는 우리말 '쓰레기'를 영어 철자화한 우리말이다.

■ silage= 시래기

무청이나 배춧잎을 말려서 보관해 두었다가 시래깃국을 끓이거나 시래기 무침을 해 먹는다. 아주 맛있다 추어탕 같은데도 이 시래기를 잔뜩 넣어 주면 더욱 맛있다.

이 시래기를 영어 철자화한 단어가 silage이다. 영어단어의 발음기호를 따라 읽으면 우리말 '시래기'의 소리음가와는 먼듯하지만, 이 단어는 앞에서 본 '쓰레기'의 음절구분과 마찬가지로, 'sil(실)+age(어기)=실어기 ···› 시러기 ···› 시래기'로 되는 것과 같다.

2천년 전 앵글로색슨 국어담당 공무원은 우리 토종말 시래기를 그때의 알파벳 철자 기준을 준수해 표기한 것이다. 고대 잉글랜드, 서유럽 지역으로까지 이동한 우리 동이족 후예들은 거기서도 시래기를 즐겨 먹었었나 보다.

■ sirloin= 설렁(탕)

sirloin [səː rlɔin]

명 소의 허리 윗부분의 고기

이 sirloin(설롱)은 우리말 설렁탕의 '설렁'을 스펠한 단어이다.

설렁탕은 쇠고기를 푹 고아서 우려낸 국물에 밥을 말아 먹는 한국의 대표적인 음식 중 하나이다. 뚝배기에서 팔팔 끓는 이 국물에 생파 썬 것을 잔뜩 넣고 후춧가루 좀 뿌린 다음 밥을 한 공기 통째로 말아서 깍두기나 김치하고 우적우적 먹으면 그야말로 제격이다. 이 설렁탕 국물엔 쇠고기 편육을 넣어서 함께 먹는다.

영어단어 sirloin='sir(설)+loin(롱)=설롱' 을 의도하여 만든 스펠이다. 영어사전은 이 sirloin(설롱)의 뜻풀이를 '소의 허리 윗부분의 고기' 라고 해서 뭐 좀 복잡하게 토를 달긴 했지만 그냥 한마디로 하면 '쇠고기' 라는 말이다.

우리 설렁탕은 우려낸 쇠고기 국물에다 쇠고기 편육을 몇 점 넣어서 끓여 먹는 음식이다. 앵글로색슨은 이러한 설렁탕의 레시피나 조리법을 옆에서 보거나 직접 조리하면서 '아~ 설렁탕이란 건 쇠고기를 우려서 만드는 음식이구나' 했을 수 있다.

아무튼 영어단어 'sirloin(설롱)=소의 허리 부분의 고기', 즉 쇠고기라 하고 있다.

■ dong= 똥

영어단어에서 우리말의 '똥'에 해당하는 단어를 찾으라면 다들 쉽게 찾아낸다. 다름 아닌 dung(떵)이라는 단어인데, 이 발음이 우리말 [똥]과 유사하기 때문이다. 그런데 실은 영어에는 dong(똥)이라는 단어가 하나 더 있다. 이 dong은 우리말 '똥'과 발음과 뜻에서 완전히 같다. 그런데 영어사전의 뜻풀이를 보면, dung(떵)과 dong(똥)에는 차이를 두고 있음을 볼 수 있다.

dung [dʌŋ]

명 (동물의) 똥, 거름

dong [dɔŋ]

명 〈비어〉

1. 음경(penis)
2. 똥

(출처: YBM)

– dung(떵)= 똥은 똥인데 '동물의 똥'이라고 한 반면,

– dong(똥)= 그냥 '똥'이라고만 하였다. 즉 사람의 똥이라는 것이다.

그러니 영어사전에서의 dong은 우리말 '똥'을 의도하여 정확히 알파벳으로 철자화한 우리말이다.

■ shit= 싓(똥)

바로 앞에서 우리말 '똥'을 스펠한 우리말 영어단어 dong(똥)을 살펴본 바 있는데, 영어단어에 이 '똥'을 가리키는 것으로서 일반적으로 쓰이는 단어가 따로 더 있다. 다름 아닌 shit(싓)이다. 이 shit 단어는 영어에서 '똥'이라는 뜻과 함께 우리말에서의 "에이 씨~" 할 때의 그 [씨~]와 유

shit [ʃit]

명 〈속어, 비어〉

1. 똥, 대변
2. 엉터리, 거짓말, 쓸모없는 것

사한 용례로 앵글로색슨의 영어 속에서 쓰이는 단어인데, 아무튼 영어 사전에서의 이 shit(싯)의 우선적 뜻풀이는 '똥'이다.

그런데 우리말에서도 똥을 '싯'이라고 하는 용례가 있는 걸까?

이를 두고 필자가 우리말을 좀 살펴보니 우리 민간 토속말에 있다. 다름 아닌 '싯간'이라는 게 그것이다. 이 '싯간'은 우리 토종말로서 변소를 가리키는 '뒷간'과 같은 말이다. 우리 토속말로 변소를 '뒷간, 두깐, 싯간, 똥구시, 정낭' 등으로 부르는데, 그중 하나가 바로 이 '싯간'이다. 간혹 싯간(뒷간)을 우리 토속에서는 '똥간'이라고 부르기도 한다. 그러니 '싯간=똥간'이 되므로 결국 '싯=똥'인 것이다.

영어단어 shit(싯)은 우리말에서 똥을 가리키는 [싯]을 철자화한 우리말 영어단어이다.

한편, 이 shit(싯)은 우리말에서 '오줌'의 용례로도 쓰인다. 우리 민간에서 엄마들이 애들 오줌 누일 때면 녀석들 거기에다 오줌통을 대주고는 "쉿~" 하는 소리를 낸다. 이때 내는 [쉿]은 아기한테 오줌 누라는 얘기다. 이 [쉿]이 바로 영어단어 shit(쉿)이다. 요즘 간혹 다 큰 어른들도 화장실에 소변보러 가는 걸 농담 삼아 "쉬하러 간다"고 하면서 자리 뜨는 이들도 있다.

요약하면 영어단어 shit(싯)은 우리말에서 '똥'과 '오줌'을 모두 가리키는 말로 혼용된다는 점이다.

■ shitcan= 싯간(뒷간, 변소)

여기서는 경악할 만한 사실을 하나 보고 간다.

바로 앞에서 언급한 대로 '싯간'이란 우리 토종말로 변소이다. 그런데 영어에는 놀랍게도 이 '싯간'을 통째로 스펠한 단어가 있다. 다름 아닌 shitcan(싯간) 이다.

shitcan [ʃiˈtkən]

명 〈속어〉

1. 화장실
2. 쓰레기통

(출처: 디오딕)

음절로 보면 shit(싯)+can(간)=shitcan(싯간). 그대로이다.

이 지구상에 '싯간'을 변소라는 말로 쓰는 족속은 우리 동이족밖에 없다. 그런데 이 말이 영어에 있는걸 보면 고대의 앵글로색슨도 이 말을 썼다는 얘기다. 그렇다면 고대의 앵글로색슨과 동이족의 관계는 과연 무엇인가. 실로 연구대상이다.

■ shit= 씨~

이번엔 shit이라는 단어가 지닌 '똥'이라는 뜻 말고, 우리의 욕말을 담은 용례를 보기로 한다. 우리 동이족의 후예 한민족의 일원으로서 입에 '에이 씨~'를 한번도 안 달고 산 사람 없을 듯싶다.

shit [ʃit]

명 〈구어, 비어〉

1. 똥, 대변
2. 과장, 허풍, 거짓, 허튼소리
3. 더러운 자식, 형편없는 녀석, 엉터리, 거짓말, 쓸모없는 것

감 (혐오, 경멸, 실망 등을 나타내어) 망할 자식, 제기랄

이 '씨~!'는 일단 입 밖으로 한번 나오는 순간 모든 게 엉킬 수 있다. 더욱이 이 '씨

~'에 '팔'이 붙어서 '씨~팔'이 되는 순간엔 그야말로 끝장이다. 모든 상황이 악화일로로 치닫기 때문이다. 그래서 절제하느라 간혹 '~팔'은 안 붙이고 그냥 '씨~'로 하곤 한다. 그래 봤자 결과는 대동소이하다.

이 '씨~'를 영어알파벳으로 철자화한 단어가 바로 이 shit(씻)이다. 이 shit의 끝스펠 [t]는 묵음처리 되어 쓰이기도 한다.

본래 이 shit의 뜻은 '똥'이지만, 이 '똥'의 용례를 뺀 나머지 여러 영어사전의 뜻풀이는 모두 우리말 '씨~'의 설명이나 다름없다.

일단 감탄사 쪽의 용례가 우리의 일반용례에 가장 근접한 것 같다. '에이 씨~' 그러는 건 '에이 제기랄~' 하는 정도의 의미로 보면 되겠다.

한편 우리 민간말에서 험악하게 들리는 욕말 중에는 "이런 씻 같은 자식" 하는 용례가 있다. 이게 간혹 '씹 같은'으로 들릴 수 있는데 영어사전의 뜻풀이를 보면, 이는 '더러운 자식, 형편없는 녀석' 등의 뜻이다.

아무튼 영어단어 shit이 바로 이 '씨~!'이다.

영어권에선 이 shit을 우리보다는 다소 순화된 의미로 받아들이는 것 같다. 하지만 우리 한민족은 일단 이 '씨~!'는 무조건 피해야 한다. 지위고하, 학벌, 미모, 인격, 경제력 등등 따질 것도 없이 '교양' 전체가 한순간에 폭삭 무너져 내리고 만다. 거래 관계는 그 순간 종료, 인간관계는 그 순간 파탄이다.

이 영어 shit은 우리말 '싯'을 스펠한 것으로서, 본래 이 '싯'은 우리 상고어로 신(god)을 뜻하는 씨앗말이다. 이 '싯'은 {솟/섯/숫/삿/슷/싯} 계열의 하나로서, 이 싯(shit)이 감탄사로 쓰인 것이다. 이 '싯'이 감탄사로 쓰이면서 의미가 변화한다.

또한 우리말에 떠드는 애들 조용히 시킬 때 하는 말인 "쉿~ 조용히 해"에서의 '쉿'도 이 '싯'으로서 같은 말이다.

본래는 신(god)의 뜻에서 의미변천 과정을 거쳐 생활어로 굳어진 것이다. 우리말의 모든 감탄사, 부사는 모두 이 신(god)의 뜻에서 파생한 말들이다. 영어에서도 마찬가지다. 모두 우리말 어원과 규칙을 따르기 때문이다. 영어의 일상 상용구인 'Oh my God!'은 좋을 때나, 슬플 때나, 안 좋은 일에도, 경이로울 때도, 형편없을 때도… 온통 가리지 않고 두루두루 쓴다.

이 shit은 이러한 용례 중에서 주로 '형편없는, 어이없는' 일을 당할 때 주로 내지르는 관행에 의해 그 뜻이 '망할, 제기랄, 쳇' 등의 의미로 정착되게 된 것이다.

아무튼 이러한 우리말 상고어의 조어에 대하여는 후술한다.

■ cipher= 시팔(놈)

이번엔 우리의 욕말을 통째로 스펠 구현한 영어단어를 보기로 한다.

다름 아닌 cipher(시펄)이다. 이게 우리말 욕말인 '시팔' 또는 '시펄' 이다. 이게 '놈'과 결합하면 '시팔놈' 또는 '시펄놈'이 된다.

cipher [sɑ'ifər]

명

1. (숫자의) 영(零), 0
2. 아라비아 숫자
3. 가치없는 것, 보잘것없는 사람

이 '시팔', 된소리로는 '씨팔'인데, 이 '씨팔'의 '씨~' 자만 나와도 분위기는 순간 험악 모드로 돌변한다. 막강한 파괴력을 가진 말인데, 그렇다면 이 말은 과연 어디에 근원을 두고 있길래 그토록 위력적 화력이 나오는가 하는데 궁금증이 머리를 든다.

이 cipher(시팔/시펄)의 영어사전 뜻풀이는 '가치 없는 것, 보잘것없는 사람'이라고 달려 있다. 그러니 만일 우리 민간말에서 '시팔놈'이라 했다면 이는 '어휴~ 시원찮은 놈' 또는 '별 볼 일 없는 놈' 정도의 의미가 된다.

이 cipher이 영어에 있는걸 보니, 고대 앵글로색슨의 거친 사내들 사이에서도 '시팔'이란 말을 흔하게 썼던 듯하다. 아무튼 이 시팔(cipher)의 뜻은 그 정도의 뜻일 뿐이다(영어사전 3번 뜻풀이).

여기서 필자는 이 '씨팔'에 대해 필히 한마디 썰을 풀지 않고는 그냥 못 지나가겠다. 이게 우리 민간에서는 입에 담지도 못할 '쌍욕'으로 낙인이 찍히는 바람에 우리말 자체가 덩달아 험악한 욕말이 난무하는 것으로 오인되기 때문이다.

이 '씨팔'은 권장, 미화될 만한 어휘가 아님은 물론이다. 하지만 이에 대한 어설픈 어원풀이에 의해 '씨팔'이 뒤집어쓰고 있는 지나친 오명과 누명만큼은 벗겨 주어야겠다는 생각에서다.

간혹 이 '씨~팔'의 어원에 대하여 써놓은 글들이 눈에 띄길래 읽어본

적이 있다. 뭔고 하니, '씨팔=씹(성교의 비어)+할=씹할'인데, 이 '씹할'이 연음연철되어 탄생한 게 '씨팔'이라는 것이다. 그래서 '씨팔놈'이라는 욕은 '씹을 할 놈'의 준말이라는 것이다. 이 '씨팔놈'과 쌍벽을 이루는 욕말인 '씨팔년'에 대한 세간의 어원풀이도 마찬가지다. 이 '씨팔년' 역시 '씨팔놈'과 마찬가지로 '씹할년=씹할+년'인데 이걸 연음하여 '씨팔년'이라고 한다는 것이다.

한술 더 뜨는 무서운 어원풀이도 있다. '씨팔년'에서의 '씨팔'은 '씹+팔'이라는 것이다. 여기서 '씹'은 여자의 성기를 말하는 것이라서 '씹팔'이라는 건 '씹을 팔다', 즉 매춘부의 의미라는 것이다. 참으로 험악하기 짝이 없는 말인데, 과연 그러한가? 한마디로 가관이다.

우리나라 사람들 중에 살면서 이 욕을 단 한번도 입 밖에 내본 적 없이 고결하게 산 분들 손들어 보라 하면 과연 몇이나 될까? 설령 입 밖으로 소리발성은 않았더라도 속으로 구시렁댔던 것까지를 포함해서 보면 어떤 결과일까?

세상에 '씨팔놈/씨팔년'의 어원이 이렇게 험악한 배경을 담고 있다니… 참으로 황당하다.

한편, 요즘 초등생 아이들의 자기들끼리 하는 대화를 엿듣거나 인터넷 글을 보면 '졸라'라는 비어가 무수히 등장한다. 좋을 때도 '졸라', 나쁠 때도 '졸라'다. 좋으면 "졸라 좋고" 싫으면 "졸라 짜증 난다"고 한다.

이에 어느 초등학교 여자 선생님이 애들에게 친절하게 훈육하기를,

"얘, 니네들 졸라가 무슨 말인지나 알고 쓰는 거니? 니네들 모르지? 선생님이 가르쳐 줄까? 잘 들어봐.

졸라라는 건 말야 '좆나게'를 빨리 읽으면 '졸라게'가 되지? 그걸 니네들이 더 빨리 줄여서 소리 내면 '졸라, 졸라'가 되는 거야. 그러니까 이건 나쁜 말이지? 니네들 그래도 쓸래?"

에효~ 정말 한마디로 에효다.

씨팔놈의 어원은 '씹할놈'이고, 졸라의 어원은 '좆나게'라는 게 대체 무슨 근거로 하는 소린가? 비록 저속어, 그것도 전국민적 '국민비어'인 것은 인정하지만, 우리 민족이 저토록 험악한 뜻의 말을 입에 달고 사는 저속 민족이라는 말인가?

아니다. 근거도 없이 무책임한 말장난 비슷한 것 하나 가지고 전 국민을 상스러운 욕이나 입에 달고 사는 저질민족으로 격하시키는 일은 삼가야 한다(이 '졸라'의 어원에 대하여는 후술한다).

필자가 여기서 이 '시팔'의 어원을 분명하게 밝힌다.

이 '시팔'의 본래 말은 '시발'이다. 이게 거센소리나 된소리로 되면 '시팔, 씨발, 씨팔'이 된다. 이게 우리말에서의 모음변화를 받으면 다음과 같이 아주 화려하게 변신한다.

'시발, 시벌, 스발, 시벨, 씨발, 씨벌, 씨벨, 씨팔, 씨펄, 쓰벌, 쓰발, 쓰펄, 싸발, 싸팔…' 등등이다. 이는 다 같은 말이다.

이 '시발'은 우리말 신(god)을 뜻하는 씨앗말인 '십'과 '알'의 글자결합으로 만들어진 것이다. 즉, '십+알=십알'이고, 이 '십알'을 연음연철한 게 '시발'이다. 이에 대하여는 다른 본문에서 상술하겠지만, 이 '시발'은 이루 말할 수 없이 중요한 말이다. 우리 고대국가의 국명, 지명 등을 풀어주는 키워드이기 때문이다.

이 시발은 신(god)의 씨앗말 글자인 '십'과 '알'의 결합인 만큼 '시발'의 뜻도 당연히 신(god) 또는 신성(神聖)이다.

이는 영어단어 cipher의 사전 뜻풀이가 입증해 주기도 한다. 영어사전 첫 번째 뜻풀이를 보면 '숫자 영(0)'이라고 함을 볼 수 있다. 숫자 영(0) 또는 무(無)라는 개념의 어휘는 모두 신(하나님)이라는 개념에서 유래한다. 따라서 cipher(시팔)의 어원은 본래 신(god) 이라는 씨앗말에서 유래한 것임을 알려주는 것이다.

cipher [sɑ'ifər]

명

1. (숫자의) 영(零), 0
2. 아라비아 숫자
3. 가치없는 것, 보잘것없는 사람

각설하고, 이 '시발' 계열의 말들은 모두 '신(하나님)이 함께하는, 신성한, 거룩한'이라는 뜻을 지닌다. 이 '시발' 계열에서 파생되는 말 중 몇 개만 살펴보자.

- 시벨: 호격 [이]가 붙으면 '시벨+이=시베리'이다. 이 '시베리'에 호격 [아]가 한번 더 붙은 게 [시베리아]이다. 대평원 시베리아의 어원이 여기서 유래한다.
- 소불: 호격 [이]가 붙으면 '소불+이=소부리'이다. 이 [소부리]는 우리

고대사에서 백제 멸망 후 신라가 백제의 수도였던 부여에 설치한 소부리 주(州)이다. 이 [소불]은 신라 경주의 옛 이름인 [서벌], [서불]과 완전히 동일한 말이다.

- 서벌: 우리 고대국가 신라의 다른 이름이다.
- 서불: 고대사에서 우리 수도 서울 또는 경주의 다른 이름이다. 또는 셔불이다.
- 스발: 성경에 나오는 지명이다. "그들의 거하는 곳은 메사에서부터 스발로 가는 길의 동편 산이었더라(창세기 10:30)."
- 수볼: 호격 [이]가 붙어 '수볼+이=수보리'이다. 이 [수보리]는 석가의 으뜸가는 4 제자 중 하나의 이름이다.
- 세불: 신약성경에 바알세불이라 불리는 귀신의 우두머리가 있는데, 이 바알세불의 어원이 바로 여기에 있다. '바알세불=바알+세불'로서, 이 [세불]이라는 말이 지닌 본래의 신성(神聖)이 변질 타락하여 악마/악귀 등의 용어로 전용되기도 한다. 영어단어에서 악마의 뜻인 sable은 바로 이 [세불]에서 만들어진다.
- 시빌: 영어단어 civil(시빌)의 어원이다.

이상에서 보듯이(이외에도 많지만 생략하고 다른 본문에서 후술) [시발]이라는 말은 본래 신(god) 또는 신성(神聖)을 뜻하는 우리말 '시발' 계열의 상고어 중 하나일 뿐이다.

그러니 [시발] 또는 [시팔]은 애초에 욕말이 아니다. 한 예로, 이 [시발]은 1950년대 우리나라 최초의 자동차인 시발자동차의 상표 로고이기도 하다. 만일 이 '시발'이 상스러운 욕이라면 경사스러운 최초자동차 이름을 하필 '시발'로 할 것이며, 광고 로고송에서 어찌 이 '시발'을 거침 없이 동원할 수 있었을 것인가. 생각해볼 일이다.

"
시발, 시발, 우리의 시~발 자동차를 타고
삼천리를 달리자 ♬
"

시발자동차의 로고송, 1965

"시발, 시발, 우리의 시~발 자동차…" 이런다. 만일 이게 욕말이라면, 회사 망하기로 작정하지 않고서야 있을 수 없는 일이다. '시발'은 신성(神聖)을 뜻하는 말이다. 그래서 기업의 명칭 및 제품명과 로고송에 일말의 주저 없이 자랑스럽게 쓴 것이다.

이 [시발] 또는 [시팔]에 준하여 자칫 욕말로 오인될 수도 있는 다른 관용적 표현의 말을 하나 더 봄으로써 [시발]의 오명을 벗겨주는 데 일조하고자 한다.

다름 아닌 '시바' 또는 '씨바'가 그것이다. 전라도 토종 사투리는 '시바' 또는 '씨바'를 심심치 않게 입에 달고 산다. 예를 들어, 오래 기다리던 죽마고우라도 찾아오면, "앗다~ 씨바~ 자네 왔능가" 이런다. 여기서 '씨바' 소리 들을 땐 자칫 '씨발'로 변하지 않을까 아슬아슬하기도 한데, 이건 욕하는 소리가 절대 아니다. 너무 반갑고 좋아서 내뱉는 소리다.

본래는 '시바'이다. 이 '시바'의 몸통말은 [십]이다. 방금 앞에서 본대로 이 [십]은 우리말 상고어에서 신(god)의 씨앗말이다. 이 [십]에 호격 [아]가 붙어 '십+아=시바' 가 된것이다. 그러므로 이 '시바' 역시 우리말 상고어로서 신(하나님) 또는 신성(神聖)이다. 이 '시바'는 힌두교에서 최고신이라 일컬어지는 Shiva(시바) 신의 이름이기도 하다.

이 [시바]가 된소리 된 게 [씨바]로서 둘은 같은 말이다.

이 [시바]는 성경에 나오는 여왕, 솔로몬을 찾아간 '시바의 여왕'의 그 '시바'와 동일하다. 고대의 국명, 지명, 인명 등은 모두 그 뜻이 신(하나님)이다. 이는 필자의 관찰 결과 예외가 없다.

자, 그러니… '씨발' 이나 바로 위의 '씨바'나 모두 신(하나님)을 칭하는 우리 토종말이다. 이걸 영어로 바꿔보면 '오 마이 갓'이다. 우리가 쓰는 모든 감탄사는 예외 없이 다 이런 뜻이다. 그러니 우리 민족은 범사에 '오 마이 갓'을 입에 달고 살았다는 말이다. 그래서 우리 민족은 천손민족이다.

그러면 어찌하여 이 '씨발' 또는 '씨바'가 우리말에서는 욕말처럼 들리는가? 이는 우리가 우리의 상고어를 잊어먹었기 때문이다. 그 본뜻을 까먹은 채 좋을 때도 '씨발' 나쁠 때도 '씨발' 하다 보니 의미가 변천되어 버린 것이다. 즉, 나쁜 일에 '씨발, 씨발' 하던 것이 빈번하다 보면 '씨발'은 나쁜 의미로 귀착하는 것이다. 그 결과 [시발] [씨발] [시팔] [씨팔] 등 우리 동이족의 입에 자주 오르내리던 말이 그 어원을 알지 못하는 후예들의 오판으로 결국에는 욕말로 간주 되어버린 것이다.

그렇다곤 해도, 나가도 너무 나갔다. '씹할' 또는 '씹팔' 등의 아주 흉악한 속뜻과는 아무 관련이 없다. 다시 말하면 우리말에서 '씨발놈' 하면 이는 '별 볼 일 없는, 쓸데없는 놈'이라는 가벼운 정도의 의미일 뿐이다.

아무튼, 고대 앵글로색슨들도 이 '씨발' 소리를 많이 듣거나 썼다는 얘기다.

■ tang= 탕(매운탕)

이번엔 역시 놀랍고도 흥미로운 단어를 하나 더 만난다.

영어단어 tang이 그것인데, 이는 우리 음식의 '탕'을 스펠한 단어이다. 우리 식탁의 해물탕, 매운탕, 오리탕, 알탕, 보신탕 등의 [탕]이다. 이는 고추장, 된장에 고춧가루, 마늘, 파 등을 잔뜩 넣고 얼큰하게 끓여서 먹는 맵고도 짠 '강렬한 맛'의 음식이다.

> **tang**
>
> 명
>
> 1. (마늘 등의) 강한 맛(냄새), 톡 쏘는 맛
> 2. 특유한 맛, 특성, 특질
> 3. (…의) 기운, 낌새, 슴베

영어사전은 tang의 뜻풀이를 '강한 맛(냄새), 톡 쏘는 맛' 이라 하고 있다. 이 tang(탕)이 바로 우리 음식말 '탕'을 스펠한 우리말 영어단어인 것이다.

한편 이 '탕'이 음운상으로 구개음화 되면 '장'이다. 이 '장'은 우리의 간장, 된장, 고추장, 청국장 등의 [장]이다. 우리의 장맛은 강한 맛과 톡 쏘는 맛이다. 우리 한국 고유의 특유한 맛이다.

■ buggery= 빠구리(성교)

> **빠구리**
>
> 명 '성교'(性交)를 속되게 이르는 말

(출처:표준국어대사전)

> **buggery** [bʌ'gəri]
>
> 명 〈비어〉 비역, 남색, 항문성교, 수간

우리말 비속어로서 빠구리라는 말이 있다. 빠구리는 성교를 뜻하는 말인데, 비록 비속어일 망정 요즘도 우리 민간에서는 활발히 살아 생명력을 발휘하는 단어이다.

이는 순우리말이다. 그런데 이 빠구리가 영어단어에 남아 있다.

일각에서는 이게 일본말에서 왔다느니 어쩌느니 하는데, 그렇지 않다. 이는 순우리말로서 국어사전에도 올라있는 어휘이다.

영어사전의 뜻풀이는 '남색, 항문성교' 라 하여 우리말 빠구리(남녀간 성교)와는 달리 의미가 타락, 변색되긴 했지만 '성교'라는 점에서는 우리말 발음과 뜻이 같은 단어이다.

놀라운 사실이다. 이 '빠구리'가 영어단어에 있다는 건 영어가 우리말이 아니고선 도저히 설명이 안 되는 일이다.

전라도 지역에서는 이 빠구리가 수업 빼먹는 땡땡이라는 의미로 통용되기도 한다. 그러니 이 비속어를 사용할 때는 각별한 주의가 필요할 듯하다. 이런 말 자주 입에 올리면 사람 품위가 떨어지기도 한다.

■ corn= 콩, maize= 메주

corn이 영어사전에는 옥수수로 되어 있고 우리도 그렇게 쓰고 있다.

옥수수를 뻥튀기한 게 팝콘이다. 극장에서 영화 볼 때 제일 많이 사 들고 들어가는 것 중 하나다. 그런데 사실은 corn이 옥수수가 아니고 우리말 콩이다. 앵글로색슨들이 한번 헷갈리는 바람에 옥수수가 corn(콩)이 되어 버린 것이다.

하긴 이뿐 아니고 딴 데서도 족속에 따라 헷갈리거나 엉키는 경우가 종종 있음을 알 수 있다. 돼지를 개로, 개를 돼지로 부르는 족속도 있고, 소를 말이라 하고 말을 소라고 하는 족속도 있다.

우리 전통으로 콩으로는 메주(매주)를 쑨다. 이 메주가 다시 된장, 고추장의 주원료가 되는 것이다. 우리 속담에 "콩으로 메주를 쑨다고 해도 안 믿는다"는 말이 있다. 그만큼 콩으로 메주를 쑨다는 건 우리 식문화 전통상 두말하면 잔소리일 만큼 확고부동 하다는 걸 빗댄 말이다. 그런데, 아무 콩이나 가지고 메주를 쑤는 건 아니다. 메주콩이라는 게 있어서 이 콩만을 써야 한다.

corn은 우리말 [콩]을 의도한 단어이다. 우리말이 영어로 간 단어 중에 끝에 '-rn'으로 끝나는 단어들이 꽤 있는데 이는 대부분 '-ng' 발음으로 읽으면 된다. 예를 들면 porn(뽕)이다(매우 중요한 단어로 후술한다).

이 corn이 사실은 우리말 콩인데 옥수수로 헷갈렸다고 판단하는 근거는 이렇다.

영어단어에 maize라는 단어가 있다. [메주]로 발음되는 이 maize를 영국에서는 corn(콩)과 같은 말로 쓴다는 점이다. maize는 다름 아닌 우리말 [메주] 아닌가. 참으로 놀랍다.

> **maize** [meiz]
> 명 〈英〉 옥수수 (〈美〉 corn)

콩과 메주는 불가분 관계이다. 콩으로 메주를 쑨다는 음식문화를 가진 나라는 우리밖에 없다. 저 브리튼 섬에 터 잡고 살던 고대 동이족은 그곳에서도 콩으로 메주를 만들어 된장, 고추장을 담가 먹었는지도 모를 일이다.

■ barb= (낚시)밥

낚싯대 끝에 바늘을 매달아 물속에 드리우고 눈먼 물고기들의 입질을 기다린다. 이를 미늘이라고도 한다.

> **barb** [ba:rb]
> 명 (화살촉, 낚시의) 미늘, 갈고리

그냥 낚싯밥이라고도 한다. 이 낚싯밥에 지렁이 같은 것을 미끼로 꿰어서 물고기들을 유혹하는 것이다. 이 낚싯밥에 붕어라도 한 마리 걸리면 낚싯줄 끝자락에서 파르르 떨리며 전해져 오는 입질의 느낌. 강태공들의 온몸을 전율케 하는 잊지 못할 손맛이다. 그래서 주말이면 낚싯대 메고 정처 없이 전국 방방곡곡 저수지며 낚시터 찾아 삼만리를 누빈다.

이 낚싯밥의 [밥]을 영어에서 barb으로 철자화했다. 소리발음은 우리말 [밥]이다.

앞서 어딘가에서 필자는, 영어는 우리말을 알파벳 철자화함에 있어 발음음가를 같이 낼 수 있으면 단어 1개로 끝나지 않고 두 개, 세 개… 아니 그 이상이라도 만들어 쓰고 있음을 언급한바 있다. 이 경우도 해당된다. bob이라는 단어가 하나 더 있다. 소리발음은 역시 [밥]이다.

bob

명

1. (여성의) 단발머리, (말, 개)의 짧게 자른 꼬리
2. (시계,저울의) 추, 분동
3. 갯지렁이 낚싯밥, 낚시찌

■ chum= 참(밥)

바로 앞에서 '밥'을 나타낸 영어단어를 살펴보았다. 그런데 밥은 밥이로되, 우리가 먹는 밥이 아닌 낚싯밥이었다. 그런데 영어단어에 이런 밥이 하나 더 있다. 이번에는 밥은 밥인데 먹는 밥이 아닌 '밑밥'이다. 다름 아닌 영어단어 chum(참).

chum [tʃʌm]

명 밑밥

이 chum은 우리말 [참](밥)을 의도해 만든 스펠이다. 이 chum(참)은 실제로 우리가 먹는 밥임에도, 영어는 이를 '밑밥'이라 하여 [밥]이라는 소리음가 만을 인식한 듯하다. 이 chum의 영어사전 뜻풀이인 밑밥은 사실상 낚싯밥이랑 별반 다를 게 없다.

결국 앞에서 살펴본 낚싯밥의 barb, bob(밥)과 같은 반열에 든다는 건데, 아무튼 이 chum이 우리에게 '밑밥'이라도 던져주고 있으니 사양치 않고 한번 살펴보고자 한다.

우리 고유 토종말로 '참'은 밥이다. 곧 '밥'이 '참'이다. 완전히 같은 말이다.

아침과 점심 사이에 먹는 밥을 '새참'이라고 한다. 우리말에서 무엇과 무엇의 '사이'를 한 음절로 '새'라 한다. 그러니 오전 '새참'이라 함은 '아침과 점심 사이'에 먹는 밥이다. 다른 말로는 '곁두리'라고도 한다.

농촌에서는 새벽 어둑어둑할 때 밭에 김을 매러 나가는데, 해가 뜨고 나서 아침나절 지나면 시장기가 들고 배가 출출하다. 이때 집에서는 아낙네들이 남정네들 먹일 요량으로 국수라든지, 아니면 감자나 고구마, 옥수수 같은 거 쪄서는 막걸리 한 주전자와 함께 똬리를 얹은 머리에 이고선 현장 배달을 나간다. 이를 새참이라고 하는 것이다. 논두렁이나 논바닥에 퍼질러 앉아서 먹는 이 '새참'의 맛은 꿀맛이 따로 없다. 필자 유년기의 추억이다.

한편 늦저녁 잠자기 전에 출출해서 먹는 것은 밤에 먹는 '참'이라 해서 '밤참'이라고 한다. 요즘 버전으로 야식을 말한다. 보통은 그냥 줄여서 '참'을 먹는다고 하기도 한다. 즉 '밥'을 먹는다는 말이다.

군대에서 짬밥이라고 하는 건 이 '참'을 된소리 [짬]으로 한 것뿐이다. 이른바 '군대는 짬밥순' 이라 하는 말은 밥그릇 수에 따라 서열이 매겨진다는 말이다. 즉, 고참 졸병의 서열 말이다. 군대에서 먹다 남은 밥 버리는 통을 '잔반통'이라 한다. 이 잔반(殘飯)은 남은 밥이라는 뜻인데, 한자를 써서 유식한 티를 한번 내보자고 만든 말이다.

군대에서 밥을 짬밥이라고 하는 건 별문제가 없다. 다만 짬밥= '짬

(밥)+밥'이니 '밥+밥'의 단순중복일 뿐이다. 하지만, 일반 가정집에서 짬밥이라고 하는 건 다소의 혼선을 부른다.

뭔 소리냐 하면, 원래 짬밥은 '참밥'을 된소리로 한 것이니 그냥 말로는 '참밥'이다. 그런데 이게 음운상 '찬밥'으로 오인되는 것이다. 다름 아닌 더운밥의 반대말인 식은밥으로서의 '찬밥' 말이다.

예를 들어, 밖에서 회식한답시고 새벽 1~2시까지 부하직원들 이리저리 끌고 다니시던 어느 부장이 마침내 집구석 기어들어 갈 때쯤에 배가 출출해져서 꼬르륵거리면, 이때 집에 있는 아내한테 한 줄 넣는 문자가 있다.

"여보, 혹시 찬밥 남은 거 있어?"

벼룩도 낯짝이 있다고… 그 시간에 차마 밥해달란 소린 못하고 애들하고 저녁에 먹다 남은 밥덩이 좀 있으면 달라는 뜻이다. 이게 우리 민간에서는 너나 할 것 없이 이렇게 통용된다.

필자 보기엔 그게 아닌듯하다. '참밥'이라는 우리 고유말을 잃어버린 탓에 그와 발음이 유사한 '찬밥'이 맞는 거라고 확신하는 것으로 보이는 까닭이다. 옛날 전기밥솥이 있기 전 아궁이 불 때서 밥하던 시절의 시골구석에선 밥때가 조금만 지나도 모두 찬밥신세 되고 마는 건데 뭔 찬밥 더운밥을 가릴 것이며, 하물며 먹을 게 없어 굶주리기도 하던 그 시절엔 가마솥에 '참밥덩어리' 라도 남아 있다는 건 큰 복이었다.

그래서 옛 어른들의 푸념에, "에고~ 집구석에 며칠 참밥덩어리 구경도 못혀~" 하는 것은 먹을 끼니가 떨어졌다는 말이다.

아무튼 영어단어 chum(참)은 고대 동이족이 밥을 참이라고 하는 걸 옆에서 주워듣고는, 낚싯밥으로 끼워주는 그 낚싯'밥'도 같은 밥인 줄로 혼동한 앵글로색슨들이 이 chum과 동일시한 흔적이다.

여기서 이 '참'과 관련하여 한가지 첨언하고자 하는 게 있다. 이 '참'이 다름 아닌 우리 윷놀이의 말판에 등장하기 때문이다.

윷놀이 말판에서 말이 나는 맨 끝점을 '참먹이'라고 한다. 이때의 '참'이 바로 이 '참'이다. 즉 '밥'이라는 말이다(윷놀이의 어원은 따로 후술한다).

■ chum= 참(동료)

chum
명 〈옛투〉 친구, 벗, 옛 친구

바로 앞에서 군대 짬밥을 살펴보았으니 이번에는 군대용어 다른 거 한번 더 본다.

짬밥의 참(chum)과 스펠은 같으나 다른 뜻으로 쓰이는 참(chum)이다. 다름 아닌 고참, 신참 할 때의 '참'이다.

군대에서는 짬밥 수가 많은 사람을 고참이라 한다. 회사로 치면 입사가 먼저인 선배나 상사를 말한다. 즉, '고참'이라는 건 먼저 들어온 사람이라는 말이다. 반대말은 '신참'이라고 불린다.

이 고참, 신참 할 때의 '참'은 순 우리 고유 토종말로서, 친구나 동료라는 뜻이다. 그러므로 '고참'이라 함은 먼저 들어온 동료라는 것이요, '신참'은 새로 들어온 친구(동료)라는 의미이다. 그러니 군대에서든 회사에서든 '신참'을 완전 쫄때기 취급하거나 마구 갈궈대는 것은 삼갈 일이다. 친구(동료)로 생각해야 한다.

이 '참'(친구, 동료)의 영어단어가 바로 chum(참)이다. 고참을 한자어로는 고참(古參)이라고 쓴다. 이는 우리말을 한자 음을 빌려서 표기한 것뿐이다.

■ haunch= 엉치(허리)

신체용어 하나 등장한다.

영어단어 haunch는 우리말 엉치(허리)를 철자화한 우리말 단어이다. 우리말에서 엉치가 아프다고 하는 건 엉덩이 쪽 허리가 아프다는 말이다. 이를 엉치(haunch)라 한다.

> **haunch** [hɔːntʃ]
>
> 명 엉덩이, 둔부

■ palm= 뼘/빰(손가락)

이번에는 palm(빰)이다. 이는 '손바닥'이라는 뜻으로 널리 쓰이는 영어단어인데, 우리말 '손뼘'의 '뼘'을 스펠한 우리말 단어이다.

> **palm** [pɑːm]
>
> 명
>
> 1. 손바닥
>
> 2. 뼘 (폭 8-10, 길이 18-25cm)

우리 손바닥의 손가락 쭉 편 것을 '뼘'이라 한다. 한뼘 두뼘… 해서 길이를 재기도 한다. 이 '뼘'을 전라도나 경상도 사투리에선 '빰'이라고도 부른다. 이 '뼘/빰'을 알파벳 철자화한 게 바로 palm(빰)이다. 우리 얼굴의 '뺨'도 우리는 '빰다구'라 해서 [빰]이라 할 때가 있다.

■ cubit= (팔)구비

이는 우리말 '팔구비'의 '구비'를 영어로 철자화한 단어이다.

이 cubit의 영어사전 뜻풀이는 '큐빗'이라고 하여 길이의 단위로 쓰이는 것이다. 1큐빗은 '팔꿈치에서 손가락 끝까지의 길이'라고 해서 대략 50cm 내외의 길이를 말한다.

> **cubit** [kju':bit]
>
> 명 [역사] 큐빗, 완척(腕尺) (고대의 척도로, 팔꿈치에서 가운뎃손가락 끝까지의 길이 43-53cm)

고대에는 오늘날과 같은 정교한 도량형 도구가 없을 때이므로 주로 신체 중에서 손가락의 뼘이라든가 팔의 구비 또는 양팔을 벌린 길이인 '아름' 등을 가지고 길이측정의 수단으로 삼았다. 예를 들면, '한뼘 두뼘…', '한 구비 두 구비…', '한 아름 두 아름…' 등이다. 이 cubit은 우리말 팔 '구비'를 의도한 스펠이다. 다만 끝의 [t]가 묵음이다.

이 cubit은 '규빗' 이라 하여 성경에도 자주 등장한다.

창세기에서는 노아가 방주(배)를 지을 때 하나님이 그 크기에 대해 자세히 알려 주신다.

"너는 잣나무로 방주를 만들고 그 방주에 방들을 만들어라.
그 안팎에 역청을 칠하라.
그것을 만드는 방법은 이러하니
방주는 길이가 300규빗, 너비가 50규빗, 높이가 30규빗이다"

(창세기 6:14~15)

이 방주의 크기를 미터법으로 환산하면 대략 길이 135m × 너비 22.5m × 높이 13.5m쯤 되는 규모이다(성경에서는 1규빗을 45cm로 본다).

■ core= 골(골수, 핵심)

우리 신체용어로서 머리를 '골'이라고도 한다.

이 골은 다른 용례로도 쓰인다. 이를테면 '핵심, 골수' 등이다. 이를 스펠한 게 영어단어 골(core) 이다.

core [kɔ':r]

명

1. (배, 사과 같은 과일의) 속(심)
2. (사물의) 핵심, 골자

이 [골]은 우리말로 '속, 심'을 뜻하는데, '골자, 골수' 이렇게 해서 사물의 핵심이라는 뜻으로 쓴다. 이 골(core)은 토종 순우리말이다.

한자 뼈 골(骨)에서 온 말이 아니다.

■ dolmen= 돌멘(고인돌)

우리나라는 세계에서 고인돌 유적이 가장 많은 나라이다. 우리나라의 고인돌 숫자는 약 4만기 정도로 알려져 있는데 이는 전 세계 고인돌 총수 6만기의 반을 넘는 숫자이다.

고인돌은 엄청나게 큰 돌덩어리들을 운반해다가 받침석을 고이고 그 위에 올려놓은 돌이다. 고인돌은 영어단어로 dolmen이다. 스펠이나 발음대로 읽으면 그대로 [돌멘], 다름 아닌 [돌멩]이다. 당연히 우리말이다. dolmen은 [돌멩]을 영어 철자화한 것이다.

dolmen

명 [고고학] 돌멘, 고인돌

이 고인돌의 용도에 대하여 학계에서는 무덤이나 제사 또는 그와 비슷한 의식을 행하는 용도로 쓰였을 것으로 추측한다. 실제로 이 고인돌 밑에서는 간혹 고대 유물이 출토되는데 때론 사람의 유골이 나오기도 한다. 그래서인지 1순위로 무덤 2순위로 제사의 용도로 추측하는 것 같다.

하지만 필자는 이 고인돌의 용도 순위를 바꿔놓는 게 맞는다고 생각한다. 즉 제사용이 먼저고 무덤이 그다음으로 말이다. 다만, 여기서 제사라 함은 요즘의 집마다 제삿날에 조상에게 지내는 그 제사가 아니다. 고대의 제사는 그 대상이 신(하나님)이다. 즉 천제이다.

우리 민족이 조상에게 제사 지내는 풍습은 겨우 근대 조선 이후에나 들어 형성된 것이다. 고인돌은 그보다 훨씬 전인 수천년 전에 만들어진 것임을 감안하면 그 당시에 조상에게 제사하는 전통이 있었다고 보는 건 무리이다. 즉, 고인돌은 하늘에 대한 제사의 용도로 본다는 것이다.

자고로 우리 민족은 천손민족임을 줄기차게 주장해 왔다. 고대 우리 동이족의 일파로 간주되는 훈족(흉노)이 AD 4세기경 서유럽 게르만족을 향해 지축을 흔드는 말발굽 소리와 함께 우렁찬 구호를 외치며 돌진할 때 내건 구호가 "우리는 하늘의 자손이다"였다.

고구려의 깃발을 상징하는 삼족오(발이 세 개 달린 까마귀) 역시 "하늘의 자손"이라는 뜻이다. 고구려는 하늘자손(환웅)이 세운 고조선의 적통을 잇는 후예라고 자임하였기 때문이다.

강화도 마니산에는 하늘(하나님)에 제사 지내는 터로서 돌을 축조하여 만든 참성대 유적이 남아 있다. 단군이 하늘에 제사 지내던 터라고 한다.

또한 조선시대 왕들은 하늘에 제사를 지냈다. 비가 오지 않아 가뭄이 들면 임금이 직접 하늘을 향해 기우제를 올렸다. 임금이 직접 제사장이 되어 하늘을 향해 제사를 드린 것이다. 그 제사 터가 환구단이다. 다만, 후대로 내려오면서 하늘에 드리던 제사의 제도와 전통에 맥이 끊기면서 유야무야 사라지게 된 것뿐이다. 조선왕조실록에 의하면 세종대왕 때 이를 금지하였다가 후일에 다른 임금에 의하여 복원이 시도되기도 하였다는 글을 접한 적이 있는데 맞는 말인지는 모르겠다.

이와 같이 장구한 세월에 걸쳐 면면히 이어져 내려온 민족적 전통인 제사의 대상은 결국 하늘(하나님)이다.

아무튼, 고대의 우리 동이족은 하늘(하나님)에 제사 지내는 일을 매우 신성시하였다. 이를 천제라 하는데, 이 천제가 매우 일상적이기도 했던 모양이다.

모름지기 저들은 신성한 제사(천제) 단으로 쓸 요량에 기왕이면 더 크고, 더 우람하게 잘생긴 돌을 찾아다니지는 않았을까? 그러다 눈에 띄면 아무리 큰 돌이라도 무게 불문, 크기 불문… 도저히 안 되면 돌을 잘라서라도 무조건 끙끙대며 끌어다가 괴여 놓아야만 직성이 풀리고 하늘을 향한 충성심 경쟁에 승리했다고 자축한 건 아닐지….

크레인도 없는 시절에 저 수십 톤도 더 나가는 무지막지한 돌들 굴리느라 고생들 많았겠다. 아무튼 고대에는 하늘(하나님)을 향한 천제단의 용도로 쓰다가 제사장이나 또는 높은 사람이 죽으면 그 밑에 묻지 않았을까 한다.

참고로, 돌멘(dolmen)은 본디 우리 상고어에서 신(god)/신성(神聖)을 뜻하는 '달만/달문/들만/돌멘…' 계열에서 파생한 어휘이다.

또한 고인돌의 '고인' 역시 우리 상고어에서 신(god)/신성(神聖)을 뜻하는 '가인, 가은, 고은, 고인, 과인…' 계열에서 파생한 어휘이다. 이에 대하여는 후술한다.

■ tor= 돌(바위산)

돌과 관련된 단어로서 고인돌(dolmen)을 살펴본 바 있는데, 우리 발음 [돌] 자체가 그대로 영어단어화된 게 하나 있다.

영어단어 tor인데, 뜻은 바위산이라 되어있다. 바윗돌로 뒤덮인 산, 그래서 tor은 뜻풀이대로 바위산이다.

여기서 우리가 한번 짚어볼 게 있다. 이 돌(tor)에 '산'을 붙이면 '돌산'이 된다.

tor [tɔ':r]
명 험한 바위산, (특히 남서 잉글랜드 지방의) 바위산

우리 지명에 돌산이 있다. 저 전라남도 남해 여수 앞바다에 떠 있는 돌산이라 부르는 섬이 그것이다. 이 돌산은 여수 갓김치로 유명하다. 그런데 이 돌산을 왜 돌산으로 부르는 걸까? 돌산이라 하니 여수 돌산

은 온통 돌로 뒤덮인 산이라서일까? 실제로 가보면 여수 돌산은 돌로 뒤덮인 산이 아니다. 그럼에도 불구하고 돌산이라 부른다. 그래서 우리 국민들은 너나 할 것 없이 여수 돌산 하면 우선 머릿속에 '돌이 많은 산'이겠거니 떠올린다. 하지만 여수 돌산은 돌과는 아무 상관이 없다. 그런데도 왜 돌산인가?

한편 우리나라 산 이름 중에는 남산이 꽤 많다. 서울의 남산이 있고, 경주에도 남산이 있다. 그런데 이 남산은 남쪽 산이라서 남산(南山)인가? 진짜 그런가? 동서남북 방위는 보는 사람의 위치 관점에 따라 다른 것인데, 남산이라 부르니 좀 이상하다. 그렇다면 충청도의 서산은 서쪽 산이라는 말인가?

좀 더 이상한 산 이름이 있다. 다름 아닌 앞산이다. 대구에 가면 앞산이 있고 거기 앞산공원도 있다. 이 앞산은 앞쪽에 있는 산이라서 앞산인가?

이건 우리가 우리 고어를 몽땅, 그것도 까마득하게 까먹었기에 빚어지는 해프닝이다.

필자가 정리한다. 돌산의 돌은 그 돌(石)이 아니요, 남산의 남은 그 남(南)이 아니요, 앞산의 앞은 그 앞(前)이 아니다. 돌산의 [돌], 남산의 [남], 앞산의 [앞]은 모두 우리 상고어로 신(god)을 가리키는 씨앗말이다. 그러니 돌산, 남산, 앞산은 모두 '신(god)이 함께하는' 또는 '신성한' 산이라는 의미이다. 앞산의 앞은 사실 [앞]이 아닌 [압]이 맞다. 압

산이라 해야 하는 것이다. '압사'라는 절의 이름이 있음을 상기하면 좋다. 고대의 지명 작명법은 모두 이와 같은 이치에서 예외가 없다. 국명도 마찬가지이다. 이에 대하여는 따로 상세히 기술하기로 한다.

아무튼, 돌산이라는 이름의 산중에는 실제로 기암괴석의 돌로 뒤덮인 산이 있을 수는 있다. 앵글로색슨의 동네에 머물던 우리 옛적 동이족들도 오늘의 우리와 마찬가지로 돌산을 돌(石)산으로 알아먹었을지도 모를 일이다. 그러니 바위나 돌로 우뚝 솟은 산을 가리켜 돌산이라 했는지도 모른다. 영어사전에 'tor=바위산' 즉 돌이라고 달려있기에 썰을 풀어보았다. 참고로 우리 경의선의 북쪽끝 종점이 도라산역인데, 이 '도라산'은 '돌산'과 완전 같은 말이다.

'돌'에 호격 [아]를 붙이면 '돌+아=도라'이다. 그러니 이 [도라] 역시 신(god)임은 두말할 나위 없다. "도라 도라 도라"

■ sullen= 썰렁

이번에는 형용사에서 우리말 뜻과 발음이 같은 단어를 한번 보기로 한다. 다름 아닌 썰렁이다.

날씨가 썰렁한 것도 썰렁이고, 분위기가 썰렁한 것도 썰렁이다. 마음이 썰렁한 것도 썰렁이다.

> **sullen** [sʌ'lən]
>
> 형
>
> 1. 시무룩한, 골난, 뚱한
> 2. (날씨,소리 따위가) 음산한, 음울한
>
> 명 〈방언, 고어〉 언짢음, 부루퉁함, 음울함

영어단어 sullen은 이 '썰렁'을 철자화한 것이다.

발음과 뜻이 우리말 그대로이다.

■ norm= 나름

이 영어단어 norm은 우리말 '나름'이다.

앞에서 살펴본바 있는 arm(팔, 아름)의 경우와 같이 이를 스펠대로 읽어서 [노름]인데, 이것이 우리말의 모음변화를 받으면 [나름]이다.

> **나름**
>
> (의존명사)
>
> 1. 그 됨됨이나 하기에 달림을 나타내는 말
> 2. 각자가 가지고 있는 고유의 방식. 또는 그 자체

(출처:표준국어대사전)

영어단어 norm은 그 기본뜻이 '표준, 기준, 규범'이다. 즉, 행동양식에서 고유의 기준이나 방식을 말하는 것인데, 이와 유사한 뜻의 우리말이 바로 [나름]이다.

> **norm** [nɔːrm]
>
> 명
>
> 1. 표준, 기준, 규범, 모범
> 2. (특정 인간집단의) 전형적 행동 양식
> 3. 노르마, 기준 생산고

예를 들면, "우리는 우리 나름의 규칙이 있어요" 하는 경우다. 참고로 우리말 [나름]을 경상도나 전라도 지방의 사투리로는 [모름]이라고도 한다.

아무튼 우리말 '나름'을 스펠하여 만든 게 영단어 norm이다. 이 norm(노름)에 호격 [아]가 붙어 만들어진 영어단어가 '노르마'(norma)이다.

즉, '노름+아 = 노르마'

8장

윷놀이의 어원

윷놀이는 우리 한민족의 고유 세시풍속 놀이이다.

이 윷놀이는 설 명절을 전후해서 남녀노소를 불문하고 전국구 단위로 벌어지는 범국민적 행사이다. 참으로 재미나고도 절묘한 놀이규칙으로 인해 예측을 불허하는 변화무쌍한 여러 가지 수가 나타나 순간의 희비가 갈리기도 하는 국민놀이임이 틀림없다.

그래서 윷판을 둘러싸고 앉은 가족, 친지, 이웃 간에 함박웃음을 짓고 공동체의 화목을 더하게 하는 소중한 우리의 문화자산이다.

이 윷놀이와 관련해서 꼭 한번 짚어볼 게 있다. 우리가 즐겨 노는 이 윷놀이에 등장하는 여러 용어의 뜻이나 어원에 관해서이다.

예를 들면, 윷놀이의 놀이 제목인 '윷놀이'의 뜻은 뭘까? 또 윷놀이판에서 윷가락을 던져서 나오는 모양에 따라 '도/개/걸/윷/모'라고 부르는데, 이 '도/개/걸/윷/모'의 의미는 과연 무엇일까?

이뿐 아니라 도개걸윷모의 뜻은 일단 차치하고라도 윷놀이에는 다른 여러 용어가 더 등장한다. 예를 들면, '밤윷', 말판에 그려진 '참먹이'라는 말 등이다. 또한 말판에는 '말'을 둔다고 하는데 이 '말'은 무슨 뜻인지, '말'이 나면 이를 두고 한동 두동 석동… 났다고들 그러는데 이때의 '동'은 무엇인지, 말판의 한가운데를 '방' 또는 '방혀/방여'라고 하는데 이게 대체 뭔 말인지, 윷이나 모가 나면 이를 '사리'라고 해서 한번 더 던지는데 이 '사리'는 무엇인지 등, 여러 알쏭달쏭한 용어가 등장한다.

이들 용어의 뜻이 자못 궁금한데 유감스럽게도 우리는 이들 용어에 대해서 잘 알지 못한다. 좀 심하게 말하면 윷놀이 용어의 뜻과 어원에 대해서는 그 어느 것 하나 속 시원히 밝혀지거나 알려진 게 없는 듯하다. 그나마 윷놀이 용어 중에서 그 뜻이 알려졌다고 하는 게 하나 있으니, 그것은 다름 아닌 '도개걸윷모'의 뜻인데, 애석하게도 이마저도 엉터리다.

우리나라 사람 누구라도 잡아놓고 윷놀이의 도개걸윷모가 무슨 뜻인지 아느냐고 넌지시 물어보면 다들 한결같이 '아니 우리나라 사람치고 도개걸윷모가 뭔 뜻인 줄도 모르는 개념 없는 사람이 있단 말이오?' 하고 펄쩍 뛴다. 그래서 그게 뭐냐고 물어보면, '도는 돼지, 개는 개, 걸은 양, 윷은 소, 모는 말'이라고 대답한다. 이건 초등생의 입에서라도 당장 튀어나온다. 하다못해 어린이집 다니는 예닐곱 안 된 꼬마들조차도 다 안다.

도개걸윷모가 짐승의 이름에서 유래했다… 과연 그러한가?

짐승 이름이라고 대꾸하는 이들에게 그 근거가 무엇이냐고 물으면 '근거고 나발이고 다들 그렇다고 하니까 그런 줄 안다'는 게 현실이다. 이 국민민속놀이 윷놀이라는 게 하도 재미나고 우리의 일상문화로 터 잡은 지 오랜 탓에 설령 그 뜻이 궁금하긴 해도 혹은 비록 그 뜻을 모른다 해도 윷놀이 한판 즐기는 데는 전혀 지장이 없으니 별로 문제 삼지 않고 지내가는 분위기다.

그러나 윷놀이는 명색이 우리의 대표 민족풍습놀이다. 그럼에도 우리가 이 윷놀이의 말뜻이나 어원조차 모르는 채 지낸다는 건 뭔가 걸맞지 않다는 생각이다. 수천년을 내려오면서 우리 민족의 세시풍속 놀이문화의 대명사가 된 윷놀이를 두고, 그 말뜻 하나 제대로 파악을 못해 궁금증만 키운대서야 당최 문화민족으로서의 민족적 체면이 설 것 같지도 않다.

인터넷으로 윷놀이를 키워드로 삼아서 검색해보면, 우르르 쏟아져 나온다. 고대 부여의 관직명에서 유래했다느니, 부여의 5가제도가 돼지, 개, 양, 소, 말 등의 짐승을 의미하는데 윷놀이 명칭은 여기에서 유래했다느니, 말판은 부여의 출진도(出陳圖)나 사출도(四出圖)를 본딴 것이라느니….

단재 신채호 선생이 그 유명한 〈조선상고사〉라는 책에서 한두 줄 간단히 이 정도로 윷놀이의 유래에 관해 언급한 게 발단이다. 훌륭하신 학자 한 분이 그저 깊은 생각 없이 쓴 추측성 기사가 그만 정설로 굳어진 것이다. 그 바람에 우리 7천만 민족이, 애어른 할 것 없이 전국민적 오해의 늪에 빠져 버리고 말았다. 바로 잡아야 한다.

윷놀이가 고대 부여의 정치제도인 5가제도, 즉 마가, 저가, 구가, 우가의 명칭에서 비롯되었다느니, 그래서 도개걸윷모는 돼지, 개, 소, 양 말을 뜻한다느니, 이 동물들의 배열순서는 몸집의 크기나 빠르기 순이라느니 등등… 다양한데 과연 그런가?

필자의 대답은 단연코 '아니올시다'이다.

이건 도무지 말이 안 된다. 우리 국어가 우리 고어를 완전히 까먹은 탓에 빚어지는 해프닝이다. 또한 우리가 우리 상고어의 조어원리를 전혀 모르는 까닭이기도 하다.

이를 필자가 밝혀 보겠다.

고대 부여의 제가(諸加) 제도를 한자표기로 마가(馬加) 구가(狗加) 우가(牛加) 저가(猪加) 등으로 하였다고 해서 각각의 부족을 상징하는 짐승으로서 저가(猪加)=돼지, 마가(馬加)=말, 구가(狗加)=개, 우가(牛加)=소, 이런 식으로 해석한다는 건 한마디로 난센스다.

추후 다른 본문에서 상술하겠지만 여기서 미리 한마디만 간단히 언급하자면, 우리 고대사에서 인명이나 지명의 한자표기는 모두 순우리말을 소리 발음대로 단순 음차한 것일 뿐이다.

그러므로 마가(馬加) 구가(狗加) 우가(牛加) 저가(猪加) 등으로 한자표기 하였다고 해서 이를 한자의 뜻으로 분석하려 들면 안 된다는 점이다. 한마디로 '한자의 뜻은 전혀 의미가 없다.'

그렇다면 무엇인가.

필자의 관찰결과 마가, 구가, 저가, 우가는 본디 각각의 몸통말 [막] [국] [적] [욱]이라는 글자에 호격 [아]가 붙어서 만들어진 말이다. 즉, 막+아=[마가], 국+아=[구가], 적+아=[저가], 욱+아=[우가] 이렇게 된 것이다.

이 [마가] [구가] [저가] [우가]를 소리 발음대로 한자를 빌려 음차 표기한 것뿐이다. 참고로 여기서 몸통말 [막] [국] [적] [욱]은 우리말 상고어에서 '신(god)/신성'을 뜻하는 씨말(씨앗말)이다. 그러므로 [마가] [구가] [저가] [우가] 등은 모두 '신이 함께하는/신성한 나라'라는 말이다. 그러니 부여의 5가제도의 명칭에 개, 돼지, 소, 말 등의 짐승 이름을 개입시킨것 부터가 대단한 오류이다. 따라서 이를 토대로 한 도개걸윷모의 뜻풀이 역시 오류일 수밖에 없다.

요약하면, 윷놀이의 도개걸윷모의 말뜻이라든가 놀이방식은 부여의 관직제도와는 애초부터 아무 관련이 없다는 점이며, 그 결과 도개걸윷모가 돼지, 개, 양, 소, 말 등의 짐승 이름을 가리킨다고 추측하는 것 역시 근거가 없다.

이 도개걸윷모는 순우리말이다. 또한 오늘날에도 우리 일상에서 쓰이는 토종 우리말이다. 그러므로 도개걸윷모의 뜻과 어원은 순우리말에서부터 찾으면 된다.

결론부터 얘기하자면, 도/개/걸/윷/모의 의미는 이렇다.

- 도 = 어린애
- 개 = 사내(남자)
- 걸 = 여자
- 윷 = 사내(남자)
- 모 = 여자

이에서 보듯이 '윷'은 우리말 고어로 '사내(남자)'이다. 그러니 놀이제목만을 두고 보더라도 '윷놀이=사내놀이'이다.

이는 필자가 제멋대로 판단하는 것이 아니다. 근거가 있기 때문이다. 도개걸윷모는 엄연히 살아있는 우리말이다.

우선 도개걸윷모의 뜻에 대하여는 우리 토종 민간말에서 그 근거를 찾을 수 있다. 우리말에 '개나 소나' 하는 말이 있다. 이와 비슷한 말로서 지방에 따라서는 이를 '개나 도나'라고 하는 데도 있다. 또 어떤 데서는 '개나 걸이나'라고도 한다.

여기서 우리는 귀중한 정보를 얻는다. 즉, '개나 소나'에서는 [개]를, '개나 도나'에서는 [도]를, '개나 걸이나'에서는 [걸]을 만난다. 그러므로 여기서 우리는 [개] [도] [걸]의 우리말 3개를 찾았다. 이를 순서 바꿔 다시 적으면 [도] [개] [걸]이 된다.

여기에 도개걸윷모의 말뜻을 푸는 일차 힌트가 있는 것이다.

한편, 도개걸윷모를 지방에 따라서 '돗/개/걸/윷(숫)/모'라고 하는 데도 있다. 북한에서는 이를 '똘/개/컬/쓩(흉)/모'라고 한다.

이를 표로 정리해보면 이렇다.

표준	도	개	걸	윷	모
남한	도 돗	개	걸	윷 숫	모
북한	돌 똘	개	컬	쓩 흉	모

여기서도 중요한 단서를 얻는다. 즉, [도=돗=돌=똘], [윷=숫=쓩=흉]이라는 등식을 볼 수 있는 것이다. 다시 말해 [도]는 [돗] 또는 [돌/똘]과 같은 말이라는 사실이다. 또한 [윷]은 [숫] 또는 [슝/쓩] [흉]과 같은 말이라는 점이다.

여기에 도개걸윷모의 말뜻을 푸는 이차 힌트가 있다.

다른 한편으로, 아주 놀라운 점이 있다. 우리의 윷놀이에 동원되는 용어를 영어단어가 그대로 뒷받침해 준다는 사실이다. 영어 속에는 우리말 도개걸윷모를 각각 스펠한 단어가 보존되어 있다.

이게 대체 무슨 일인가? 어찌해서 우리말 도개걸윷모의 어원을 영어가 품고 있단 말인가? 참으로 놀라운 일인데, 그 이유와 답은 간단하다. 영어가 우리말이기 때문이다.

여기서 '도/개/걸/윷/모' 에 각각 해당하는 영어단어를 미리 풀어 보자면 다음과 같다.

- 도(돗) = 어린애 = dot/tot
- 개 = 사내 = guy
- 걸 = 여자 = girl
- 윷 = 사내 = yoot
- 모 = 여자 = mot

그러므로 도개걸윷모의 뜻은 짐승 이름과는 전혀 상관이 없다. 단지, '어린애와 남녀'가 등장할 뿐이다. 위에서 '도'(어린애)를 뺀 나머지 '개/걸/윷/모' 만을 놓고 보면 이는 '남/여/남/여'의 순서이다. '남/여'가 두 번 반복되었다.

즉 [개/걸=남/여], [윷/모=남/여]가 그것인데, 여기에는 미묘한 뉘앙스의 차이가 있다. 즉 '개'와 '윷'은 각각 사내(남자)이긴 하되, 서로 같은 사내가 아니라는 점이다. 여기서 '개'는 청소년으로서의 사내(소년)의 뉘앙스를 준다. 한편 '윷'은 성인(成人)으로서의 사내의 어감을 갖는다.

또한 '걸'과 '모'는 각각 여자이긴 하되, 이 둘은 서로 같은 여자가 아니다. 여기서 '걸'은 청소년으로서의 여자(소녀)의 뉘앙스를 주는 한편 '모'는 성인(成人)으로서의 여자를 말한다.

이를 그림으로 정리하면 이와 같다.

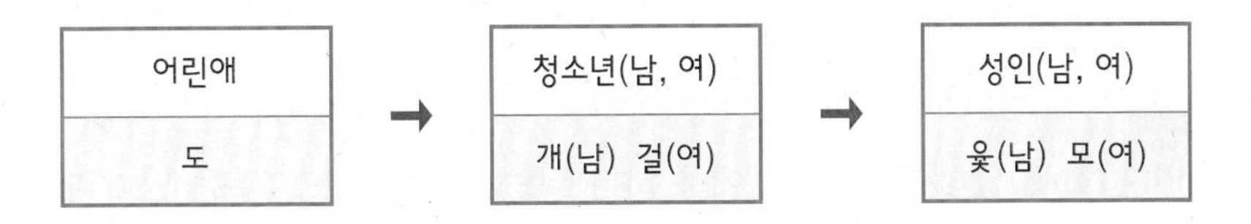

이러한 도식이 시사하는 의미를 유추하면,

① 어린애(도)를 낳는다.

② 이 어린애를 키워서 자라면 청소년 개(남)와 걸(여)이 된다.

③ 이들이 더 성숙해서 비로소 성인 윷(남)과 모(여)가 되면 다시 어린애를 낳는다.

여기서 비로소 윷놀이의 본래 의미와 의도를 정의할 수 있게 된다.

윷놀이의 '윷'은 우리말 고어로 '사내' 이므로, 윷놀이는 제목부터가 '사내놀이' 이다. 한편 말판에 두는 '말'은 우리말 고어로 '여자' 이다. 그러므로 윷놀이란 '윷'(사내)이 '말'(여자)을 데리고 다니면서 애(새끼)를 낳아서 이를 청소년으로 키우고, 이들이 자라서 성행위를 할 수 있는 성인이 되면 또 애를 낳아서 키우고….

이렇게 ①~③의 과정을 반복하면서 자손의 다산과 번성을 기원하는 의미를 담은 것이 바로 이 윷놀이인 것이다.

이점 역시 필자가 제멋대로 추론하는 게 아님은 분명하다.

왜냐하면 윷놀이에서 쓰이는 말과 말판에서 등장하는 다른 용어들이 그것을 뒷받침하기 때문이다.

예를 들면, 말을 놓아서 말판을 다 돌고 밖으로 나올 때 하는 말, '한동 났다' 또는 '두동 났다' 등이다. 여기서 '한동, 두동'의 '동'이 우리말 상고어로 '어린애'이다(한자 아이 동(童)은 여기서 만들어진 것이다). 그러니 '한동 났다'라는 말은 '애를 하나 낳았다'는 말이고, '두동 났다'라

함은 '애를 둘 낳았다'는 것이다.

또한 말판에서 말이 나기 전 맨 마지막에 머무는 점의 이름을 '참먹이'라고 하는 점에 유의한다. 이 '참먹이'는 '밥을 먹이다'라는 뜻의 말이다. 즉, 출산을 앞둔 또는 출산한 산모에게 힘내라고 밥을 먹여주는 것이다.

그뿐 아니라 또 있다.

윷놀이 말판 한 중앙의 동그라미 부분을 '방' 또는 '방혀'라고 부르는데, 이 '방'이라는 말은 '성교'라는 뜻의 우리말이다. 이와 같이 윷놀이에서는 남녀의 성행위를 상징하는 용어나 여자가 애를 낳는 출산의 과정을 묘사한 용어가 등장한다.

윷놀이 용어해석은 어원적 배경을 근거로 종합적인 판단을 한 것이므로 필자의 독단적인 추측이 아니다.

이로써 윷놀이의 전체 틀은 거의 드러난 듯하다.

한마디로 정리하면, 윷놀이의 의미는 고대 농경사회에서 남녀 간의 성행위를 통한 다산과 번성의 기원이다. 이를 게임을 통해서 상징화한 것이 바로 윷놀이이다. 이러하므로, 윷놀이가 무슨 부여의 정치제도를 본떠서 만든 것이라느니, 농경사회에서 곡식과 가축의 풍요를 기원하는 놀이라느니 하는 등의 억측과 추측성 기사는 이제 그만 써야 한다. 우리 국어가 우리 고어를 잊어먹는 바람에 빚어진 한때의 혼선과 해프닝일 뿐이다.

그럼 이제부터는 도개걸윷모의 어원과 뜻을 더 자세히 규명해 보자.

우리말 용례를 바탕으로 하되, 우리말을 잘 보존해 주고 있는 영어단어와의 대조 확인을 통해 검증하는 방법으로 진행하고자 한다.

도개걸윷모의 뜻뿐만 아니라 윷놀이에 동원되는 다른 몇 가지 용어에 대해서도 함께 알아본다. 알아보는 순서는 우선 도개걸윷모를 '도개걸'과 '윷모' 둘로 나눠서 하기로 한다. 왜냐하면 '도개걸'은 우리 민간말에서 그 어원을 찾아야 하기 때문이다. 그런 다음 '윷모'는 별도로 살펴보기로 한다. 그런데 여기서 '도개걸'의 어원을 찾기 위해선 민간말 '개나 소나…' 에서부터 시작하여야 하므로 우선 이것부터 알아보고 나서 그다음을 진행하기로 한다.

1. 개나 소나…

우리 민간말에 "지나가는 개가 웃는다"라는 말이 있다. 또는 "지나가는 소가 웃는다"라고도 한다. "개나 소나 다 덤벼든다"는 말도 있다. 언젠가 우리 정치판에서 누군가가 이 '개나 소나'라는 말 한마디 잘못 썼다가 아주 곤욕을 치른 적도 있다.

이 말들에는 '개'와 '소'라는 동물 이름이 등장한다. 그래서 곧바로 개(dog)와 소(牛)가 연상된다. 그래서인지 이 '지나가는 개(소)가 웃는다'라는 말은 어쩐지 상대방이나 상대방의 말을 비하하는 듯한 어감을 주어서 감정을 상하게 하기 쉬운 표현들이다. 자칫 멱살잡이로 돌변하는 상황을 연출하는 요인이 되기도 한다.

여기서 한번 생각해볼 게 있다.

과연 '지나가는 개가 웃는다'는 말에 쓰인 '개'가 그 짐승 개(dog)를 가리키는 것일까? 또한 '지나가는 소가 웃는다'고 하면 그 동물 소(牛)를 가리키는 것일까? 만일 그렇다면, 우리나라 개(dog)는 사람 말을 알아듣고 또 웃을 줄도 안다는 얘기다. 소(牛) 역시 사람 대화를 엿듣고 웃을 줄도 안다는 얘기인데… 그런가?

그게 아니면 그저 하찮은 짐승 개와 소일지라도 듣고 나면 비웃을 만큼 어리석은 얘기라는 것을 비유적으로 표현한 말인가?

다른 예를 하나 더 본다.

시내 도로를 운전하다가 차가 막혀서 엄청 짜증 난 어쩐 아저씨 왈,

"먹고살 만하니까 요즘엔 개나 소나 다 차를 끌고 다니니…" 이런다. 그러니 여기선 소(牛)와 개(dog)가 자동차 운전면허 가진 것으로 단정한다. 우리나라 경찰청에선 소(牛)와 개(dog)한테도 필기, 기능시험 보게 하고 합격하면 운전면허증 발급해 주는가 보다.

필자는 이제껏 살면서 운전석에 소나 개가 들어앉아서 핸들 잡고 운전하는 꼴을 단 한번도 본적도 들은 적도 없다. 그런데도 왜 그 아저씨는 '개나 소나 다 차를 끌고 다닌다'고 하는 걸까?

여기서 쓰인 '개'와 '소'는 짐승을 가리키는 말이 아니다.

단도직입적으로 말하면, 여기서 '개'와 '소'는 모두 사내(남자)를 가리키는 우리 토종말이다. 다만 '개'는 사내어른을, '소'는 사내아이 즉 어린애를 가리킨다. 그러니 '지나가는 개가 웃는다'는 말은 '지나가는 사내(행인)가 웃는다'는 말이고, '지나가는 소가 웃는다'는 말은 '지나가는 어린애가 웃는다'는 말이다.

여기서 '개'와 '소'의 뜻이 드러났으므로 우리는 '개나 소나'의 뜻도 알아차릴 수 있다. 즉, '개나 소나'라는 말은 '어른이나 애나'의 뜻이 되는 것이다. 그러니 이 말은 '애 어른 안 가리고 아무나 다'라는 뜻이 되는 것이다. 다시 말해서 '총선에 개나 소나 다 출마한다'는 말은 어중이떠중이 가릴 것 없이 모두 다 나선다는 뜻이다.

필자가 주장하는 바대로 과연 '개'와 '소'가 우리말에서 '사내'를 뜻하는 말인지를 구체적으로 입증해본다. 먼저 '개'부터 시작한다.

① 우리 토종말에서 '개'는 '사내'를 말한다.

그러니 '지나가는 개가 웃는다'라는 말은 '지나가는 사내, 즉 행인이 듣고 웃는다'는 말이다. 그런데도 우리는 엉뚱하게도 이 '개'를 동물 개(dog)로 연상하여 갖은 해프닝을 연출하고 있으니… 이건 우리 국어가 토종말을 까맣게 잊어먹었거나, 잊어먹고도 찾으려는 생각 자체를 안 하는 게으름에서 빚어지는 어이없는 현상이다.

이 '개'가 우리말에서 '사내'(남자)를 가리키는 말이라는 어휘용례는 다음과 같다.

먼저 우리의 욕말인 '개새끼'에 있다.

이 욕말 '개새끼'를 인수분해 하면 '개새끼=개+새끼'이다. 여기서 '새끼'도 본래 우리 토종말로 '사내'를 이르는 말이다. 그러므로 '개새끼=개(사내)+새끼(사내)'로서 '사내'를 두 번 중첩한 말이다. 그러니 우리의 욕말 '개새끼'는 본래 욕이 아니다. 그저 사내(남자)를 가리키는 일상어였던 것이다. 우리 민간말에 '개새끼'라는 말 대신에 '사내새끼'라는 대용어가 있음이 이를 입증해 준다.

어떤 엄마가 집구석의 바퀴벌레 한 마리도 무서워 벌벌 떠는 중딩 아들녀석한테, "얘! 넌 사내새끼가 그깟 바퀴벌레 한 마리도 못 잡아서야 어따 써먹냐?" 이러는 때가 있다. 여기서는 아들 녀석을 행해 '사내새끼'라고 했지 '개새끼'라고 하지 않았음에 유의해야 한다.

이는 곧 개새끼 대신에 사내새끼라는 대용어를 쓴 것인데, 보통 우리 주변에서 '사내새끼'라고 할 때는 욕말로 들리지 않는다는 점이다. 즉 '개새끼=사내새끼' 이므로 여기서 '개=사내'라는 등식이 나온다.

현대 우리말에서 '새끼'는 일단 욕말로 통하고 보지만, 그러나 실상은 이 '새끼'도 본래는 욕말이 아닌 '사내'를 가리키는 일상어였다.

토종말에 사내를 가리키는 말 중에 '색'이 있다(우리 고구려가 '색'족이다. 거슬러 올라가면 뿌리를 같이하는 말이다). 여기에 호격접미사 [이]가 붙으면, '색+이=색이=새기'이다. 이 [새기]가 강조음편된 게 바로 [새끼]이다. 그러니 우리 한민족 동포들이 자주 입에 올리는 [새끼]는 사실은 욕이 아니다. 그저 '사내'라는 뜻일 뿐이다.

그러함에도 현실에서는 이 [새끼] 한마디면 상황은 막장으로 치닫는다. "뭐… 새끼? 이 새끼가 어디다 대고… 내가 니 새끼냐? 새꺄…."

에효~ 이쯤 되면 거의 막가자는 것이다. 언어는 세월 따라 변하게 마련이니 하는 수 없다 치더라도 이게 좀 황당하다는 말이다. 우리는 고유 토종말들을 많이 잊어먹었다. 제대로 관리 안 한 탓이다.

이 [새끼]가 우리 강강술래 노랫말에는 엄연히 [색이]로 등장한다. 가사 중에 "…이 색이 저 색이…" 하는 말이 나온다. 이는 곧 "'…이 사내 저 사내…'라는 말인데, 불과 몇십년 전 길어봤자 1, 2백년 전까지만 해도 이 [색이]는 욕이 아니었던 것이다.

정리하면 우리 욕말 개새끼의 몸통말은 [개색]이며, 이 [개색]은 [개]+[색]으로서 [개]와 [색]이 각각 우리 토종말로 '사내'라는 점이다. 이 [개색]의 몸통말에 호격 [이]가 붙어서 '개색+이=개새기'가 된 후 이게 된소리 음편되어 비로소 [개새끼]가 된 것이다.

다른 예를 보자. 우리 민간 비속어 중에 '술 먹은 개'라는 말이 있다. 이건 좀 점잖게 표현한 것인데, 실전에서는 '술 처먹은 개'로 통한다. 술주정이나 주사가 좀 심한 이를 가리켜서 이르는 말인데, 아무튼 여기서도 '개'가 등장했다. 이 '술 먹은 개'도 그 개(dog)가 아님은 두말할 나위가 없다. 이 '개'는 사내라는 말이다. 즉 술 먹고 취해서 망나니짓 하는 거친 사내라는 말이다.

한 예만 더 들기로 한다.

우리 민간의 양갓집에서는 예로부터 갓 시집온 새색시나 며느리가 시부모 앞에서 자기 신랑을 가리켜 부를 때 '개'라고 하였다. 예를 들어, 시어머니가 "얘야 아범은 어데 갔냐?" 물으면 며느리는 "네 어머니~ 개는 지금 따비밭에 밭갈러 나갔어요." 이런다.

감히 며느리가 시어머니 앞에서 자기 신랑을 가리켜 서슴없이, 겁도 없이… '개'라고 부르고 있다. 이는 오래전의 얘기가 아니다. 불과 2, 30년 전만 해도 필자가 우리 주변에서 심심찮게 들을 수 있던 얘기이다. 이러는 게 양갓집의 예의법도였던 모양이다. 이는 여기서의 '개'가 단순 '사내'(남자)라는 뜻의 말이기 때문에 가능한 시츄에이션이다.

각설하고, 이 '지나가는 개가 웃는다'라고 할 때의 '개'는 동물 개(dog)가 아니라 우리 토종말로 사내(남자)를 가리키는 말임을 살펴보았는데, 이 '개'를 알파벳으로 스펠한 영어단어가 다름 아닌 guy이다.

이 guy 단어의 소리발음은 [가이]인데, 이 [가이]를 한 음절의 복모음으로 읽은 것이 바로 [개]이다. 실제로 우리말에서도 개(dog)를 고어는 물론 현대어 시골말에서 여전히 [가이]로 부른다는 점을 상기할 필요가 있다. 우리말에서의 복모음은 결합과 분해가 자유롭다. 즉, 가이=개=가이.

guy [gai]

명

1. 〈구어〉 사내, 놈, 녀석
2. (남녀 불문하고) 사람들, 패거리
3. 〈속어〉 (여성이 남편, 약혼자, 애인을 가리켜) 그이, 집주인

이 guy의 뜻풀이는 '사내', 즉 남자이다. 또는 '사람들'이라는 뜻도 있어서, '지나가는 개(=사람들)가 웃는다'는 우리말 용례와 어감이 아주 흡사하다. 또한 방금 앞에서 언급한 '여성이 남편을 가리켜 guy(개)라고 부른다'는 점도 매우 주목할만하다.

한편 영어단어 guy[가이] 외에도 gay[게이]라는 단어가 하나 더 있다. 이 gay[게이]도 한 음절 복모음화하면 역시 [개]이다. 다만 이 gay는 본래 남자라는 뜻의 단어였으나 오늘날에는 의미변화되어 호모(남자 동성연애자)라는 뜻으로 변질되어 있다.

요즘 인터넷의 어떤 사이트에서 보면 이 [게이]라는 말이 아주 자연스럽게 정착되어 있음을 본다. 회원 상호간에 부르는 호칭으로 쓰기도 하고 일반적인 남성을 가리키는 말로 쓰곤 하는 게 아주 흥

미롭다.

② 우리 토종말에서 '소'는 '사내'를 가리키는 말이다.

여기 등장하는 [소]는 [개]와 마찬가지로 우리 토종말로 '사내' 이다. 이 [소]는 우리말에서 '수컷' 또는 '암수' 할 때 쓰이는 [수]와 같은 말이다. 그러므로 [소]=[수]=사내이다. 다만, [소]는 경모음이요, [수]는 중모음인 까닭에 어감상 [소]가 [수]에 비해 간혹 어린애로 통한다. 그래서 [소]는 어린 사내아이를, [수]는 다 큰 어른 사내를 가리키는 것으로 구분된다.

이 [소]는 본래 [솟]이다. 또 '수컷'의 [수]도 본래는 [숫]이다. 그런데 우리말에서는 이 'ㅅ' 받침이 붙었다, 떨어졌다, 자유롭게 왕래하는 특성이 있다. 그래서 이를 정리하면 [소=솟]이고 [수=숫]의 관계이다.

요약하면, 이 [소]의 본래 말은 [솟]이며, 이 [솟]은 우리말 상고어에서 사내는 사내이되, 어린 사내 즉 어린애를 가리키는 말이다. 이 [소/솟]이 상고어에서 사내/어린애를 가리키는 것임은 한자와 영어에서 각각 입증된다. 이 [소]에 의해 한자 '어릴 소(少)'가 만들어진다.

한편 이 [솟]에 호격 [이]가 붙으면 '솟+이=소시'가 되어 [소시]라는 말이 생기는 것이다. 그러므로 이 [소시]는 '어린애'라는 말이다. 누가 목에 힘주면서 "내 소시적에는 말이지…"라 하는 건 바로 "내

어릴 적에는 말이지…”라고 하는 것과 같은 말이다. 이 [소시]를 한자어로 음차하여 표기한 게 다름 아닌 ‘少時’(소시)이다.

이 [솟]을 영어로 스펠화한 단어는 sod(솟) 이다. 영어사전의 뜻풀이를 보면 이 sod(솟)은 guy(개)와 같다고 하는 한편, 새끼(어린애)라는 뜻을 달고 있음을 볼 수 있다.

> **sod** [sad / sɔd]
>
> 명
>
> 1. 〈英, 비어〉 (보통 경멸적) 남색자, 동성애자
> 2. 녀석(guy), 애새끼(kid)

이상에서 [개]와 [소]를 알아보았다.

결론적으로 마무리하면, 우리말에서 [개]는 사내(남자)를 말하는 것이며, [소] 또한 사내를 말하되 어린애를 가리키는 말이다. 그러므로 ‘지나가는 개’라는 말은 ‘지나가는 사내(행인)’라는 말이요, ‘지나가는 소’라는 말은 ‘지나가는 어린애’라는 뜻이다. 또한 ‘개나 소나 덤벼든다’라는 말은 ‘어른이나 애나 다 덤벼든다’, 즉 ‘아무나 다 나선다’라는 말이 되는 것이다. 따라서, 우리 민간말에서 ‘개나 소나’라는 소리를 듣더라도 굳이 흥분할 필요까지는 없을 듯하다.

이 ‘개나 소나’를 어찌 보면 간단하게 몇 줄로 끝낼 수도 있었을 법한데도 불구하고 이처럼 장황하게 늘어놓은 데는 까닭이 있다. 여기서의 [개]가 윷놀이의 ‘도개걸윷모’ 에서 쓰이는 그 [개]이기 때문이다.

2. 개나 도나…

이상에서 우리는 '개나 소나'에 대해서 알아보았는데, 우리 민간말에서는 이 '개나 소나' 만 있는 게 아니다. 이와 비슷한 말로서 '개나 도나'라는 말이 있다. 이를 '도나 개나'라고 하여 순서를 바꾸기도 하는데 그 말이 그 말이므로 표기의 일관성을 위해서 '개나 도나'로 통일하기로 한다.

이 '개나 도나'는 지방에 따라 다음과 같은 몇 가지 사투리 버전이 공존한다.

표준	전북	강원도	경남/충남
개나 도나	개나 되나	개나 뙤나	개나 대나

이 표에서 보면 '개나 도나'의 [도]가 [되], [뙤], [대] 등으로 나타난다.

우리말에서 모음의 변화는 자유롭다. 그러므로 이 네 개의 말은 다 동일한 말이다. 즉, 음편상 '도=되=뙤=대'의 관계이다. '도=되'의 관계는 우리가 '소고기'라 하기도 하고 '쇠고기'라고 하는 사례에서 보듯이 같은 말이기 때문이다. 이 '소 ⋯› 쇠'의 경우처럼 [도]에도 [이] 모음이 결합하면 '도 ⋯› 되'가 되는 것이다. 그러므로 '도=되'이다.

이 [되]가 소리발음상 귀에 들릴 때의 우리말 음가는 [대]의 소리발음과 크게 구별되지 않는다. 한편 [뙤]는 [되]의 된소리인데, 우리말에서 보통말과 된소리는 같은 말이다. 그러므로 우리말 음운습관상 지방별 사투리 버전인 '도=되=뙤=대'는 등식관계로서 모두 다 같은 말이다.

그러면 이 '개나 도나'라는 말은 뭔 말일까?

결론부터 얘기하면 '개나 도나=개나 소나'와 같은 말이다. 이 두 말에서 [개]가 공통인데 이건 이미 살펴본 대로 '사내' 임에는 불변이다. 그러니 '개나 도나'에서 나머지 [도]의 뜻만을 규명하면 되겠다.

이 [도]는 우리 토종말에서 '어린애'를 가리키는 말이다. 본래는 [돗]이다.

방금 앞에서 우리는 '개나 소나'의 [소]는 '어린애'로서 본래 [솟]과 동일한 말이라는 것을 살펴보았다. 즉, '암수'의 [수]와 '숫컷'의 [숫]은 '남성'을 가리키는 말로서 서로 같듯이, [소]와 [솟]도 받침(ㅅ)이 붙거나 떨어지거나 하면서 서로 같은 말이다.

이 [도]와 [돗]의 관계도 마찬가지이다. 이를 굳건히 뒷받침하는 게 바로 우리말에서 '도개걸윷모'의 지방별 방언인 '돗개걸윷모'이다. 즉 이 두 용어에서 보듯이 [도]와 [돗]이 같이 쓰이는 동일한 말인 것이다.

이와 같이 음운적으로는 결국 [도]=[돗]이라는 점을 확인할 수 있는데, 남은 것은 의미적으로 이 [도/돗]의 의미가 '어린애'라는 점은 어떻게 확인할 수 있는가 하는 점이다.

이점에 대하여는 '도개걸윷모'의 북한말 방언이 지원사격을 해준다.

여기서 설명을 위해 앞에서 언급한 '도개걸윷모'의 지역별 방언표를 한번 더 표시해 보자.

표준	도	개	걸	윷	모
남한	도 돗	개	걸	윷 숫	모
북한	돌 똘	개	컬	쓩 흉	모

이 표에서 [도]에 해당하는 말들을 보면 남한에서는 [도] [돗]의 2개가 쓰이는 반면, 북한말에서는 [돌] [똘]의 2개가 대신 쓰이고 있음을 볼 수 있다. 이에서 보듯이 남한말 [도/돗] =북한말 [돌/똘]이다. 북한 윷놀이판에서 쓰이는 [돌] [똘]은 우리말에서 '어린애'를 가리키는 말이다. [똘]은 단지 [돌]의 된소리일 뿐이므로 [돌]=[똘]의 관계이다.

다 아는 바와 같이, 우리 토종말에서 어린애를 '돌이 또는 똘이'라고 한다. 어린이용 만화 제목에 '똘이장군'이 인기를 끈 적이 있다. '똘이장군'이란 '꼬마장군'이라는 말이다. 또는 우리 민간에서 '똘'을 두 번 중첩해서 '똘똘이'라고도 한다.

아기 엄마가 자신의 어린 아기를 귀여워하여 어를 때 하는 말이 "아유~ 우리 이쁜 똘똘이…"라고 하기도 하는데, 이때의 '똘똘이'가 '어린애'를 가리키는 말이다. 한편 [돌]은 우리 토종말에서 사내아이의 이름에 많이 쓰이기도 하였다. 예를 들면, '갑돌'이 '삼돌'이 등이다.

이를 요약하면, '개나 도나'라는 말에서의 [도]는 본래 [돗]과 같은 말로서 우리 토종말로 '어린애'를 가리키는 말이되, 북한말 윷놀이 용어에서의 '[돌] 또는 [똘]' 역시 우리말에서 '어린애'라는 점을 통해 직간접으로 확인하였다.

한 가지 더 부연한다.

이 [도/돗]와 [돌/똘]을 결합하면, '도+똘=도똘' 또는 '돗+돌=돗돌' 등이 되는데, 여기에 호격 [이]가 붙으면 '도똘+이=도또리', '돗돌+이=돗

도리' 등으로 되면서 소리발음이 대개 [도토리]로 나게 되는데, 이 '도토리'는 두말할 나위 없이 '어린애'를 가리키는 말임은 물론이다.

그런데 이 '도토리'가 산에서 나는 도토리 열매의 '도토리'와 발음이 같음으로 인하여 우리 민간말에서 오해를 유발하는 사례가 있다. 다름 아닌 '도토리 키재기'라는 말에서이다. 이 '도토리 키재기'라는 말은 '서로 비슷비슷한 것들끼리 모아놓고서 우열을 가리는 건 의미 없다'는 비유법으로 통하는 말이다. 그런데 여기서 말하는 '도토리'가 산에서 나는 도토리 열매, 다람쥐가 즐겨 먹는 그 '도토리'를 가리키는 것인가?

그게 아니다.

이 '도토리 키재기'에서의 '도토리'는 그 '도토리 열매'가 아니라 바로 '어린애'를 가리켜서 하는 말이다. 그러니 '도토리 키재기'라는 말은 '어려서 키가 작은 올망졸망, 고만고만한 꼬마 어린애들을 줄 세워놓고 키를 재는 건 의미 없다'는 뜻의 말이다. 그런데 이를 두고 도토리 열매를 연상하고 있었으니… 이는 우리가 토종말을 잊어먹고 산 까닭이다.

앞에서 본 대로 결론은, [도/돗=돌/똘]='어린애'라는 점이다. 그러니 '개나 도나…'라고 하는 말은 '어른이나 애나…'라는 뜻으로서 '개나 소나…' 와 완전히 같은 말이다. 이 '개나 도나'라는 말에서 등장한 [도]가 바로 도개걸윷모에서의 [도]이다.

● 이 '도/돗'이 '어린애'라는 사실을 영어가 뒷받침해준다.

① [도]의 본래말 [돗]을 스펠한 영어단어는 바로 dot(돗) 이다.
이 dot이라는 단어는 우리가 점(點)이라는 뜻으로 익히 알고 있는 것이지만, 영어단어의 뜻풀이에서 보듯이 '꼬마'라는 뜻을 지니고 있음을 알 수 있다.

> dot[1]
>
> 명
>
> 1. 점, 반점, 얼룩; 작은 것, 작은 알갱이
> 2. 꼬마, 작은 부분, 소량

② 한편 영어단어에서는 이 [돗]을 'dot'이라는 단어 말고도 'tot'(돗)이라는 스펠을 써서 하나 더 만들어 쓰고 있다.
즉, 영어에서의 [dot] [tot]이라는 두 단어는 우리말 '어린애' [돗]을 표기한 우리말 영어단어이다.

> tot[1]
>
> 명
>
> 1. 어린애, 유아
> 2. 〈英구어〉 소량, 미량

● 참고로 이 '개나 도나'의 [도]가 '되놈'의 어원이다.

앞에서 이 '개나 도나'의 지방별 사투리(방언)를 한번 살펴본 바 있는데, 다시 한번 보기로 한다.

표준	전북	강원도	경남/충남
개나 도나	개나 되나	개나 뙤나	개나 대나

이 표에서 보듯이 '개나 도나'의 [도]가 우리말 음운현상에 따라 지역

별로 [되] 또는 [뙤]로 음편되어 나타난다. [뙤]는 [되]의 된소리일 뿐이므로 서로 같은 말이다. 그러므로 [도]=[되]=[뙤]='어린애'(꼬마)라는 말이다.

따라서 우리가 중국사람을 비하해서 일컬어오던 말인 이른바 '뙤놈'이라는 말은 '어린애/꼬마 놈'이라는 말이다. 즉, 이는 고대에 우리 변방에 머물던 중국 족속이 우리 동이족에 비해 '어린애처럼 체격이 왜소하거나 열등한'이라는 의미에서 이를 조롱하는 뜻으로 '뙤놈'이라고 부른 데서 유래한 것이다. 이는 필자의 판단이다.

3. 개나 걸이나…

이제까지 '개나 소나' 와 '개나 도나'라는 우리 민간말을 살펴보았다.

[개]는 사내(남자)요, [소]와 [도]는 '어린애'를 가리키는 말로서, 이 [개]와 [도]가 바로 도개걸윷모'에서 [도]와 [개]라는 점이다.

우리 민간말에 다른 말이 하나 더 있다. 다름 아닌 '개나 걸이나'라는 관용표현이다. 이 '개나 걸이나'는 '개나 소나'만큼이나 우리 민간에서는 빈번하게 인용되고 있는 토종말이다.

그러면 이 '개나 걸이나'라는 뜻은 과연 무엇일까?

결론부터 얘기하면, 이 '개나 걸이나'에서의 [개]가 '사내'임에는 변함이 없다. 다만 여기서 [걸]이 무엇인가 하는 점인데, 이 [걸]은 우리말로 '여자'를 가리키는 말이다. 그러므로 '개나 걸이나'라고 하는 말은 '사내(남자)나 여자나'라는 말뜻이다. 그러니 '요즘엔 개나 걸이나 다 차를 몰고 나온다'라는 말은 바꿔말하면 '요즘엔 사내(남자)나 여자나 가릴 것 없이 모두 다 차를 몰고 나온다'라는 말인 것이다. 다시 말해 '개나 걸이나'는 '남자, 여자 안 가리고 모두 다'라는 의미이다.

이러고 보니, '개나 소나' 또는 '개나 도나'의 뜻이 '어른, 애 안 가리고 모두 다'라는 점과 대비해 보면 '개나 걸이나'도 결과적으로 같은 말이다. 즉, 각각의 말은 모두 공통적으로 '아무나 다' 또는 '모두 다'라는 의미이기 때문이다.

그러면 이 [걸]이 우리말에서 '여자'라는 뜻인지를 살펴보자.

미리 얘기하자면, 이 [걸]을 알파벳으로 스펠한 영어단어가 girl[걸]이다. 즉 영어단어 girl(소녀)이 우리말이라는 사실이다.

우리말에서 [걸]이 여자를 지칭하는 용례로 쓰이는 대표선수로서 '걸래'라는 말이 있다. 이 '걸래'는 비속어로 분류되는 우리말로서 '여자'를 말한다. 단 '매춘부'라는 비하적 표현이 담긴 말이다. 이 '걸래'에 대하여는 이 책의 다른 부분에서 한번 등장시킨 바 있지만 그 중요성에 비추어 한번 더 언급하기로 한다.

이 '걸래'의 몸통말은 [걸]이다. 이 [걸]에 호격 [이]가 붙으면 '걸+이=거리'가 된다. 그런데 우리말 호격접미사의 자음중첩 현상이 가미되면 '걸+이=거리'=[걸리] 가 된다(이는 후술한다). 이 [걸리]를 알파벳으로 철자화한 영어단어가 바로 girlie[걸리]이다.

girl

명

1. 여자(계집)아이, 소녀, 아가씨, 처녀
2. 〈비격식〉 딸, 연인, 애인, 매춘부

girlie [gəˈ:rli]

명

1. 〈경멸적〉 소녀, 처녀, 아가씨, 색시
2. 〈속어〉 매춘부 (또는 girly)

영어단어 girlie의 뜻풀이를 보면 우리말 '걸래', 즉 '여자, 매춘부'의 용례를 그대로 달고 있다. 이 영어단어 girlie는 우리말 호격접미사의 규칙을 그대로 따라 만들어진 단어이다. 즉 몸통말 girl[걸]에 호격 [이]를 붙인 것인데, 이 호격 [이]를 두 가지 스펠로 표현해서 두 개의 단어가 나타난다.

하나는, 걸(girl)+이(y)=girly(걸리), 다른 하나는, 걸(girl) + 이(ie)=girlie(걸리)이다(이 둘은 동일한 단어이다).

그런데 영어단어 girlie(=girly)의 소리발음은 [걸리]로서, 우리말 [걸래]와는 거리가 있는 듯이 보인다. 하지만 이는 우리말 음운버릇에서는 같은 말이다. 비단 우리말에서뿐 아니라 이는 만국공통이다.

예를 들면 우리 시골말 사투리에서 '어머니'를 부르는 말에 '어매'가 있다. 이 '어매'는 본래 '어미'와 같은 말이다. 이 '어매'나 '어미'는 그 몸통말이 [엄]으로서 호격 [이]가 붙으면 '엄+이=어미'가 되는 것이고, 호격 [아]가 붙으면 '엄+아=어마'가 된다(여기에 호격의 자음중첩 현상이 가미되면 '어마=엄마'이다).

그러면 '어미'나 '어마'와는 달리 '어매'는 어떻게 만들어지는 것일까?

이는 우리말에서의 호격의 중첩이라는 현상에서 기인한다(후술 참조). 즉, '엄+아=어마'로 되어 [어마]라는 말이 만들어졌는데, 여기에 호격 [이]가 다시 붙으면 '어마+이=어마이'가 된다. 이는 북한말 '아바이'(아버지)에서도 확인된다. 아바이의 몸통말은 [압]이다. 여기에 호격 [아]가 붙으면 '압+아=아바'가 되는데, 여기에 호격 [이]가 한번 더 붙어서 '아바+이=아바이'가 됨을 볼 수 있다.

아무튼, 이 '어마이'의 '마이'가 한 음절로 축약되면 [매]이다. 그래서 '어마이=어매'가 되는 것이다. 그러므로 '어미=어마=어마이=어매'가 되어 결국 [어미]=[어매]이다. 그런즉 이와 같은 현상을 따라 [걸]의 경우에도 호격의 변화에 의해 [걸리]=[걸래]가 되는 것이다.

한편 우리말에 '갈보'라는 말이 있다. 이 '갈보' 역시 비속어로서 '걸래'

와 마찬가지로 여자(매춘부)를 뜻하는 말이다. 이 '갈보'에서의 [갈]은 우리말 고어의 음운현상으로 [걸]과 같은 말이다. 즉 '갈=걸'로서 '여자'를 가리키는 말이다.

gal[1] [gæl]
〈구어, 경멸적〉 = girl

그런데 이게 영어에서도 똑같다. 즉 영어단어 gal[갈]은 girl[걸]과 같은 말이되, girl의 '경멸적'인 뜻이라 함을 볼 수 있다. 또한 우리 민간말에 '깔치'라는 말이 있다. 이 '깔치'는 여자친구나 애인을 가리키는 비속어인데, '깔치'는 '갈치'의 된소리이다. 그러므로 여기서의 '갈치'에서도 [갈]이 등장했다.

요약하면, 우리말 '개나 걸이나'라는 말에서의 [걸]은 '여자'를 가리키는 말로서 이를 스펠한 영어단어는 girl이다(거듭 강조하지만 영어단어 girl은 우리말이다. 이에 대한 추가적인 입증은 추후 다른 부분에서 후술하기로 한다).

그러므로 '개나 걸이나'라는 말은 '사내(남자)고 여자고 아무나 다'라는 뜻이다. 여기서의 [걸]이 바로 '도개걸윷모'에서의 [걸]이다.

4. 도개걸윷모

이제까지 우리는 우리 민간말의 관용표현들을 통해서 [도] [개] [걸]의 뜻을 알아보았다.

이를 표로 정리해본다.

관용 표현	용어	의미
개나 소나	개=사내, 소=사내(어린애)	어른이나 애나=모두 다
개나 도나	개=사내, 도=어린애	어른이나 애나=모두 다
개나 걸이나	개=사내, 걸=여자	사내(남자)나 여자나=모두 다

① 도개걸

위 표에서 보는 바와 같이 우리 민간말 관용표현에서는 이미 '도개걸윷모'에 해당하는 [도] [개] [걸]의 용어가 이미 일상 말에서 굳건히 자리를 잡고 요즘에도 쓰이는 말이다. 다만 우리가 이를 유심히 관찰하지 않고 지내온 탓에 모르고 있었을 뿐이다.

아무튼 '도개걸윷모'의 5개 용어 중에서 '도개걸'의 3개를 찾았다. 그러므로 여기서는 이 '도개걸' 3개의 뜻 정리를 간단히 해두고 나머지 '윷모'를 찾아 길을 떠나기로 한다.

- [도]= 우리말 고어로 [돗]과 같은 말이며, '어린애' 또는 '꼬마'의 뜻이다. 이를 북한말에서는 [돌]이라고 한다.
- [개]= 우리말 고어로 '사내'의 뜻이다.
- [걸]= 우리말 고어로 '여자'의 뜻이다.

② 윷

이 [윷]은 윷놀이의 놀이제목을 장악하고 있는 왕초 말이다.

결론부터 얘기하면, 이 [윷]은 우리말에서 '사내'를 가리키는 말이다. 이 [윷]이 '사내'를 가리키는 말임은 우선 우리 지방별 방언에서 찾을 수 있다.

설명을 위해 앞에서 언급한 '도개걸윷모'의 지역별 방언표를 한번 더 표시해 본다.

표준	도	개	걸	윷	모
남한	도 돗	개	걸	윷 슛	모
북한	돌 똘	개	컬	쓩 흉	모

이 표에서 보듯이, 남한말에서는 [윷]과 [슛]이 같이 쓰이고 있음을 알 수 있다. 이는 곧 [윷]=[슛] 이라는 말인데, 이 [슛]은 앞에서

이미 여러 번 언급했듯이 우리말에서의 '암수' 또는 '숫컷' 등에서 쓰이는 그 [숫]으로서 '사내'를 가리키는 말이다. 이 [숫]은 [솟]과 같은 말이되, [숫]은 어른 사내를, [솟]은 어린 사내애로 구분되어 쓰임도 살펴본 바 있다.

그러므로 [윷]=[숫]=사내의 등식관계이다.

한편, 이 [윷]이 '사내'라는 근거는 영어단어가 확실하게 뒷받침해주고 있다. 이 [윷]을 알파벳으로 철자화한 영어단어는 yoot과 youth의 2개이다.

▸ 먼저 yoot을 보면, 이는 한 음절로 발음하면 우리 소리발음 그대로 [윳]이다.

영어사전의 뜻풀이는 이를 '불량소년'이라 하였다. '불량'이라는 수식어가 붙긴 했지만, 아무튼 '사내'라는 뜻이다. 영어단어에서 우리말의 사내(남자)를 뜻하는 단어를 철자화한 것들은 대개 '불량한, 바람기 있는…' 등의 부정적 묘사가 대부분임이 흥미로운 특징이다.

yoot [ju':t]
〈美속어〉
불량 소년, 조무래기 깡패

(출처: YBM/디오딕/네이버)

이 '불량소년' [윳]이 바로 우리말에서의 '엿같은 놈'의 [엿]의 어원이다. 우리말에서 '엿같은 놈'이란 말은 '불량끼가 있어 아주 봇된 놈'이라는 뜻이다. 고어에서 '모음의 자유로움'에 의해 음운상 [윳]과 [엿]은 같은 말이다.

▸ 다음은 youth인데, 이 youth는 본래 영어에서 '젊음, 활기' 등의 뜻으로 쓰이는 주요 단어이다.

그런데 영어사전의 뜻풀이에는 '청년, 젊은 남자'라는 뜻이 더 달려 있다. 이 youth는 우리가 보통 유스호스텔이라고 부르는 숙박시설의 이름에 용례가 동원되기도 한다.

youth [juːθ]

명

1. 젊음, 원기, 혈기

2. 청년, 젊은이, 젊은 남자

이 youth의 [−th]는 우리 발음 [수] 또는 [스]를 의도한 철자법이다. 그러므로 youth는 우리 소리발음 '유수 또는 유스'로 연결된다. 그런데 어찌하여 이 youth(유스)가 우리말 [윷]이라는 말인가?

그 이유는 간단하다. 호격접미사 [우] 때문이다.

이 '유스'의 몸통말은 [윳]이다. 이 [윳]에 호격 [우]가 붙으면, '윳+우=유수'가 된다. 그런데 이 호격 [우]는 영어를 비롯한 인도유럽어계통에서는 대개 [으] 모음으로 대체되어 구현됨이 특징이다. 이는 동일한 원순모음 계통인 [우]와 [으] 모음 사이에는 소리음가의 차이가 거의 없기 때문이기도 하고 발음의 음편을 따라가는 속성 때문이기도 하다.

그러므로 '윳+우=유수/유스=youth' 이다. 정리하면 영어단어 youth(유스)의 몸통말 [윳]이 바로 윷놀이의 [윷]이다.

이와 같이 영어단어 yoot(윳)과 youth(유스)는 우리말 [윷]을 스펠한 우리말 영어단어로서, [윷]이 사내(남자)라는 사실을 강력하게 뒷받침해 준다.

여기서 한 가지 반론이 있을 수 있다. 다름 아닌 [윷]과 [윳]의 종성받침에 대한 이의제기이다. 그러나 이는 우리 현대 국어에서의 맞춤법을 따지는 논란일 뿐이다. 후술하겠지만, 우리말에서 받침으로 쓰이는 자음 'ㄷ, ㅌ, ㅅ, ㅈ, ㅊ, ㅎ'은 소리음가가 모두 동일하다.

예를 들면, '윤/윹/윳/윶/윷/윻' 등은 모두 우리 귀에 똑같은 [윳]으로 들린다. 그래서 이 'ㅅ'을 대표받침이라 하기도 하는 건데, 고어에서는 이는 모두가 같은 말이다(국어에서는 'ㄷ'을 대표받침이라 하기도 한다). 그러니 [윷]이 맞느니 [윳]이 맞느니 따지는 건 음운상으로는 무의미하다. 그건 현대국어의 철자법의 영역일 뿐이다.

〈한국언어지도〉의 자료에 의하면, '숯불'의 [숯]이 지방에 따라서 [숯] [숫] [숱]으로 마구 섞여 불린다. 마찬가지로 윷놀이의 [윷]도 지방에 따라 [윷] [윳] [윹]으로 쓴다. 심지어 [육]으로도 부르는 데가 있는 실정이다(이 대표 받침 'ㅅ'과 자음의 양상에 대하여 별도로 상술할 예정이다).

참고로 앵글족, 색슨족과 더불어 잉글랜드로 진출한 유트랜드(Jutland) 반도의 유트족의 '유트'가 바로 이 [윳]과 동일한 어원이다. 다만, 본디 이 [윳]은 신(god)의 씨앗말에서 파생한 것이다(후술한다).

이 [윳]은 [윤]과도 당연히 같은 말이다. 이 [윤]에 호격 [아]가 붙으면 '윤+아=유다'가 된다. 성경에 나오는 인명 [유다]는 모두 여기서 유래하는 것이다. 또한 이 [유다]가 호격의 음편으로 만들어진 게 [유대]인데, 이는 '유대인'의 [유대]로서 같은 어원의, 같은 말이다. 여기에 호격 [우]가 붙으면 '윧+우=유두'가 된다. 이 [유두]는 우리의 세시명절인 '유두절'의 [유두]이다.

이 [유두]는 신(god)의 씨앗말에 단지 호격이 붙은 것일 뿐으로, 그 뜻은 신(god) 이다. 그러니 명절 이름 '유두절'을 한자로 써서 '유두절'(流頭節)이라 표기한다 해서 이를 한자어로 오인하는 것은 대단한 착각이라는 말이다. [유두]는 순우리말이다.

또한 이 [유두]는 인체의 신체명칭으로 가서 젖꼭지를 말하는 '유두'(乳頭)로 정착된다. 거듭 강조하지만, '유두절'의 [유두]나 젖꼭지 [유두]는 한자말이 아니다. 이 순우리말 [유두]를 음차하여 표기한 것뿐이다.

이는 필자의 독단적 유추가 아니다. 모든 언어의 기원이 이와 같음을 발견하기 때문이고, 이것이 입증되기 때문이다.

이런 맥락에서, 영어단어 youth는 몸통말을 [윳]으로 할 때는 호격 [우]가 붙으면 '윳+우=유수'가 되고 인도유럽어에서는 [유스]가 된다. 그런데 이 youth의 몸통말을 [윧]으로 삼아 호격을 붙이면, '윧+우=유두'가 되고, 인도유럽어에서는 [유드]가 된다. 그런데 [윳]과 [윧]은 소리음가가 동일한 같은 말이므로 호격이 붙은 [유스]와 [유드]도 서로 같은 말이다. 영어단어 youth는 바로 이 [유스]와 [유드]를 동시에 소리발음으로 담고 있는 것이다.

영어에서의 [-th]를 발음하는 번데기 기호 [θ]는 우리말의 '시옷(ㅅ)'과 '디귿(ㄷ)'의 양쪽에서 발원한 몸통어원을 가진 단어로서 이를 한꺼번에 섞어 발음하라는 의도된 사인인 것이다. 이에 대하여는 추후 상술한다.

이 [윷]을 북한말에서는 [쓩]으로 부른다. 또는 [흉]이라고 한다. [쓩]은 [슝]의 된소리이므로 이 [윷]을 북한말에서는 [슝/흉]이라 한다는 얘긴데, 이 [슝/흉]이 우리 남한말 [윷]과는 대체 어떤 관계인가.

한마디로 하면, 북한말 [슝/흉]은 [윷]과 마찬가지로 역시 사내(남자)라는 말이다.

먼저 [흉]을 보면, 이 [흉]은 우리말에서의 '모음의 자유로움' 현상에 의해 {형, 홍, 흉, 헹, 행…} 등과 같은 말이다. 즉 [형]과 같은 말이라는 얘기다. 이 [형]은 형, 동생 할 때의 [형]이다. '형/홍'에 호격[아]를 붙여보면, '형아, 홍아'가 된다.

요즘 어떤 인터넷사이트나 인터넷의 용어로서 '홍아'라는 말이 심심치 않게 등장한다. 예로, "이 홍아가 알려 주마…"이다. 한편 '형/헹/행' 등에 '님'을 붙여보면, '형님/헹님/행님' 등이 된다. 이는 우리 민간말 또는 사투리에서 살아 쓰이는 말들이다. 우리말에서 [형]은 사내(남자)이다. 그러니 '윷=흉/형=남자'가 되는 것이다.

여기서 [흉]은 '흉노'의 [흉]과 같은 어원의 말이다. 이는 후술한다.

그다음은 [슝]인데, 이 [슝]은 [흉]이 음편한 것일 뿐이다.

예를 들면, 우리말에서 '남의 흉을 본다'는 표준말에서의 [흉]은 [슝] 또는 [숭]으로 변한다. 그래서 '남의 흉'을 '남의 슝' 또는 '남의 숭' 등으로 발음하기도 한다. 그러니 [슝]은 [흉]과 같은 말이다. 이 [슝]은 역시 우리말 '모음의 자유로움' 현상에 의해 '셩/성'과 같은 말이다. 그래서 우리 일상말에서 '형님'을 '성님'이라고도 부르는 까닭이 여기 있다.

다소 장황해졌는데 요약하여 정리한다.

윷놀이에서의 [윷]은 우리말 [숫]과 동일한 말로서 사내(남자)라는 뜻의 토종말이다. 이는 우리말을 보존하고 있는 영어단어를 통해서도 교차확인 할 수 있다. 즉 영어단어 yoot(윳)과 youth(유스)의 두 단어가 우리말 [윷]의 어원이 사내(남자)라는 점을 입증해 준다.

③ 모

여기까지 해서 '도개걸윷모'의 5개 중 마지막 [모]를 남겨둔 '도/개/걸/윷'의 4개 용어를 우리말 용례와 영어단어의 근거를 통해서 확인해 보았다. 이를 간단히 그림으로 표시해본다.

도	개	걸	윷	모
어린애	남	여	남	?

도(어린애) ⋯→ 개(남) ⋯→ 걸(여) ⋯→ 윷(남)을 보았으니, 순서적으로도 [윷] 다음의 끝말인 [모]에는 '여자'가 한번 더 등장해 주어서 마무리가 될 법도 하다. 그런데 실제로 그렇다.

[모]는 우리말 고어로 '여자' 또는 '엄마'의 뜻이다.

이 [모]의 원래 단어는 [뭇]이다. 앞서 [도]의 경우처럼, 원래 [돗] 또는 [뜻]이 홀로 쓰일 때는 종성탈락 하여 그냥 [도]로 되는 것과 같은 음운버릇상 이치가 이 [모]의 원래말인 [뭇]에도 적용되는 까닭이다. [솟/숫]이 받침 떼고 [소/수]가 되는 것과도 마찬가지이다. 이 [뭇]이 받침떼고 한자로 넘어가서 만든 글자가 바로 '어미 母(모)'이다. 한자는 우리말이다.

이 [모]의 원래말 [뭇]을 영어 철자화한 영어단어는 mot이다.

우측 영어사전의 뜻풀이를 보면 이 mot[뭇]이라는 단어의 뜻은 '여자'이다.

여기서 아주 중요한 게 하나 있다. 다름 아닌 영어단어 mother(어머니)의 어원이 바로 이 mot[뭇]에 있기 때문이다. 이 mot[뭇]에 호격접미사 [아]가 붙어서 만들어진 게 영어단어 mother이다(영어 및 인도유럽어에서 우리말 호격 [아]를 구현하는 스펠기법은 주로 [-er]을 붙이는 방식이다).

mot [mat / mɔt]

명 〈英, 아일랜드 속어〉 여자, 계집애, 갈보, 여자성기

(출처: YBM/프라임/네이버)

이 [몿]은 필자가 대표받침으로 적은 것일 뿐이므로, [몯]과도 같은 말이다.

영단어 mother는 이 [몿]과 [몯]을 모두 몸통말로 삼고 있다. 영단어 mother의 발음기호에 표시된 사슴뿔(ð) 기호의 의미는 우리말 'ㄷ'과 'ㅅ'의 양쪽을 함축한다는 사인이기 때문이다. 한편 이 [몿]은 우리말에서의 '모음은 자유로움' 현상에 의해 '멋/맛/못/밋…' 등과 같은 말이다. 그 결과로서 영어단어 mother의 스펠은 '모'[mo-]로 하였음에도 불구하고 실제로 소리 내는 발음은 [머더] 또는 [마더]로 하여 불규칙한 모음현상을 보인다는 것이다.

바로 앞에서 언급한 몸통말 [몿]은 '모음의 자유로움'에 의해 '멋/맛/못/밋…' 등과 같은 말이라는 사실은 mother와 이철동의어인 mither[미더]라는 단어의 존재를 통해 이를 확인할 수 있다.

mither
[miðər / miθər]
(스코틀랜드, 북영국) = mother

영어단어 mother는 우리말이다.

요약하면, '도개걸윷모'에서의 [모]는 '여자'라는 뜻의 우리말로서 본래말은 [몿]인 바, 우리말 고어에서는 [모]와 [몿]은 서로 받침을 붙이고 떼고 하면서 자유왕래 하는 음운속성상 같은 말이기 때문이다.

이는 앞에서 보았듯이 우리말 고어에서 [도=돛] [소=솣] [수=숫] [모=몿]…과 같은 음운상 공통적 특징의 일환이기도 하다. 이 [몿]을 스펠한 영어단어는 mot(여자)으로서 mother의 어원(몸통말)이다.

이상에서 우리 민속놀이 윷놀이에 등장하는 '도개걸윷모'의 뜻을 모두 알아보았다.

이를 종합하여 정리해본다.

	도(돗)	개	걸	윷	모
의미	어린애	남	여	남	여
영어	dot/tot	guy	girl	yoot	mot

이는 현존하는 우리말 관용표현에 등장하는 용례를 근거로 한 것이다. 우리말 고어를 보존하고 있는 영어단어가 이를 간접적으로 확인해주고 있다. 따라서 우리가 기존에 상식처럼 여겨 알고 있던 '도개걸윷모'의 뜻이 '돼지, 개, 양, 소, 말'과 같은 짐승의 이름을 딴것이라는 주장은 접어야 한다. 이 윷놀이의 놀이 성격에 대하여는 앞에서 언급한 바 있지만, [윳(사내)]이 [말(여자)]을 데리고 다니면서 애(새끼)를 낳고, 키워서 남녀 청소년으로 성장하고, 장성한 남녀가 되면 또 애를 낳고… 라는 일련의 과정을 통해 다산과 번식이라는 고대사회 공동체의 목표를 상징화한 놀이문화인 것이다.

'도개걸윷모'의 뜻에 이어 다음에는 윷놀이에 등장하는 다른 용어들에 대해서 알아보기로 한다.

5. 말판의 말

윷놀이에서 말을 놓는 그림을 그려 놓은 판을 말판이라 한다. 또는 윷판이라고도 한다. 윷가락을 던져서 나오는 윷패에 따라서 이 말판 위에 그려진 길대로 말을 움직인다. 여러 개의 말이 이 말판 위의 길을 한 바퀴 다 돌아서 먼저 빠져나오면 승자가 된다.

말은 여러 개를 쓰는데 보통은 4개 정도이다. 물론 그 이하나 그 이상으로 할 수도 있다. 윷놀이판에서는 윷가락을 잘 던져서 좋은 패가 나오는 것도 중요하지만 이 '말'을 요령 있게 잘 쓰는 솜씨가 승패를 가르는 요인이 되기도 한다.

그런데 궁금한 게 있다. 여기서 쓰이는 '말'이라는 건 무슨 뜻일까. 혹시 달리는 그 말(馬)을 가리키는 걸까? 흔히들 드러내놓고 말은 못 하지만 우리 동포는 너나 할 것 없이 내심으로는 그 말(馬)로 여기는 듯하다. 하지만 그게 아니다.

결론부터 말하자면, 여기서 '말'은 우리 고유 토종말로 '여자'를 일컫는 말이다. 이미 살펴본 대로 윷놀이의 '윷'은 사내(남자)이므로, 윷놀이 제목의 말뜻은 곧 '사내놀이'이다. 윷놀이는 말판에 말을 두면서 논다. 그러므로 윷놀이는 곧 윷(사내)이 말(여자)을 거느리고 다니면서 벌이는 '사내놀이'라는 말이다.

이 '말'이 우리 토종말에서 '여자'를 가리킨다고 하는 점 역시 필자가 제멋대로 단정하는 것이 아니다. 우리 민간말에서 그 근거를 찾을 수 있기 때문이다. 다름 아닌 '말만 한 딸년'이라는 우리말 관용표현이다. 이 '말만 한 딸년'에 등장하는 말이 '여자'를 가리키는 말이다. 한편 이 말이 여자라는 증거는 윷놀이 자체에서 쓰이는 다른 관용표현, 즉 '한 동 났다'라든가 또는 '참먹이'라는 용어 등을 통해서도 간접 확인할 수 있다.

여기서는 말이 여자라는 뜻인 걸 알아보기 위해 '말만 한 딸년'과 '한 동 났다'는 관용표현의 뜻을 살펴보기로 한다. 먼저 '말만 한 딸년'부터 시작한다.

① 말만 한 딸년

시골에 가면 논때기 부쳐 먹으면서 허리가 휘게 논일, 밭일 마다치 않고 열심히 농사짓는 어매·아배 어르신들이 있다. 조금 틈이라도 나면 남의 집 품앗이라도 나가서 쌀자루 한 말이라도 들고 들어와야 한시름 놓는 그런 분들이다.

옆에서 보는 누가 안쓰러움에 "할배요, 쪼까 하이소마. 그러다 병나시믄 우짤랑교?" 그러면 이 할배는 "에이고~ 거 철모르는 소릴랑 작작 해뿌라. 말만 한 딸년 넷에 아들래미 세 놈 시집 장가 보내고 멕여 살릴라믄 뼤 빠지게 해도 모잘르능기라…."

또는 어느 어매가 밤이 맞도록 집구석에 안 들어오는 고딩 딸년을 조마조마 기다리다가 겨우 인기척이 나면, "야 이눔의 지지배야

~ 지금 몇 신데 이 오밤중까정 말만 한 지지배가 사내눔들하구 시시덕거리면서 싸돌아댕기는 겨?"(지지배는 기지배(여자)가 구개음화된 말이다.)

요즘엔 이게 조금 버전이 바뀌어서, 어느 회사의 과장이 다른 팀의 과장들과 회식하다가 자랑삼아, "우리 과엔 말이지, 말만 한 대리 녀석이 셋씩이나 딱 버티고 있어서 내가 아주 든든해." 이런다.

여기서 말하는 '말만 한 딸년' / '말만 한 지지배' / '말만 한 대리 녀석'이란 뭔 말일까? 말 만하다고 했으니… 신체발육이 잘돼서 덩치가 말(馬) 만큼이나 훌쩍 커버린 딸년이라는 말인가? 그런데 그건 아닌 것 같다. 그렇게 덩치만 놓고 따지는 얘기라면 가끔은 좀 섞어 써줘야 하는 거 아닌가? '암소만 한 딸년' 내지는 '돼지만 한 딸년' 등으로 말이다. 덩치 큰 거로 따지자면 비단 그 말(馬)만 덩치가 큰 게 아니니 말이다.

그런데 필자는 한번도 그런 소리는 들어보지 못했다. 오로지 '말만 한 딸년' 소리만 들어왔다. 이건 필시 '말'에게 뭔가 특별한 뜻이 있는 듯싶다. 그래서 이 말만 한 딸년의 '말'을 한번 알아보고자 한다.

결론부터 얘기하면, 우리 토종말로 '다 커서 시집보내도 될 만큼 큰 여자' 또는 '시집가서 애 낳고 살 수 있을 만큼 다 성숙한 여자'를 일컬어서 '말'이라 한다. 즉 '말'은 '여자'라는 뜻이다.

그러고 보니 궁금증은 풀렸다. '말만 한 딸년'은 '이제 다 커서 시집 보내도 될 만한 딸년'이라는 말이고, '말만 한 지지배'는 '다 큰 지지배'라는 말이다. 하긴 요즘 여고생들은 신체발육으로만 놓고 보면 당장 시집 보내기에도 전혀 부족함 없을 정도다.

그다음 어느 과장의 '말만 한 대리 녀석'은 무슨 말인가.

여기서도 '말만 한 대리 녀석'은 '다 커서 시집보낼 만큼 된 대리 녀석'이라는 말일 것이다. 그런데 진짜 그런가? 혹시 모른다. 그 대리 녀석이라는 게 아직 시집 안 간 여자 대리를 말하는 건지. 그렇다면 맞을 수도 있겠다.

그런데 요즘은 과장이라도 말조심해야 한다. 사내 녀석이면 대리 녀석이라 해도 별 탈 없을 테지만, 만일 여자 대리한테 '대리 녀석'이라 했다간 여성비하 발언으로 몰리기 십상이다. 그러니 이게 여자 대리를 두고 한 말은 아닐 테고.

이 경우에는 과장님이 뭔가 좀 헷갈렸다. 주변에서 '말만 한 딸' 소리를 하도 많이 듣고 살다 보니 이 말이 진짜 말(馬)인 줄로 착각하신 게다. 그러니 이 경우의 '말만 한 대리 녀석'은 무효처리 하기로 한다.

이에서 보듯이 우리말로 '말'은 '다 큰 여자'를 가리키는 말이다. 이 '말'은 우리말에서의 '모음은 자유로움' 현상에 의해 '말' '몰' '물' 등으로 가지를 친다. 다 같은 말이다.

이 '말'을 알파벳으로 스펠한 영어단어는 moll이다.

이 moll을 스펠대로 읽으면 '몰'이 되어야겠지만, 영어사전의 발음 기호 표시는 이를 [몰] 또는 [말]의 두 가지로 발음한다고 알려주고 있다. 이 '말'(moll)이 다름 아닌 윷놀이에 등장하는 그 [말]이다. 그러니 윷놀이에서의 말판에 두는 '말'의 뜻은 곧 '여자'라는 말이다.

> **moll** [mal / mɔl]
>
> 명 〈속어〉 (폭력 단원)의 정부(情婦), 여자, 매춘부, 여자 도둑

이로써 우리 민간의 관용표현 '말만 한 딸년'의 '말'이 '다 큰 여자'라는 뜻임을 확인했다. 영어단어의 moll[말]이 영어사전 뜻풀이에서 보는 대로 '여자'이니 윷놀이의 '말=여자'임을 확인할 수 있다.

한 가지 흥미로운 점은, 영어사전은 이 moll을 두고 '깡패의 정부(情婦), 매춘부'라는 뜻을 달고 있는데, 우리의 윷놀이에서 윷(사내)이 데리고 다니는 말(여자)은 그의 아내일까, 아니면 그의 정부(情婦)일까? 에효~ 그건 필자도 모른다.

여기서 한가지 부연하고 지나가고자 한다.

이 우리말 말(여자)은 매우 중요한 단어로서 영어권의 흔한 여자 이름인 마리 또는 마리아 등의 어원이라는 점이다.

앞에서 본 영어단어 moll은 우리말에서 여자를 가리키는 '말'을 철자화한 우리말 영어단어임을 확인했다. 그런데 이 말[moll]이 대문자를 쓴 Moll로 되어 아예 영어권의 여자 이름으

> **Moll** [mal / mɔl]
>
> 몰(여자 이름), Mary의 애칭

로도 통한다는 사실이다.

참으로 놀라운 일인데, 그 답은 영어가 우리말이기 때문이라는 데 있다.

옛적, 특히 고대에는 남자고 여자고 특별히 이름을 지어주는 게 없었다. 그래서 사내 녀석들에게는 '개똥이, 소똥이'와 같은 '사내아이'라는 뜻의 일반명사를 이름으로 삼아 부르거나 혹은 '돌이, 똘이' 등으로 불렀다. 여자는 특히 더했기 때문에, 여자애들 이름은 그냥 여자라는 뜻인 '말'로 불렀을 것이라는 점을 추측할 수 있다.

이 '말'에 호격 [이]가 붙으면 '말+이 =마리'가 된다. 그러니 여자애를 부르는 호칭은 별다른 이름이 없이 그저 '마리'가 되는 것이다. 이 '마리'를 그대로 스펠한 게 바로 영어권에서의 대표적으로 흔한 이름인 Mary(마리) 또는 Marie(마리)이다.

한편 이 '마리'에 우리말에서의 '호격접미사의 중복허용'이라는 속성을 따라 호격 [아]가 한번 더 붙으면 '마리+아=마리아'가 되어 '마리아'가 탄생하게 된다.

성경에 등장하는 '마리아'가 바로 이 '마리아'이다. 예수님의 모친도 마리아요, 요한의 어머니도 마리아요, 막달라 마리아도 마리아 … 온통 마리아이다. 이 마리아는 우리말이다. 그런데도 신약성경 시대의 이스라엘에서조차 이 우리말이 쓰이고 있다니… 이 어찌 된 일인가?

그 답은 간단하다. 우리말이 인류 언어의 뿌리말이기 때문이다.

한편 우리말 [말](여자)에 호격 [이]가 붙어 '말+이=마리'가 됨은 이미 봤지만, 우리말 '호격접미사의 자음중첩' 현상을 따라 이 '마리'가 '말리'로 된다. 즉, '말+이=마리=말리'의 관계이다(후술 참조).

이 '말리'에 호격 [아]가 중복사용 되면 '말리+아=말리아'가 된다. 그러므로 '말리아'는 '마리아'와 완전히 같은 말이다. 이 말리아를 영어스펠한 것이 말리아(Malia)로서 이 역시 영어권에서의 여자 이름인데, 이는 미국의 어느 전직 대통령 딸의 이름이기도 하다. 영어권에서 여자 이름 Mary, Marie, Moll, Malia 등은 매우 대중적인 이름이다.

이들은 모두 우리말에서의 여자인 '말'을 몸통말로 삼고 이에 호격을 붙인 우리말 용례를 따르고 있다. 대단히 놀라운 일이 아닐 수 없다. 영어는 우리말이다.

② 한동 나다

우리 윷놀이에서 '말'이 말판을 한 바퀴 돌고 나서 밖으로 빠져 오면 이를 두고 '한동 났다'라고 한다. 말판 밖으로 빠져나온 '말'의 개수에 따라서 이를 한동, 두동, 석동, 넉동… 등으로 하여 '한동 났다' '두동 났다'라고 하는데, 여기서 '한동 났다'라고 하는 말의 뜻은 무엇일까?

이를 위해서는 '한동, 두동'이라 할 때의 '동'이 무슨 말인지를 알아보는 게 먼저이므로, 이를 규명해 보기로 한다.

결론부터 얘기하면, 이 '동'은 다름 아닌 우리 토종말로 '어린애'를 가리키는 말이다. 이 '동'이 '어린애'를 가리키는 것임은 먼저 우리말 '쌍동이'에 용례가 있다. 이 '쌍동이'의 몸통말은 [쌍동]이다.

이 [쌍동]은 '쌍+동'인데, 여기서 '쌍'은 '한 쌍, 두 쌍…' 할 때의 [쌍]으로서 '둘(2)'을 가리키는 말이고 [동]은 '어린애'라는 말이다. 이 [쌍동]에 호격 [이]가 붙어서 '쌍동이'가 된 것이다.

다른 용례가 하나 더 있다. 다름 아닌 '늦동이'라고 하는 우리 토종말이 그것이다. 이 '늦동이'란 '늦게 본 어린애'라는 말이다. 즉, 나이 든 부부가 예를 들어 출산적령기를 한참 넘긴 4, 50대가 되어 느지막한 나이에 애를 낳으면 이를 가리켜 늦동이라고 한다. 그러므로 여기서 [동]이 '어린애'임은 명약관화하다. 쌍동이를 쌍둥이, 늦동이를 늦둥이라고 하기도 한다.

한편 [동]이 어린애를 가리키는 다른 용례로서, 이 [동]이 민간에서 사내아이들의 이름으로 쓰인다는 점을 들 수 있다. 장난꾸러기 애들을 한자로 써서 '악동'(惡童)이라 하기도 하는데, 우리 민간에서는 이 [동]을 써서 애들 이름을 지어 줬다.

개똥이, 소똥이 등이 그것이다. 불과 4, 50년 전만 해도 우리 시골에는 이런 이름이 흔했다. 그래서 한 마을에 개똥이도 살고 소똥이도 살던 그런 시절이 있었다. '개똥' 하면 언뜻 '개똥=개(dog)가 싸지른 똥, 소똥=소(牛)가 퍼질러 싼 똥'이 연상되는데, 그 당시의 어매, 아배들은 자신들의 귀한 자식들 이름을 하필이면 왜 '개똥'이나

'소똥'이라고 지어주었을까?

과연 개똥이와 소똥이의 애들 이름은 정말 그 개(dog)의 똥과 소(牛)의 똥이라는 천한 의미로 붙여준 것일까?

에효~ 그게 아니다.

혹여 이 개똥이, 소똥이란 이름을 두고 "옛날에는 애들 이름을 천하게 지어줘야 명이 길다고 해서 개똥이, 소똥이라고 했다더라"는 소리 나올까 봐 미리 한마디 첨언한다.

우리는 이 앞에서 '개'와 '소'가 동물 개(dog)와 소(牛)가 아니라 '사내'라는 말임을 누차 확인해 왔다. 개똥이는 개동이의 된소리이다. 개동이의 몸통말은 [개동]이고, '개동=개(사내)+동(어린애)'이다. 그러니 '개동=사내아이'라는 말이다. 이 [개동]에 호격 [이]가 붙은 게 [개동이]이고, 이 [개동이]를 된소리로 부른 게 바로 [개똥이] 인 것이다.

소똥이도 마찬가지다. 소똥이는 '소동이'의 된소리이다. 그러니 개똥이나 소똥이나 둘 다 그저 '사내아이'라는 뜻으로서, 어찌 보면 일반어나 다름없는 것이기도 하다. 따라서 '개똥이'는 비하어가 아니다. 이를 달리 부르는 우리 시골말로서는 [개뗑이] 또는 [개떼이]가 있다. '소똥이'의 시골말 다른 이름은 [소댕이] 또는 [소당이] 등이 있다.

필자 소싯적 윗집에는 [소댕이]라 불리는 친척 누나 뻘 처녀가 살았었다. 그런데 누나라면서 왜 여자한테 남자 이름인 [소댕이]를 붙여주었냐고? 옛날엔 아들 기다리는 집에선 딸이 태어나면 이 아이가 꼭 사내동생을 보라는 뜻에서 일부러 사내이름을 붙여주곤 했기 때문이다.

이처럼 '한동 났다' 할 때의 [동]은 순 우리 토종말로서 '어린애'를 가리키는 말이다. 그러므로 윷놀이에서 '한동 났다'라고 하는 말은 곧 '(애를) 하나 낳았다'라는 말이다.

그러니 사실 '한동 났다'라고 하는 관용표현의 철자는 잘못되었다. 이를 오늘날의 철자법을 따라 제대로 쓰자면, '한동 났다'가 아닌 '한동 낳았다'가 되어야 한다. 또는 '한동 나왔다'가 될 수도 있다. 이는 '한동', 즉 어린애 하나가 탄생하여 세상으로 나왔다는 의미도 되고, 또는 그저 말판을 한 바퀴 돌아 말판 밖으로 나왔다는 의미이기도 하기 때문이다.

한편 이 '한동 났다'를 다른 말로 '말이 났다'라고 하기도 한다. 이 '말이 났다'라는 관용표현 역시 의미에 따른 철자법을 따르자면, '말이 (애를) 낳았다' 또는 '말이 (말판 밖으로) 나왔다'가 되어야 할 것이다.

요약하여 정리한다.

윷놀이에서 말판에 놓는 '말'은 우리 토종말로서 '여자'를 가리키는 말이다. 그러므로 윷놀이의 주연은 윷(사내), 조연은 말(여자)이다.

윷놀이는 윷가락을 던져서 나오는 도개걸윷모 윷패를 따라 말판에 말을 두는데, 말판 길을 가다가 말을 업어 가기도 한다. 또는 앞서가던 다른 말을 잡기도 한다. 이 말이 말판을 한 바퀴 돌아 말판 밖으로 나오면 비로소 애(baby)를 하나 낳은 것이다. 이를 '한동 났다'고 하는 것으로서, 이 '동'은 우리 토종말로 '어린애'를 뜻한다.

여기서 바로 말판의 '말'이 여자라고 하는 점의 정황이 상호 합치되는 것이다. 애를 낳을 수 있는 것은 여자이기 때문이다. 이 [말]을 스펠한 영어단어는 moll이다.

한편 한자의 '아이 동(童)'은 이 우리말 어린애인 [동]에서 만들어진 것이다.

6. 그 밖의 윷놀이 용어

지금껏 우리는 윷놀이의 주된 용어들의 어원을 살펴보았다.

아직 한두 가지 더 살펴볼 게 있다. 다름 아닌 말판에 그려진 위치표시 용어인 '방'과 '참먹이'라고 하는 두 용어이다.

말판 한가운데 중앙 부분을 '방'이라 하며, 말판의 끝부분, 즉 말이 말판 밖으로 나오기 직전에 머무는 점을 '참먹이'라고 하는데, 이 2개의 용어에 대해서 그 뜻을 아는 이가 전무하다.

이는 무슨 암호도 아니고 어디 다른 행성에서 날라온 외계어는 더더욱 아니다. 윷놀이는 우리 민족과 더불어 수천년에 걸쳐 함께 해온 민속놀이인 만큼, 여기에서 쓰이는 말이나 용어는 당연히 우리말일 것이다. 근현대에 들어와 누군가에 의해서 인위적으로 급조된 게 아님도 분명한 일이니, 이 말들은 오래전부터 우리 민간에서 쓰이던 순 토종말이라는 점을 간과해서는 안 된다.

이 '방'과 '참먹이'라고 하는 윷놀이 말판의 용어 역시 우리 고유 민간말에서 그 어원을 찾을 수 있다.

결론부터 얘기하면, '방'은 우리 민간말에서 '성교'를 뜻하는 말이고 참먹이의 '참'은 '밥'을 가리키는 말이다.

이 '방'과 '참먹이'에 대하여 그 근거를 살펴보기로 한다.

① 말판 한가운데의 [방]

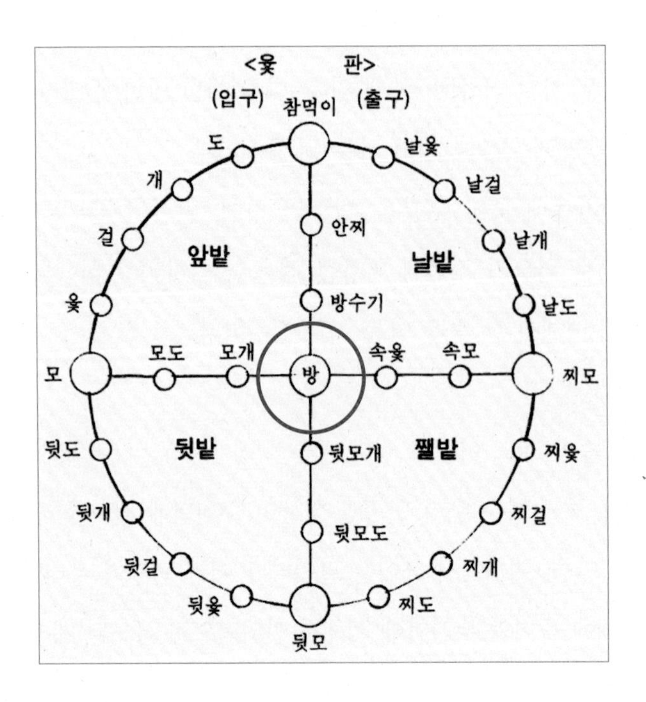

그림의 말판에서 보는 대로 중앙 한가운데에 동그라미를 쳐 놓은 부분을 '방'이라고 한다.

이 '방'에 관하여는 이 책 다른 부분에서 이미 살펴보았다.

'방'은 우리 민간말로 '성교'의 뜻이다. 이를 입증하는 근거는 우리 민간의 비속어로 분류되는 말인 '돌림방'에서 찾을 수 있다.

이 돌림방을 인수분해 하면 '돌림방=돌림+방'으로서 이를 한자로는 '윤간(輪姦)'으로 쓰는데, 이는 '여러 사람이 돌아가며 한 사람을 간음하다'라는 뜻이다. 그러므로 '돌림방'의 '방'은 '성교'를 가리키는 순 우리 토종말로서, 이 '방'을 영어로 스펠한 영어단어가 bang이라는 점도 살펴본 바 있다.

말판 한가운데 부분의 '방'이 그 '방'이다. 즉 성교를 가리키는 말이다. 그러면 말판의 '방'을 두고 성교를 뜻하는 말인 그 '방'이라고 단정할 수 있느냐고 반문할 수 있는데, 이는 이 '방'을 우리 지방에 따라 달리 부르는 용어에서 근거를 찾을 수 있기 때문이다. 어떤 지방의 말판에서는 이를 '방혀'라고 한다. 이 '방혀'란 뭔 뜻인가?

이는 우리말에서의 대화체 명령형일 뿐이다. 다시 말해, '방혀=방+혀'인데 여기서 '혀'는 '해라'의 줄임말이다. 그러니 '방혀=방(을) 해라'라는 구어체 표현이다. 바꿔 말하면 '방(=성교)을 해라'라는 말이다.

우리말 충청도나 전라도 쪽 동네의 토속사투리 대화체, "아따~ 빨리 혀"라는 말에서 용례를 찾을 수 있다. 이는 "아따~ 빨리 해"라는 말이다. 이처럼 '빨리 혀'의 '혀'는 표준말에서의 '해' 또는 '해라'와 같다. 또는 술상을 마주하고 앉은 일행이 막걸리 한 대접을 권하면서는 "여보게, 한잔 혀"라고 하기도 한다. 따라서 '방혀'라는 말은 '방(성교)을 해라' 하는 우리 민간말의 종용형 구어체 표현을 그대로 표기한 것이다.

윷놀이에서 말이 나는 최단거리의 말길은 바로 이 '방'으로 들어가는 것이다. 그래서 말을 놓는 사람은 어떻게든 가장 빠른 지름길인 이 방으로 들어가려고 기회를 노린다.

그런데 그 '방' 또는 '방혀'는 윷판의 말뜻 자체로 보면 '성교' 또는 '성교를 허용 내지 종용'하는 지점이다. 애를 낳으려면 이 짓(?)을 거쳐야 한다. 그래야 자손의 번성을 누릴 수 있다. 이게 고대사회에서의 윷놀이의 시대적 사명이다.

이게 좀 민망한 느낌이 들긴 하는데, 좌우지간 윷을 던지거나 말을 둘 때 누구나 이 '방'으로 들어가려고 기를 쓰는 점은 뭔가 시사하는 바가 있는 듯하다. 만일 이게 마당이나 넓은 공간에서 벌이는 인간 윷놀이라고 가정하면 실로 망측하고도 심각한 사태가 벌어질 수 있겠다. 실제로도 우리 야사에는 조선조에 이 윷놀이를 야심한 밤에 남녀 둘이서 골방에 들어앉아 놀기도 했는데, 풍기문란 한 일이 많이 벌어졌다는 기록을 전하기도 한다.

다시 요약한다.

말판의 중앙 가운데 지점인 '방'은 우리말 '성교'를 뜻하는 말이다. 이를 한자 房(방)으로 표기하는 말판이 있기도 하지만 이는 음차표기일 뿐이다.

한편 이 '방'을 '방혀'라고 부르기도 하며, 이 '방혀'가 어떤 문헌에서는 '방여'라고 등장하기도 하는데 이 '방여'는 '방혀'의 의미를 모르는 채 민간에서 구전되는 가운데 발생하는 오기이거나 채록자의 음운청취상의 오류라고 판단한다.

② 윷판의 출구 [참먹이]

윷판의 그림을 다시 보기로 한다.

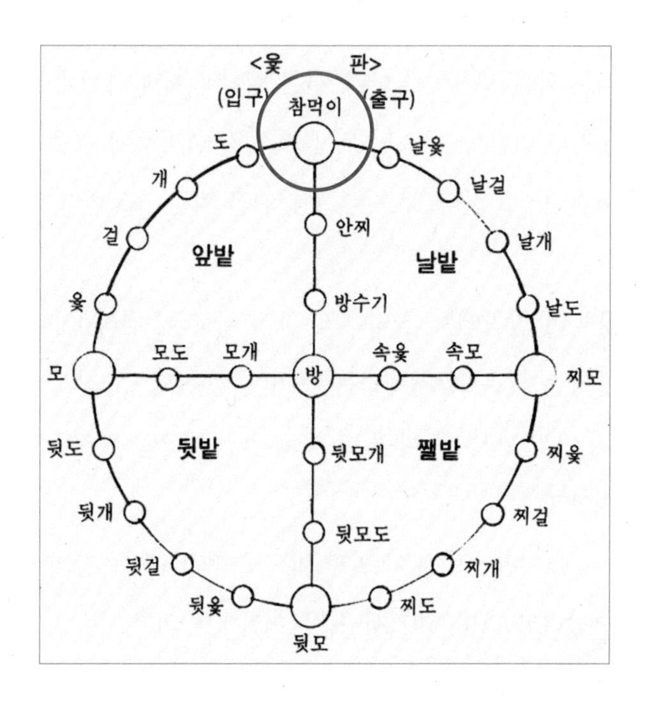

그림의 윷판에서 보는 바와 같이 '참먹이'라고 표시된 부분이 있다. 이는 말이 말판을 다 돌고 빠져나오기 직전의 마지막 지점이다. 이를 참먹이라고 한다는 것인데, 이 참먹이가 어떤 문헌에서는 '참멕이' 또는 '참먹퀴' 등으로 출현한다.

이 말들은 각각 '참+먹이'나 '참+멕이' 또는 '참+먹퀴'로 인수분해되는 것으로서 '참'이 공통인수이다. 그러므로 먼저 이 '참'이 무엇인지를 알아보기로 한다.

이 책의 다른 부분에서 언급했듯이, '참'은 우리 토종말로서 '밥'을 가리키는 말이다. 우리말에서 '새참'은 곁두리라는 말과 같은 말로서 끼니와 끼니 사이에 먹는 밥을 말한다. 예를 들어 아침과 점심 사이에 먹는 밥을 새참이라 한다. 물론 점심과 저녁 사이에 먹는 밥도 새참이다. 저녁밥을 먹고 난 뒤 잠자기 전 한밤중에 출출해서 먹는 밥은 밤참이라고 한다. 보통은 그냥 '참을 먹는다'고 한다.

이 윷놀이 말판에서 '참먹이'의 '참'이 바로 이 참(밥)이다. 그러니 '참먹이'라는 말은 '밥먹이'라는 뜻이다. 윷판의 이 참먹이 지점은 '말'(여자)이 말판을 한 바퀴 다 돌고 말판 밖으로 빠져나오기 직전의 위치이다.

한편 윷놀이판에서 말이 말판 밖으로 빠져나오는 걸 한동, 두동, 석동… 났다고 하며, 여기서 '동'은 어린애를 의미하는 것이라고 한 바 있다. 그러니 '한동 났다'는 것은 애를 하나 낳았다는 말인 셈인데, '참먹이'에 들어온 이 '말'(여자)은 지금 막 애를 낳기 직전의 산모인 것이다.

산모인 '말'(여자)이 애를 낳으려면 힘을 써야 하니 참(밥)을 먹여야 한다. '말'(여자)이 한 바퀴 돌고 애를 낳느라 고생했다.

그래서 '참먹이'인 것인데, 이 자체로는 '참(밥)을 먹이다'라는 하나의 온전한 문장이 완성되지를 않는다. 이는 우리 토종말 대화체이기 때문이다. 경상도나 전라도 아재들은 누가 옆에서 뭐 좀 달라고 보채면, "아따~ 그거 빨랑 해 줘 삐리" 또는 "애기 빨리 젖 멕이" 그런다.

이를 입증하는 용례가 바로 앞에서 언급한 '참멕이'라는 용어이다. 우리나라 어느 지방의 말판에서는 '참메기'라고도 하는데, 이는 '참멕이'를 연음 연철한 것뿐이므로 같은 말이다.

또 충청도 지방에서는 이를 '참먹쿼' 또는 '참메기고'라고 하기도 한다. '참먹쿼'는 '참을 먹쿠다(먹이다)'의 사역명령형 구어체일 뿐이니 '참을 먹여라'라는 말과 같다. 한편 참메기고는 '참을 멕이고(먹이고)'의 연음 연철이다.

이러고 나니 용어의 말뜻이 제대로 분간되는 듯하다. 전에는 이 [참먹이, 참메기, 참먹쿼…] 등등이 딴 나라 말인지 외계어인지 도무지 헷갈리기만 했는데, 이제 알고 보니 순 우리 토종말을 소리 나는 대로 적은 것임을 알게 되었다.

부연하면, 이 [참]을 스펠한 영어단어는 chum이다.

chum [tʃʌm]
명 (낚시의) 밑밥, 물고기 찌꺼기

그런데 영어단어 chum의 뜻풀이는 '밑밥'으로 되어 있다. '밥'은 '밥'인데 먹는 밥이 아니고 '밑밥', 즉 낚시할 때 미끼로 쓰는 밑밥이라고 하였으니 완벽히 우리말 영어단어라고는 할 수 없다. 그러므로 이는 그저 참고로 삼기만 한다.

③ 밤윷

일반적으로 윷가락은 보통 나무 길이가 20~30cm 정도 되는 것으로서 이를 가락윷 또는 장작윷이라 한다. 또는 이를 '장윷'이라고 하기도 하고, 이를 다른 말로는 '자지윷'이라고 부르는 경우도 있다. 여기서 '자지'는 말 그대로 남자의 성기를 말한다. 윷가락의 생긴 모습을 남성 심볼 거기에 빗대서 부르는 건데, '장윷'의 '장' 역시 우리 토종말로 남자의 성기를 가리키는 말이다.

영어에서 남자의 성기를 가리키는 이 우리말 '장'을 스펠한 영어단어가 있다. 다름 아닌 jang[장] 이라는 단어인데, 그 뜻은 '음경'으로 남자의 성기이다.

참으로 놀랍다. 영어는 우리말이다.

> **jang** [dʒæŋ]
>
> 명 〈비어〉 음경

(출처: 디오딕/프라임)

한편, 밤윷이라는 게 있다. 여기서는 이 '밤윷'에 대해서 알아보기로 한다.

여자들이 가지고 노는 윷가락 중에 길이가 한 5~7cm 정도 되는 아주 작고 앙증맞은 윷가락이 있는데 이를 밤윷이라고 한다. 그런데 왜 이를 '밤윷'이라 하는 것일까? 여기서 '밤'은 혹시 밤나무에서 열리는 그 알밤을 말하는 것일까?

실제로 우리 국어사전이나 민속사전을 보면 그렇다고 적어놓고 있다. 즉 크기가 밤톨만 하다는 의미에서 그렇게 부른다는 것인데, 이는 아마도 콩윷이니 팥윷이니 하는 것들도 있다 보니 거기서 연상작용을 얻은 결과인 듯하다.

필자의 분석과 판단으로는 그게 아니다.

만일 밤윷의 '밤'이 그 알밤의 '밤'이 맞다면 밤윷의 크기는 밤톨만 한 크기 이거나 그에 가까워야 한다. 하지만 실전에서는 그렇지가 않다. 밤윷 중에는 실제로 밤톨 크기만큼의 조그마한 것도 있기는 하다. 하지만 대개 밤윷은 손가락 한 뼘 길이만 하다. 밤톨이 아무리 크다 한들 사람 손가락 길이만큼 클 수는 없다.

결론부터 얘기한다.

이 밤윷은 본래 '빰윷'이고 여기서 '빰'은 우리의 손바닥 또는 손가락 '뼘'을 얘기하는 것이다. 이 손가락의 '뼘'을 우리나라 방언에서는 '빰'이라고 부르기도 한다. 된소리인 '빰'이 발음 연화되어 '밤'으로 정착된 것이 '밤윷'이다. 그러니 '밤윷'은 '빰윷'의 오발음 내지 오표기로서 정상규격의 커다란 윷가락인 '가락윷' 또는 '장윷' 등에 대비하여 부르는 말인 것이다.

다시 말해 밤윷이라 함은 윷가락의 길이가 짧아서 여러 개의 윷가락을 한꺼번에 움켜쥐더라도 사람의 한 손바닥 안에 다 들어올 수 있거나, 윷가락의 길이가 손가락 한 뼘만 한 정도의 작은 윷을 가리키는 것이다.

이 '빰'을 스펠한 영어단어는 palm[빰]이다. 우리말 '뼘'의 뜻의 영단어이다. 영어사전의 뜻풀이를 보듯이, 이 palm(빰)은 손바닥이라는 뜻과 뼘이라는 뜻을

palm [pa:m]

명

1. 손바닥, 동물의 앞발바닥

2. (손가락의) 뼘

동시에 가지고 있다.

여자들은 남자들에 비해 손이 작다. 그래서 큰 윷가락 4개를 한 손아귀에 다 움켜쥐기가 버겁다. 그래서 여자들은 윷가락을 던질 때 두 손으로 움켜잡아야 하는 불편이 따른다. 이에 여자들의 작은 손을 위해 크기를 줄여 특별 제작한 게 바로 이 밤윷이다. 그러므로 밤윷이라 할 때는 한 손안에 쏙 움켜쥘 수 있는 작은 윷가락 또는 그 대용품을 일컫는 말이다.

이를 뒷받침하는 것이 바로 콩윷, 팥윷이라 하는 것이다. 이는 윷가락 대용품이다. 이는 콩알·팥알을 반으로 쪼개서 윷가락 대신 쓰는 것인데, 공산품이 흔치 않던 옛적에는 급하게 윷놀이를 하긴 해야겠는데 윷가락을 못 구하면 콩알이라도 갖다가 쪼개어 임기응변으로 사용했을 심정이 이해가 간다. 이는 주로 옛날의 여자들이 규방에서 쏘곤쏘곤 이부자리 곁에서 조그만 콩알을 주사위 굴리듯 하며 노는 윷놀이이다.

그러므로 이 콩윷, 팥윷도 넓은 의미에서 이 밤윷의 범주에 포함된다.

참고로 이 밤윷의 '밤'과 관련하여 한 가지만 언급한다.

우리말 고어에서 '밤'은 여자를 가리키는 말이기도 하다. 그러니 '밤윷'이라는 말은 '여자들의 윷'이라는 말도 된다. 이에 손가락만 한 윷가락이든, 콩윷이든 팥윷이든 가릴 것 없이 여자들의 윷놀이용

도구로 쓰이는 것은 이를 모두 '밤윷'으로 일괄 통칭하는 것으로 간주할 수도 있다.

우리말 고어 여자를 칭하는 '밤'을 스펠한 영어단어는 femme[펨] 이다. 이는 본래 불어에서 넘어온 단어인데, 이 femme[펨]의 뜻풀이는 '여자, 아내'임을 볼 수 있다. 이 '펨'은 우리말 '밤'이 음편한 단어이기 때문이다.

femme [fem]
〈속어〉 여자, 아내 (F woman)

우리말에서 아내를 '여편네' 또는 '여펜'이라고 한다. 우리 고려가요 서경별곡에서는 '여팸'으로 등장한다. 이 '여팸'의 [팸]이 이 영단어 femme의 어원인 것이다.

여기서 잠깐 샛길로 들어간다.

서경별곡의 제1연 가사 "…여해므론 아즐가 여해므론 질삼 뵈 바리시고…"에서 '여해므론'이란 말은 '여햄일랑'이라는 말이고, 여기서 여햄은 '여팸'을 표기한 것이다. 여팸은 요즘말로 여편네, 즉 '마누라'이다. 이 '여팸'의 '팸'이 불어단어 femme(펨), 즉 여자이다. 그러니 '여해므론 아즐가'라는 말은 '여편네(화자 자신) 일랑은 어쩔까'라는 말이다. 이는 필자의 판단이다.

필자가 서경별곡을 좀 들여다보니, 서경별곡에서의 '아즐가'라는 말은 [어딜까]와 [어쩔까]로 쓰인 말을 채록자가 잘못 표기한 것이거나, 그 당시의 대중들이 이를 [아즐가]라는 모호한 말을 써서 다른 의도(?)를 갖고 일부러 패러디한 것이다. 그런데도 국어책에서는 이 [아즐가]를 의미 없는 후렴구, 의성어, 조율구 등등 해서 싹둑 가위질을 해버리니… 한마디로 서경별곡은 엉망진창이 되어버리고 말았다.

필자의 판단으로, '서경이 아즐가=서경이 어딜까'이고, '괴시란대 아즐가=계시는데 어딜까'이다. 이 '괴시란대'를 두고 '사랑만 해주신다면'이라는 뜻이라고 해서 헛다리를 짚고 있으니….

한마디로 서경별곡의 국어책 해석은 완전 엉터리다. 기회가 닿으면 후술할 계획이다. 우리 민요 '군밤타령'에 등장하는 '군밤'의 '밤'도 사실은 여자를 은유적으로 표현한 말이다(기회 되면 후술한다).

④ 낙

윷놀이할 때는 큰 이불이나 모포를 접어서 펼쳐놓고는 그 위에서 윷가락을 던진다. 이 윷가락이 이 판을 벗어나 바깥에 떨어져 뒹구는 것을 '낙'이라고 한다. 이 '낙'이 나오면 무효처리 되고, 다음 타자에게로 순서가 넘어간다. 이 '낙'과 관련해서 여기서 특별히 하고자 하는 얘기는 없다. 이는 다들 아는 용어라서 문제가 없기 때문이다. 그럼에도 이 '낙'을 거론한 이유는, 이 '낙'을 영어단어로 스펠한 단어가 있기에 이를 보기 위함이다. 다름 아닌 영어단어 nook이다.

영어사전에서 영단어 nook의 뜻풀이는 '구석, 모퉁이'로서, 윷가락이 모포의 모서리 구석이나 모퉁이에 걸치거나 이

> **nook** [nuk]
> 명 구석, 모퉁이, 외딴 곳

를 벗어날 때 이를 [낙]이라고 선언하는 경우의 용례를 담고 있다. 그런데 이 nook 단어의 영어사전 소리발음 기호를 따르면 [눅] 이다. 이 [눅]은 우리가 윷놀이에서 쓰는 용어 [낙]과는 음운상 거리가 멀어 보인다.

하지만 영어단어가 우리말을 알파벳으로 철자화함에 있어 우리의 [아] 모음을 구현하는 철자기법의 하나로 [-oo-] 를 즐겨 동원하는 특성이 있다. 그러므로 이 영어단어 nook는 우리말 [낙]을 의도하여 스펠한 단어이다.

이와 유사한 스펠의 다른 단어의 예를 봄으로써 이를 확인해 보기로 한다.

우리말의 소리발음 [밥]을 스펠한 영단어인 boob의 경우가 그것이다. 이 단어 boob의 영어사전 소리발음은 [붑]이다. 그럼에도 이는 본래 명백히 우리말 소리발음 [밥]을 의도하여 스펠한 단어라는 점이다.

boob [bu:b]

명

1. 〈美, 옛투〉 바보, 멍청이, 얼간이
2. 〈속어〉 젖통(breast), 유방 (= booby)

첫째는, 우리 민간말에서 바보 같은 애를 가리켜 일컫는 '밥통'이라는 말이 있다. 이 '밥통'의 '밥'을 스펠한 게 boob이다. 참고로 이 '밥'에 호격 [오/우]가 붙어, '밥+오/우=바보/바부'가 된다.

둘째는, 젖먹이들에게 밥은 엄마의 젖이다. 그래서 영단어 boob

에 다른 뜻풀이로 '유방'이라는 뜻이 달린 이유이다.

결국 영단어 boob은 우리 소리발음 [밥]을 표기하는 철자기법임을 보여준다. 이와 같은 맥락에 의해 영단어 nook 역시 우리 소리발음 [낙]을 의도한 철자인 것이다.

⑤ 고누놀이

이상 우리 전통 민속놀이 윷놀이의 어원과 뜻에 대하여 살펴보았다.

앞에서도 누차 언급한 바 있지만 윷놀이는 제목 자체로 '사내놀이'이다. '윷'이 '사내'이기 때문이다. 그런데 우리 민속에는 '고누놀이'라는 것도 있다. 우리 풍속화가 단원 김홍도의 민속화 그림 중에 그림과 같이 윷놀이를 하는 듯한 풍경이 담긴 그림이 있다.

단원풍속화첩의 13번째 그림 고누놀이, 지본담채(국립중앙박물관)

이 그림의 제목은 윷놀이가 아니고 고누놀이이다. 이 그림을 들여다보면 영락없이 윷놀이하는 모양새이다. 그런데 어찌하여 이를 고누놀이라고 한 것일까? 혹시 우리 민간에는 윷놀이 말고도 이와 비슷하지만 성격이 다른 것으로서 고누놀이라는 게 따로 있는 것일까?

이 그림을 둘러싸고 민속학계에서는 '이건 윷놀이가 맞다, 아니다' 논란이 있었던 모양이다.

이건 윷놀이가 맞다. 뜬금없이 고누놀이라고 해서 색다른 이름이 등장하니까 우리 민속학계의 고명하신 분들 사이에 헷갈림이 있었던 모양인데, 우리말 윷놀이와 고누놀이는 똑같은 말이다. 그렇기에 이를 윷놀이라 하기도 하고 고누놀이라고도 하였다.

우리 국어학계나 민속학계가 우리말 고어를 알아보지 못해 발생하는 웃지 못할 해프닝에 다름 아닌데, 이를 한번 살펴보기로 한다.

윷놀이와 고누놀이가 어째서 같은 말인지만 알아보면 되겠다.

'고누놀이=고누+놀이'이다. 그러므로 여기서 '고누'가 뭔지만 알면 되겠다.

이 '고누'의 몸통말은 [곤]이다. 이 [곤]에 호격접미사 [우]가 붙어, '곤+우=고누' 이렇게 되어 '고누'가 만들어진 것인데, 이 몸통말 [곤]은 우리말로 사내(남자)를 가리키는 말이다.

우리말 상고어의 모음은 '자유로움 현상'에 의해 이 [곤]이 '간/건/곤/군…' 등으로 가지를 친다. 이들은 모두 같은 말이다.

(1) 이 [곤]은 [군]과 긴밀한 관계를 갖는다.

[곤]과 [군]은 경/중모음간 대칭쌍이기 때문이다. 곧 음운상 '곤=군'의 관계가 되는데, 여기서 '군'이 우리말에서 사내(남자)를 가리키는 대표적인 호칭이라는 점이다. 우리말에서 손아랫사람을 부를 때는 이 '군'을 쓴다. 예를 들어 '김군, 이군, 최군' 등이다. 이에서 보듯이 '곤'은 '군'과 같은 말로서 사내(남자)를 가리키는 말이다. 우리나라 남자 이름 중에는 이 '곤'이 들어간 이름이 많음을 볼 수도 있다. '상곤, 성곤, 중곤, 명곤, 필곤, 영곤, 정곤, 경곤….'

goon [gu':n]
명 〈속어〉 불량배, 깡패, 바보

이 '곤/군'을 스펠한 영어단어는 goon이다.

이 goon은 다양하게 읽히는데, '곤/군/간' 등으로 읽으면 그저 사내라는 뜻이요, 이를 된소리 [꾼]으로 읽으면 '불량배, 깡패'가 되어 '건달꾼, 행패꾼'으로 전락한다.

정리하면, '곤'은 '사내'라는 우리말이다. 따라서 이에 호격 [우]가 붙은 '고누' 역시 당연히 사내를 가리킨다.

(2) 이 [곤]이 사내라는 뜻의 우리말임을 입증하는 용례가 하나 더 있다.

다름 아닌 북한말에서 쓰이는 '간나새끼' 또는 '종간나새끼'가 그것이다. 이는 어째 좀 섬찟한 어감을 주는데, 예전의 TV 북한물 드라마에서 보면 빨간 완장 차고 죽창을 든 인민군 똘마니들이 선량한 주민들 끌어 모아놓고는 인민재판 벌일 때 "이런 악질 반동 지주,

간나 새끼! 인민의 이름으로 즉결 처형 하갔어" 하던 무시무시한 대사가 떠오른다. 여기 등장한 간나새끼의 '간나'가 다름 아닌 사내(남자) 이다. 그러고 보니 북한말 간나새끼는 우리의 요즘 욕말 '개새끼'와 완전히 같은 말이다. 즉 '간나=개=사내'이기 때문이다.

이 간나의 몸통말은 [간]이다. 이 간에 호격 [아]가 붙어서, '간+아=가나'가 된다. 그런데 우리말에서 호격접미사가 붙을 때 자음중첩으로 인한 강조음편 현상에 의해 '가나 ⋯› 간나'가 된다. 그러므로 '간+아=가나=간나'이다. 이 간나의 몸통말 [간]은 고누의 몸통말인 [곤]과 함께 [곤/군/간] 계열의 음운에 속하는 같은 말이다. 그러므로 [간나=고누=사내] 가 되는 것이다.

이와 같이 하여 고누놀이의 '고누'에 대한 어원을 살펴보았다.

이 고누는 우리 토종말로 사내를 가리키는 말이다. 그러니 고누놀이는 '사내놀이'라는 말에 다름 아니다. '윷놀이' 역시 살펴본 바대로 '사내놀이'이다. 그러므로 고누놀이와 윷놀이는 '사내놀이'라는 점에서 완전히 똑같은 말이다.

7. 마무리

여기까지 해서 윷놀이의 '도개걸윷모'의 뜻과 윷놀이의 다른 용어들에 대해 모두 알아보았다.

이를 정리해보면, 윷놀이의 '도개걸윷모'는 어린애와 남녀를 가리키는 말이며, 윷놀이는 '윷'(사내)이 '말'(여자)을 데리고 다니면서 애를 낳아 키운다는 고대사회의 자손 번성을 염원하는 의식이 상징화된 놀이이다.

이는 필자가 제멋대로 추단하거나 꿰어 맞추기식의 추측이 아니고 실제로 우리말에 남아 있는 용례를 근거로 한 것이다. 한편 흥미롭고 놀랍게도 영어 안에 우리가 쓰는 윷놀이의 용어들이 그대로 보존되어 있다는 점도 살펴보았다.

이에 다시 정리해보기로 한다.

① 도개걸윷모

	도(돗)	개	걸	윷	모
의미	어린애	남	여	남	여
영어	dot/tot	guy	girl	yoot	mot

② 그 밖의 윷놀이 용어

	말	방	참먹이	낙	밤윷
의미	여자	성교	참=밥	모퉁이 밖	밤=빰(뼘)
영어	moll	bang	chum	nook	palm

우리가 쓰는 윷놀이의 모든 용어는 그대로 영어단어 자체이다.

그러므로 이제는 우리 윷놀이를 해외에 홍보하거나 아니면 외국인 친구에게 소개할 때 망설이거나 어려워할 게 전혀 없다.

이 표에서 보는 대로 해당 영어단어를 불러주거나 적어서 보여주면 된다. 아마 외국인 친구가 눈이 휘둥그레져서 물을지도 모른다. 어찌 된 영문이냐고? 아니면 혹시 농담하는 거 아니냐고?

이때는 가만히 대답해 주면 된다. '영어는 우리말이라서 그렇다'고.

필자는 증거주의를 채택해 왔으므로 이는 제멋대로의 추단이나 추측이 아니다. 살아있는 우리말에서의 용례를 찾아내어 근거로 삼은 것이기 때문이다. 그러므로 전 국민의 상식이 되다시피 한 '도개걸윷모'의 의미가 '돼지, 개, 양, 소, 말' 의 짐승 이름에서 유래했다는 잘못된 썰(說)은 폐기 되어야 마땅하다.

놀이는 놀이일 뿐이며, 놀이는 단순함에서 출발한다. 그런데 여기에 뭔 부여의 5가제도를 본떴다느니 관직명에서 유래했다느니 해서 뜬금없이 정치적 의미를 채색하여 덧씌우는 건 애초부터 첫 단추가 잘못 끼워진 것이다.

단재 신채호 선생조차 이를 확신하였던 것도 아니다. 도=돼지, 개=개, 윷=소, 모=말을 가리키는 것으로 추정하되, '걸'에 대하여는 뭘 뜻하는 건지 모르겠으므로 이를 의문으로 남겨둔다고 하였을 정도이다.

다만 후에 어떤 이가 말하되, "한자에 '수양 결'이라는 글자가 있고 이 '결'이라는 글자는 '걸'과 비슷하니 아마도 '걸'은 필시 양을 가리키는 것 아니겠는가" 하는 추측성 기사를 썼는데, 그게 그만 정답인 것으로 간주되고 결국에는 '도개걸윷모'의 빠진 조각을 채워 주는 것으로 낙착되어 이게 마치 정설인 것으로 굳어져 버린 것이다.

이 윷놀이가 언제부터 시작되어 우리 민족의 놀이로 자리 잡았는지의 기원에 대해서도 정확히 알려진 바가 없다.

조선 후기의 실학자 이익은 성호사설에서 이를 고려의 유속으로 본다고 하였고, 최남선은 그 기원을 신라시대 이전으로 추정했다. 그런데 단재 신채호는 이를 고대 부여의 지배체제에서 본뜬 것이라는 추측을 근거 삼아 아예 이를 고대 부여국에서 시작된 것이라고 단정해 버렸다.

이는 모두 추측일 뿐이다. 그러니 윷놀이의 기원이 단재 신채호의 주장인 부여국보다 훨씬 이전인 고조선 때부터 비롯되었는지, 아니면 신라시대나 고려시대 이후에 비롯된 것인지 등은 알 수가 없다.

이 윷놀이는 우리나라에만 전하는 놀이가 아니라 전 지구적으로 널리 퍼져 있는 놀이이다. 놀이 형식이나 규칙 등에 있어서 다소간 차이가 있긴 하지만 이는 고대 인도는 물론 아메리카 대륙의 인디언에 이르기까지 폭넓게 윷놀이의 흔적이 산포한다.

그렇다면 이 윷놀이의 기원은 훨씬 오래전의 상고시대로 거슬러 올라갈 수도 있을 것이다.

이와 관련해서 한 가지 염두에 둘 게 있다. 다름 아니라, 우리의 윷놀이 용어들이 영어단어 안에 살아있다는 점이다.

윷놀이의 용어는 고대사회에서 실생활에 생생하게 쓰이던 생활어휘 중에서 선택된 것들일 것이다. 우리말이 영어 안에서 알파벳으로 철자화된 추정 시기를 로마의 영국정복 시점으로 보면 대략 2천년 전, 아니면 앵글로색슨이 영국 땅으로 들어간 시기를 기준 잡아도 최소 1500년 전이 된다. 그렇다면 우리말의 윷놀이에 등장하는 용어들은 이미 그 훨씬 전에 영어 안에서 일반 생활어휘로 자리 잡고 있었다는 얘기다.

따라서 윷놀이에 등장하는 도개걸윷모 등의 우리말 용어는 이미 수천년 전에 형성된 어휘들이라는 점을 유추할 수 있다. 그 어휘들이 수천년을 지난 오늘날까지 우리의 민간말에 그대로 이어져 내려오고 있는 것이다.

다시 말해 이 말들은 오래전부터 우리 민간에서 쓰이던 순 우리 토종말이다.

그런데도 왜 우리는 윷놀이의 용어 하나조차 제대로 그 뜻을 파악하지 못하고 있는 것일까? 필자 판단으로, 이는 우리 국어학계의 무관심 탓이다. 도개걸윷모의 뜻을 개, 돼지, 소, 말 등으로 완전 오인하는 것도 그렇고, 윷판의 '말'이나 '참먹이' 등과 관련해서도 그렇다.

생활 주변의 우리말에 약간의 주의만 기울이거나 조금의 눈치만 있어도 금세 알아챌 수 있는 것들을 두고, 이를 오불관언 방치함으로써 결과적으로 전 국민을 오도하여 결국에는 '바보들의 행진 대열'에 합류시킨 것이나 다름없다. 바로잡을 때이다.

9장

상고어의 비밀

1. 상고어는 신(god)의 말이다

태초의 말은 신과의 소통을 위해 만들어졌다. 우리말의 모든 어휘는 모두 신(god)으로부터 출발한 것이다. 아마도 인류 최초의 말은 최초의 사람인 아담과 이브가 쓰던 말이었을 것이다. 그들이 에덴동산에서 쓰던 말이 인류 언어의 시작이다. 그들이 쓰고 만들어낸 말이 인류 원시언어의 형성과정을 엿볼 수 있게 하는 단초이다.

최초의 사람인 에덴동산의 아담과 이브는 창조되던 바로 순간부터 창조주 하나님에게 절대적인 의존을 하지 않을 수 없었을 것이다. 그들은 어느 날 갑자기 불쑥 이 세상에 창조되어 나타난 것이므로 그들은 이 땅에서의 삶에 대하여는 아무런 사전지식도 경험도 없이 완전 백지상태이다.

그 모든 것이 그야말로 '난생처음'의 연속이다. 그러므로 그들은 일상생활의 모든 것을 하나님에게 의존하였을 것이다. 먹고 싸는 것, 자고 일어나는 것, 걷고 말하는 것 등을 비롯한 생리적 현상을 해결하는 것까지, 모든 일에 대하여 일일이 하나님의 친절하신 무료 개인지도가 따랐을지도 모를 일이다. 그들은 하나님을 졸졸 따라다니며 하나님을 '아빠'라 불렀을지도 모를 일이다. 또는 '엄마'라 불렀을지도 모르겠다. 그러므로 '아빠'라는 말이 애초에는 하나님을 가리키는 호칭이었고, '엄마' 역시 하나님을 가리키는 호칭이었을 것이다.

이 '아빠'는 순우리말이다. 그 이유는 나중에 상술하겠지만, 간단히 언급하면 아빠의 몸통말은 우리말 [압]이다. 이 [압]은 신(god)의 씨앗말이다. 이 [압]에 호격 [아]가 붙어 '압+아=아바'가 된 것이다. 이를 그대로 스펠한 영어단어가 바로 Abba이다. 이 '아바'는 기독교에서 하나님을 부를 때 쓰는 '아바 아버지'의 '아바'로서 영어사전의 뜻풀이는 '하느님'으로 되어있다. 신약성경(마가복음 14:36)에서 예수님이 하나님을 부를 때 '아바 아버지'라고 하였다. 이는 '하나님 아버지'를 부르는 표현이므로 결국 '아바=하나님'인 것이다. 이 아바가 된소리로 된 게 바로 우리가 요즘 쓰는 말 '아빠'이다.

Abba [æ'bə]

명 (신약성경에서) 아바, 하나님, 하나님 아버지(마가복음 14:36)

한편 '엄마'의 몸통말은 우리말 [엄]이다. 이 [엄]에 호격 [아]가 붙어 '엄+아=어마'가 된다. 이 '어마'가 된소리화된 게 바로 '엄마'이다. 그러므로 '어마=엄마'이다(이러한 음운현상에 대하여는 후술한다).

이 '어마'는 우리말에서 여자들이 갑자기 놀랄 때 쓰는 외마디 말인 '어마!'이다. 절체절명 위기의 순간에 비명처럼 외치는 이 '어마'는 자신도 모르게 하나님을 찾는 구조신호인 것이다. 이 '어마'가 모음조화를 일으키면 '어머'가 된다. 그래서 여자들이 흔히 쓰는 '어머!'라는 말은 '어마!'와 완전히 같은 말이다. 여자들이 놀랄 때 '꺄악~ 엄마야!' 하는 건 그 엄마(mother)를 찾는 외침이라기보다는 하나님을 부르는 소리이다. 태초부터 이어져 와서 인간의 본능에 내장된 신을 향한 원초적 본능의 발현인 것이다.

이처럼 아빠나 엄마라는 말은 태초에 형성된 말로서 본래는 신(하나님)을 부르는 말에서 시작된 것이다.

그들은 하나님이 부르시면 대답했을 것이고, 또 자신들이 필요할 땐 하나님을 부르기도 했을 것이다. 또한 자신들이 겪는 희로애락의 감정을 표현하기도 했을 것이다. 그런데 그들이 에덴동산에서 보고, 듣고, 배우고, 느끼는 일체의 대상은 오직 신(하나님)일 뿐이다. 그러므로 그들의 입에서 나오는 말이라는 것은 모두 신(god)과 소통을 하기 위한 수단인 동시에 그 말들은 모두 신(god)과 관련된 의미를 지녔다.

최초의 언어는 단순명쾌 그 자체다. 마치 말을 막 배우기 시작한 어린애의 언어가 단순하듯이 말이다. 그들이 점차 말을 배우고 말을 만들어 가며 쓰는 과정에서 어휘들이 늘어나고 복잡해진다. 그러나 아무리 어휘가 발달하고 복잡해지더라도 절대 벗어나지 않는 울타리가 있다. 그 울타리라는 건 다름 아닌 신(하나님)이다. 그러므로 인류 언어의 키워드는 오로지 신(하나님)이다. 우리말 상고어의 키워드 역시 신(god)이다.

나아가 인류문명을 적은 고대사는 모두 신(god)들에 관한 이야기이다.

서양의 수메르 문명이나 이집트 신화, 그리스로마신화, 북유럽신화 등등 고대신화는 모두 신(god)들에 관한 이야기이다. 우리의 환단고기를 비롯한 고대사를 기록한 역사서도 신(god)들에 관한 이야기이다.

삼국유사는 권1 기이(紀異) 편으로 시작한다. 이 기이편에서는 고조선을 비롯한 고대국가의 건국신화를 다룬다. 여기서는 부여의 시조 해모수 설화, 고구려의 시조 주몽 설화, 신라 시조 박혁거세와 김알지 설화 등, 우리 민족의 기원과 고대국가의 탄생배경을 둘러싼 신화가 주류를 이룬다.

그런데 여기서 궁금한 게 하나 있다. '기이 편'의 '기이'라는 말은 무슨 뜻일까. 혹자는 이를 두고 "기괴하고 이상한 이야기들"이라는 뜻이 아닐까 하기도 하는 모양인데… 그게 아니다. 만일 그렇다면 이 '기이 편'의 한자는 기이(奇異)로 썼어야 했다. 그러나 그게 아닌 기이(紀異) 이다.

필자가 정리한다.

이 '기이'의 몸통말은 [기]이다. 이 [기]는 우리말 상고어에서 신(god)의 씨앗말이다. 이 [기]에 호격 [이]가 붙은 게 '기+이=기이'로 된 것뿐이다. 그러니 이 [기이]는 순우리말이다. 삼국유사에서는 이를 한자로 단순 음차하여 표기한 것일 뿐이므로 한자의 뜻풀이는 전혀 의미 없다. 이 '기이'라는 말은 순우리말 상고어로 신(god)이라는 말이다. 그러므로 '기이 편'은 '신들에 관한 이야기'라는 의미다.

참고로, 이 [기]에 호격 [아]가 붙으면 '기+아=기아'로 되어 여기서 [기아]라는 말이 탄생한다. 우리나라 어느 대기업의 이름 중에 이 [기아]를 상호로 쓰는 데도 있고, [기아]는 우리나라 어느 자동차의 상표로 쓰이기도 하는 모양이다.

한편 [기]에 호격 [우]가 붙으면 '기+우=기우'가 되어 [기우]라는 말이 생긴다. 이 [기우]는 말 그대로 신(god)의 씨앗말인 [기]에 호격이 붙은 것일 뿐이므로 신(god)을 가리키는 뜻말임에 변함없다. 이 [기우]를 한자로 기우(祈雨)라 써서 '날이 가물 때 비가 오기를 빎'이라 하고 임금이 직접 기우제를 지내기도 하는바, 이 기우(祈雨)는 여기서 등장한 순우리말인 [기우]를 한자로 음차표기한 것뿐이다. 애초에 [기우]는 하늘에 드리는 제사(천제)라는 말이다. 비단 '가뭄에 비가 오기를 비는' 좁은 의미로만 쓰이는 말이 아니라는 점이다. 이 [기우]는 우리 민간의 신앙풍속인 [고사]와 어원상의 뜻, 즉 고대에서의 천제라는 의미에서는 동일한 것이다.

다시말해, '기이=기아=기우=신(god)' 의 등식관계이다.

우리 고대국가 신라의 학자 박제상이 상고사에 관하여 저술하였다고 전하는 '부도지' 역시 신(god)에 관한 이야기이다. 이 '부도지'를 한자로는 符屠志(부도지)라고 적는데 이 부도지의 '부도'란 무슨 말일까? 이 '부도(符屠)'라는 말이 무슨 뜻인지는 학자들이 아무리 갸우뚱거려 보아도 답이 안 나온다. 그도 그럴 것이 역사서에 등장하는 모든 인명, 지명 등은 순우리말을 표기하기 위해 한자를 빌려 단순 음차한 것이기 때문이다.

필자가 정의한다.

이 '부도'라는 말은 순우리말이며, 그 뜻은 신(하나님)이라는 말이다.

이 '부도'의 몸통말은 [붇]으로서 이 [붇]은 신(god)의 씨앗말이다. 이 [붇]에 호격 [우]가 붙으면 '붇+우=부두'가 된다. 그런데 이 호격 [우]는 우리말에서 모음조화 내지 모음변개 현상으로 인해 [오]와 자유자재로 왕래한다(이는 후술한다). 그래서 '붇+오=부도'가 되며 결국 [부두]와 [부도]는 완전히 같은 말이다. 그러므로 '부도지'의 [부도]는 신(god)이라는 말이고, 따라서 '부도지'는 신(god)들에 관한 이야기라는 말이다.

참고로, 이 몸통말 [붇]에 호격 [아]가 붙으면 '붇+아=부다'가 된다. 이 '부다'가 된소리화 되면 '붓다'가 되는데, 이 '부다' 또는 '붓다'는 석가모니 부처의 다른 이름이다. 이 석가모니 부처를 또한 '부도'라 칭하기도 한다.

> **부도** [浮屠 / 浮圖]
>
> 명 〈불교〉
>
> 1. 같은 말: 부처('석가모니'의 다른 이름)
> 2. 부처의 사리를 안치한 탑

(출처: 표준국어대사전)

여기서 잠깐 보듯이, 석가모니 [부다] [붓다] [부도]는 모두가 다름 아닌 순우리말이다.

한편 [붇]에 호격 [우]가 붙은 [부두]는 저 서인도 제도와 미국 남부에 퍼져 있는 주술적 사교(邪敎)인 부두교의 명칭으로 간다. 이 부두교의 '부두'가 바로 신(god)이라는 뜻이기 때문이다.

부두교의 '부두'는 우리말이다. 이를 영어로 철자화한 것은 voodoo이다. 우리말 음운현상에 따라 '부도=부두=부다'로서 완전 등식관계이다. 모두 우리말이다.

> **voodoo** [vu':du:]
>
> 명 부두교(教), 주로 서인도 제도의 흑인들의 다신교, 주술종교, (통속적으로 악마가 행하는) 사술(邪術)

각설하고, 인류 원시언어의 핵심이자 보편적인 키워드는 신(god)이다.

따라서 인류의 언어는 신(god)으로부터 비롯되었으며, 인류의 역사도 신(god)으로부터 출발했다. 그러므로 인류의 언어 기원은 신(god)의 관념을 알지 못하면 풀리지 않는다는 얘기나 다름없고, 또한 인류 문명의 흐름을 기록한 고대사 역시 이를 제대로 파악할 수 없다는 결론에 도달하게 되는 것이다. 이 신(god)이라는 키워드가 얼마나 강력하고도 광범위한 영향력을 지녔는지 한번 살펴보기로 한다. 우리가 원시언어의 형성을 이해하는데 필요한 부분에 우선순위를 두어 몇 가지만 살펴보기로 하겠다.

① 사람의 이름은 모두 신(god) 또는 신성(神聖)을 뜻한다.

이는 동서고금을 막론하고 전 지구적으로 일관하는 공통현상이다.

우리나라 사람의 이름은 물론, 서양 사람의 이름은 모두 신(god) 또는 신성(神聖)을 뜻함에 예외가 없다. 따라서 우리 고대국가 고구려, 백제, 신라의 왕의 계보에 등장하는 왕의 이름들이나, 환단고기에 등장하는 역대 단군들의 이름들이 모두 그러함은 당연하다.

역사서에 전해지는 고대사에 등장하는 여러 인물들의 이름에는 오늘날의 한자식 인명과는 다른 형태의 이름들이 등장한다. 이게 오늘날의 눈으로 보면 생소하게 여겨지지만, 이 이름들은 고대 조선말로서 순수 우리 토종말로 지어진 이름들이다.

그 이름들을 한번 살펴보기로 한다.

- 고조선의 단군계보에 등장하는 이름 중에서 일부를 발췌해 본다.

  부루, 가륵, 오사구, 구을, 달문, 아술, 노을, 도해, 흘달, 고불, 위나, 여을, 구모소,고홀, 소태, 색불루, 아홀, 연나, 솔나, 추로, 두밀, 해모, 마휴, 내휴, 등올, 추밀, 감물, 오루문, 사벌, 매륵, 마물, 다물, 을우지, 물리, 구물, 여루, 보을, 고열가….

- 부여, 고구려의 예를 든다.

  해모수, 해부루, 주몽, 누리, 유리, 유류, 추모, 해모수, 금와, 도모, 주류, 미류, 비류, 해우, 해애루, 어수, 차대, 남무, 모본, 백구, 백고, 이모, 남호, 연우, 연불, 약우, 삽시루, 치갈, 우불, 을불, 미천, 사유, 쇠, 유, 사유, 하백, 소수림, 어지지, 이련, 담덕, 거련….

- 이번엔 백제의 이름 중 일부를 보기로 한다.

  온조, 소서노, 다루, 기루, 개루, 초고, 소고, 속고, 구수, 귀수, 사반, 고이, 구이, 고모, 구태, 책계, 분서, 비류, 조고, 근구수, 아신, 아방, 아화, 아미, 부여훈해, 부여설례, 전지, 구이신, 비유, 개로, 모대, 마모, 마제, 사마, 무령, 의자….

- 끝으로 신라의 이름들이다.

  혁거세, 탈해, 남해, 유리, 파사, 지마, 아달라, 벌휴, 나해, 조분, 첨해, 유례, 기림, 흘해, 미추, 내물, 실성, 눌지, 자비, 소지….

이와 같다. 우리 고대 역사서에 등장하는 이름들이다. 대부분은 왕들의 이름이다. 보다시피 이름들이 모두 좀 이상하다. 이상하다는 느낌에 더해 어딘가 좀 장난스러워 보이기도 한다. 오늘날의 한자식 이름에 익숙해진 우리로서는 생경하여서 선뜻 이해가 잘 안 된다. 하지만, 이 이름들은 순우리말로서 고대 상고어에서 모두 신(god)을 뜻하는 말들이다. 매우 귀중한 흔적들이다.

이 이름들과 관련해서 서너 가지만 살펴보고자 한다.

먼저, 위 이름 중에서 해모수의 아들인 부여 왕 해부루를 보기로 한다. 이 해부루는 이스라엘 민족을 가리키는 헤브루와 음운상 완전히 같은 말이다. 상세한 것은 후술하겠지만, 해부루라는 이름은 우리말 신(god)의 씨앗말인 {합} 계열 글자와 {알} 계열 글자의 조합으로 만들어진 어휘이다.

▸ {합} 계열 글자 [햅]과 {알} 계열 글자 [울]이 합쳐지면 '햅+울=해불'
▸ {합} 계열 글자 [헵]과 {알} 계열 글자 [을]이 합쳐지면 '헵+을=헤블'
이 된다.

사실 [햅]/[헵], [울]/[을]은 소리발음상으로 엄격한 구분이 어려운 음절이므로 거의 같은 것으로 취급된다.

아무튼, 이 [해불]과 [헤블]에 각각 호격 [우]가 붙으면 '해불+우=해부루', '헤블+우=헤브루' 이렇게 되는 것이다. 그러니 결국 '해부루'와 '헤브루'는 같은 말이다.

한편 이스라엘 민족을 '히브리'라고도 하는데 이 역시 해부루와 같은 어원의 말이다. 왜냐하면 {합} 계열의 글자 [힙]과 {알} 계열의 글자 [을]이 합쳐지면 '힙+을=히블'이 되고, 여기에 호격 [이]가 붙으면 '히블+이=히브리'가 됨으로써 본래 모두 같은 계열의 씨앗말이기 때문이다.

여기서 필자가 궁금증을 갖는 것은, 어찌하여 이스라엘 민족이 우리 고대사 왕의 이름인 해부루와 같은 어원의 이름을 쓰느냐는 점이다. 이것이 우연의 일치인지, 아니면 다른 역사적 배경이 있는 것인지는 모른다. 추후 연구대상이다.

다음은 고조선의 단군 이름 중 하나인 9대 단군 아술(B.C 1985)이다.

이 아술에 호격 [우]를 붙이면 '아술+우=아수루'가 된다. 그런데 호격 [우]는 인도유럽어에서는 [으]로 대체된다. 그러므로 '아술+으=아수르'가 되어 '아수루=아수르'와 완전히 같은 말이다. [우] 모음과 [으] 모음은 소리발음상 완전히 구별이 안 되는 음절로서 사실상 같은 음가로 간주된다. 아무튼, 성경에 나오는 제국의 이름인 '앗수르'가 바로 이 '아수르'와 같은 어원의 말이다. '아수르'의 된소리 발음이 '앗수르'일 뿐이다. 이 앗수르는 고대 아시리아의 다른 이름이다.

이것도 궁금하다. 우리 단군조선의 대략 기원전 2천년경의 왕의 이름인 '아술'과 고대 제국 '앗수르'가 어찌하여 같은 어원의 말을 사용하는 것일까?

참고로 이 [아술]에 호격 [아]가 붙으면 '아술+아=아수라'가 된다. 불교용어 '아수라'는 이와 같이 하여 만들어진 우리말이다. 이 '아수라'는 우리나라 강릉의 옛 지명인 '아슬라'와도 어원상 완전히 같은 말이다.

한편 노르웨이의 수도는 '오슬로'이다. 이 '오슬로'와 '아술', '아슬라' 등은 같은 어원의 동일한 말이다(후술한다).

다음은 고조선의 14대 단군 고불(B.C 1721)이다.

이 고불은 우리 민간 토종말로 감기를 가리키는 말인 '고뿔'과 같은 말이다. 역시 후술하겠지만, 고불 이라는 말은 우리말 신(god)의 씨앗말인 {갑} 계열 글자와 {알} 계열 글자의 조합으로 만들어진다. 즉, {갑} 계열의 글자인 [곱]과 {알} 계열의 글자 [울]이 합쳐지면 '곱+울=고불'이 된다. 그런데 우리말 음운버릇상 호격접미사가 붙을 때 자음중첩 현상이라는 게 끼어들어서, '곱+울=고불=곱불'이 되고, 이 [곱불]을 연음하면 [고뿔]로 되는 것이다(이런 현상은 규칙이나 다름없다).

우리 민간말에서 질병을 가리키는 모든 명칭은 본래 신(god)의 뜻말에서 유래한다. 이는 인간의 질병은 신(god)의 소관이라고 여긴 고대의 생사관에서 기인하는 것으로서, 모든 질병의 명칭은 신(god)의 뜻이라는 점에는 역시 예외가 없다(후술한다).

끝으로 신라의 8대 왕(이사금)인 아달라(AD 154~184) 이다.

이 '아달라'라는 이름은 저 유명한 흉노족(훈족)의 대왕 '아틸라'(AD 406?~453)와 같은 어원의 말이다. '아달라'라는 말은 우리말 신(god)의 씨앗말인 {안} 계열 글자와 {알} 계열 글자의 조합으로 만들어진다. 즉, {안} 계열의 글자인 [안]과 {알} 계열의 글자 [알]이 합쳐지면 '안+알=아달'이 된다. 이 '아달'에 호격 [아]가 붙으면 '아달+아=아다라'가 되는데, 방금 앞에서 언급한 호격의 자음중첩으로 '아다라 ⋯› 아달라'가 된다.

한편 아틸라는 {안} 계열의 글자인 [안]과 {알} 계열의 글자 [일]이 합쳐져서, '안+일 =아딜'이다. 그런데 [안]의 소리음가는 [앝]과 동일하다. 그래서 인도유럽어에서는 이 [앝]이 [안] 대신 쓰이기도 한다. 그러므로 '앝+일=아틸'이다. 여기에 호격 [아]가 붙으면 '아틸+아=아티라'가 되고 역시 호격의 자음중첩으로 '아티라 ⋯› 아틸라'가 되는 것이다. 따라서 신라의 왕 '아달라'와 흉노의 왕 '아틸라'는 그 음운상 어원이 완전히 같은 말이다.

여기서도 궁금증이 하나 생긴다. AD 5세기경 유럽의 판을 뒤흔든 흉노족(훈족)의 대왕 아틸라는 어째서 신라의 역대 왕의 이름을 취한 것일까? 이것도 우연의 일치일까 아니면 다른 역사적 배경이 있는 것일까.

몇 년 전엔가 필자는 독일 공영방송 ZDF에서 제작하여 방영된 흉노족의 기원에 관한 다큐멘터리에서 흉노족의 기원을 우리 한반도의 신라에서 발원하였다고 한 것을 본 적이 있기에 더욱 호기심이 증폭되는 바이다.

이상에서는 우리 고대사에 등장하는 주요 인물들의 이름을 살펴보았다. 고대의 인명은 모두 그 뜻이 신(god) 또는 신성(神聖)을 뜻하는 말의 작명이 예외 없는 공통규칙이다.

이제는 우리의 현대적인 이름을 보기로 한다. 현대적인 이름은 중세 이후 정착된 한자로 된 작명방식 및 요즘의 한글세대의 한글식 이름까지를 두루 포함하는데, 과연 현대적인 이름은 어떨까?

이 역시 마찬가지이다. 우선 성씨를 보기로 한다.

우리의 성씨는 김, 이, 박, 최…로 시작하여 수백여 개의 성씨가 있다. 대략 300여 개 내외로 본다. 이러한 우리의 성씨는 대부분 한 글자로 된 성씨이고 소수의 두 글자로 된 성씨가 존재하는데, 이 성씨는 모두가 신(god)의 씨앗말이다.

대표적인 성씨인 [김]씨는 {감} 계열의 글자로서 [김] [금] [감]씨 등의 성이 있다.

다른 성씨의 예를 일부만 들어보자.

- {안} 계열의 성씨는 [안] [온] [인] [은] [원] [윤] [연]
- {박} 계열의 성씨는 [박] [복] [백]
- {아} 계열의 성씨는 [이] [오] [우] [어] [위] [유] [예]
- {라} 계열의 성씨는 [라羅] [리李] [로盧] [류柳] [려呂].
- {차} 계열의 성씨는 [차] [채] [최] [추]
- {산} 계열의 성씨는 [신] [손] [선]

- {자} 계열의 성씨는 [자] [조] [주] [지] [제] [좌]
- {가} 계열의 성씨는 [가] [고] [구] [기] [계]

그밖에도(무순으로 열거)

[한] [현] [함] [허] [하] [호] [엄] [염] [임] [음] [남] [심] [권] [천] [간] [견] [목] [길] [갈] [강] [경] [공] [민] [문] [배] [부] [반] [빈] [변] [편] [홍] [황] [형] [도] [두] [사] [소] [시] [전] [진] [정] [장] [왕] [양] [용] [동] [명] [방] [맹] [방] [봉] [팽] [상] [성] [송] [승] [곽] [석] [설] [마] [표] [피] [단] [옥] [육] [태] [탁] [국] [담] [범] [당]… 등등이다.

이러한 각 성씨는 우리말 상고어에서 각각 신(god)의 씨앗말이다.

한편 두 글자 성씨로는 [선우] [독고] [남궁] [제갈] [사공]씨 등이 있다. 이 두 글자 성씨들 역시 신(god)의 뜻말임은 두말할 나위 없다. 예를 들어 [선우]는 신(god)의 씨앗말 [선]에 호격 [우]가 붙어 '선+우=선우'가 된 것이다. 이는 흉노 왕의 호칭으로도 쓰이는 말이다. 이와 같이 우리의 성씨는 모두 신(god)의 씨앗말이다.

다음은 이름이다.

일단 요즘의 이름들을 한번 열거해 보기로 한다.

선아 선애 선오 선우 선이 선희 선호 선후 선휘 선혜 선해, 신애 신희 신오 신우 신호 신혜, 순이 순애 순희 순오 순호 순화, 진아 진희

진애 진오 진우 진화, 준이 준희 준오 준우 준호 준후, 영아 영애 영이 영희 영오 영우 영하 영호 영후 영휘 영화, 정아 정애 정이 정희 정오 정호 정우 정후 정해 정혜, 종오 종우 종희 종하 종화 종회 종휘, 장우 장오 장호 장후 장희, 대호 대희 대우 태하 태화 태희 태오 태우 태해 태후, 송이 송희 송애 송우 송화, 성아 성애 성이 성희 성우 성오 성호 성하 성혜 성휘….

이 밖에도 수없이 많은 이름이 있지만 생략하기로 한다.

여기서 열거한 이름들의 공통적인 특징은 이름의 끝 글자에 받침이 없으며, [아] 모음 또는 [하] 모음으로 되어있다는 점인데, 이 이름 끝에 쓰인 '아 이 우 오 애…' 및 '하 호 후 희 화 휘…' 등은 모두 우리말에서의 호격접미사이다(후술 참조). 그러니 이 이름들은 [선] [순] [진] [준] [영] [정] [종] [장] [대] [태] [송] [성]… 이라는 몸통말에 호격접미사를 붙여 만든 것이다.

그런데 이 [선] [순] [진] [준]… 등의 몸통말은 각 글자가 우리말에서 신(god)의 씨앗말이다. 그러므로 이 이름들은 모두 그 뜻이 본래 신(god)을 칭하는 말인 것이다. 다만 위의 이름들은 한자로 표기할 때는 다양한 한자가 동원되어 변화무쌍한 이름을 생성해 내기도 하지만, 그 본질은 '신(god)의 씨앗말+호격접미사'라는 점에서 불변이자 공통이다.

이처럼 우리의 민간에서 쓰이는 이름들은 신(god)의 씨앗말에 의해 형성되는 것이다. 이를 우리 민족이 부지중에 이어오고 있는 것이다. 따라서 본래 이들 이름은 한자식 이름이 아니며, 순우리말인 것을 한자로 표기하는 것일 뿐이다.

한편 요즘엔 순한글 이름이라 하여 등장하는 이름들이 꽤 있다.

예를 들면 '이슬, 슬기, 보람, 보름, 아람, 아름, 한빛, 서라, 사랑, 하나, 자로, 설리, 한솔, 한슬, 누리, 나리, 나라, 단비, 한샘… 등등이다. 이 순한글 이름이라 하는 것들도 역시 본래 그 뜻이 상고어의 신(god)을 가리키는 말들임에는 변함없다.

이 중에서 '하나'라는 이름만 보기로 한다.

이 '하나'라는 이름의 몸통말은 [한]이다. 이 [한]은 우리말 상고어에서 신(god)이다. 이 [한]에 호격 [아]가 붙으면 '한+아=하나'가 된다. 그러니 '하나'라는 이름 역시 신(god)의 뜻이다. 하나님의 어원이 바로 여기에 있다. 이 '하나'에 '님'을 붙인 게 [하나님]이기 때문이다. 즉, '하나+님=하나님'이다.

한편, [한]에 호격 [아]가 붙을 때 우리말에서의 자음중첩 강조현상에 따라 '한+아=하나=한나'가 된다. 이렇게 만들어지는 [한나]가 성경에 등장하는 여자 이름인 그 '한나'이다. 성경에서 대표적인 이름 '한나'는 사무엘의 엄마 이름이다. [한나]는 다름아닌 우리말 그 자체이다.

위에서 예로 든 이름들은 극히 일부일 뿐이지만, 전체적으로 모든 이름은 신(god)의 뜻에서 작명된다는 점에는 예외가 없다.

서양의 이름도 마찬가지다. 영어권 이름뿐만 아니라 인도유럽어는 물론 헬라, 히브리, 라틴계열의 이름은 물론이거니와 고대사에 등장하는 모든 이름은 신(god)의 뜻이다. 고대신화에 등장하는 신들의 이름 역시 그러함은 두말할 나위도 없다. 더욱이 성경에 등장하는 모든 인명도 역시 그러하다.

여기에 더해 놀라운 사실은 이 모든 이름의 뿌리가 다름 아닌 우리말이라는 점이다.

예를 들어본다.

영어권의 아주 흔한 이름 중에 George가 있다.

이 Goerge라는 이름은 영국이나 유럽에서의 왕의 이름으로 수도 없이 등장한다. 물론 이 George는 오늘날에도 영어권에서의 매우 대중적인 남자 이름으로 통한다.

이 George의 소리발음은 [조지]이다.

이 [조지]는 우리말이다. 우리말 상고어로 [조지]는 신(god) 또는 신성(神聖)이다. 그래서 George(조지)는 사람 이름뿐 아니라 국명, 지명으로도 두루 쓰이게 된다. 나라 이름으로는 동유럽의 나라 조지아(Georgia) 공화국이 있다. 지명으로는 미국의 주 이름인 조지아주가 있다.

이 '조지아'라는 말은 [조지]에 호격 [아]가 붙어서 만들어진 말이므로 [조지아]와 [조지]는 완전히 같은 말이다.

이 [조지]의 몸통말은 [좆]이다. 이 [좆]은 우리말 상고어에서 신(god)의 씨앗말이다. 이 [좆]은 {잣/젓/좆/줓/짓/즞…} 계열의 말이다. 이 [좆]에 호격 [이]가 붙어 '좆+이=조지'가 되는 것이다.

그러므로 이 [조지]는 신(god)의 씨앗말에 호격이 붙은 것일 뿐이므로 신(god)을 칭하는 점에서는 변함없다. 이 George(조지)가 신(god)이라는 점을 영어사전이 확인해 준다.

영어단어 George의 뜻풀이를 보면, 감탄사로서의 'by George'라는 관용표현이 있음을 볼 수 있다. 이는 '정말로, 어머나'라는 뜻으로, 이는 영어에서 다른 관용표현인 'by God'과 같은 용례이다. 그러므로 'by George=by God'이므로 결국 George=God이라는 것을 증명해 주는 것이다.

> **by George**
>
> 명 정말로, 이런, 어머나 등의 뜻으로 쓰이는 놀람, 감탄의 표현말

이처럼 우리말 상고어로 신(god)의 뜻말인 [조지]가 오늘날의 동유럽 나라 조지아(Georgia) 공화국의 국명에 그대로 쓰이고 있음을 봄으로써 나라의 국명이 신(god)의 뜻말로 작명된다는 예를 살펴보았는데, 이는 필자가 제멋대로 하는 게 아니다.

이 [조지]라는 나라 이름이 [조지국]이라고 하여 고대사에 등장하는 사례가 있기 때문이다. 이 [조지국] 이라는 국명은 고서의 두 군데에 등장하는데, 하나는 사마천의 사기(史記)에서 이고, 하나는 산해경(山海經)에서 이다.

후한서에 의하면, “흉노를 정벌한 반초가 중앙아시아를 점령한 후 그의 부하 장수인 감영으로 하여금 서역의 여러 곳을 탐방하도록 했는데, 안식국(파르티아)을 지나 [조지국](條支國) 이라는데 까지 갔다”고 하는 기록이 있다.

한편 BC 3~4세기경에 중국에서 지어진 동아시아 최고(最古)의 신화집이자 지리서로 알려진 산해경(山海經)이라는 책에서도 [조지국](條枝國) 이라는 나라의 이름이 등장한다.

사기(史記)나 산해경에서 등장하는 [조지국]이 오늘날의 어느 지역인지는 알 수 없되, [조지]라는 이름의 나라가 엄연히 존재했었다는 사실이다.

한편 같은 {좆} 계열의 [젖]에 호격 [이]가 붙으면 [저지]가 된다. 이 [저지]는 미국의 주 이름인 뉴저지(New Jersey)의 [저지]이다. 그러니 [조지]와 [저지]는 같은 계열의 말로서 동일한 말이다.

참고로 이 [좆]과 [조지]는 우리말 신체용어 남성 성기를 가리키는 [좆] [조지]와도 같은 말이다. 이게 다소 불경스러워 보일 수도 있겠으나 하는 수 없다. 있는 그대로의 사실이다. 후술하겠지만 우리의 신체용어 일체는 역시 신(god)의 뜻으로 작명된다는 점에 예외가 없기 때문이다.

당장 예를 보더라도, {잣} 계열의 말 중 [잣]에 호격 [이]가 붙으면 ‘잣+이=자지’가 되어 역시 남성 성기이다. 한편 [젖]은 사람의 가슴을 호칭하는 명칭이다. [짗]도 [젖]과 마찬가지로 여자의 가슴이다. 이 [짗]에 호격 [이]가 붙으면 '짗+이=지지'가 된다. 이 [지지]가 거센소리 내지 된소리화되어 우리 민간말에서 여자의 젖을 가리키는 말 [찌찌]인 것이다.

또 있다. [줓]에 호격 [우]가 붙으면 '줓+우=주주'가 되고, 된소리로 되면 [쭈쭈]이다. 이 [쭈쭈] 역시 여자의 젖을 가리키는 우리 민간말로서 [찌찌]와 같이 쓰인다.

결국 이 {잧} 계열의 말 중 [잧] [좇] [젖] [짗] [줓] 등 무려 5개나 신체용어로 쓰인다는 말인데, 이는 {잧} 계열의 말이 얼마나 중요한지를 보여준다.

영어권의 인명과 고대신화에 등장하는 신들의 이름은 모두 우리말 상고어이다. 이점에 예외가 없다. 예를 들어 이집트의 태양신 라(Ra)는 우리말이다.

로마신화에서의 태양신 솔(Sol) 역시 우리말이다. 이 솔(Sol)은 우리말 {설/솔/술}과 같은 말로서 신(god)이다.

그리스신화의 제우스(Zeus) 역시 우리말이다. 이 제우스의 영어발음은 [주스]이다. 이 제우스, 즉 [주스]의 몸통말은 [줏]이다. 우리말 상고어에서 [좃/줏]은 신(god)이다. 이 몸통말 [줏]에 호격 [우]가 붙으면, '줏+우=주수' 이렇게 된다. 그런데 인도유럽어에서는 호격 [우]가 [으]로 희석 연화된다.

Zeus [zuːs / zjuːs]

명 제우스, 고대 그리스의 최고 신 (로마신화의 Jupitor에 해당)

그래서 '주수 ···› 주스' 이렇게 하여 [주스]가 되는 것이다. 곧 [주스]는 순우리말로서 신(god) 이다.

참고로 이 [주스]는 김정민 박사가 〈단군의 나라 카자흐스탄〉에서 주장하는 카자흐스탄의 고대 통치 방식이라 하는 '주스 체제'의 그 [주스]이다. 이 [주스]는 신(god)을 말하며 고대사회의 '탱그리'와 동의어이다. 이 '탱그리'는 우리말로서 민간 무속신앙의 '당걸'과 같은 말로서 고대의 '단군'을 가리키는 말이다(후술한다).

그리스신화의 오리온(Orion) 역시 우리말이다. 이 '오리온'은 어원상 '아리안'과 동일한 말이다. 한편 바빌론신화에서 최고의 신 아누(Anu)도 역시 신(god)이자 순우리말이다.

또한 아일랜드신화에 나오는 주신(主神) 다누(Danu)도 마찬가지다. 이 다누(Danu)의 몸통말은 [단]으로서 여기에 호격 [우]가 붙어, '단+우=다누' 이렇게 되는 것이다. 이 [단]은 '단군'의 [단]으로서 우리 상고어로 신(god)이다. 여기에 호격 [오]가 붙은 게 '단+오=단오', 즉 우리의 명절인 단오절의 [단오]이다. 그러므로 '다누=단오'로서 완전히 같은 말이다.

그 밖에도 수없이 많은 고대신화에 등장하는 신들의 이름이 있지만, 지면상 생략하고 추후 후술하기로 한다.

다만 한 가지 덧붙이고자 하는 것은, 이들 신의 이름은 우리 상고어와 고대 세계사를 파악하는 데 있어서 매우 중요한 포인트가 되기도 한다는 점을 염두에 두고자 함이다.

예를 들어, 수메르의 여신의 이름인 '이시타르'는 우리 고조선의 도읍지인 '아사달'과 같은 어원의 동일한 말이다. 이 '아사달'이라는 말의 뜻 역시 신(god)이다.

한편, 영어권 이름 중에 Isadora(이사도라)라는 이름이 있다. 유명한 이로서는 근대무용의 시조라 불리는 미국의 여류 무용가 이사도라 던컨이 있는데, 이 '이사도라'라는 이름 역시 '아사달'과 어원을 같이 하는 말이다. 왜 그런지에 대하여는 후술하기로 한다.

이 이사도라 던컨(Isadora Duncan)이라는 이름은 매우 특별하다. 이름인 '이사도라'는 이미 본 바대로 아사달과 같은 어원인 한편, 성씨인 '던컨'은 어원상 단군과 동일한 말이기 때문이다. 즉 '이사도라 던컨=아사달 단군'이 되는 것이다. 무척 흥미로운 점이다.

수많은 영어권의 이름, 고대신화에 등장하는 수많은 신들의 이름, 성경에 등장하는 무수히 많은 인명… 등등은 모두 우리말이다. 또한 신(god)이라는 뜻이라는 점에서는 예외가 없는 공통이다. 이는 규칙이나 다름없다. 이에 대하여는 관련된 부분에서 확인하며 그때그때 후술하기로 한다.

② 나라의 이름은 모두 신(god) 또는 신성(神聖)을 뜻한다.

우리 고대국가의 이름은 고조선부터 시작한다. 이는 중세 이씨 왕조의 조선과 구분하기 위하여 고(古)를 인위적으로 붙인 것이므로 원래는 그냥 '조선'이다. 환단고기부터 시작하면 고조선 이전에 이미 환국이라는 나라와 배달국이라는 나라가 존재하였다. 그러므로 시대순으로 열거하면 [환] ···› [배달] ···› [조선]의 순서가 되는 것이다.

그 후로는 [부여]를 거쳐 [고구려] [신라] [백제]의 삼국시대를 맞이한 다음 [발해]와 [고려]로 이어진다. 물론 삼국시대 이전에는 삼한과 가락국이 존재했고, 가야도 존재했었다. 그 외의 고대국가로서 동예, 옥저 등도 있다.

이러한 나라 이름은 그 뜻이 모두 신(god)이다. 결국 나라 이름을 이렇게 작명한다는 것은 '신(god)이 함께하는 나라' 또는 '신성한 나라'라는 의미이다.

그런데, 고대사에 등장하는 우리 고대국가의 이름은 그리 간단치가 않다. 그리하여 역사학자들을 헷갈리게 하는 한편 고대사의 수수께끼 같은 퍼즐조각들이 널려 있게 되는 것이다. 이는 우리말 상고어의 조어규칙을 알지 못했던 까닭에 기인한다. 하지만 이제는 그 퍼즐조각들을 맞출 수 있게 된다.

예를 들면 우리 [조선]의 이름은 매우 다양하게 불린다. '숙신, 직신, 식신' 또는 '주선, 쥬신, 주신, 주잔…' 등등이다. 그 밖에 '고리, 구리, 가오리, 구리, 구려, 고구려…' 등의 명칭도 있다.

우선 '조선' 계열의 말에서 보는데, '조선'과 '주선, 쥬신, 주신 주잔…' 등의 말은 대체 어떤 관계인가? 하나의 이름을 놓고 왜 이렇게 복잡한 이름으로 등장하는 걸까? 이들은 같은 말인가 아니면 다른 말인가? 궁금증이 꼬리를 물고 여기에 답답증까지 더해져 온다.

이를 필자가 정리한다. 이 복잡 다양한 명칭들은 음운상 모두 동일한 말이다.

이에 '조선'의 어원을 살펴봄으로써 이를 알아보고자 한다.

조선은 우리말 상고어로 신(god)의 씨앗말인 {잣} 계열의 말과 {안} 계열의 말이 결합된 것이다. 조선은 {잣} 계열의 말 [좃]과 {안} 계열의 말 [언]이 결합하여 만들어진 것이다. 즉, '좃+언=조선'이 된다. 그런데 {잣} 계열의 말은 {잣/젓/좃/줏/즛/짓…}이며 이 말들은 상고어에서 상호 차등 없이 동등한 말들이다. 그리고 {안} 계열의 말은 {안/언/온/운/은/인…}이며 이들 역시 상고어에서 상호 차등 없이 동등한 말들이다.

상고어의 어휘형성은 이러한 계열들의 말이 상호 자유로이 결합하면서 생성된다. 이건 공식이나 다름없다.

그러므로, {잣} 계열과 {안} 계열의 말 중에서 어떤 말을 뽑아서 결합하더라도 이들은 모두 동일한 결과가 된다. 예를 들면, 좃+언=[조선], 줏+인=[주신], 줏+언=[주선]… 이렇게 되는 것이다. 한편 [잣]과 [잦]은 동일한 소리음가이므로 같은 말이다. 그러므로 줒+안=[주잔], 줒+언=[주전], 줒+인=[주진]… 등이 된다.

결국, 조선=주신=주선=주잔=주전=주진… 등은 모두 같은 말이다. 즉 고대에는 이 이름들이 모두 같은 말로 통했다는 얘기다.

이것이 '조선'이라는 나라 이름의 명칭이 다양하게 파생하는 원인이자 숙원과제의 해답이다.

'숙신/직신' 계열은, 결론만 얘기하면 {삭}또는 {작} 계열과 {산} 계열의 씨앗말의 조합이다. 여기서 파생하는 어휘 중 몇 개만 나열하면, '숙신, 숙선, 식신, 직신, 삭센, 작센, 색손, 색슨…' 이렇게 된다.

여기서 우리는 아주 중요한 사실을 발견하게 된다.

영국땅에 들어간 앵글로색슨족의 '색슨'이 우리 고조선의 다른 이름인 '숙신'과 어원상 같은 말이라는 점이다. 또한 이는 독일 중부에 있는 주의 이름인 '작센'과도 같다. 이 작센은 삭센으로도 발음되는 지명이다. 그러니 고대 조선의 다른 이름인 숙신은 '숙신=식신=색슨=삭센=작센=직신'과 같이 모두 등식관계인 것이다. 이렇게 보니 고대 독일지역에 머물던 고대 게르만의 민족명칭 또는 지명이 우리 고조선의 이름을 따르고 있다는 사실이 드러나는 셈이다.

이번에는 우리 고대국가 신라의 이름을 한번 살펴보기로 한다.

신라의 이름표기 또한 다양한데, 신라의 국호가 이 '신라'로 쓰이기 시작한 것은 지증왕 때인 서기 503년경의 일이다. 그전까지는 사로, 소로, 수리, 시라, 시리, 시래, 사라, 신라, 신로, 서나, 스나, 시내, 서라벌, 서나벌, 계림, 시림, 서벌… 등등 수많은 별칭을 지니고 있었다. 그러다가 이것들이 나중에 신라(新羅)라는 이름으로 확정된 것이다.

이 신라의 어원에 대하여 신라 때의 석학 김대문을 비롯, 최근의 고명하신 한글학자에 이르기까지 많은 사람이 다양한 어원풀이를 내놓았다. 한편에서는 이 신라의 어원을 신라(新羅)라는 글자의 한자풀이에서 찾으려는 시도도 있었다. 그러나 그 어느 것 하나 제대로 속 시원한 어원풀이에 접근한 것은 없다. 왜냐하면 모두들 우리 상고어의 조어규칙을 알지 못한 까닭에 헛다리들을 짚었기 때문이다.

이를 필자가 정리한다.

신라의 별칭으로 등장하는 '사로, 시라, 시리, 수리, 시로, 신로, 신라, 서나, 스나, 서벌…' 등의 모든 말은 우리 상고어에서 신(god)을 뜻하는 말이다. 그러므로 그 뜻이 모두 같은 말이라는 것인데, 그럼 어찌하여 이런 현상이 벌어지는가를 살펴보기로 한다.

우선 신라의 다른 이름 중 하나인 '사로'를 살펴보기로 한다.

이 '사로'의 몸통말은 [살]이다. 이 [살]은 우리 상고어에서 신(god)을 뜻하는 씨앗말이다. 이 [살]에 호격 [우]가 붙으면, '살+우=사루'가 된다. 그런데 호격 [우]는 우리말에서 모음조화나 모음변화 현상을 따라 [오]와 자유자재로 왕래한다. 그 결과 이 호격 [오]가 몸통말 [살]에 붙으면, '살+오=사로' 이렇게 된다. [사로]라는 말은 이렇게 해서 만들어진 것이다. 그러므로 [사루]와 [사로]는 서로 완전히 같은 말이다.

그런데 우리말 상고어에서 {살} 계열의 말은 {살/설/솔/술/슬/실

…}로서, 이 각각의 말은 모두 동등하게 같은 말이다. 이 {살} 계열의 각 글자에 호격 [아] [이] [우/오]가 붙으면서 가지를 쳐서 만들어지는 게 바로 신라의 다른 표기 이름들인 것이다. 예를 들면 '설+아'=[서라] '실+아'=[시라] '실+이=[시리] '실+우=[시루] '실+오=[시로] '슬+아'=[스라] '술+이=[수리]… 등등이다.

이 말들은 우리 고어에서 모두 신(god)을 칭하는 말들이다.

단적으로 보면, 몸통말 [설]은 우리 최대명절인 설날의 어원이다. 즉 설날은 '설(god)의 날'이라는 뜻이다. [수리] 역시 우리 명절 단오절인 수릿날의 어원이다. '수릿날=수리(god)+날'이다. 즉 설날=수릿날이다.

이에서 보듯이 신라 국호의 다른 이름인 '사로, 시라, 시리, 시로…' 등은 모두 신(god)의 뜻으로서 다 같은 말이라는 점이다.

여기에 '신라'와 '신로'는 아직 없다. 그래서 더 살펴보기로 한다.

이 신라를 한자로는 신라(新羅)로 표기한다. 이를 놓고 한자의 뜻대로 하여 '덕업이 날로 새로워져서 사방을 망라한다'라고 풀이하기도 하는데, 고대국가의 국호를 놓고 한자풀이를 하는 건 전혀 의미 없다. 단순 음차일 뿐이기 때문이다. 이 신라(新羅)의 소리발음은 [실라]이다. 오직 이 소리발음만이 중요하다.

그럼 이 [실라]는 어떻게 만들어지는가? 답은 간단하다.

[실라]는 몸통말 [실]에 호격 [아]가 붙은 '실+아=시라' 와 같은 말인데, 호격이 붙을 때 우리말 음운버릇상 자음중첩을 통한 강조음편이 발생한다. 그 결과 '실+아=시라=실라'가 되어 [실라]가 탄생하

는 것이다(후술 참조). 이 [실라]를 동일한 소리음가로 발음될 수 있는 한자를 골라서 표기한 것이 신라(新羅)일 뿐이다.

신라와 비슷한 신로(新盧) 또한 마찬가지이다.

이 신로(新盧)의 소리발음은 [실로]이다. [실로]는 몸통말 [실]에 호격 [오]가 붙어, '실+오=시로'가 되고, 강조음편 되어 [실로]가 되는 것이다. 그러므로 [실라] 및 [실로]는 그 뜻이 신(god)임에 변함이 없는 같은 말이다.

여기서 잠시 우리는 중요하고도 놀라운 사실을 하나 짚어본다.

이 [실라]라는 말은 신약성경에서 사도행전에 등장하는 '바울과 실라'의 이름인 그 '실라'이다. 한편 이 [실로]는 구약성경에 등장하는 그 〈실로〉이다. 이에 대하여는 따로 후술하겠지만, 성경의 난제라 여겨지는 부분을 우리말로 풀 수 있음은 매우 충격적인 사실이다. 성경의 용어가 우리말이기 때문이다. 놀랍다.

그 밖의 신라의 다른 표기인 서나, 스나, 서벌, 서라벌, 시림, 계림… 등에 대하여는 지면상 후술로 미루기로 한다.

국명을 신(god)의 뜻으로 작명한다는 점은 비단 우리나라 고대국가의 이름들만 그런 것이 아니다. 중국 땅에서 명멸한 수많은 국가나 왕조의 이름들이 역시 그러하다.

이 중국 역사에 등장하는 나라 이름들에는 두드러진 특징이 하나 있는데, 이는 다름 아닌 외 글자, 즉 한 글자로 된 이름이 주류를 이룬다는 점이다. 대략 적어보면, '하, 은, 상, 주, 진, 한, 수, 당, 요, 송, 명, 청, 원, 위, 촉, 오, 신, 월…' 등이다. 이 각각의 글자가 우리말 상고어에서 신(god)의 씨앗말임은 두말할 나위가 없다.

오늘날 중국을 영어로는 China라 표기한다. 그리고 이를 한자로는 지나(支那)로 쓴다. 이 지나(支那)의 어원은 어디서 유래한 것일까? 이는 다름 아닌 [진]나라에서 유래하는 것이다. 이 몸통말 [진]에 호격 [아]가 붙어서, '진+아=지나'가 된 것이다.

영어단어에서 중국을 칭하는 접두사(prefix)로서 'Sino-'[시노]라는 단어가 있다. 이 Sino[시노]의 몸통말은 [신]이다. 이 [신]에 호격 [오]가 붙은 게 '신+오=시노'이니, 이는 [신]나라에서 유래한 것이다. 약간 갸우뚱해지기도 한다. [진]에 호격 [오]가 붙으면 '진+오=지노'가 되어야 할 텐데… 어찌하여 [시노]라 하는 것일까.

궁금하긴 한데, 필자는 모르겠다.

참고삼아 부연하면, 우리 고대국가 이름이 외국의 지명으로 쓰이는 사례가 매우 많다는 점에 주목할 필요가 있다. 한 예를 들면, 우리 고대국가 중에 '가야'가 있다.

이 '가야'의 뜻 역시 신(god)이다. '가야'의 몸통말은 [가]이다. 이 [가]는 우리말 상고어에서 신(god)의 씨앗말이다. 이 [가]에 호격접미사 [야]가 붙은게 '가+야=가야'인데… 어찌하여 이때는 호격 [아]가 아닌 [야]가 동원되는가 하는 점에 의문이 들 수 있겠지만, 이는 간단하다. 우리말에서 끝말에 받침이 없는 이름, 예를 들어 '희수'라는 이름을 부를 땐 '희수+야'가 되기 때문이다. 즉 호격으로서 [야]가 쓰이는 것이다.

아무튼 [가야]라는 국명은 이와 같이 하여 만들어진 이름인데, 이 [가야]라는 지명이 외국 특히 인도에 여러 곳 있다. 그중 하나가 인도 동북부에 위치하여 힌두교의 순례지인 Gaya[가야]라는 도시이다. 이는 대표적인 사례 하나를 들었을 뿐이지, 실제로는 매우 광범위하고도 다양하다.

Gaya

명 가야 (인도 동북부 Bihar 주 중부의 도시로서 힌두교도의 순례지)

이는 서양 고대사에 등장하는 모든 국명, 왕조명 등의 작명법에도 예외가 없는 일관된 규칙이다.

그러면 고대국가의 이름만 그렇다는 것인가?

아니다. 오늘날의 전 세계 200여 개 국가의 나라 이름 역시 마찬가지이다. 현대 국가의 나라 이름들은 우리말 상고어에 뿌리를 두고 있는 우리말이다. 이에 그 중 한두 가지만 살펴보기로 한다.

먼저 중동국가 중의 하나인 시리아이다.

이 시리아는 이스라엘과 국경을 맞대고 있는 국가로서 성경에도 많이 등장하는 나라이다. 고대에는 이 시리아를 수리아로 불렀다. 구약과 신약성경에서 빈번히 등장하는 나라 이름 수리아가 바로 그것이다.

이 시리아는 우리말이다. 다름 아닌 우리 고대국가 신라의 다른 이름인 [시리]와 그 어원이 완전히 같은 것이기 때문이다. 이 [시리]는 우리말 상고어에서 신(god)의 씨앗말인 {살} 계열의 [실]에 호격 이가 붙어, '실+이=시리'가 된 것이다. 그러므로 [시리]라는 말은 곧 신(god)의 뜻말이다.

이 [시리]에 호격 [아]가 한 번 더 붙은 게 [시리아] 일뿐이다. 즉 '시리+아=시리아'

한편, 시리아의 고대 이름인 [수리아] 역시 우리말임은 두말할 나위 없다.

[수리아]는 [시리아]와 완전히 동일한 말이다. [수리아]는 [실]과 같은 {살} 계열의 씨앗말 [술]에 호격 [이]가 붙어, '술이=수리'가 된 후 여기에 호격 [아]가 한 번 더 붙어 '수리+아=수리아'가 된 것이기 때문이다. 따라서 시리아=수리아 이다.

이 [수리]는 앞에서도 누차 언급한 대로 우리말에서 신(god)이다. 단오절의 다른 이름인 '수릿날'의 [수리]이기도 하고, 우리 민요 아리랑에 등장하는 '스리 스리 스리랑' 의 [스리]와 완전 동일한 말이다. '수리수리 마수리' 할 때의 [수리]이기도 하다.

아무튼, 이 시리아의 [시리]는 신라의 다른이름인 '시라, 스라, 시리, 사라, 사로…' 등과 완전히 같은 반열의 말로서 순우리말이다.

그러니 오늘날의 현대국가 시리아는 우리 고대국가 신라의 나라 이름을 그대로 따르고 있다는 말이 되는 것이다. 이거… 왜 그럴까.

연구대상이다.

이번에는 사우디아라비아를 보기로 한다.

Saudi [saudi / sɔːdi]

명 사우디 아라비아人

이 사우디아라비아는 '사우디+아라비아' 인바, 여기서는 [사우디]에 대해 살펴보기로 한다. 이 [사우디]를 영어로는 Saudi로 표기하고, 그 소리 발음은 [사우디] 또는 [소디]이다. 이 Saudi의 어원이 되는 소리 발음은 [소디]이며, 이 [소디]가 우리말이다.

우리말 상고어에서 [솓]은 신(god)의 씨앗말이다.

이 [솓]은 우리의 향토문화에서 '솟대'의 [솟]과 같은 말이다.

이 [솓]에 호격 [우]가 붙으면, '솓+우=소두' 가 되어 우리 고대사에 등장하는 '소두시대'의 [소두]이다. 이 [소두]는 곧 신(하나님)이라는 뜻말이다. 이 [소두]와 [수두]는 완전히 같은 말이다.

이 [솓]에 호격 [우]가 모음조화로 인해 [오]로 변해, '솓+오=소도'. 즉 [소도]가 되는데, 이 [소도]는 다름 아닌 우리 상고사에서 도피성으로 일컬어지는 그 [소도](蘇塗)이다.

그런데, 이 [솓]에 호격 [이]가 붙으면, '솓+이=소디' 가 된다. 이 [소디]가 바로 사우디아라비아 '사우디'의 영미식 소리 발음인 [소디]인 것이다.

그러니 '사우디[소디]'는 완전히 우리말인 것이다.

게다가 여기서 보듯이 [소디]= [소도]의 완전 등식관계 이다. 즉 Saudi[소디]의 어원은 우리말 상고어를 그대로 따르되, 우리 고대사의 도피성 '소도'와 완전히 동일한 말이라는 사실이다.

이거 참 희한하다.

혹시 사우디아라비아는 고대에 소도(蘇塗) 즉, 우리 환단고기에 나오는 환국의 영역 중 하나로서 도피성(신성한 지역)으로 여겨지던 지역은 아니었을까… 이거 궁금증과 아울러 흥미진진한 연구대상이다.

끝으로 현대국가의 나라 이름과 관련하여 하나만 더 보면,

세계지도를 펼쳐놓고 중앙아시아 쪽을 보면, 거기엔 [-스탄] 돌림으로 끝나는 나라들이 진을 치고 있다.

이를 열거해보면, 카자크스탄, 우즈베키스탄, 투르크메니스탄, 아프가니스탄, 타지키스탄, 키르기스스탄, 파키스탄 등의 7개 나라에 달하는데, 이 [-스탄] 돌림을 딴 나라 이름들은 역시 죄다 우리말이다(추후 후술한다).

이와 같다.

이뿐만 아니라, 유럽, 아시아, 아프리카, 중남미, 중동… 등등 전세계 걸친 모든 국가의 이름은 모두 우리말 상고어에 뿌리를 둔 우리말이다.

이 국명과 관련한 추가적인 서술은 지면상 다음에 별도의 관련 부분에서 그때그때 후술하기로 한다.

③ 모든 지명(地名)은 모두 신(god) 또는 신성(神聖)을 뜻한다.

우리나라 고대사에 등장하는 모든 지명은 순우리말 상고어를 한자로 음차하여 기록한 것이다. 이뿐만 아니라 중국이나 일본의 역사서에 등장하는 지명들도 모두 마찬가지이다.

이 지명을 작명하는 규칙 역시 신(god) 또는 신성(神聖)을 뜻하는 말이라는 점에서 예외가 없다. 이는 동서고금을 막론하는 일관되고도 공통적인 규칙이다. 국명이나 지명의 작명방식을 이와 같이 하는 것은 신(god)의 자손, 즉 천손임을 내세우거나 혹은 '신이 함께하는 거룩한/신성한 나라'라는 것을 나타내는 의식의 표현이다.

강화도의 마니산은 단군이 하늘에 제사를 지내기 위해 쌓은 참성단이라는 제단이 있는 산으로서 전국체전의 성화를 채화하는 산으로 유명하기도 하다. 이 마니산을 마리산 또는 마루산이라 하기도 하는데, 이를 두고 우리말 '우두머리'나 머리(頭)를 뜻하는 거 아닐까 하는 추측들을 하는데, 그게 아니다.

이를 필자가 정리한다. 이 마니산의 '마니'의 몸통말은 [만]이다. 이 [만]은 우리말 상고어에서 신(god)의 씨앗말이다. 이 [만]에 호격 [이]가 붙으면, '만+이=마니'이다. 그러니 이 [마니]라는 말의 뜻은 곧 신(god)이라는 의미이다. 마니산의 다른 이름인 마리산의 '마리'의 몸통말은 [말]이다. 이 [말] 역시 우리 상고어에서 신(god)의 씨앗말이다. 이 [말]에 호격 [이]가 붙으면 '말+이=마리', 호격 [우]가 붙으면 '말+우=마루' 이렇게 되는 것이다.

그러니 '마니=마리=마루'로서 그 뜻은 다름 아닌 신(god)이라는 의미일 뿐이니 마니산은 곧 '거룩한/신성한 산'이라는 뜻이다.

참고로 이 [말]에 호격 [아]가 붙으면 '말+아=마라'가 되는데, 이 [마라]는 우리나라 최남단의 섬인 마라도의 이름이다. 또한 이 [마라]라는 말은 구약성경 출애굽기에 나오는 지명이기도 하다. 홍해를 건넌 이스라엘 민족이 수르광야에서 사흘을 걸은 끝에 [마라]라는 곳에 이르게 되는데, 거기에서 물이 있는 샘을 만나게 된다. 그런데 그 샘의 물은 써서 마실 수가 없어 백성이 절망에 빠지자, 모세가 여호와 하나님의 말씀에 따라 나뭇가지를 그 물에 던지니 쓴 물이 단물로 변하는 기적으로 유명한 성경의 지명이다.

이번에는 제주도 한라산의 이름을 보기로 한다. 이 한라산을 한자로는 한라(漢拏)라고 적는다. 이 한라산의 소리발음은 두 가지인데, 하나는 [할라]로 발음하는 것이고 다른 하나는 [한나]로 발음하는 것이다. 그래서 한라산의 원이름을 '한나산'이라 하기도 한다.

우선 [할라]의 경우부터 보기로 한다. 이 [할라]의 몸통말은 [할]로서, 이 [할]은 우리 상고어에서 신(god)의 씨앗말이다. 이 [할]에 호격 [아]가 붙으면 '할+아=하라'가 된다. 그런데 호격이 붙을 때 우리말 음운버릇상 자음중첩에 의한 강조음편 현상에 따라 '할+아=하라=할라'가 되는 규칙이 있다. 이리하여 만들어진 말이 [할라]이다.

다음은 [한나]를 보기로 한다. 이 [한나]의 몸통말은 [한]이다. 이 [한]에 호격 [아]가 붙어, '한+아=하나'가 된다. 이 [하나]도 [할라]와 마찬가지의 현상에 의해 '한+아=하나=한나'가 되어 [한나]가 만들어진다. 그러니 [할라]라는 말과 [한나]라는 말은 신(god)을 가리킨다는 점에서 완전히 동일한 말이다.

이와 같은 연유로 인하여 한라산은 [할라산]으로도 발음되고, [한나산]으로 발음되기도 하는 것이다. 즉, 한라산은 '거룩한/신성한 산'이라는 말이다. 그러니 일각에서 벌이는 한라(漢拏)라는 글자의 한자 뜻풀이는 전혀 의미 없다.

하나만 더 보면, 우리의 명산 중 하나인 지리산이다. 이 지리산을 한자로는 지리산(智異山)으로 쓴다. 이 지리산의 어원을 두고 일각에서는 '지혜롭고 기이한 산'이니 '지혜와 다른 산'이니 뭐니 해서 한자 뜻풀이하느라 애들을 쓴다.

지혜롭고 기이한 산이라… 원 세상에. 지혜로운 산도 있고 어리석은 산도 있다는 말인가. 아무래도 이게 말이 좀 안 된다고 여겨졌던지, '지혜(智慧)로운 이인(異人)이 많이 사는 산'이라 해서 억지 춘향으로 태세전환 하기도 하는데… 그게 아니다. 이 역시 필자가 정리한다.

지리산의 '지리'의 몸통말은 [질]이다. 이 [질]은 우리말 상고어로 신(god)의 씨앗말이다. 이 [질]에 호격 [이]가 붙어서 '질+이=지리'가 된 것이다. 곧 [지리]는 신(god)이라는 말이고, 지리산은 '신성한 산'이라는 말에 다름 아니다.

이 몸통말 [질]은 {잘}계열의 {잘/절/졸/줄/즐/질…} 글자의 하나로서, 이 [질] 대신 [잘]에 호격 [아]가 붙으면 '잘+아=자라'가 된다. 그래서 우리나라 각 지방의 산 이름 중에 '자라산'이라는 이름이 많은 까닭이다. 이 [자라]가 된소리로 되면 [짜라]이다. 니체가 쓴 '짜라투스트라는 이렇게 말했다'의 '짜라'가 바로 이 [자라]와 같은 어원이다.

한편 [졸]에 호격 아가 붙으면 '졸+아=조라'이다. 그래서 '조라산'이라는 이름의 산도 많다. 이 [조라]는 우리나라 민간 무속신앙에서 많이 등장하는 말이기도 하다. 본래의 뜻이 신(god)이기 때문이다. 이 [졸]에 호격 [오]가 붙으면 '졸+오=조로'가 된다. 이 [조로]는 불을 숭배하는 종교인 조로아스터교의 '조로'와 같다(짜라투스트라와 조로아스터는 동일한 말이다). 이게 사람 이름으로 쓰인 게 '쾌걸 조로'의 '조로'이다.

아무튼, 지리산은 순우리말이며 한자표기는 이를 단순 음차한 것에 불과하므로 한자의 뜻풀이는 전혀 의미 없다.

우리의 모든 산, 강, 섬 등의 지명은 모두 이와 같다. 예외가 없다. 이번에는 눈을 좁혀 우리의 동네 이름을 살펴보기로 한다.

역사학자들은 우리 지명의 유래를 풀이하면서 한자의 뜻을 동원하기도 하고, 또는 다른 추리를 하기도 한다. 그리하여 지명의 유래라고 하여 내놓는 것 중에는 매우 황당하거나 엉뚱한 설(說)이 등장하기도 한다.

예를 들면, 우리 지명에 판교가 있다. 이 판교는 본래 '너더리'인데 그 부근에 널(板)판 나무로 덮은 다리가 있어서 이게 '널다리'라고 불리어오다가 한자로 바꾸면서 판교(板橋)라고 하였다는 것이다. 또 충북에는 삽교천 방조제로 유명한 삽교라는 동네가 있는데, 이는 '서더리' 또는 '삽다리'라고 불리다가 이를 삽교(揷橋)라고 하였다는 것이다. 서울의 지하철 5호선 전철역 중에 '굽은다리'라는 역이 있다. 이 지명의 유래라는 것을 보니 그 동네 부근 어딘가에 굽은(구부러진) 다리가 있었다는 것이다. 그래서 이를 한자로 곡교(曲橋)라고 하였는데 이를 다시 순우리말로 풀어서 '굽은다리'라고 하였다는 것이다. 지명에 '다리'가 들어있으면 이를 무조건 강을 건너는 그 다리(橋)로 바꾸고 만다.

다른 예를 본다.

우리 시골 지명에 '숯고개'라는 지명이 흔하다. 또는 '싸릿골'이라는 지명도 많다. '까치산'이나 '까치고개'라는 언덕지명도 많다.

그렇다면 숯고개는 숯불 태우는 '숯'이 많은 고개라는 말이고, '싸릿골'은 싸리나무가 많이 자라는 고을인가? 까치산이나 까치고개는 까치가 많이 넘나드는 고개라서 그렇게 부르는가? 아니다. 이 모두 코미디 같은 얘기에 지나지 않는다. 우리가 우리 상고어를 완전히 까먹은 탓이다. 지하철역 '굽은다리'의 명칭을 한번 보자. 세상에… 내를 건너는 다리의 모양이 구부러진 탓에 그 동네 이름을 '굽은다리'로 했다니… 이게 말이 될 법이나 한가. 판교의 널다리도 그렇다. 다리 위에 널판 나무를 깔아서 그 동네를 널다리로 한다니…? 그렇다면 삽다리의 삽교는 어찌 할 건가. 그건 다리 위에다 삽을 얹어 놓아서 삽다리로 불렀다는 얘긴가.

에효~ 그게 아니다. 필자가 정리한다.

판교의 너더리/널다리, 삽교의 서더리/삽다리, 전철역의 굽은다리 등의 어원은 모두 상고어 신(god)의 뜻말이다. 숯고개의 '숯'은 본디 [숫] 또는 [숟]으로서 신(god)의 씨앗말이고, 싸릿골의 '싸리'는 [사리]의 된소리, 까치고개의 '까치'는 [가치]의 된소리로서 [사리]와 [가치]는 각각 우리말 상고어로 신(god)의 뜻말이다.

이 까치는 새의 이름이기도 하여서 그 새를 연상하지만, 본래는 신(god)이다. 이 까치가 신(god)이라는 용례는 우리의 명절인 '설날'에 있다. 이 설날을 다른 말로 한설이라 하기도 하고 까치설이라 하기도 한다. 그러므로 한설=까치설이라는 얘긴데, 한설의 [한]이 우리말 상고어에서 신(god)이다. 그러니 '한=까치=신(god)'이다. 이와 같다.

그러니 지명의 뜻은 온통 신(god) 또는 신성(神聖)일 뿐이다. 달리 표현하면, 지명의 유래를 찾는다는 자체가 아예 무의미한 일이기도 하다 할 것이다. 우리의 지명은 모든 지명이 마찬가지이다. 모든 도시/읍/면/동의 지명, 산, 강, 섬, 포구… 등등 일체의 지명 역시 모두 신(god)의 뜻말이다. 예외가 없다. 다만 오늘날의 인위적인 지명, 예를 들어 디지털로, 산업단지로, 대학로… 등과 같은 것들은 제외이다.

우리의 지명은 우리의 상고어로부터 이어져 내려온 민간말을 생생히 보존하고 있는 중요한 자료이다. 고대사를 연구하는데도 매우 귀중한 자료이다. 더욱이는 최근에 우리나라가 주소제도를 개편하면서 도로명 이름을 채택하였는데, 이 과정에서 전국의 모든 향토의 고을 이름, 길 이름이 낱낱이 파악되었다. 이 길 이름은 우리 민간에서 수백, 수천년을 내려오면서 명맥을 유지한 순 우리말 이름들이다. 이 이름들에 우리 상고어의 조어 배경과 어휘가 그대로 녹아들어 있는 것이다. 매우 중요한 자료이다. 이와 관련하여는 필요한 부분에서 각각 인용하면서 후술할 것이다.

외국의 지명은 어떠할까.

이 역시 두말할 나위가 없다. 세계 지도에 나와 있는 모든 나라의 주요 도시 및 산, 강, 섬 등의 모든 지명은 신(god)의 뜻말이다. 또한 이 모든 지명들은 우리말에 뿌리를 두고 있다. 특히 인도, 파키스탄, 스리랑카 등의 지명은 우리말 상고어 그 자체라 해도 과언이 아닐 정도이다. 나라 이름 스리랑카는 아예 우리말 자체이다.

스리랑카의 몸통말은 [스리랑]이다. 이 [스리랑]은 우리 민요 아리랑에 등장하는 그 [스리랑]이다. 이 [스리랑]은 [아리랑]과 더불어 우리말 상고어로 신(god)이다. 이 [스리랑]에 호격 [아]가 붙으면 '스리랑+아=스리랑아'이다. 그런데 이 경우 자음의 강조현상에 의해

'스리랑아 ⋯→ 스리랑가'로 음편하는 규칙이 있다(후술 참조).

스리랑카라는 나라 이름은 이렇게 만들어진 우리말이다. 이것 참⋯ 연구대상이다.

일본의 지명 역시 완전히 우리말에서 유래한다.

성경에 나오는 지명 역시 마찬가지이다. 성경에는 수천 개의 지명이 등장하는데 그 모든 지명의 뜻은 신(god)이다. 예를 들면, 구스, 가드, 가나, 가사, 시내산, 우르, 갈대아, 수르광야, 신광야, 실로, 놋, 두로, 시돈, 요단, 가다라, 베델⋯ 등등 무수하다. 이러한 성경의 용어와 지명과 인명 등이 우리말이라는 점에 대하여는 추후에 별도로 집성하여 서술할 계획이다.

지도상에 표기된 세계 각지의 지명은 세계 고대사와 우리 한민족의 상고사를 추적하는데 매우 흥미로운 정보를 제공할 수 있다. 아랄해와 우랄산의 '아랄'과 '우랄'은 모두 우리말로서 어원적으로 완전히 같은 말이다. '아랄'은 우리말 상고어에서 신(god)의 씨앗말인 [알]이 두 번 중첩되어 만들어진 말이다. 즉 '알+알=알알'인데, 이 '알알'을 연음한 게 바로 [아랄]이다.

'우랄'은 이 {알} 계열의 말인 {알/얼/올/울/을/일⋯}의 하나인 [울]과 [알]을 결합하여 만든 말이다. 즉 '울+알=울알', 이 [울알]을 연음 연철하면 [우랄]이다. 그러므로 동일한 몸통말 계열의 글자를 써서 결합한 것이므로 결국 [아랄]=[우랄]의 등식관계 이다.

여기서 필자는 [아랄]에 유의하고자 한다.

이 [아랄]에 호격 [이]가 붙으면 '아랄+이=아라리'가 되는데, 이 [아라리]가 다름 아닌 우리 민요 아리랑에 나오는 그 [아라리]이다. "아리랑~ 아리랑~ 아라리요…" 여기서 [아라리]는 신(하나님)이다. 아랄해의 [아랄]과 아리랑의 [아라리]는 완전히 같은 말이다. 그러므로 아랄해는 우리말이다. 우랄 산맥도 우리말이다.

이 아랄을 한 예로 삼아 필자는 우리의 고대사를 바라보는 상상의 날개를 한번 펼쳐보고자 한다. 비록 망상일지라도….

아랄해는 카스피해의 동쪽에 위치한 중앙아시아의 염호로서 카자흐스탄의 남부에 면하고 있는 호수 바다이다. 우리 민족을 아리랑족 또는 아라리족이라 하기도 하는데, 그렇다면 혹시 태곳적엔 우리 민족이 저 아랄해 부근에 터 잡고 살았다는 얘기가 될 수 있을까?

필자의 이런 추측이 전혀 맨땅에 헤딩은 아니다. 그 주변 정황이 있기 때문이다.

주변 정황이라는 건 이렇다.

하나는, 바로 앞에서 거명한 '카스피해'의 '카스피'이다. 이 '카스피'는 우리 고대사에서 등장하는 '가섭원'의 [가섭]과 동일한 어원의 말이기에 하는 말이다. 이 '가섭원'이란 부여의 임금인 해부루가 건국한 동부여의 수도 이름을 말한다. 해부루 신하의 꿈에 천제가 나타나서 "동해 바닷가의 가섭원이란 곳으로 도읍을 옮겨라"라는 명을 받아 도읍을 옮겼다고 하는 지명이다. 그래서 역사에서는 동부여를 '가섭부여'라 하기도 하는데, 이 [가섭]이 [카스피]의 몸통말인 [카슾]과 어원상 같은 말이다.

또 하나는, 부여의 임금 이름인 [해부루]는 이스라엘 민족을 칭하는 [헤부루]와 어원상 완전히 같은 말이라는 점이다.

이 두 가지 점을 놓고 머릿속에 지도를 그려보면, 카스피해는 이스라엘 또는 아브라함이 원래 살던 고향 땅인 갈대아 우르(오늘날의 이라크) 지역에서 보면 동쪽 바다이다. 우리 고대 부여의 해부루 임금이 동쪽 바닷가 가섭(카스피)으로 옮겨간 그곳. 그곳은 어디를 말하는 걸까? 잠시 꿈을 꾸어 보았다.

꿈을 깨는 아쉬움에 사족을 하나 달아본다.

성경의 이스라엘 지명 중에 저 유명한 베델이라는 지명이 있다. 이 '베델'은 바로 우리 고조선 이전에 존재했던 배달국의 '배달'과 어원상 완전히 같은 말이다. 우리 민족을 배달겨레라 일컫기도 하는데, 어찌하여 이 '배달(=베델)'이 저 이스라엘 나라의 주요한 땅의 이름이 되어있는 것일까. 필자가 꾼 꿈이 결코 허황된 게 아닐지도 모른다. 연구대상이다.

내친김에 하나만 더 보기로 한다.

동유럽의 나라 불가리아의 수도는 소피아이다. 이 소피아가 우리 백제의 수도인 '사비'와 어원상 같은 말이다. '소피아'라는 말은 몸통말 [숍/솝]에 호격 [이]가 붙어, '숍+이=소피'가 되고, 여기에 호격 [아]가 한번 더 붙어서 '소피+아=소피아'로 된 말이다. 백제의 [사비]의 몸통말은 [삽]으로서 여기에 호격 [이]가 붙어 '삽+이=사비'가 된 것이다. 그러니 [사비]나 [소피아]는 모두 {삽} 계열의 '삽/솝…'을 몸통말 삼고 여기에 호격을 붙인 것이므로 결국은 동일한 말이다.

백제가 멸망한 년도는 AD 660년이다. 불가리아의 건국년도는 AD 665년으로 이는 백제 멸망 불과 5년 후의 일이다. 현재 우리 충청도의 도시인 부여는 백제가 고대 부여의 후계임을 나타내기 위해 그대로 따라 지은 지명이다.

그런데 불가리아에서 고대 귀족을 칭하는 명칭이 '보야'이다. 이 [보야]는 어원상 [부여]와 완전히 동일한 말이다. 이는 후술하겠지만, 서울 강동구 거여동의 [거여]가 고대국가 [가야]와 어원상 완전히 동일한 것과 마찬가지의 현상이다.

아무튼, 불가리아의 귀족의 호칭을 '부여(=보야)'라 하는 점과 수도의 이름을 '사비(=소비/소피아)'라 하는 점은 결코 범상한 일이 아니다. 더욱이 불가리아의 갓난아기 엉덩이에는 우리처럼 몽고반점이 나타난다. 불가리아와 백제의 관계를 한번 따져볼 만하다. 그 바로 인접 나라인 헝가리의 자국 명칭인 '마자르'가 우리 백제의 무사 계급인 '무절'과 동일한 어원임을 감안하면 더욱 그렇다.

이처럼 세계 지도의 지명은 고대사의 퍼즐조각을 맞추는 데 있어 흥미로운 단서를 주기도 한다. 모두 우리말에 뿌리를 둔 우리말이기 때문이며, 또한 그것은 모두 신(god)이라는 뜻말이라는 점에서 예외가 없다.

우리말은 세계 지도 구석구석, 곳곳에 생생히 남아 있다.

④ 우주만물, 삼라만상, 우수마발이 모두 신(god)의 뜻말이다.

우리는 위에서 주요한 세 가지, 즉 인명, 국명, 지명 등의 작명은 모두 그 뜻이 신(god)의 뜻말이라는 점을 살펴보았다. 이는 동서고금을 막론하고, 양의 동서를 불문하고, 전 지구적으로 관통하는 일관된 현상이다. 그런데 이 인명, 국명, 지명 등의 명칭이라는 것이 꼭 인명은 사람에게만, 국명은 나라 이름에만, 지명은 땅의 이름으로만 쓰이도록 그 경계가 딱 정해져 있는 게 아니다. 이는 마구 섞여 가며 등장한다. 즉, 나라 이름이 사람 이름으로 쓰이기도 하고, 국명이 지명으로, 지명이 국명으로 쓰이기도 한다. 다만 그 각각의 이름의 뜻이 '신(god) 또는 신성'이라는 점에서만 공통일 뿐이다.

필자는 앞에서 상고어의 키워드는 신(god)이라는 점, 그래서 '상고어는 신(god)의 말이다'라는 화두를 이미 던진 바 있다.

그런데 위에서 살펴본 인명, 국명, 지명만이 인간의 삶과 인간의 사회와 역사를 가늠하는 유일한 요소인가? 그렇지 않다.

인간은 자연과 우주 천체 안에서 살아간다. 또한 온갖 동식물과 더불어 살아간다. 온갖 바다 어류와 곤충과 벌레들과 살아간다.

인간은 농경작을 하며 식생활을 영위한다. 생로병사를 피할 수 없다. 인생의 여정엔 희로애락이 점철한다. 인간에게 찾아오는 질병은 피할 수 없는 숙명이다. 인간은 국가, 제도, 법이라는 조직과 통치체제 안에서 살아간다. 인간의 탐욕은 전쟁을 낳는다. 인간은 경제생활과 거래관계를 형성한다. 인간은 돈을 만든다. 인간은 가족과 친족이라는 공동체를 엮으며 살아간다.

인류는 문명을 만든다. 인류는 문자를 만들고 역사를 기록한다. 인류는 천문, 수학, 역법을 탐구한다. 인류는 주거와 의복과 생활도구와 온갖 가재도구를 만들어낸다. 인류는 교육제도와 형벌제도를 유지한다. 인간은 음주가무와 오락과 운동과 취미를 즐기며 살아간다.

인간은 신(god)에 대한 경외와 영원한 생명을 희구하는 본능으로 종교를 만든다.

이러한 인간생활의 모든 영역에서 발생하는 말, 즉 어휘는 모두 신(god)의 관념에서 만들어진다. 그 결과 우리의 일상 말은 모두 그 근원이 신(god)과의 관계에서 비롯되는 말들이다.

예를 본다. 우리가 어떤 위급한 일이나 사건이 터졌을 때 쓰는 관용표현을 보기로 한다.

우선 살아가면서 흔히 쓰는 말 중 "일 났다" 또는 "난리 났다"가 있는데, 비슷한 말은 이뿐이 아니다. 한번 열거해 보기로 한다.

"탈 나다, 야단나다, 사단나다, 사달나다, 혼나다, 박살 나다, 파탄 나다, 파투 나다, 겁나다, 거덜나다, 사고 나다…."

이 말들은 과연 무슨 뜻일까. 물론 이런 말들은 우리가 굳이 국어 사전을 들추지 않더라도 잘 아는 익숙한 말들이다. 우리가 무의식적으로 쓰는 "일 났다"라는 말은 "일(이) 나타났다"라는 말이다. "난리 났다"라는 말 역시 "난리(가) 나타났다"라는 말이다.

위에서 열거한 표현들의 주어만을 열거하면, [일, 난리, 탈, 야단, 사단, 사달, 혼, 박살, 파탄, 파투, 겁, 거덜, 사고] 등이다. 여기서 동원된 [일, 난리, 탈, 야단, 사단…] 등의 말은 모두 순우리말로서 우리 상고어로 신(god)을 가리키는 말이다(한자어가 아니다). 참고로 여기에 [사단]이라는 말이 보인다. 이 [사단]이 성경에 등장하는 그 [사단]이다. 이 [사단]은 신 또는 귀신이다.

이러한 관용표현들의 의미는 모두 '신(god)이 등장하여 나타났다' 라는 말이다. 인간의 죄, 불법, 부도덕, 불순종 등 신 앞에서 징계를 받을 만한 일이 생겼을 때 이들 앞에 시공을 초월하여 느닷없이 등장하는 신(god)의 현현을 표현한 말인 것이다. 징벌하시는 두려운 신(하나님)의 등장이다. 그야말로 난리가 난 것이다. 이는 기절초풍, 아수라장의 무시무시한 공포가 엄습하는 고대 신정(神政) 사회의 단면이자, 그 언어가 오늘날까지 이어져 오고 있는 것이다. 고대 사회는 신비사회이다. 인간과 신이 공존하는 사회 말이다. 신이 직접 인간을 다스리는 사회가 있었다는 말이 되는 것이다.

이는 한 예를 든 것에 불과한데, 하나 더 보면, 우리 민간말의 모든 질병의 명칭이 또한 그러하다. 인간의 병을 가져오는 것도 신의 소관이요, 그를 고치는 것도 신의 소관이라 여겼던 때문이다.

예를 들면, 우두, 수두, 마마, 마비, 풍, 오한, 설사, 담, 곰보, 볼거리, 가래톳, 다래끼… 등등 수없이 많은 질병의 이름들 역시 신(god)의 뜻말이다. 이 중에서 이를 금세 알아차릴 수 있는 말들이 있다. [수두]가 그것인데, 이는 조선상고사에서 등장하는 [수두], 즉 신(god)이다. [볼거리]는 나라 이름 [불가리아]와 어원을 같이 하는 말이기도 하다.

이와 같이 인간생활을 둘러싼 일체는 모든 것이 신(god)의 뜻말이다. 상고어에서는 단 하나도 이 신(god)의 관념을 떠나서 존재하는 대상이 없다. 그러기에 고대사회와 상고 언어를 통틀어 일관하는 핵심 키워드가 바로 신(god)이라고 하는 것이다. 이 현상이 우리 말뿐만이 아니라 영어권은 물론 인도유럽어를 포함한 전 세계 모든 지역에서도 공통이라는 점이 놀랍다.

이에 대하여는 그 범위와 대상이 방대하여 일일이 서술하기에는 지면이 턱도 없다. 따라서 이에 대하여는 추후 별도의 본문에서 그때그때 사례를 들어 상술하기로 한다.

다만 여기서는 이 신(god)이라는 키워드가 얼마나 강력하고도 광범위한 영향력을 지녔는지 다음의 목록을 한번 살펴보는 것으로 만족하기로 하고 지나간다.

다음에 열거하는 것들은 모두 신(god) 또는 신성(神聖)을 뜻한다.

1. 우주, 하늘, 해, 달, 별, 지구 등 모든 우주 천체의 명칭
2. 산, 강, 바다, 호수 등 자연물의 명칭
3. 육지 동물과 짐승의 이름
4. 어류, 바다생물의 이름
5. 조류, 곤충, 벌레의 이름
6. 나무, 식물, 채소, 꽃의 이름
7. 자연광물, 보석의 이름
8. 신화에 등장하는 신의 이름
9. 국명
10. 지명
11. 인명
12. 종족명, 왕조명, 왕의 호칭, 왕의 이름, 지배자의 명칭, 관직의 명칭
13. 인체와 동물의 신체 명칭
14. 질병의 명칭
15. 약품의 명칭
16. 음식물, 곡식의 명칭
17. 옷, 직물, 의복의 명칭
18. 농사, 어로 등 경작에 쓰이는 도구와 용어의 명칭
19. 사람의 본능, 생리현상과 관련한 모든 말
20. 종교의식과 용어에 관련된 모든 말
21. 성행위에 관련된 모든 말
22. 남녀호칭, 가족관계, 신분관계, 친족관계를 칭하는 모든 말

23. 사람의 혼례, 장례에 관한 모든 말
24. 통치, 정치제도 및 조직, 공동체에 관한 명칭
25. 집, 주거시설과 관련한 모든 명칭
26. 차, 수레, 마차, 배 등 운송수단의 명칭
27. 돈의 명칭
28. 일상생활에 소요되는 모든 가재도구, 소품의 명칭
29. 오락, 게임, 운동경기의 명칭
30. 춤의 명칭
31. 화학물질의 명칭
32. 전쟁무기의 명칭
33. 숫자의 명칭
34. 모든 문자(알파벳)의 이름
35. 도량형의 명칭
36. 동서남북 등 방위의 명칭
37. 계절, 절기에 관한 명칭
38. 비, 바람, 눈, 서리, 구름 등 기상현상의 명칭
39. 우리나라 태극의 괘, 십이간지의 명칭
40. 민간신앙의 모든 용어
41. 학교, 교육기관등의 명칭
42. 형벌, 징벌시설의 명칭
43. 상거래와 관련된 명칭
44. 귀신, 악령의 명칭
45. 모든 감탄사

이렇게 열거해 놓고 보니 사실상 우리 인간의 의식주, 생로병사, 희로애락, 사회생활에 관련된 것은 거의 모두 망라되다시피 한 것 같다. 결국 우주만물, 삼라만상이 모두 신(god)으로 귀결된다는 얘기다.

실은 이게 다가 아니다. 더욱이 구체적인 개별 어휘의 조어과정을 알게 되면, 신(god)이라는 키워드와 그 범주에서 벗어나는 게 단 하나도 없음을 발견하게 된다. 그래서 인류의 말은 곧 신의 말이다.

2. 우리말의 각 글자는 신(god) 또는 신(god)의 씨앗말이다

우리말은 일물일자(一物一字)의 원칙이 대세이다. 즉 '하나의 사물에, 하나의 글자'이다. 여기에 하나를 더 덧붙이면, 우리말은 일물일자일음(一物一字一音)의 원칙이다. 즉, 하나의 사물에, 한 글자, 한 음절이라는 말이다. 이러한 일물일자일음(一物一字一音)의 원칙은 그대로 한자로 넘어간다. 우리의 한자음은 무조건 한 음절이다. 한자는 우리 동이족이 만든 것이기 때문이다. 반면에 중국이나 일본어에서는 두 음절로 읽는 경우가 많다.

예를 들어 하늘 天(천)을 중국어는 '티엔', 쇠鐵 (철)을 일본어는 '테쓰'로 읽는 경우가 그 예다. 여기서 한자가 우리말이라는 1차 증거가 드러난다(이는 별도 후술 계획이다).

아무튼, 한 글자로 된 우리 단어를 열거해 보면,

해, 달, 별, 날, 불, 물, 팔, 뿔, 벌, 뺄, 골, 눈, 코, 입, 귀,
이, 살, 목, 술, 줄, 돌, 뼈, 피, 손, 발, 잎, 꽃, 북, 종, 징,
말, 개, 소, 닭, 콩, 쌀, 밀, 숲, 집, 짚, 꿀, 창, 칼, 활, 강,
길, 독, 젖, 엿, 떡, 풀, 꼴, 자, 옷, 신, 갓, 별, 새, 알, 똥,
묵, 먹, 담, 뚝, 섬, 배, 땅, 땀, 딸, 탈, 뭍, 못, 맛, 멋, 돈,
비, 벼, 띠, 벗, 밭, 논, 밥, 붓, 낫, 낮, 글, 끌, 꿈, 베, 참,
밥, 국, 죽, 땅, 때, 꼴, 굴, 들, 뜰… 등등

헤아릴 수 없다.

여기에 열거한 각 한 글자 단어들은 이미 우리 언어의 일반어휘 또는 생활어휘로 정착되어 쓰이는 단어들이다. 그런데 이 글자 하나하나가 우리 상고어에서는 각각 신(god)을 칭하는 씨앗말이다. 모든 어휘는 이 씨앗말에서 유래한다. 이는 공식 내지 법칙이나 다름없다.

이는 필자가 그동안 우리말과 영어의 어휘의 조어현상을 다양하게 비교 관찰하고 분석한 결과이다. 그 결과의 근원을 위로 거슬러 따라 올라가 보니 그 꼭대기에는 이러한 현상이 있다.

이미 언급한 대로, 우리말 상고어에서 각각의 한 음절 글자는 모두 신(god) 또는 신(god)의 씨앗말이다. 그러니 위의 각 글자도 본래는 신(god) 이라는 점이다. 하늘에 떠 있는 '해'(태양)도 본래 그 뜻이 신(god)이다. 밤하늘에 떠오르는 '달'도 본래 신(god)을 칭하는 씨앗말이다.

이게 고대언어와 고대사를 오해하게 만드는 아주 중요한 요인이다. 또한 우리 국어에서 여러 가지 오해를 초래하기도 한다.

인간의 눈에 비치는 우주 만물과 삼라만상이 모두 신(god)의 씨앗말에서 만들어진 것이다. 신(god)의 씨앗말이라 함은 곧 신(god)을 가리키는 말이므로 우주만물, 삼라만상의 명칭은 모두 신(god)이라는 말이나 다름없게 된다. 바로 여기에 고대사회에서의 범신론의 기원이 있다. 즉, 모든 사물의 이름이 신(god)의 씨앗말에서 비롯된 것이니만큼 모든 사물을 대할 때 신(god)의 관념이 고개를 드는 것이다. 이로인해 모든 사물에는 신이 깃들어 있다는 믿음과 경외심은 결국 범신론이라는 사상이나 종교로까지 발전하게 되는 것이다.

일부 종교에서 생명체에 대한 살생을 금하는 것은 생명 존중적 사고의 발로라기보다는 비록 미물의 벌레 한 마리일지라도 이를 죽이는 것은 감히 신(god)을 죽이는 거나 다름없는 참람한 행위라고 인식하는 두려움에서 비롯된 것 아닌가 여기는 바이다.

여기서 유의해야 할 점이 바로 중복의 문제이다.

다시 말해서 신(god)을 칭하는 씨앗말 자체와 이 씨앗말을 동물의 이름으로 삼아 지은 명칭이 동일하다는 점이다.

예를 들면, 곰은 우리 상고어에서 신(god)이다. 그런데 이게 동물의 이름인 곰으로도 쓰인다. 여기에 중복의 문제가 등장하는 것이다. 이는 중대한 착각을 유발하는 원인이 되기도 한다. 고대사회에서 신(god)을 칭하는 말인 [곰]이 우리 역사서나 단군설화에 등장할 때는 이를 마치 동물 곰(bear)인 양 서술하거나 한자 '곰 웅(熊) 자'를 빌려서 쓰는 바람에 오늘날의 우리는 이 [곰]을 말 그대로 동물 곰인 줄로 오인하는 게 그 대표적인 착각의 사례이다.

우리 민족을 단군설화의 웅녀를 따라 곰족 또는 웅족이라 하여 곰의 후손이라 하기도 하는 모양인데, 역사학자들 중엔 이 [곰]이 마치 진짜 동물 곰인 것처럼 오해함으로써, 우리 민족은 곰(bear)을 숭상하는 민족이라는 해괴한 얘기들을 서슴없이 늘어놓고 있다. 만물의 영장 인간이, 더욱이 천손민족임을 자처하는 우리 한민족이 어찌하여 그 하찮은 동물에 지나지 않는 곰을 숭상한단 말인가? 인간이 어찌 동물의 자손이 된다는 말인가. 이건 아예 말이 안 되는 소리다.

그게 아니다. 곰족이라 하는 것은 [곰]의 자손이라는 말이되, 이 [곰]은 신(하나님)을 말한다. 그러니 곰족은 천손, 곧 하늘의 자손이라는 말이다. 이 [곰]에 호격 [이]가 붙으면 '곰+이=고미'가 되는데 저 러시아 쪽 소수민족 중에 고미족이라는 종족이 있기도 하다. 고대 우리 민족과의 관계를 한번 따져볼만 하다.

다른 예로서, 우리 민족은 태양족으로도 불린다. 한편 고대 이집트는 해(태양)를 최고신으로 숭배하였다. 이 태양족은 '태양' 자체를 신으로 여겨서 숭배하는 민족이라는 말이 아니다. 태양은 곧 '해'이고, 이 '해'는 곧 신(god)이므로 하늘의 자손, 즉 천손민족이라는 얘기이다. 그러니 고대 이집트 역시 태양 자체를 신으로 숭배하는 게 아니라 신(god)을 숭배하는 나라라는 의미로 보아야 하는 것이다.

위에서 열거한 한 음절 글자는 우리말에서 명사로 정착되어 쓰이고 있는 것들이다. 그런데 여기에 호격접미사가 붙으면 다양한 어휘가 형성되는데, 이때 발생하는 단어가 실제로 신(god)을 호칭하는 용어로 다양하게 가지를 치면서 변신한다.

예를 들어, 위에서 '달'이라는 한 음절 말이 있다. 여기에 호격 [이]가 붙으면 '달+이=다리'가 된다. 이 '다리'가 상고어에서는 신(god)을 직접 칭하는 용어로 쓰인다. 우리 고전가요 동동(動動)에 나오는 후렴구 '아으 동동다리'에 나오는 '다리'가 그것이다. 동동다리=동동(god)+다리(god)이다. 그러니 '아으 동동다리'의 의미는 '아~ 하나님'인 것이다. 그런데 왜 국어교과서에서는 이 '아으 동동다리'를 의미 없는 의성어라느니, 조율구, 후렴구라느니 해서 멋대로 삭제하는가. 또한, 우리 지명에 삽다리라는 데가 있다. 이를 한자로 옮긴 게 '삽교'라는 충남의 어느 동네 이름인데, 이 '삽다리'의 '다리'도 신(god)인 것이지, 그 건너는 다리(橋)가 아니다. '굽은 다리'의 '다리' 역시 같은 맥락이다.

한편 이 [다리]에 호격 [오]가 한번 더 붙으면, '다리+오=다리오'가 된다. 이 [다리오]는 구약성경의 다니엘서에 나오는 [다리오] 왕의 이름이기도 하다. 왕이나 사람의 이름은 모두 신(god)의 뜻말로 짓기 때문이다.

또 이 [다리]는 우리말 상고어 음운상 [디리]와도 완전 같은 말이다(후술 예정). 이 [디리]는 우리의 백제가요 정읍사에 등장하는 "아으 다롱디리"의 [디리]이다. 이 다롱디리는 '다롱+디리'로 인수분해 된다. 여기서 [다롱]은 신(god)이다. [디리]도 신(god)이다. 그러므로 '아으 다롱디리'는 신(god)을 부르는 말이다. 즉 요즘말로 '아 ~ 하나님이시여', 영어로는 '오 마이 갓'.

이런데도, 국어교과서에서는 이를 의미 없는 의성어 내지 후렴구라 하여 마구 가위질을 해버리고 만다. 우리의 고전가요를 완전히 장기판의 차 떼고 포 떼는 식으로 하여 엉망진창으로 만들어 버린다.

또 있다.

고려속요 서경별곡에는, "위 두어렁셩 두어렁셩 다링디리"라는 구절이 있다. 여기서의 '다링디리'라는 말에도 [디리]가 또 한번 등장한다.

정읍사의 [다롱디리]와 서경별곡의 [다링디리]는 완전히 똑같은 말이다. 그럼에도 국어교과서는 이 구절을 의미 없는 의성어, 후렴구, 조율구… 라느니 해서 또 한번 싹둑 잘라 버리고 만다.

우리 국문학 해석… 이거 완전 엉터리다. 이는 아주 일부분의 예를 든 것에 불과한데 이러한 사례가 우리 고전문학에는 널려 있다. 기회가 닿으면 후술한다.

그러면 위에 열거한 글자들만 그렇다는 것인가?

예를 들어 '랑'이라는 글자는 위에 없다. 또 '할'이라는 글자도 없다. '놀'이라는 글자도 없다. 이것들은 예외란 말인가? 아니다. 예외가 없다. 위에서 열거한 것은 한 글자로 된 글자들을 예로 삼아 열거하되 우리말에서 명사로 쓰이는 것들을 골라서 한 것일 뿐, 실제로는 모든 글자가 해당된다. 우리말에서 자음과 모음의 결합으로 만들어지는 모든 글자가 예외 없이 다 해당된다.

그러면 그 글자의 개수는 대강 몇 개쯤이나 될까? 그냥 한번 어림셈으로 따져보기로 한다.

먼저 모음을 보기로 한다.

우리말의 기본모음은 '아 야 어 여 오 요 우 유 으 이'의 10개이다. 이는 단모음 6개(아 어 오 우 으 이)와 겹모음 4개(야 여 요 유)가 섞여 있다. 이 기본모음을 약간 보기 쉽게 단모음과 겹모음을 따로 모아 표시해 보면, 우리 기본모음은, '아 어 오 우 으 이 + 야 여 요 유'로 10개가 된다.

그런데 우리 모음에는 복모음이라는 것이 더 있다.

우선 기본모음에 [이]가 결합해서 생기는 복합모음은, '애 에 외 위 의 얘 예'의 7개가 있다. 그다음엔 기본모음이 서로 결합해서 생기는 복합모음으로서, '와 워 왜 웨'의 4개가 더 기다리고 있다. 이 복모음을 합쳐서 열거해 보면 '애 에 외 위 의 얘 예 + 와 워 왜 웨' 11개이다. 그러므로 우리말의 모음의 총수는 21개이다. 즉, 기본모음 10개+복모음 11개=합 21개. '아 어 오 우 으 이 + 야 여 요 유 + 애 에 외 위 의 얘 예 + 와 워 왜 웨'이다.

다음은 자음을 보기로 한다.

우리말의 자음을 열거하면, 'ㄱ ㄴ ㄷ ㄹ ㅁ ㅂ ㅅ ㅇ ㅈ ㅊ ㅋ ㅌ ㅍ ㅎ' 14개이다. 이 자음 중 왼쪽 부분의 9개 'ㄱ ㄴ ㄷ ㄹ ㅁ ㅂ ㅅ ㅇ'는 기본자음이고, 나머지 5개 'ㅊ ㅋ ㅌ ㅍ ㅎ'는 각각 기본자음인 'ㅈ ㄱ ㄷ ㅂ ㅇ'의 거센자음이다. 그러므로 이를 기본자음과 거센자음으로 구분해서 나열하면, 'ㄱ ㄴ ㄷ ㄹ ㅁ ㅂ ㅅ ㅇ ㅈ + ㅊ ㅋ ㅌ ㅍ ㅎ'가 된다.

그런데 우리 자음에는 된소리가 더 있다. 다름 아닌 'ㄲ ㄸ ㅃ ㅆ ㅉ'의 5개로서 이는 각각 기본자음 'ㄱ ㄷ ㅂ ㅅ ㅈ'의 된소리이다.

그러므로 우리말의 자음의 총수는 19개이다. 즉, 기본자음 9개+거센자음 5개+된소리자음 5개=합 19인데, 이를 열거하면, 'ㄱ ㄴ ㄷ ㄹ ㅁ ㅂ ㅅ ㅇ ㅈ + ㅊ ㅋ ㅌ ㅍ ㅎ + ㄲ ㄸ ㅃ ㅆ ㅉ'이다.

이제 모음과 자음의 수가 나왔으니, 이를 결합해서 만들어지는 글자의 경우의 수를 계산해 볼수 있다.

1) 종성받침 없는 글자: 초성자음 19 × 모음의 수 21=399개

2) 종성받침 있는 글자: 초성자음 19 × 모음의 수 21 × 종성자음 수 19 = 7581개

3) 총 글자수= 1) 종성받침 없는 399 + 2) 종성받침 있는 7581개 = 7980

총 7980개의 글자가 생긴다.

그런데, 사실은 우리말에는 이 자음 외에도 종성받침으로만 쓰이는 이중자음이 몇 개 더 있다. 예를 든다.

- '삯'에 쓰인 'ㄳ'
- '닭'에 쓰인 'ㄺ'
- '값'에 쓰인 'ㅄ'
- '삶다'에 쓰인 'ㄻ'
- '여덟'에 쓰인 'ㄼ'
- '앓다'에 쓰인 'ㅀ'
- '앉다'에 쓰인 'ㄵ'
- '돐'에 쓰인 'ㄽ'

이와 같이 8개이다. 이론적인 수치이긴 하지만 이를 반영하면 총 글자의 수는 훨씬 더 늘어나서 대략 1만 개에 육박할 것이다.

비록 그 많은 글자들이 이론적인 숫자이긴 해도, 원칙적으로는 이 글자 하나하나가 모두 신(god)이라는 뜻의 씨앗말이 된다는데는 예외가 없다.

이러한 글자 중에서 어떤 것은 한 글자 자체로 신(god)의 단어로 쓰이기도 하고, 어떤 것은 호격접미사가 붙은 형태로 신(god)의 뜻 단어로 쓰이기도 한다. 또는 이 각 글자말이 다른 글자와 결합해서 두 글자 이상의 어휘가 되어 역시 신(god)을 가리키는 뜻의 어휘를 파생하는 것이다.

다만, 이들 글자 중에서 특히 빈도가 높거나 어휘발달이 되는 글자가 있는 반면 어떤 글자는 빈도가 거의 없는 경우가 있을 수는 있다. 하지만 빈도나 중요도 여부를 떠나서 이 글자 하나하나가 신(god)의 씨앗말이라는 점에서는 예외가 없는 공통규칙이다.

이 글자들 중에서 신(god)의 뜻의 뿌리말로 특별히 빈도가 높거나 발달된 어휘를 거느리는 중요한 것들을 골라보면, 다음과 같다.

[곳] [갓] [감] [곰] [굼] [골] [갈] [알] [올] [홀] [할] [앗] [옷] [잇]
[안] [한] [발] [불] [암] [엄] [만] [설] [솔] [살] [실] [삼] [섬] [신]
[선] [단] [돈] [당] [동] [탕] [달] [돌] [성] [막] [맥] [목] [복] [북]
[박] [악] [옥] [압] [앙] [절] [잘] [졸] [질]… 등

이다.

그 외에도 많음은 물론이다.

그런데 이 중에서 우리가 아는 한 글자로서 직접 신(god)을 호칭하는 글자가 딱 2개 있다. 바로 [곳]과 [신]이다. 이 2개 중 하나인 [곳]을 우리

말 소리발음대로 스펠한 게 바로 다름 아닌 영어단어 [god]이다. 나머지 한 개 [신]은 우리말에서 신(god)으로 쓰이는 말 '신(神)' 그 자체이다.

영어단어 'god'(곳)은 우리말이다. 이는 우연히 일치하거나 필자가 억지로 또는 제멋대로 끼워 맞춰서 하는 얘기가 아니다. 영어단어 'god'에 호격접미사가 붙어서 파생하는 어휘가 역시 우리말이기 때문이다. 이 'god'에 대하여는 별도의 장에서 상술하기로 한다.

위에서 열거한 빈도 높은 한 글자 말들 중에서 [곰] [골] [알] 등은 대단히 중요한 말들이다. [곰]의 경우를 보면, 우리 민족의 상고사에서 등장하는 이 [곰]은 무조건 '신(god)'을 가리키는 말이다. 예를 들어, 삼국유사에 나오는 단군설화의 '곰'은 신(god)을 말하는 것이지, 동물 곰(bear)을 가리키는 게 결코 아니다.

또한 [골]은 우리말과 고대사에서 너무도 중요한 말이다. 고구려의 다른 이름인 '고리'는 이 [골]에 호격접미사 [이]가 붙어 생긴 말이다. 즉 '골+이=고리'이다. 그러므로 '고리'라는 말의 뜻은 '신(god)'이라는 것뿐이다. 나라 이름 '고리'는 곧 '신(god)이 함께하는 거룩한 또는 신성한 나라'라는 의미이다. 따라서 '고리족'이라 함은 '고리(god)의 자손', 천손 즉 하나님의 자손이라는 말이다. 이걸 두고서는, 고구려는 주로 무슨 산골짜기에 성을 쌓고 살았는데 그 골짜기 또는 성을 [골]이라고 불렀기 때문에 이를 나라 이름 삼았다느니 어쩌느니 하는 헛소리가 있다면 이는 당장 접어야 한다.

예나 지금이나 나라의 이름을 정하는 엄중함 앞에서 이런 잡담류의 근거를 가지고 나라 이름 삼는다는 건 말도 안 되는 허튼소리에 다름없거니와 그 유례도 단연코 없다. 고대 가락국에는 앞에 무슨 큰 내(강)가 흐르는데, 그 내를 고어로 '가락 또는 가라'라는 이름으로 불렀다는 데서 '가락'이라는 국명의 유래가 생겼다는 소리 따위도 이와 똑같으므로 무시하면 된다. 이러한 엉터리식 지명풀이가 우리 고대사를 왜곡하거나 축소하는데 기여한 공로(?)가 적지 않다고 보기 때문이다.

아무튼, 이 [골]은 영어단어 안에서 아예 직접 신(god)을 칭하는 단어로서 별도로 스펠된 영어단어가 존재할 만큼 그 중요성이 대단한 말이다.

하나만 더 보면, [알]도 대단히 중요한 말이다. 이 [알]은 신(god)이다.

우리 고대국가 건국설화에는 빠짐없이 이 [알]이 등장하는데, 김알지도 '알'에서 나왔고 박혁거세도, 동명성왕도… 등등 소위 난생설화라는 건데, 이 [알]을 계란으로 오인하는 어처구니없는 일이 벌어지고 있다. 이를 기록한 이도, 이를 읽는 이도, 이 [알]이 신(god)이라는 걸 까마득히 모르고 지내왔다는 얘기다.

한번 생각을 해 본다. 아무리 고대설화라 한들 애들 만화책 쓰는 것도 아니고 어찌 그리 황당한 얘기를 적었겠는가 말이다. 혹시 고대에는 사람이 계란 같은 알에서 태어나기도 했던 걸까? 그게 아니다. 우리 고대설화에 등장하는 '알'은 모두 신(god)을 가리킨다. 그러니 '알'에서 태어났다고 하는 소리는 모두 신(god)에게서 태어난 신의 자손이라는 말이다. 그래서 천손임을 강조하려고 서로 경쟁적으로 '알'에서 태어났음을 주장한 것뿐이다.

참고로, 이 '알'에 호격접미사 [이]가 붙으면 '아리'이다. 이 '아리'는 누차 언급한 대로 우리말에서 신(god)이다. 아리랑의 '아리'가 그렇고, 이 '알'에 호격 [아]가 붙은 '아라' 역시 신(god)이다. 이 '아라'는 우리말 아라뱃길, 아라온 등에 쓰인다. 그런데 이 [알]을 알파벳 [al]로 쓴 다음 여기에 호격 [이]를 붙여본다. 그러면 'al+이(i)=ali' 즉 '알리'이다. 이 '알리'는 이슬람권에서 대단히 흔하게 등장하는 신(god)의 용어이다. 사람 이름에도 무수히 쓰인다. 여기에 호격 [아]를 붙여본다. 'al+아(a)=ala' 즉 '알라'이다. 이 알라가 바로 이슬람에서 신(god)을 칭하는 그 [알라]이다. 이 [알라]를 스펠 가다듬어 만든 게 영단어 Alah(알라)이다.

영어권의 [알라] [알리]는 모두 우리말 [알]이 그 몸통말로서, '알=아리=아라=알리=알라'가 등식관계이다. 이 모두는 우리말이다.

우리말 한 글자 한 글자 모두는 각각 신(god) 또는 신(god)의 씨앗말이다. 즉 신(god)을 칭하는 말이라는 뜻이다. 받침이 있는 글자이든 받침이 없는 글자이든 마찬가지다. 위에서 살펴본바, 모든 글자를 망라하면 거의 1만 개에 달하는 숫자이므로 이를 다 볼 수는 없고, 여기서는 비교적 단출한 받침 없는 글자만을 대상으로 표를 한번 만들어 본다. 단, 우리말의 21개 모음인 '아 어 오 우 으 이 + 야 여 요 유 + 애 에 외 위 의 얘 예 + 와 워 왜 웨' 중에서 간단히 하기 위해 앞쪽에 등장하는 기본단모음인 '아 어 오 우 으 이' 6개만을 가지고 표를 한번 만들어 보기로 한다

	기본 자음									거센 자음					된소리 자음				
아	가	나	다	라	마	바	사	아	자	차	카	타	파	하	까	따	빠	싸	짜
어	거	너	더	러	머	버	서	어	저	처	커	터	퍼	허	꺼	떠	뻐	써	쩌
오	고	노	도	로	모	보	소	오	조	초	코	토	포	호	꼬	또	뽀	쏘	쪼
우	구	누	두	루	무	부	수	우	주	추	쿠	투	푸	후	꾸	뚜	뿌	쑤	쭈
으	그	느	드	르	므	브	스	으	즈	츠	크	트	프	흐	끄	뜨	쁘	쓰	쯔
이	기	니	디	리	미	비	시	이	지	치	키	티	피	히	끼	띠	삐	씨	찌

이 표에서 보는 각 글자는 신(god)의 씨앗말이다. 물론 나머지 모음들을 모두 동원해서 표를 만든다 해도 결과는 동일하다. 이 표는 각 글자 하나하나가 신(god)의 뜻을 지닌 씨앗말이라는 점에서 이를 곧 '신의 문자표'라 해도 무방하다. 참고로, 일본어의 오십음도라는 게 있는데, 그것은 이 표를 더 압축한 축약판이나 다름없다. 일본말의 기본 알파벳이라 할 수 있는 오십음도(五十音圖)는 우리말의 모든 글자 중에서 받침 없는 글자만을 모아서 만들어 놓은 표이다. 그러니 일본말이 우리말임은 두말할 나위도 없다 (일본어의 오십음도에 대하여는 후술한다).

그러면 위 글자들이 과연 신(god)의 씨앗말인지를 우리말의 용례를 통해서 몇 가지만 샘플 삼아 확인해 보기로 한다.

▸ [가]라는 글자를 본다. 이 [가]에 호격 [이]를 붙이면 '가+이=가이'가 된다.

후술하겠지만, 호격에는 [위]도 포함된다. 그래서 '가+위=가위'가 만들어지는데, 이 [가위]는 우리 추석 명절인 '한가위'의 [가위]이다.

그러므로 '추석=한가위=한(god)+가위(god)'이므로 '신(god)의 날'이라는 뜻이다. 이 [가위]가 신(god)의 뜻으로 쓰이는 우리말 용례는 '가위눌리다'라는 관용표현에도 있다. 이 '가위눌리다'라는 말은 밤에 잘 때 꿈에서 악령에게 시달리는 것을 말한다. 다만 이는 가위(=신)가 악령으로 의미 변질된 결과이다. 또한 이 [가]에 호격 [야]가 붙으면 '가+야=가야'가 되어 고대국가 이름인 [가야]이다.

이번엔 [구]라는 글자를 본다. 이 [구]는 한 글자 자체로 신(god) 이다. 이는 고대 가락국 건국신화에 나오는 고대가요 '구지가'(龜旨歌)의 첫 구절에 등장하는 '구하 구하'(龜何 龜何)의 [구]이다. 여기서 '구하=구+하'로서 [구]는 신(god)이고 [하]는 단지 호격일 뿐이다. 그러니 '구하'라는 말은 곧 신을 부르는 말이다. 즉, '신이시여!'이다. 이걸 두고 국어교과서에서는 '구하'(龜何)를 한자대로 해석해서 "거북아 거북아, 머리를 내어놓아라…" 하고 있으니 황당하기가 이루 말할 수 없다. 참고로 이 고전가요의 제목인 구지가(龜旨歌)의 [구지] 역시 신(god)이다. 그러므로 구지가는 '신의 노래'이다.

이 [구지]의 몸통말은 [궂]이다. 이 [궂]은 우리 상고어로 신(god)의 씨앗말이다. 이 [궂]에 호격 [이]가 붙어 '궂+이=구지'가 된 것이다.

이 [궂]에 호격 [우]가 붙으면 '궂+우=구주'가 되어 [구주]라는 말이 생긴다. 이 [구주]는 오늘날 기독교에서 하나님을 칭하는 말이다. 예수그리스도를 [구주]로 칭한다. 즉 [구주]라는 말은 하나님이라는 말이다. 그러므로 [구지]=[구주]=신(god)이다.

보다시피 이 [구주]는 순우리말이다. 다시 말해 한자어에서 만들어진 어휘가 아니라는 얘기다. 한자는 우리말이다. 이 [구주]가 땅이름으로 쓰여서 유럽을 [구주](歐州)라 하고, 일본의 규슈지방을 [구주](九州)라고 하는 까닭이 여기 있는 것이다. 즉, 신(god)의 뜻말이다. 외국의 유명한 상표인 구찌(Gucci)는 우리말 [구지]를 된소리로 한 것이다.

▸ [어]라는 글자를 본다.

이 [어]에 호격 [아]를 붙이면 '어+아=어아'가 된다. 이 [어아]는 신(god)이다.

우리 환단고기의 부루 단군 때로부터 내려오는 노래인 '어아가'(於阿歌)라는 게 있다. 이 '어아가'의 [어아]가 바로 이 [어아]이다. 그러므로 '어아가'는 고대로부터 비롯된 우리 겨레의 합창가이자 찬송가이다. 이 [어아]는 우리 민간의 전통 상여소리에서의 후렴구인 '어아 어아'이기도 하다. 그러니 이 상여소리 역시 찬송가이다.

이 [어]에 호격 [하]가 붙으면 '어+하=어하' 가 되어 [어하] 역시 신(god)이다. 그래서 '어아'라 하기도 하고 '어하'라 하기도 하는 것이다. '어아가=어하가' 이기 때문이다.

이번에는 [이]라는 글자에 호격 [어]를 붙여본다. '이+어=이어'가 된다. 이 [이어]는 우리나라의 최남단 섬으로서 전설 속의 섬으로 불리기도 하는 '이어도'의 [이어]이다.

[오]라는 글자에 호격 [이]를 붙여본다. '오+이=오이'가 된다. 이 [오이]는 서울의 전철 4호선의 종점역인 '오이도'의 [오이]이다. 이 [오이]는 우리 식탁의 야채인 그 [오이]의 이름이 되기도 한다.

[우]라는 글자에 호격 [이]를 붙여본다. '우+이=우이'가 된다. 이 [우이]는 신안군의 섬 이름 '우이도'나 서울 강북의 동네 이름인 '우이동'의 [우이]이다. 이 [우이]가 한 음절 [위]로 축약되면 낚싯배 사고로 유명한 섬 이름 '위도'가 된다. 일설에, 우이동을 한자로는 牛耳(우이)라 쓰니까 '그 동네 형세가 소의 귀 모양으로 생겨서 그렇게 부른다'느니 하는데 그야말로 죄다 허튼소리다. 이는 전철 3호선의 일산 쪽 역 중 하나인 마두(馬頭)역을 두고는 '말 대가리 모양'이라고 하는 거나 똑같다.

거듭 말하거니와 지명의 한자 뜻풀이는 전혀 의미 없다. 순우리말을 음차표기한 것뿐이기 때문이다.

▸ [부]라는 글자를 본다. 이 [부]에 호격 [여]를 붙이면 '부+여=부여'가 된다. 이는 고대국가 [부여]의 이름이다.
▸ [주]라는 글자를 본다. 이 [주]는 한 글자 자체로 신(god)이다. 기독교에서는 신(하나님)을 부를 때 [주]라고 한다. 여기에 '님'을 붙인 게 '주+님=주님' 즉 [주님]이다.

모든 지명, 국명은 신(god)의 뜻말이라는 점을 염두에 두면 이와 같은 지명들 유래의 궁금증이 단번에 풀린다.

정리하면, 이와 같이 해서 우리말의 각 글자는 신(god)의 씨앗말이라는 것을 몇몇 용례를 통해 살펴보았는데, 이는 사실 극히 일부분에 지나지 않는다. 또한 이 씨앗말들이 영어단어를 형성한다. 예를 들어, [이어]는 영어단어 ear(귀)와 year(년)를 만드는 것이다.

위에서 예를 든 표는 받침(종성)이 없는 글자들이므로 비교적 단출한 수준임에도 이에서 파생하는 어휘의 수는 대단히 많다. 그러니 받침 있는 글자들을 가지고 그 파생어휘를 살펴본다면 아마도 그 숫자가 실로 어마어마하다 할 것이다.

따라서 여기서는 지면상 일일이 다 열거할 수 없는 사안이므로 추후 별도의 관련 부분에서 살펴보기로 한다.

우리말 각각의 모든 글자는 모두 신(god)의 씨앗말이다.

이 각각의 글자가 그 자체로 신(god)의 뜻으로 쓰이거나, 호격이 붙어서 어휘를 파생한다. 또는 이 각각의 신(god)의 씨앗말 글자들이 두 개 이상 결합하여 어휘를 형성한다. 그런데 이 결합과정에 호격접미사가 끼어들기도 하고, 안 끼어들기도 하면서 변화무쌍한 어휘의 세계를 창조한다.

이 간단한 원리가 우리말 상고어의 생성 비밀이다. 이게 영어에서도 그대로 적용된다. 결국 인류 원시 상고어 생성의 비밀이 여기에 담겨 있는 것이다.

3. 상고어에서 모음은 자유롭다

결론부터 얘기하면, 상고어에서 모음은 자유롭되, 무한자유를 누린다. 바꿔 말하면, 상고어에서 모음은 의미가 없다는 얘기와 같다. 상고어에서 음가를 식별하는 기준은 오로지 자음이다. 따라서 모음의 존재 이유는 이 자음을 실어 날라주는 전달자의 역할에 그칠 뿐이다. 즉, 상고어에서는 자음(초성 또는 종성)이 같기만 하면 모음에 상관없이 모두 같은 말인 것이다.

예를 들어, [가]라는 받침(종성) 없는 글자가 있다 하자. 이 [가] 글자의 초성자음은 'ㄱ'이다. 이 초성자음 'ㄱ'에 어떤 모음을 갖다 붙이더라도 여기서 만들어지는 각 글자들은 모두 동일한 말이라는 얘기이다. 즉, {가/거/고/구/그/기/게/개/갸/겨/교/규/과/궈/궤…} 등의 글자는 모두 같은 말이다.

이번에는 받침 있는 [갈] 이라는 글자를 예로 삼아 보자.

이 [갈]은 초성자음 'ㄱ' 에 종성자음은 'ㄹ'이다. 여기에 모음을 갖다 붙인 다음의 각 글자는 모두 서로 같다. 즉, '갈/걸/골/굴/글/길/겔/갤/걀/결/괼/귤/괄/궐/궬…' 등의 글자는 모두 같은 말이다.

각 글자들은 또 상호 차별 없이 완전히 동등하다. 즉, {갈=걸=골=굴=글=길…}의 관계이다. 이는 우리말 상고어의 조어원리에 있어서 법칙이나 다름없다. 또한 이 글자들은 각각 신(god) 또는 신(god)의 씨앗말이다. 영어도 이 법칙을 따르고 있다. 그래서 영어가 우리말이자 우리말이 전 인류 언어의 뿌리말인 것이다.

상고어에서 '모음이 자유롭다', 즉 '모음은 무의미하다'라는 말은 오늘날의 기준에서 보면 선뜻 납득이 가지 않는다. 하지만 이는 원시언어의 출발점으로 대단히 중요한 관전 포인트에 속한다.

이에 이게 뭔 소린가 할 수 있으니 다음과 같이 살펴본다.

우리말엔 모음조화가 발생한다.

경모음은 경모음끼리, 중모음은 중모음끼리 모이는 현상을 말하는 건데, 경모음은 가벼운 느낌을, 중모음은 무거운 느낌을 준다. 경모음을 양성모음, 중모음을 음성모음이라 하기도 한다.

이를 한자어로 만들어서 좀 유식한 표현을 하자면,

경모음= 경박단소(輕薄短小 가볍고/얇고/짧고/작은)한 느낌을,
중모음= 중후장대(重厚長大 무겁고/두껍고/길고/큰)한 느낌을 주는 모음이라는 말이다.

우리말 기본모음에서 대표적인 경모음은 [아/오/이]의 3개다. 이 3개의 경모음 [아/오/이]에 대칭하는 중모음은 [어/우/으]이다. 일부 국어문법에서는 [이/으]를 다 중모음으로 본다는 얘기도 있지만, 필자는 설명의 전개를 위해 필자대로 나간다.

이들 모음은 각기 경모음은 경모음끼리, 중모음은 중모음끼리 서로 끼리끼리 모이는 경향이 있다. 찰랑찰랑은 출렁출렁과 같은 말이다. 경

모음 '찰랑찰랑'은 컵 속에 물이 넘칠락 말락 할 정도라서 별 걱정이 안 되지만, 긴 장맛비로 한강이 위험수위를 넘겨 '출렁출렁' 거리면 가슴이 '철렁' 내려앉을 때도 있다. 이게 경모음, 중모음 간의 어감 차이인데, 이렇게 경모음은 경모음끼리, 중모음은 중모음끼리 따로따로 놀아야지만 말이 된다.

이를 섞어서 '찰렁찰렁' 이렇게 되면…? 이런 말은 없다. 이걸 실전에 쓰면 푼수 취급받는다.

반짝반짝/번쩍번쩍, 통통하다/퉁퉁하다, 폴짝 뛰다/풀쩍 뛰다, 살살 기다/설설 기다, 솔솔 불다/술술 불다, 조막만 한 얼굴/주먹만 한 얼굴….

이처럼 우리말에서의 모음조화는 모음이 다양한 변화를 보이면서 미묘한 어감의 차이까지를 구현한다. 다시 말해, 어느 미녀의 얼굴이 작아서 예쁘다는 표현일 땐, "얼굴이 조막만 해~" 이러지만, 이걸 "얼굴이 주먹만 해~" 하지는 않는다. 이거… 만일 손이 사람 얼굴만큼 큰 UFC 선수가 옆에 있는 때라면 그 미녀가 자칫 오해해서 '아니, 지금 내 얼굴이 저 주먹만큼 크다는 거야?' 하면서 진짜 주먹 날리는 수도 있다.

크다는 걸 강조하려는 때는 "하늘에서 주먹만 한 우박이 쏟아졌어!" 이러는 것이다.

이 모음조화가 꼭 경중 모음의 어감 차이를 보이지만은 않는 경우도 있다. 예를 들어, '살짝 건드리다'와 '슬쩍 건드리다'의 경우이다. '살짝'이나 '슬쩍'이나 그게 그거다. 경중의 어감 차이는 보이지 않는다. 또 '쓸데없는 소리'와 '씰데없는 소리'의 경우를 한번 보면, 이는 [쓸/씰]의 차이이므로 분명 모음조화 현상이지만, 경중의 어감 차이는 별로 없는 반면, 마치 표준어 대(對) 사투리나 비문화어의 대결 같은 인상으로 다가온다.

이 모음조화가 엄격한 기준으로 지켜지지 않는 경우를 보자.

"기분이 맹숭맹숭하다"에서 '맹숭맹숭'을 '맹송맹송'이라 하는 때도 있다. '맹숭'의 [맹]은 변함없음에도 [숭]과 [송]이 동시에 쓰였기 때문이다.

그러나 필자는 이 모음조화 현상과 관련하여 시각을 달리하는 부분이 있다.

이 모음조화라는 건 어디까지나 한 어휘 내 구성 음절들 사이에서의 경모음, 중모음의 조화를 따진다는 얘기일 뿐이다. '찰랑'은 되고 '철렁'도 되지만, '찰렁'은 안 된다는 게 모음조화의 요구사항이다. 즉, 한 어휘 내에서 음절 간에 경모음은 경모음끼리, 중모음은 중모음끼리 조화를 이루어야 한다는 규칙만을 염두에 두고 몰입하다 보니, 보다 근원적인 현상이 간과되고 있다. 다시 말해, [찰랑] [출렁] [촐랑]은 모음조화상으로는 맞지만, [찰] [철] [촐] 등의 다른 모음이 스스럼없이 등장하는 점을 주목해야 한다는 말이다. 즉, 모음 자체가 변할지라도 경중에 의한 어감의 차이는 있을지언정 그 근본 뜻은 동일하게 통한다는 점이다. 그러니 [찰]=[철]=[촐]의 등식관계가 드러나는 것이고, 이는 바로 여기서 얘기하는 '고대 상고어에서 모음은 자유롭다'라는 명제의 흔적을 보여주는 사례가 되는 것이다.

이는 우리말 일상에서 너무나도 흔한 현상이다.

- 눈물을 '줄줄' 흘리다.
- 눈물을 '질질' 흘리다.
- 눈물을 '좔좔' 흘리다.
- 눈물을 '철철' 흘리다.
- 기름기 '잘잘' 흐르다.
- 시냇물 '졸졸' 흐르다.

이 용례에서는 '줄줄/질질/좔좔/철철/잘잘/졸졸'이 되어 [우/이/와/어/아/오] 6개 모임이 쓰였다.

다른 예로서, 살이 쪘다거나 배가 불룩하다는 등의 의미로 쓰는 '통통하다'의 모음 변화 용례를 보자.

- 속살이 '통통' 하다.
- 라면이 '팅팅' 불어 터졌다
- 속살이 '퉁퉁' 하다.
- 라면이 '탱탱' 불어 터졌다

이 경우에는 '통통/퉁퉁/팅팅/탱탱'이 동원되어 [오/우/이/애] 4개가 쓰였다. 이와 같이 모음이 기본 4~6개씩이나 동원되는데도, 그 뜻은 변함이 없다. 다만, 경중의 어감 차이만 있을 뿐이다.

다른 예를 본다.

- '이제껏/아지껏/여지껏'은 우리 일상에서 모두 쓰인다. 여기서는 '이제/아지/여지'가 되어 [이/아/여]의 모음 3개가 쓰였다.
- 살이 '빼짝/삐쩍/빠짝/뻐쩍 마르다'에서는 [애/이/아/어]의 모음 4개가 쓰였다.
- 음식의 간이 '심심/슴슴/섬섬/삼삼하다'에서는 [이/으/어/아]의 4개 모음이다.
- 옷의 먼지를 '털털/탈탈/툴툴 털다'에서는 [어/아/우]의 3개 모음이 동원된다.
- 양이 '모자라다/모자르다/모지리다/모자리다' 이는 우리말 사투리에서 보이는 현상인데, 모음이 아주 자유롭다.
- 돈이 '얼마나/을마나/월메나 들어?' 우리말 사투리에서 보이는 현상인데, '얼마/을마/월메'가 되어 [어/으/워]의 3개다.
- 못이 '뾰족뾰족/삐죽삐죽/뼈죽뼈죽/뻬죽뻬죽 튀어나오다'에서는 '뾰족/삐죽/뼈죽/뻬죽'이 되어 [요/이/여/에] 4개다.
- '며느리/메느리/미누리'에서는 '며느/메느/미누'가 되어 [며/에/이]의 3개다.

이렇게 서너 개씩의 모음을 돌려가며 쓴다 해서 못 알아듣거나 의사전달에 지장이 되거나 하는 문제는 전혀 없다.

그뿐 아니다.

- '어디서/우디서/워디서 만날까'에서는 '어디/우디/워디'로 [어/우/워] 3개다.
- 낙엽이 '나딩굴다/나동굴다/나둥굴다'에서는 '나딩/나동/나둥'으로 [이/오/우] 3개다.
- 배가 아파서 '떼굴떼굴/때굴때굴/띠굴띠굴 구르다'에서는 '떼굴/때굴/띠굴'로서 [에/애/이] 3개다.
- 네 말이 맞아 '그럼/기럼/고럼'에서는 [으/이/오] 3개다.

그다음으로는, 모음조화는 아니지만 우리 일상말에서 모음에 신경을 안 쓰는 사례가 많다.

- 버스가 '서다/스다/시다' 표준발음은 [서다]이지만 우리는 이런 거에 신경 안 쓴다.
- 돈을 '세다/시다'
- 물건을 '만들다/맨들다'
- 물건을 '부시다/바시다/부수다/바수다'
- 눈물을 '삼키다/샘키다'
- 찬물을 '들이키다/들이켜다'

한편, 표준어에 속하긴 하지만 좀 이상한 경우가 있다.

제사 지낼 때 쓰는 물건은 '제사용품'이라 함이 맞다. 그런데도 굳이 우리 사회는 '제수용품'이라 한다. 또, 혼사(결혼)에 소요되는 용품 역시 '혼사용품'이 맞다. 그런데도 우리는 죽으라고 '혼수용품'이라 한다.

이러한 예도 있다.

- ‘진실하다/진솔하다’는 같은 말이다.
- ‘티미하다/투미하다’는 같은 말이다.
- ‘앙증맞다/앙징맞다’는 같은 말이다.
- ‘미안하다/무안하다’는 같은 말이다.
- ‘희롱하다/희룽하다’는 같은 말이다.
- ‘법칙/법측’은 같은 말이다.
- ‘거리/괴리’는 같은 말이다.
- ‘망측/망칙’은 같은 말이다.
- ‘간격/간극’은 같은 말이다.
- ‘운수/운세’는 같은 말이다.
- ‘괄시/괄세’는 같은 말이다.

흥미로운 사례도 있다.

산에서 산삼을 캐러 다니는 사람을 심마니라고 한다. 이것도 좀 갸우뚱하다. 삼(參)을 캐러 다니면 ‘삼마니’라고 해야지 왜 ‘심마니’라고 하는가? 또 이 심마니가 산삼을 발견했으면 “삼 봤다!” 외쳐야지 왜 “심 봤다!”라고 하는 건가?

우리는 양치질할 때 칫솔을 쓴다. 그런데, 치과용구에 치실이라는 게 있다. 칫솔과 치실은 같은 말인데, 왜 따로 쓰는 걸까?

이상과 같이 우리말에서 모음이 마치 흔들리는 갈대와 같이 중심을 못 잡고 이리저리 왔다 갔다 하는 모습을 살펴보았다. 대체 왜 이러는 걸까? 여기에는 필시 모음조화와는 다른 차원의 뭔가가 있다.

우리말에서만 이러는 게 아니다. 영어에서도 이런 현상은 대동소이하다. 영어단어가 딱 한 개의 발음기호만을 표시한 단어는 얼마 되지 않는다. 대부분은 보통 두서너개씩은 되는게 영어단어의 발음이다. 한편 영어단어에서 모음만 스펠을 바꾼 동의어, 즉 이철동의어(異綴同意語)

가 엄청 많음도 이를 방증한다.

일일이 다 열거할 순 없지만 일부만 예를 보기로 한다.

영어에서의 사례

mom[맘]은 '엄마'의 유아어이다.

그런데 이 mom이 영어단어에서 mom[맘] = mam[맴] = mum[멈] = mem[멤]이다. 즉 모음의 스펠은 다르지만 모두 동의어이다.

다음으로는, 우리에게 익숙한 단어인 hello의 경우인데, 이 hello는 'a i u e o'의 5개 모음을 모두 거느린다. hello = hallo = hillo = holla = hullo이다. [헬로] = [할로] = [힐로] = [홀라] = [훌로]

한편, 영어단어에 '케밥'(kebab)이라는 단어가 있다. 꼬치구이를 말하는데 이 '케밥'은 우리말로 '개밥'과 비슷하게 들린다.

우리 별 이름에 '개밥바라기' 별이 있다. 우리가 금성으로 알고 있는 그 별의 다른 이름인데, 이 별 이름 '개밥바라기'의 '개밥'

mom [mam / mɔm]
〈美구어〉 = mother

mam [mæm]
〈구어, 어린이 말〉 = mamma

mum [mʌm]
〈어린이 말〉 = 엄마(mummy)

mem [mem]
= MADAM
(출처: 디오딕/프라임/네이버)

hello [he'lou]
감 여보세요, 어머나 저런

hallo [həlo'u]
감 이봐, 어이(hello)

hillo [hi'lou]
감 〈고어〉 = HELLO

holla [ha'lə / hala':]
감 = HALLO

hullo [həlo'u]
감 〈英〉 = HELLO

이 개밥그릇에 담아 주는 그 '개밥'으로 알면 곤란하다. 천체의 이름은 모두 신(god)의 뜻으로 작명하는 게 일관된 규칙이다.

아무튼 이 꼬치구이 케밥은, kabob[카봅] = kebab[케밥] = kebob[케봅] 3가지 스펠을 거느린다.

> **kabob, kebab, kebob**
>
> 감 케밥 (양념한 채소와 고기의 꼬치구이, 산적의 일종)

다른 단어를 보면, 우리가 잘 아는 mother(어머니)가 있는데, 이 mother도 이철동의어 mither를 거느린다. 즉 mother[머더] = mither[미더]이다.

> **mither**
> [miðər / miθər]
>
> 〈스코, 북영국〉 = mother

그뿐 아니다. '많은'의 many도 이철동의어 mony를 거느린다. 즉 many[마니] = mony[모니]로서 동일한 단어이다.

> **mony** [mɑ'ni / mɔ'ni]
>
> 〈스코, 북영국〉 = many

영어사전에서 동의어라고 못박아 선언하지는 않았지만 사실상 뜻이 거의 동일한 단어도 있다. troth라는 단어가 그러한 경우인데, 이는 truth와 사실상 뜻이 거의 같다. 즉 truth[트루스] = troth[트로스]이다.

> **troth** [trɔːθ / trouθ]
>
> 감 〈고어〉
> 1. 진실, 정말, 사실,
> 2. 충실, 충성, 성실

그 밖에도 영어단어 안에는 이와 같이 모음을 달리하면서 동의어로 선언되는 단어가 매우 많다. 이와 같은 현상은 '상고어에서 모음은 자유롭다'는 대명제가 영어에도 그대로 이어지고 있다는 방증이다.

위에서 살펴본 대로 모음이 이리저리 휘둘리는 현상은 '상고어에서 모음은 자유롭다'라는 대명제를 단편적으로나마 입증해 주는 흔적 사례라고 할 수 있을 것이다.

결론적으로, 상고어에서 모음은 의미가 없다.

이는 우리말뿐 아니라 전 세계의 모든 고대 지명, 인명, 국명은 물론 영어 어휘에서 공통으로 나타나는 특징으로서 공식이나 다름없다.

이는 필자가 그동안 수백, 수천 개가 넘는 고대 지명, 인명은 물론 우리말 어휘, 영어 어휘의 조어현상을 수집, 분석, 비교 관찰한 결과로부터 도출한 결론이다. 이것이 추측이나 섣부른 단정이 아님은 이 책에서 후술하는 상고어의 어휘생성 과정을 살펴보면 드러난다.

따라서 이는 귀납적인 방법으로 입증이 가능한 사안이다. 즉, 모든 고대 지명이나 자연물의 명칭, 신화에 등장하는 신들의 이름은 물론 우리말 어휘와 영어 어휘에 이를 대입해서 검증을 해볼 수 있기 때문이다.

원시 언어는 자음 위주이다.

이를 우리말 기준으로 바꿔 얘기하면 초성의 자음(받침이 있는 경우엔 종성받침 자음을 포함)만이 글자의 뜻을 식별하는 기준이 된다는 말이며, 모음은 그저 이 자음을 소리발음으로 만들어 전달해 주는 역할에 그친다는 말이다.

예를 들면, '초성자음 [ㄱ], 종성받침 [ㅁ]'이라 하여 자음이 선언되기만 하면, 모음은 뭐가 됐든 상관없이 동일한 말이라는 뜻이다. 그래서 '감=검=곰=굼=금=김=겜=갬…'이라는 등식이 성립한다. 참고로 우리 성씨 김(金)의 한자는 金(금)이다. 그럼에도 [김]이라 읽는 근거가 여기에 있는 것이다.

이 등식관계가 실전에서 적용되는 양상을 잠시 살펴본다.

[곰]은 우리가 익숙한 말이다. 삼국유사 단군설화에서 [곰]이 사람이 되기를 원해 마늘과 쑥만을 먹다가 사람(웅녀)이 되었다고 하는 그 [곰]. 삼국유사에서 언급하는 이 [곰]은 동물 곰(熊)이 아니라 신(god)의 뜻이다. 이 [곰]은 {감=검=곰=굼=금=김=겜=갬…} 계열의 말로서 모두 동등한 같은 말이다. 이 각각의 글자가 한 글자로 신(god)의 뜻으로 쓰이기도 하고, 호격접미사가 붙어서 다양한 어휘로 파생하기도 한다.

예를 든다.

- [감]에 호격 [이]가 붙으면 '감+이=가미'가 되는데, 이 [가미]는 일본 말에서 신(神)
- [곰]에 호격 [아]가 붙으면 '곰+아=고마'가 되는데, 이 [고마]는 일본 말에서 옛 우리 고구려(고리)를 부르는 이름이다.

이렇듯 글자에서 자음이 같기만 하면 모음이 어떠하든지 이에서 파생하는 어휘는 모두 같은 결과 즉 신(god)의 뜻말 이다. 이와 관련한 구체적인 예는 별도 후술한다.

이와같은 현상은 오늘날의 정교한 언어체계나 맞춤법적 시각으로 보면 매우 허술하고도 부실해 보이지만 원시 상고어의 기원은 엄연히 여기에 있다. 이에 대한 검증은 별도로 언급할 호격접미사와 어휘의 형성 부분에서 사례를 보며 상술할 것이다.

마무리 삼아, 상고어에서 모음이 자유롭고 그 결과 모음은 무의미해진다는 사실을 음운현상을 통해 살펴보면 이렇다. 우리말에 [골]이라는 글자가 있다 하고, 모음은 크게 [아/오/이]의 세 개만 있다는 전제로 시작한다.

① [골]은 모음조화 음운현상을 따라 [굴]로 쉽게 변한다. 즉 [골/굴]은 대칭쌍을 형성한다. 그래서 골=굴이다.

② 이 [골]은 경모음 [갈]과 쉽게 호환이다. 즉 [골/갈]은 경모음쌍을 형성한다. 그래서 골=굴=갈 이다. 그런데 이 [갈]도 다시 모음조화 현상을 따라 [걸]로 쉽게 변한다. 그래서 [갈/걸]은 대칭쌍을 형성한다. 그래서 골=굴=갈=걸이다.

③ 또 이 [골]은 다른 경모음 [길]과 쉽게 호환이다. 즉 [골/길]은 경모음쌍을 형성한다. 그래서 골=굴=갈=걸=길이다. 그런데 이 [길]은 다시 모음조화 음운현상을 따라 [글]로 쉽게 변한다. 그래서 [길/글]은 대칭쌍을 형성한다. 그래서 골=굴=갈=걸=길=글이다.

이렇게 하고 보니 [골]이라는 글자는 우리 모음의 기본모음인 [아/어/오/우/으/이]의 6개 모음을 한 바퀴 모두 돌면서 변화를 하여 결국 같은 말이 되고 말았다. 즉, 모음순서를 따라 재배열하면 '갈=걸=골=굴=글=길'이 된다.

그런데 이게 끝이 아니다. 이러한 모음의 특성은 비단 이러한 단모음에서만 보여주는 현상이 아니고 그 외연을 완전히 확장한다. 바꿔 말하면, 모든 모음에 대해서 문호를 개방한다는 말이다.

앞에서 살펴본 우리말 모음은,

① '아 어 오 우 으 이 야 여 요 유 + 애 에 외 위 의 얘 예 + 와 워 왜 웨' 21개이다. 그러므로, 갈=걸=골=굴=글=길=걀=결=굘=귤=갤=겔=괼=귈=긜=걜=곌=괄=궐=괠=궬이다.

② 즉 모든 모음이므로, 이 [골]의 경우에서는 초성자음인 'ㄱ'과 종성받침 자음인 'ㄹ'만 불변인 채 전체 모음을 완전히 한 바퀴를 다 거치며 돈다. 그래도 모두 같은 말이라는 점이다.

이건 공식이나 다름없다.

상고어에서는 자음으로만 정확한 식별을 하고, 모음은 그걸 듣고 전달하는 사람이나, 그걸 듣고 따라서 하는 사람의 귀에 들리는 대로, 말하는 사람의 발음 나는 대로 했던 것이다.

상고어에는 문법이나 철자법이니 표준어니 하는 따위들은 아예 없다. 문자라는 것 자체도 있기 전인 태초부터 이미 말은 시작되었다. 문법체계가 정착된 오늘날에는 이해가 안 되는 현상이지만, 오늘의 잣대로 태곳적 일을 재단하는 것은 어불성설이다.

고대 원시언어의 출발은 여기서부터 시작된다.

그렇다면 이는 [골]이라는 글자나 여타의 중요하거나 빈도가 높은 특정 몇몇 글자에만 해당하는 규칙인가? 아니다. 모든 글자에 예외 없이 적용되는 규칙이다. 단 하나의 예외도 없다. 그러므로 [한]이라는 글자가 있으면, 똑같은 논리에 의해, '한=헌=혼=훈=흔=힌=햔=현=횬=휸=핸=헨=횐=흰=햰=혠=환=훤=홴=훼'이다. 한번 더, [신]이라는 글자가 있어도, 똑같은 논리에 의해, '산=선=손=순=슨=신=샨=션=숀=슌=샌=센=쇤=쉰=싄=섄=셴=솬=숸=쇈=쉔'이다.

여기서 예를 든 [골] [한] [신] 등은 이제까지 살펴본 바대로 각 글자가 모두 신(god)임은 두말할 나위 없다. 이 각각의 글자들이 홀로 또는 호격접미사가 붙어서, 또는 이 글자들이 결합해서 그야말로 다양하고도 변화무쌍한 조화를 부리면서 어휘를 만들어내는 것이다. 그런데 이 규칙이 영어에서도 똑같이 적용된다. 영어가 이 우리말 글자음가를 따라, 우리말 호격접미사의 규칙을 따르기 때문에 영어가 우리말인 것이다.

결론을 요약하면, 우리말 상고어에서 모음은 의미가 없고 자음만이 의미가 있다는 말이며, 자음에 의해서 어휘의 식별이 이루어진다는 사실이다. 물론 받침(종성)이 없는 경우에도 마찬가지이다.

예를 들면, [라]라는 글자가 있으면, 똑같은 논리에 의해, '라=러=로=루=르=리=랴=려=료=류=래=레=뢰=뤼=릐=례=롸=뤄=뢔=뤠'이다.

다만, 이런 규칙을 따라 만들어지는 글자가 모두 현실적으로 존재하는 글자가 아닐 수는 있다. 현실적으로 존재하지 않는 글자이면 어휘생성의 용례가 발생하지 않는다. 그러므로 전혀 걱정할 일은 아니다.

10장

고시레의 어원

우리

민간에서 쓰는 말 중에 '고시레'가 있다. 이를 '고시래, 고스레, 고수래'라고도 한다.

이 고시레란 말이 요즘엔 서서히 자취를 감추어 가는 듯이 보인다. 이 고시레는 필자 소싯적만 해도 전혀 낯선 말이 아니었다. 동네 논밭에 일하러 나가시는 어른들 따라 나갔다가 곁두리를 먹기 전에 어른들이 막걸리를 몇 모금 따르거나 밥을 한두 술 떠서는 허공에 대고 던지면서 "고시레~" 하는 소리와 모습을 심심치 않게 보면서 자랐기 때문이다.

또래의 동네 계집애들과 어울려서 소꿉놀이를 할 때도 가짜 밥상을 차려오면 먹는 척하면서 그때도 먼저 "으흠~ 고시레"를 외쳐서 어른들 흉내를 내기도 했다. 필자에게는 어릴 적 시절에 대한 향수를 느끼게 해주는 말이다.

이 고시레라는 말은 음식을 먹거나 마시거나 할 때 이를 소량 떼어 먼저 허공에 뿌리면서 외치는 소리이다. 또는 들의 곡식을 추수하거나 과일 등 땅의 소산을 거둬들일 때 처음 얻은 것을 땅에 던지면서 외치는 소리이기도 하다. 이는 우리 민간의 신앙행위나 다름없어서 오랜 세월에 걸쳐 이 땅에 이어져 내려온 민족적 전통행위이다.

그래서 이 고시레는 매우 중요한 말이다. 그런데 이 '고시레'라는 말은 무슨 뜻일까? 좀 알아보려고 국어사전이니 민속용어사전이니 인터넷이니 뭐니 해서 다 뒤져본 적도 있다. 그러나 속 시원한 답이 없다.

인터넷으로 검색을 해보니 이 고시레의 유래라 해서 몇 가지 썰(說)이 도배를 하다시피 한다.

첫 번째는 옛적 우리 배달국에 고시(高矢)씨라는 인물이 있어서 농사짓는 법과 불의 사용법 등을 가르쳐 주었는데, 농사를 지을 때 그 고시(高矢)씨에 대한 감사를 표하기 위해서 '고씨네'라고 외쳤는데 그 '고씨네'가 '고시네'를 거쳐 '고시레'로 변했다는 썰이다.

또 하나는 민간의 전승설화라고 하는 이런 썰도 있다.

옛날에 살림이 어려운 고씨 성을 가진 어떤 할머니가 논두렁에서 굶어 죽었는데, 이를 측은히 여긴 동네 사람들이 들판에 묻어 주고는 "고씨네, 잘 받아먹으시오" 하고는 고시레를 했더니 그해에 농사가 풍년이 들었다. 이 소문이 전국적으로 퍼져서 풍년을 바라는 마음에 사람들이 모두 고시레를 하기 시작했다는 것이 그것이다.

그 밖에도 몇 몇 썰이 더 있지만 불쌍하게 죽거나 억울하게 죽은 사람의 원혼을 위해서 고시레를 했더니 풍년이 들었다느니, 복을 받게 되었다느니 등등, 대체로 공통적인 줄거리이다.

필자가 보기에 첫 번째 썰, 즉 옛적 농사를 가르쳐 주었다는 배달국의 고시(高矢)씨의 관련을 언급한 건 그래도 좀 봐줄 만한 편이다. 그 나머지는 죄다 '전설따라 삼천리'에나 등장할 법한 허접한 얘기나 다름없다.

이게 도무지 말이 되는 소린가? 이 고시레는 수천년을 거치면서 이 땅에 사는 우리 한민족의 생활에 자리 잡은 거족적인 민간 풍습이다. 불쌍하게 또는 억울하게 죽은 원혼이 어디 한둘이겠으며, 설령 그렇다 한들 그에 대고 고시레를 했더니 그 원혼 덕분에 풍년이 들거나 복을 받았다는 게… 그게 소문이 퍼져서 너도나도 앞다퉈 고시레를 했다는 게…?

그거 아니다. 결론부터 얘기하면 이 고시레는 신(하나님)이다. 그러니 우리 민간의 고시레 행위는 첫 음식이나 소산물을 신(하나님)을 향해 부르면서 드리는 행위이다.

이에 이 고시레의 어원을 보기로 한다. 이는 매우 중요한 말이라서 그 어원에 대한 궁금증을 풀어보고자 하는 한편, 이를 통해 상고어의 조어방식에 대한 이해를 돕기 위한 예제로도 삼아 보고자 한다.

이 고시레의 몸통말은 [고실]이다. 고시레는 이 몸통말 [고실]에 호격 [에]가 붙은 것뿐이다. 즉 '고실+에=고시레'이다(호격은 후술 참조). 이 몸통말 [고실]은 우리말 상고어로 신(god)의 씨앗말인 {갓} 계열의 글자인 [곳]과 {알} 계열의 글자인 [일]의 결합이다. 즉 '곳+일=고실'이다. 따라서 이 [고실]이라는 말 자체의 뜻은 신(god)이다.

이 [고실]에 호격 [이]가 붙으면 '고실+이=고시리'가 된다. 여기서 [고시리]라는 말이 등장한다. 이 [고시리]는 환단고기에 나오는 고조선 훨씬 이전 최초의 나라인 환국의 3세 임금인 [고시리](古是利)의 이름이다.

필자는 이 책 앞부분에서 고대 왕의 이름, 사람의 이름 등은 모두 예외 없이 신(god)의 뜻말이라는 점을 밝혔다. 따라서 동일한 몸통말 [고실]에 각기 다른 호격이 붙었을 뿐인 [고시레]와 [고시리]는 완전히 같은 말이다. 호격으로 쓰이는 [에] 대신 [애]를 써도 동일하므로 '고시리=고시레=고시래'의 등식관계이다. 여기서 보듯이 '고시레'는 그저 신(god)이라는 말일뿐이다. 그러니 '고시레'의 어원이라 해서 뭐 별다른 게 없다.

고대사회의 보편적인 키워드는 신(god)이라는 점을 필자는 앞에서 언급한 바 있다. 인류사에서 장구한 세월에 걸쳐, 변함없고 일관되게, 거족적 차원에서, 인간의 행위를 기속(羈束)할 수 있는 유일한 동인(動因)은 오로지 신(god)이라는 존재와 그 관념뿐이다.

이와 같이 해서 '고시레'의 말뜻이 뭔지를 알아보았다. 그런데 남는 궁금증이 있다. '고시레'는 말고 다른 '고수레'라는 말은 뭐냐 하는 점이다. 결론부터 하자면 '고시레=고수레'이다.

왜 그런지 한번 살펴보기로 하는데, 여기서 상고어의 조어방식의 단면을 함께 살펴보기로 한다.

위에서 고시레의 몸통말 [고실]은 그 씨앗말이 {갓} 계열의 [곳]과 {알} 계열의 [일]이라 했다. 이 {갓} 계열의 말은 이 책 앞장에서 살펴본 대로 {갓/것/곳/굿/긋/깃/겟/갯…}에 속하는 글자이다. 또한 {알} 계열의 말은 {알/얼/올/울/을/일/엘/앨…}에 속하는 글자이다. 같은 계열 내의 글자는 서로 차등 없이 동일한 글자이므로, 이 두 개의 계열 내에서 각기 어떤 글자를 뽑아서 결합하더라도 그 결과는 동일하다.

예를 들어 {갓} 계열 글자에서는 [곳]을 쓰고, {알} 계열에서는 [울]을 쓰면, '곳+울=고술'이 된다. 따라서 이 [고술]에 호격을 붙이면 '고술+에=고수레'가 되어 '고시레=고수레'의 관계이다. 한편 [울] 대신 [을]을 쓰면, '곳+을=고슬'이 되고 여기에 호격을 붙이면 '고슬+에=고스레'이다.

이와 같이 하여 만들어지는 게 상고어의 조어방식이자 공식이다.

끝으로 참고삼아, 이와 같이 만들어지는 어휘를 몇 가지만 골라서 보기로 한다.

① 굿+을=구슬

우리가 아는 구슬(玉)이라는 단어는 이렇게 해서 만들어지는 것이다. 이 [구슬]에 호격 [이]가 붙으면 '구슬+이=구스리'이고, 이 [구스리]는 일본어에서 약(藥) 이다.

② 곳+알=고살

이 [고살]에 호격 [이]를 붙이면 '고살+이=고사리'이다. 이는 우리 식탁에 오르는 산나물 [고사리]의 이름이다.

③ 갓+을=가슬

이 [가슬]에 호격 [아]가 붙으면 '가슬+아=가스라'이다. 호격의 자음 중첩 현상으로 '가스라 ⋯→ 가슬라'이며, 이 [가슬라]는 강릉의 옛이름이다.

④ 갓+일=가실

이 [가실]에 호격 [아]가 붙으면 '가실+아=가시라'

이 [가시라]와 ③의 [가슬라]는 조선상고사에서 동부여와 남부여의 위치 비정에 등장하는 지명인데, 여기서 보듯이 고대사에 등장하는 '가시라'와 '가슬라'라는 지명은 서로 완전히 동일한 말이다. 그럼에도 고대사 지명 비정(批正)을 하는 역사학계에서는 이를 서로 다른 것으로 오인하여 딴 데 찾아 헤매기도 하는 것 같다.

⑤ 갯+알=개살

이 [개살]은 유명한 로마장군 캐사르(Caesar, 시이저)의 이름이다.

⑥ 깃+을=기슬

이 [기슬]에 호격 [애]가 붙으면, '기슬+애=기스래'가 되고, 이게 호격의 자음중첩으로 강조음편 되면, '기슬+애=기스래=기슬래'가 되어 [기슬래]라는 말이 만들어진다. 이 [기슬래]는 구약성경 스가랴서에 나오는 '기슬래월'의 [기슬래]이다(이는 필자의 판단이다).

"다리오 왕 사년 구월 곧 기슬래월 사일에
여호와의 말씀이 스가랴에게 임하니라"
(스가랴7:1)

이 [기슬래]를 [기슬르]라고도 하는데 이는 구약성경 느헤미야서에 등장한다.

"하가랴의 아들 느헤미야의 말이라
아닥사스다 왕 제 이십 년 기슬르월에 내가 수산 궁에 있더니"
(느헤미야 1:1)

이 [기슬르] 라는 말은 [기슬래]와 마찬가지로 몸통말인 [기슬]에 호격 [우]가 붙어서, '기슬+우=기스루'가 되고 호격의 자음중첩으로 '기스루 ⋯→ 기슬루' 가 된 것이다. 다만 이 호격 [우]가 인도유럽어에서는 [으] 모음으로 희석 연화되어, '기슬루 ⋯→ 기슬르'로 되어 [기슬르]가 만들어진 것이다. 그러므로 [기슬래] = [기슬르]의 완전 등식 관계이다.

이 [기슬래] 또는 [기슬르]는 히브리 달력의 9번째 달로서 태양력의 11~12월을 말한다. 우리는 이를 섣달이라고 하는데, 이 '섣달'의 '섣'은 [섯/솟]과 같은 말로서 신(god)의 씨앗말이다.

한 해의 마지막 달을 '신(god)의 달'로 부르는 전통이 우리와 히브리가 같다는 건데… 그저 우연일까?

그 밖에도 이와 같은 글자의 조합에 따라 여러 가지 어휘가 만들어짐은 당연하지만 지면상 생략하기로 한다. 요약하면, '고시레'라는 말은 신(god)이다. 이 '고시레'는 조어방식과 호격접미사의 작용으로 인해, '고시레=고시래=고수레=고수래'의 등식관계로서 상호 완전히 같은 말들이다.

이 고시레'의 몸통말은 [고실]이며, 이 [고실]은 우리말 상고어에서 신(god)의 씨앗말인 [곳]과 [일]의 결합, 즉 '곳+일=고실'이라 하였다.

여기서의 [곳]을 알파벳으로 스펠한 영어단어가 다름 아닌 God[곳]이다. 이 God이 우리말이라는 사실을 다음 장에서 자세히 살펴보기로 한다.

역사서나 다른 데서 등장하는 고시레(高矢禮)라는 말은 다름 아닌 이 고시레를 한자로 단순 음차표기한 것뿐이다.

참고로, 이 고시레는 우리 민간에서의 '마수걸이'라는 말과 매우 밀접한 말이기도 하다. '마수걸이'는 '마수+걸이'로서, 여기서 '마수'는 우리 상고어에서 신(하나님)이다(후술한다). 이 '마수걸이'를 '처음으로 물건을 팔거나 얻는 소득'이라는 뜻으로 국어사전에서 설명하고 있으나, 이는 반쪽만 맞는 설명이다. 우리 국어가 우리 고어를 잊어먹은 탓이다.

이의 의미는 '마수걸이=신(하나님)의 몫'이라는 뜻이다. 즉 '처음으로 얻은 소득이나 열매'는 우선 먼저 신(하나님)께 드린다는 의미이다. 그러므로 '고시레'와 '마수걸이'는 같은 의식세계에서 나온 말이라 할 수 있다.

11장 God의 어원

영어 단어 god은 신(神)이다. 이를 대문자로 한 God은 기독교에서의 하나님으로서 창조주 절대자이다. 인간이 절체절명의 위기의 순간을 만나거나 아니면 너무 기쁘거나 황홀해서 자신도 모르게 외마디 소리로 외치는 그것. 그 외마디 소리를 타고 나오는 말이 바로 인간이 신을 찾는 말일 텐데, 영어에서는 그게 바로 'Oh my God!'이다.

그래서 서양인은 좋아도 '오 마이 갓', 슬플 때도 '오 마이 갓'이다. 영어 어휘 중에 그 사용빈도에 있어서나 중요도에 있어서나 이 God만큼인 단어는 없다 해도 과언이 아니다.

이 중요한 영어단어 God이 다름 아닌 우리말이다.

'영어가 설마 우리말…?'

이는 영어가 우리말이라고 필자가 아무리 목소리를 높여본들 아직 실감이 안 되는 독자의 푸념일 수 있다. 이에 필자는 독자의 궁금증을 덜기 위해 앞으로 진행될 다른 스토리 텔링에 앞서 우선 이 God이 우리말이라는 사실부터 입증해 보기로 한다.

이 God이란 단어는 수십만 개를 넘는 엄청난 숫자의 영어단어 중에서 가장 중요하고도 사용빈도에서 타의 추종을 불허하는 대표선수격의 단어인 만큼, 이 단어를 통해 영어가 우리말이라는 팩트의 일단을 실감해 보고자 한다.

이 영어단어 God을 스펠대로 읽은 [곳]은 우리말 상고어로 신(god) 또는 그 씨앗말이다. 영어단어 God(곳)은 이 우리말 [곳]을 그대로 알파벳 철자화한 우리말 영어단어이다. 그런데 사실 이 [곳]이라는 한 글자의 씨앗말 자체로는 우리의 일상어휘에서 직접 신(god)을 칭하는 용례가 없다. 하지만 이 [곳]은 신(god)의 씨앗말로서 다른 씨앗말 글자와의 조합을 통한 용례가 무수히 많음은 물론이다. 앞 장에서 미리 본 '고시례의 어원' 풀이는 이러한 사례 중의 하나를 살펴보기 위한 목적이기도 하였다.

아무튼, 우리말에서 [곳]이라는 소리발음으로 신(god)을 칭하는 직접 어휘는 존재하지 않는다. 다시 말해서 '발음과 뜻에 있어서 우리말과 같은 영어단어'의 범주에는 속하지 않는다는 말이다. 그럼에도 불구하고 이 God은 두말할 나위 없이 명백한 우리말 그 자체이다. 왜냐하면 이 God은 이 책의 다른 관련 부분에서 언급하는 우리말 음운규칙을 그대로 따르고 있는 전형적인 단어이기 때문이다.

이 우리말 음운규칙이라는 것을 다음 세 가지로 요약할 수 있다.

① 이 [곳]은 우리말 소리음절이며, 이는 신(god)의 씨앗말이다.

② 이 [곳]은 우리말에서와 같은 호격접미사의 용례를 따라 어휘를 생성한다.

③ 이 [곳]은 우리말 상고어에서 {갓} 계열의 글자로서, {갓/것/곳/굿/긋/깃/겟/갯…} 등의 글자와 차등 없이 동일하다.

그러면 이와 같은 음운현상에 따른 증거들을 영어사전과의 대조를 통해 입증해 보기로 한다. 우선 이 God 단어의 영어사전상 발음기호에 의한 소리발음부터 살펴본 후 나머지를 진행하기로 한다.

이 God의 영어사전 발음기호 표시는 크게 두 가지로서, [곳]과 [갓]으로 발음한다. 그런데 우리가 [곳]으로 인식하는 기호표시인 [gɔd]의 모음음가는 우리의 정확한 [오]는 아니다. 이는 [오]와 [어]의 어중간한 발음을 취하라는 표시이므로 사실상 [어]의 발음과도 관련이 있다. 그러므로 God의 영어사전 소리발음은 결국 우리말 '갓/것/곳'의 3개를 구현하는 것으로 볼 수 있다. 이 '갓/것/곳'은 {갓} 계열의 {갓/것/곳/굿/긋/깃/겟/갯…} 글자 중 첫 부분의 3개 글자에 해당한다.

일단 여기까지 하고 다음을 진행하기로 한다.

① 영어단어 God[곳]은 우리말 호격접미사 용례를 따라 어휘를 생성한다.

이 [곳]에 호격 [이]를 붙이면 '곳+이=고시'이다. 여기서 [고시]라는 어휘가 탄생한다. 이 [고시]는 앞 장에서 살펴본 대로, 우리 고대 배달국의 '고시(高矢)'라는 인물의 이름이다. 규원사화의 기록에 의하면, '고시'는 환웅 천황의 명에 따라 먹고 사는 것을 관장하여 짐승을 잡아서 기르는 법과 농사짓는 법, 그리고 불씨를 만드는 법 등을 가르쳤다고 전하는 존재이다. 아무튼 고대 상고사에 등장하는 인명은 모두 본래가 신(god)의 뜻말이다. 이에는 예외가 없다. 따라서 [고시]는 상고어에서 신(god)을 가리키는 말이다. 한자로 쓴 고시(高矢)는 단순 음차표기일 뿐이다.

이 우리말 [고시]를 그대로 알파벳으로 철자화한 단어가 바로 gosh(고시)이다. 이 gosh(고시)가 영어에서는 God과 동일한 단어로 명시되어 있다.

이를 우선 영어사전 God의 뜻풀이를 통해 확인해 보기로 한다.

이 God의 뜻풀이 중 하단의 주석 부분을 보면, "God(신)을 부르는 것을 꺼려 Gad, gosh, gum 등을 대용하거나…"라고 설명한 부분이 있는데, 여기에 'gosh'가 등장한다. 즉, 이 gosh를 God의 대용어로 쓴다는 말인데, 이 말은 결국 gosh와 God은 같은 말이라는 의미이다.

God [gɑd / gɔd]

1. (그리스도교의) 하느님, 창조주, 조물주
2. (다신교에서의)신, (신화 등의) 남신
3. 신상(神像), 우상, 신격화된 사람(것), 숭배의 대상
   - by God: 하느님께 맹세코, 반드시, 꼭
   - God! = GOOD God!

- God(신)을 부르는 것을 꺼려 Gad, gosh, gum 등을 대용 하거나, by-라고 dash를 쓰기도 함.

(출처: 프라임)

- 때로 G*d 또는 G-d라고 쓴 단어를 볼 수 있는데, 이는 잘못 쓴 것이 아니라 정통파 유대교에서는 신의 이름을 전부 표기하는 것을 금하기 때문에 이렇게 표기하는 것임.

(출처: 디오딕)

이에 gosh라는 단어를 영어사전에서 찾아보니 그림과 같다. 이 gosh 단어의 표제에 'God의 완곡어'라는 토가 달려 있긴 하지만, 사실상 이는 동일한 단어라는 말이다. 실제로 이 gosh라는 단어는 '오 마이 갓' 대신에 'Oh my gosh'로 하여 영미인의 일상에서 매우 빈번히 사용되는 단어이다.

> **gosh** [gɑʃ / gɔʃ]
>
> [God의 완곡어]
>
> 〈놀람,기쁨, 의혹, 맹세의 표현으로〉 아이쿠!, 이크!, 반드시!

한편 이 [곳]은 경중모음간 대칭쌍을 형성하여 [곳/굿]은 같은 말이다. 이 [굿]에 호격 [이]를 붙이면 '굿+이=구시'가 된다. 여기서 탄생하는 [구시]를 그대로 스펠한 영어단어는 gush이다. 이 gush 역시 God과 동일한 말이다. 영어사전의 뜻풀이를 보면, 'My gush=My God'이라 하여 gush=God임을 보여주고 있다. 그러므로 gosh(고시)=gush(구시)=God이다. 이와 같이 영어단어 God(곳)은 우리말 소리음가 [곳]을 취한 후 호격접미사의 용례에 따라 우리말과 완전히 동일한 어휘를 생성한다.

> **gush** [gʌʃ]
>
> 동 세차게 흘러 나오다, 솟아 나오다, 분출하다, (여자가) 지껄여대다
>
> 감 〈여성어〉 (종종 My ~!) 이런, 어머나(My God!)
>
> (출처: YBM)

이 고시(gosh)는 인도의 고시(gosh)강을 비롯한 무수히 많은 지명에 등장한다. 힌두쿠시 산맥의 '쿠시'가 바로 이 [구시]이기도 하다.

② 영어단어 God[곳]은 {갓} 계열의 {갓/것/곳/굿/긋/깃/겟/갯…}의 우리말 소리음절에 따른 단어를 거느린다.

위에서 영단어 God의 발음기호에 의한 우리말 소리음가는 [갓/것/곳]의 3개에 걸친다고 하였다. 이 {갓} 계열의 글자에서 이 세 개를 뺀 나머지 글자 중에는 [굿/깃/갯] 등이 있는데, 놀라운 사실은 영어단어에는 이들을 스펠한 단어가 공존한다는 점이다.

▸ [굿/깃/갯] 중에서 [갯]을 담당하는 단어는 Gad이다. 이 Gad을 스펠대로 읽으면 [갓]이어야 겠지만, 영어사전의 발음표시를 따라 [갯]으로 하기로 한다. 영어사전 뜻풀이는 이 Gad을 God의 완곡형이라 하여 사실상 God과 동일한 단어임을 표시하고 있다.

> **Gad** [gæd]
> [God의 완곡어]
> 감 아이고, 저런, 맙소사 (God의 완곡한 어형으로 가벼운 저주의 뜻)
> – by Gad! = by God

▸ 다음으로 [굿/깃/갯] 중 [굿]과 [깃]을 한꺼번에 담당하는 단어는 Gude이다. 이 단어는 [굿]으로 발음되고 그 뜻은 God과 동의어이다.

> **Gude** [gu:d]
> 명 〈스코〉 = God

(출처: 디오딕/네이버)

▸ 이 gude는 [깃]으로 발음되기도 하는데, 약간 헷갈리는 점이 있다. 이때의 gude는 God의 뜻이 아닌 good과 동일어라고 하고 있기 때문이다. 즉 good을

> **gude** [gyd / gid]
> 형 부 명 〈스코〉 = good

(출처: 디오딕/네이버)

gude라는 철자로 쓸 때도 있어서 이때는 이 gude를 [깃]으로 발음한다는 얘긴데… 이는 매우 특이한 경우라 아니 할 수 없다.

필자 판단으로, 이는 영어가 스스로 헷갈리고 있다는 얘기다. 왜냐하면 영어단어 good[긋]이 본래 [곳]과 같은 개념에서 출발한 단어이기 때문이다. 즉 영어단어 good[긋]은 신의 속성을 반영하여 만들어진 일반 어휘이다.

기독교에서 하나님은 선(善) 그 자체로 묘사된다. 또한 본래 음운상 [곳/긋]은 동일한 말이기 때문에 영어에서는 부지중에 이 God(곳)과 good(긋)을 혼용하는 현상이 있다. 그 와중에 헷갈림 현상이 나타나는 것이다. 예를 들면, 감탄사로서 "Good God!"이라 하는 관용표현이 있는데, 이는 [긋]+[갓]이 되어 중첩 사용하는 거나 다름없다.

다른 한편, 영어단어 중에는 Gawd라는 단어도 있다. 이 Gawd는 God과 동일한 단어이되, 〈비어〉라는 단서가 붙어있다.

Gawd [gɔːd]
명 감 〈비어〉 = GOD

여기서 보는 바와 같이 영어단어 God은 우리말 {갓} 계열의 글자들을 이철동의어로 거느리면서 공존한다. 이 점 역시 영어단어에서 매우 특이한 사례라 해야 할 것이다. 필자의 관찰결과와 경험의 범위 안에서 볼 때, 이런 사례는 God의 경우가 거의 유일하다.

아무튼 이를 요약하면, 영어단어에서 God과 동일한 이철동의어로는,

God[곳/갓], Gad[갯], Gawd[곳], Gude[긋/깃] 의 4개라 할 수 있다. 이는 우리말 {갓} 계열의 {갓/것/곳/굿/긋/깃/갯…}에 해당하는 글자들을 영어가 그대로 스펠하고 있음을 말해준다.

영어단어 God이 우리말이라는 것은 이 God이 우리말 음운규칙을 그대로 따르고 있다는 사실에 의해서 증명된다.

이 God은 우리말 소리음가인 [곳]을 따라, 호격에 의한 '곳+이=고시', 즉 [고시](gosh) 라는 단어를 파생한다는 점, 또한 신(god)의 씨앗말인 [곳]이 속한 {갓} 계열의 글자들을 대부분 철자화한 별도의 이철동의어 Gad, Gawd, Gude를 거느린다는 점, 이 두 가지는 두말할 나위 없이 우리말에서 비롯되는 것이다.

따라서 이는 음운적으로나, 논리적으로나 영어가 우리말이라는 사실을 명백히 입증하는 팩트이다.

이상에서는 God이 우리말 영어단어라는 점을 살펴보았다.

우리는 이 God 단어의 영어사전 뜻풀이를 통해서 다른 귀중한 정보를 두 가지 정도 더 얻는 게 있다. 그래서 한번 살펴보기로 한다.

먼저 그중 하나가 다음 면의 영어사전 하단의 주석설명 부분에 있다. 이를 옮겨보면, "때로 G*d 또는 G-d라고 쓴 단어를 볼 수 있는데, 이는 잘못 쓴 것이 아니라 정통파 유대교에서는 신의 이름을 전부 표기하는 것을 금하기 때문에 이렇게 표기하는 것임"이라는 내용의 설명이다.

여기서 주목하고자 하는 부분은 바로 God의 표기를 G*d 또는 G-d 라고 한다는 점이다.

대체 이게 무슨 말인가?

God 단어에서 모음인 'o'를 '*' 표로 대체하여 적는다는 말인데… 이 '*' 표는 이른바 '와일드카드'라고 불리는 표시로서 전산용어로도 자주 쓰인다. 이 '*' 표, 즉 와일드카드의 의미는 무슨 뜻이냐 하면 한마디로, '아무 조건 없이 모두 다'라는 표시 기호이다.

그러니 이를 G*d에 적용하여 보면, '자음 G와 그다음 자음인 d 사이에 들어올 모음은 아무거나 좋다'라는 의미이다. 그러니 영어의 모음 'a i u e o'가 됐든, 히브리어의 어떤 모음이 됐든 상관없으니 아무거나 다 들어와도 좋다는 얘기이다. 다시 말하면, 모음은 신경 쓰지 않겠다는 것이고, 이는 결국 모음은 의미 없다는 얘기와 동격이다.

이는 이 책에서 우리말이든 영어든 상고어에서의 '모음은 자유롭다', 즉 '모음은 의미 없다'라고 하는 맥락과 일치한다. 그러므로 이 God이라는 단어는 우리가 {갓/것/곳/굿/긋/깃/겟/갯…} 등의 말 중 어떤 것으로 불러도 다 똑같다는 결론에 도달한다. 이와

> **God** [gɑd / gɔd]
>
> 1. (그리스도교의) 하느님, 창조주, 조물주
> 2. (다신교에서의)신, (신화 등의) 남신
> 3. 신상(神像), 우상, 신격화된 사람(것), 숭배의 대상
>   - by God: 하느님께 맹세코, 반드시, 꼭
>   - God! = GOOD God!
>
> ▪ God(신)을 부르는 것을 꺼려 Gad, gosh, gum 등을 대용 하거나, by- 라고 dash를 쓰기도 함.
>
> (출처: 프라임)
>
> ▪ 때로 G*d 또는 G-d라고 쓴 단어를 볼 수 있는데, 이는 잘못 쓴 것이 아니라 정통파 유대교에서는 신의 이름을 전부 표기하는 것을 금하기 때문에 이렇게 표기하는 것임.
>
> (출처: 디오딕)

같이 영어사전의 뜻풀이를 통해 우리는 강력한 화력지원을 얻었다.

우리말 상고어에서 [곰]은 신(god)의 씨앗말로서 매우 중요한 말이라는 점을 누차 언급했다. 우리 상고사에 등장하는 '곰'은 동물 곰(bear)이 아니라 신(god)을 가리키는 것이라는 점을 말이다.

이를 영어사전이 입증해 준다. 이 [곰]은 역시 경중모음간 대칭쌍 형성으로 인해 [곰/굼]은 동일한 말이다. 그래서 우리말에서 [곰]은 {감} 계열의 말 {감/검/곰/굼/금/김/겜/갬…} 등은 모두 같은 말이다.

그래서 이 [곰]의 대칭쌍 [굼] 역시 신(god)의 씨앗말인데, 영어사전은 이 [굼]을 그대로 스펠한 gum을 God과 동일한 말이라고 하기 때문이다. 위에서 본 영어사전 뜻풀이를 다시 한번 보기로 한다.

▪ God(신)을 부르는 것을 꺼려 Gad, gosh, gum 등을 대용 하거나, by- 라고 dash를 쓰기도 함

(출처: 프라임)

"God(신)을 부르는 것을 꺼려 Gad, gosh, gum 등을 대용하거나…"라고 한 설명에서 gum을 등장시켰다. 즉 God=gum 과 같다는 말이다. 영어단어에서도 이 gum은 God의 뜻으로 쓰이는 단어이다.

따라서 영어단어를 통해 우리말 상고어에서 신(god)의 씨앗말인 [곰]이 God(신)과 동일한 말이라는 중요한 사실을 확인할 수 있다.

gum [gʌm]

명 〈영, 비어〉 = GOD

(출처: 프라임)

감 By[My] gum! 〈가벼운 욕, 맹세에 써서〉 맹세코!, 분명히!, 절대로! 이런! [〈God의 완곡한 표현]

(출처: YBM)

결론 부분이다.

영어단어의 왕중왕, 지극히 중요한 영어단어 God이 우리말이다. 이를 영어사전을 통해 입증해 보았다.

끝으로 이와 관련한 부수적 사항으로서 한두 가지만 살펴보고 마무리 짓고자 한다.

우선 우리말에서의 {갓} 계열의 글자로서 신(god)의 뜻으로 쓰이는 용례를 찾아본다.

우리말에서 이 [곳/굿]으로 소리 나는 어휘를 찾아보니 [굿]이 눈에 들어온다. 이 [굿]은 우리 민간신앙에서 무당들이 벌이는 그 [굿]을 말한다. 이는 고대에 본래 하늘(하나님)에 드리는 천제의식이 의미 타락하여 오늘날에는 잡신을 대상으로 벌이는 무당 굿으로 변질된 것이다.

그 외에는 모두 의미 변화되어 일반 어휘 속으로 들어가 있다.

예를 들어, [갓]이다. 이는 우리 동이족이 머리에 쓰는 '갓'이다. 그래서 우리 민족은 이 '갓'을 머리에 쓰고 다니면서 이를 대단히 중요시하는 민족적, 문화적 전통이 있어 온 것이다. 그다음은 [깃]이다. 이 [깃]은 깃발의 [깃]이다. 그래서 전쟁터에 나갈 때는 이 깃발을 앞세운다. 또한 우리 전통 민간 풍습으로 마을의 풍요를 기원하는 '깃고사'라는 게 있다. 깃고사의 몸통은 [깃곳]이다. 여기에 호격 [아]가 붙어 '깃곳+아=깃고사'가 된 것이다.

한편 이게 호격을 만나면 얘기가 좀 달라진다.

우선 [곳] 글자에 초점을 맞추어 호격(아/이/우) 3개를 붙여보자.

① 곳+아=고사

② 곳+이=고시

③ 곳+우=고수

① '고사'는 다름 아닌 우리 민간에서 돼지머리 올려놓고 지내는 그 '고사'(告祀)이다. 이 고사는 무당 '굿'과 맥을 같이하는 민간신앙 풍속이라는 점에서 상고시대에는 하늘, 즉 신(하나님)에게 제사 지내던 제천행사의 유습이다. 여기서 보듯이 고사(告祀)라는 어휘는 순우리말이다. 한자가 아니다. 단순한 음차일 뿐이다.

② '고시'는 위에서 살펴본 바와 같으므로 생략한다.

③ '고수'는 일반 어휘로 들어가 있다. 한자어 高手(고수), 한강 고수(高水)부지의 '고수' 등이 바로 이 '고수'를 음차한 것이다. (그 이유는 추후 후술한다.)

다음으로 [굿] 글자 하나만 더 호격을 붙여본다.

① 굿+아=구사

② 굿+이=구시

③ 굿+우=구수

① '구사'는 고대 세계사와 지명에 등장하는 이름이다(예: 가라구사).

② '구시'는 알파벳으로 스펠하면 gush(구시)인데 이미 앞에서 보았으므로 생략한다.

③ '구수'는 고구려 왕의 이름인 '근구수'의 '구수'이다. '구스'로 발음하여 성경에 수없이 등장하는 지명, 인명이기도 하다.

12장

상고어의 비밀코드: 호격접미사

앞에서 우리말 상고어에서 글자 하나하나가 각각 신(god)을 가리키는 씨앗말이라는 점과 고대어에서 모음은 의미가 없으며 오직 자음의 역할만이 중요하다는 점을 살펴보았다.

여기서는 원시 인류언어의 비밀코드라 할 수 있는 호격접미사를 살펴보기로 한다. 이 호격접미사야말로 우리말의 모든 어원을 풀어주는 열쇠가 될 뿐 아니라, 고대 상고어의 조어형성 원리를 풀어주는 핵심 키워드이다.

이는 우리말에서만 통하는 규칙이 아니라 영어에도 똑같이 적용되는 규칙이다. 이뿐만 아니라 고대 세계의 모든 지명, 인명, 국명 등에도 그대로 적용되는 만국 공통규칙이다.

이 규칙은 국어 문법이라고 할 것까지도 없다. 아주 간단하면서도 우리말에서는 일상적인 언어 사용에 녹아있기 때문이다. 이 사실은 언어와 고대사의 수수께끼를 푸는 매우 중요한 열쇠임에도 불구하고 우리는 이제껏 이를 알아차리지 못하고 지내왔다. 우리가 우리말 고어를 까마득하게 잊어먹은 탓이다.

하지만 이제는 사정이 다르다. 우리말이 인류 원시언어의 뿌리말이며 영어를 포함한 각 언어가 우리말에서 가지를 쳐 나간 것을 알 수 있기 때문이다. 역사에 기록된 모든 인명, 지명 등은 다 우리 조선말 상고어이므로 우리가 세계사를 해석할 수 있는 주체가 될 수 있다. 우리말로 보아야만 풀리고 맞춰지는 퍼즐조각들이 고대사와 세계사에 널려 있다.

이번 장에서 논하는 호격접미사는 원시언어의 형성과 조어에 관한 궁금증과 아울러 고대사의 아리송함을 풀어주는 대단히 중요한 비밀 코드이다.

이 책 앞부분에서 이미 언급했듯이, 호격접미사라는 말은 우리 국어 문법의 호격조사와 접미사를 합쳐서 필자가 제멋대로 만들어낸 용어이다. 이 호격접미사라는 작명이 적절한지를 사실 몇 차례 고심을 했다. 호격에서 비롯된 것이니만큼 이를 '호격조사'라 해서 그냥 놔두는 게 나을지, 어찌 보면 조사라기보다는 어미의 성격도 없지 않은 것 같으니 이를 '호격어미'라 하는 게 나을지, 아니면 호격이니 뭐니 이딴 건 다 빼버리고 그냥 '연결어미'라 하는 게 맞을지, 아니면 단순무식하지만 필자가 애초에 작명해둔 '호격접미사'로 밀고 나가는 게 나을지 등을 놓고 고민한 것이다.

무식한 필자의 머리로 이것저것 따지려 하다 보니 지력(知力)의 한계가 빛의 속도로 드러나고, 골치가 지끈거리는 바람에 일찌감치 포기했다. 이는 음운학에 전혀 무지하고 일개 필부에 지나지 않는 필자가 범접할 수 있는 영역이 아니려니와, 이러쿵저러쿵 되지도 않은 소리로 왈가왈부하며 숟가락 얹을 계제가 못 된다는 주제 파악이 완료되었기 때문이다.

다만 이 용어가 적절한 것인지에 대한 판단이나 개명 필요성 등에 대하여는 차후 이 방면 음운학에 조예가 깊으신 무림의 고수와 강호제현의 지도편달에 읍소키로 하고, 필자는 일단 제 갈 길을 가려고 한다. 갈 길이 바쁘기 때문이다.

1. 호격접미사는 [아] [이] [우] 3개이다

우리말에서의 대표적인 호격조사, 즉 사람을 부를 때 쓰이는 조사로는 [아]와 [이] 2개가 있다. 이는 영철이를 부를 때 "영철아!" 혹은 "영철이!"라고 하는 데서 알 수 있다. 또 앞에 있는 선영이를 부를 땐 "선영아!"라고 부르고, 제3자와의 대화에서 인용할 때는, "어머머 얘, 너 얘기 들었니? 선영이 드디어 시집간단다. 백번째 선봐서 만난 남자래" 하는 식으로 '선영이'라고 하여 [이]가 쓰인다.

그런데 우리말에서는 호격조사로 쓰이는 [아]와 [이] 2개 외에도 [우]라는 게 하나 더 있다. 이게 바로 숨은 진주이자 히든카드이다. 살펴보기로 한다.

이 호격접미사 [우]는 사람을 부를 때는 쓰이지 않는다. 누가 선영이라는 이름을 부를 때 선영아! 또는 선영이! 한다면 아무 문제 없다. 그런데 만일 선영이를 부를 때 "선영우!" 한다면? 그는 칠뜨기 푼수 아니면 방금 치과에서 사랑니 빼고 그 자리에 약솜을 잔뜩 악물고 있는 사람이다. 이 [우]는 사람을 부르는 호격조사로는 쓸 수 없다. 그런데 이 [우]는 사람을 뺀 나머지의 경우에는 [아] [이]와 더불어 호격접미사로 쓰이는 매우 중요한 것이다. 이 [우]는 사람을 호칭하는 호격조사로는 쓰이지 않는 바람에 우리의 관심 밖으로 사라졌던 것뿐이다.

이 호격접미사 [우]에 대하여 알아보자. 사실 이 호격접미사 [우]는 우리의 일상에 뿌리 박혀 있는 말이다. 다만 우리가 부지중에 쓰는 바람에 이의 존재를 알아차리지 못했을 뿐이다.

언젠가부터 인터넷 유머게시판을 달구는 '밀가루와 밀가리' 시리즈라는 게 있다. 밀가루로 만들면 국수, 밀가리로 만들면 국시… 뭐 그런다는 건데, 아주 재미난 유머다. 이를 여기서 한번 따져보기로 한다.

국수는 표준말이고, 국시는 시골말인가? 밀가루는 문화어이고, 밀가리는 시골할머니의 비문화어인가?

한편 저 영광굴비로 유명한 전라도 땅에 가보면 거기선 굴비 원료인 조기를 '조구'라고 부른다. 국시, 밀가리가 시골말이라면 일관성 차원에서 볼 때 조기=시골말, 조구=문화어이어야 하는데… 현실은 그렇지 않은 것 같다. 그렇다면 뭐가 맞는 말인지… 한번 검증해 보기로 한다. 이 말들에 각각 [이]와 [우]를 붙여서 본다.

▸ 국수의 몸통말은 [궀]이다.

- 궀+이=국시
- 궀+우=국수

▸ '밀가루=밀+가루'이니, 가루만 놓고 보면 되겠다. 가루의 몸통말은 [갈]이다.

- 갈+이=가리
- 갈+우=가루

▸ 조기의 몸통말은 [족]이다.

- 족+이=조기
- 족+우=조구

이렇게 된다. 여기에 동원된 [이] [우]가 다름 아닌 호격접미사이다.

그러니 여기서 국수, 가루, 조구 등의 말에는 벌써 호격 [우]가 자리 잡고 있다. 아무튼, 이 결과를 놓고 보니 단지 호격접미사의 차이밖에는 없다. 결국 국시=국수, 밀가리=밀가루, 조기=조구 등… 끼리끼리는 서로가 다 같은 말인 것이다.

이 호격접미사 [아] [이] [우]의 사이에는 서열이나 우열의 차이가 없다. 완전히 상호 동등하다. 그러므로 호격을 어떤 걸 쓰든 다 같은 말이다. 호격을 바꿨다고 해서 어떤 때는 시골말, 어떤 땐 서울말 되는 게 아닌 것이다. 다만, 이 호격 [우]가 우리의 지방에 따라 어떤 토속말에서는 좀 더 두드러지거나 발달한 채로 나타나는 것뿐이다.

사례를 본다. 두 가지 용례를 보기로 하는데 하나는 '아그'와 '야그'이다.

먼저, '아그'이다.

우리 전라도 사투리에서는 '아기'(베이비)를 가리켜 말할 때 '애기'라는 말과 '아그'라는 말이 공존한다. 어떤 때는 '애기'라 하고 또 어떤 때는 '아그'라고 한다. 그런데 이 '애기'와 '아그' 는 엄연히 아기(베이비)를 가리키는 말임에도 전라도 사투리에서는 좀 특이하다. 이 '애기'가 반드시 그 핏덩어리 애기를 뜻하지만은 않는 경우가 많기 때문이다.

전라도 지방에서 애송이나 풋내기 또는 수하를 가리킬 때 주로 쓰는 말이 '우리 애기'이다. 이는 나이 불문이다. 그러므로 나이 3, 40 먹어 다 큰 언니, 형아들이라도 언제든지 다시 '애기'의 반열에 들어갈 수 있다. 특히 주먹 성님들의 세계에서는 휘하에 '애기'들을 많이 거느리신다.

진짜 갓난아기를 가리킬 때는 비로소 '아그'라 한다.

이는 필자의 경험에 기초한 것이므로 틀릴 수도 있다. 꼭 그렇다는 얘기는 아니다. 다 큰 사람을 '아그'라 하는 때도 있다. 아무튼 필자는 이 '아그'라는 말이 주는 구수함과 말맛에 큰 재미를 느끼는데, 간혹 이 '아그'라는 말은 자칫 사투리나 시골말처럼 들리는 바람에 딴 동네 사는 사람들은 가끔 킥킥대는 때가 있는 듯도 하다.

이 '아그'라는 말이 어떻게 나온 말인지를 한번 보기로 한다.

▸ 우리말 '아기' 의 몸통말은 [악]이다.

이 몸통말 [악]의 영어단어는 egg이다.

이 [악]에 호격 [아] [이] [우]를 각각 붙여 보자.

① 악+아=아가

② 악+이=아기

③ 악+우=아구

egg [eg]
명
1. 알, 달걀
2. 〈옛투, 속어〉 놈, 녀석, 사람
3. 〈경멸적〉 애송이 풋내기

① [아가] 갓난아기를 가리키는 말로서, 설명이 필요 없다. 가끔 토속 소설 같은 데서 "악아"라고 하는 경우가 있는데, 이는 연철을 하

지 않고 썼을 뿐이다.

② [아기] 이 역시 설명이 필요 없을 것이다. '아기'가 음편하면 '아기 ⋯▸ 애기'이다(아비 ⋯▸ 애비 현상).

③ [아구] 이를 약하게 발음해서 마치 [으]모음 처럼 들리는 게 [아그]이다. 여기서 보듯이 '아그'는 호격접미사의 산물일 뿐이다. 호격은 상호 우열 없이 동등하므로 아가=아기=아그 관계이다. 그러므로 '아그'는 사투리도 아니고 시골말도 아니다. 우리 토속말을 잘 보존하고 있는 귀중한 존재이다.
참고로 [아구]를 있는 그대로 강하게 발음하면 우리가 '아구찜' 해 먹는 '아구'를 가리킬 때와 우리 얼굴의 턱을 속된말로 '아구창'이라 할 때의 '아구'이다. 일본말에서도 턱을 [아고]라 한다. 후술하겠지만 음운상 '아구=아고'로서 완전히 같은 말이다.

이번엔, '야그'를 본다. 전라도 사투리에서는 애기(이야기)가 '야그'로 통한다.

어느 조폭 성님이, "아그야! 야그 좀 하자" 하는 건 "애야! 애기 좀 하자"라는 말로서, 통역이 전혀 필요 없는 말이다. 여기서 등장하는 이 '야그' 또한 앞에서의 '아그'와 더불어 전라도 사투리의 구수함을 더하는 말인데, 가끔은 촌티 나는 시골말처럼 들려서 비문화어 취급을 받는 억울함이 있다. 이에 이 '야그'의 억울함도 한번 풀어 보기로 한다.

▸ 우리말 '얘기'는 '야기'의 음편형이다.

이 '야기'의 몸통말은 '약'이다. 이 '약'의 영어단어는 yak 또는 yack 이다. 이 몸통말 [약]에 호격접미사 [이]와 [우]를 붙여 보자.

① 약+이=야기

② 약+우=야구

> **yak** [jæk]
> 명 〈속어〉 수다, 쓸데없는 말
> 자 수다떨다, 재잘거리다

① [야기] 이게 음편하면 '야기 ···› 얘기'이고 (아비 ···› 애비현상), 이게 세 음절로 풀어지면 [이야기]이다. 이 [야기/얘기]의 영어단어는 yakky이다.

> **yakky** [jæ'ki]
> 접 〈속어〉 잘 지껄이는, 수다스러운, 시끄러운

② [야구] 이를 약하게 발음해서 [으]모음처럼 들리는 게 바로 [야그]이다. 이는 바로 앞의 [아그]의 경우와 마찬가지다. 보다시피 이 [야그] 역시 호격접미사의 산물이다. 따라서 '야기(얘기)=야그'의 등식관계이다.

이와 같다. 호격접미사 [우]의 예를 살펴보기 위한 썰(說)이 좀 길어졌는데, 이는 필자 나름의 다른 복안이 있어서다.

우리가 사례로 본 [아그]와 [야그]는 원래는 호격 [우]의 음가대로 하면 [아구]와 [야구]가 맞다. 그러나 실전에서는 음운편의나 음운습관

등의 이유로 해서 [우]모음이 약한 원순모음인 [으]모음으로 손쉽게 변하는 사례를 동시에 본 것이다.

우리말 상고어에서 [수리]는 신(god)이다. 또한 [스리]도 마찬가지이다. 그런데 단오절을 수릿날이라 하는바 여기서는 [수리]로 쓰였고, 아리랑 가사 '스리 스리랑'에서는 [스리]로 쓰였다. 이 [수리]와 [스리]는 완전히 똑같은 말이다. 우리말에서만 그런 게 아니고 영어에서도 마찬가지인데, 실제로 영어를 비롯한 인도유럽어에서는 대부분이 이처럼 [으]모음으로 연화된 양상으로 고착되어 등장한다.

이는 결국 호격접미사 [우]는 사실상 [으]를 하나 더 거느리는 거나 다름없다는 얘기를 하고자 하는 것이다. 이에 대하여는 다시 후술하기로 한다.

이 호격조사나 호격접미사는 본래 명사에나 붙는 것이 본연의 사명이다.

소낙비의 '소낙'과 '소나기'는 같은 말이다. 소나기는 '소낙'에 호격 [이]를 붙여서 '소낙+이=소나기'가 된 것이다. 또 '도우미'라는 말은 [도움]에 호격 [이]가 붙어서 '도움+이=도우미'가 되는 것이다. 다듬질하는 '다드미'돌은 [다듬]에 호격 [이]가 붙어서 '다듬+이=다드미'가 된다.

한편 우리말에서는 이 호격접미사를 명사뿐 아니라 부사를 비롯한 다른 품사에도 붙여 쓰는 언어습관이 있다는 점에 주목한다.

간혹 시골 어르신들의 토속표현을 보면 "내년 봄엔 꼭우 장가들어야혀~"라고 해서 '꼭'을 [꼭우]라고 하였다. 이 '꼭'은 부사이다. 그럼에도 여기에도 호격 [우]를 붙였다. 이게 민요 강강수월래의 가사에도 용례가 있다. "…놀아라 놀아라 꼭우 남생이처럼 놀아라…" 하는 구절이 바로 그것이다. 여기서도 '꼭우'라고 하였다.

이에서 보듯이 우리말의 호격접미사는 부사에도 붙여 쓴다. 매우 자유로운 측면이 있다. 그러니 이 호격접미사는 당초 본래의 사명인 호격(부르는 말)에서 시작하지만 용도는 그에 머물지 않는다는 점을 발견한다. 이는 음운상 발음의 편의를 위한 용도를 겸한다고 보는 게 맞을 듯싶다. 또는 무의식적인 음운버릇상의 일환인지도 모른다. 결과적으로 호격접미사는 그 용도가 호격이든 아니든, 품사가 명사든 아니든 이것저것 가리지 않고 끼어드는 약방의 감초 같은 존재가 된다. 이는 우리말에서뿐 아니라 영어에서도 마찬가지이다. 한마디로 하면, 호격접미사는 자유분방하다.

이 자유분방함이 어휘형성에 개입하여 어휘의 모습을 전혀 딴판의 모습으로 변하게 하는 요인이다.

예를 들어 우리말에 '얼얼하다'라는 말이 있다. 머리통을 뭔가에 한대 얻어맞거나 하면 정신이 얼얼하다. 그런데 이를 어떤 때는 머리가 '어리어리'하다고 하는 때가 있다. 여기서 [얼얼]과 [어리어리]는 같은 말인가, 다른 말인가? 답은 같은 말이다. [얼얼]의 [얼]에 각각 호격 [이]를 붙인 '얼+이=어리'를 합쳐서 '어리+어리=어리어리'가 된 것뿐이기 때문이다. 다른 예를 하나 더 보면, 우리 민요 아리랑 가사에 "아리아리 아라리요…"가 있다. 여기서는 [아리아리]와 [아라리]가 동시에 등장했는데… 이들은 무슨 말인가.

필자가 정리한다. 답은 역시 같은 말이고 그 뜻은 신(하나님)이다.

[아라리]의 몸통말은 [알알]이다. 이는 우리말 상고어 신(god)의 씨앗말인 [알]을 두 번 중첩해서 '알+알=알알'이 되고, 이 [알알]에 호격 [이]가 붙어 '알알+이=아라리'가 된 것이다. 그러므로 [아라리]는 신(god)이다. 여기서도 방금 위의 경우처럼 [알알]의 [알]에 호격 [이]를 붙이면, '알+이=아리'가 된다. 이 [아리]를 두 번 중첩하면 [아리아리]가 되는 것이다. 그러므로 결국 [아리아리]와 [아라리]는 완전히 같은 말이다.

이와 같이 호격접미사가 끼어들면 어휘의 모습이 [알알](=아랄), [아라리], [아리아리] 등의 모습으로 변신한다. 이게 우리를 이제껏 헷갈리게 만든 원인이다. 완전 딴판 같아 보이니 서로 다른 말인 줄로 오인할 수밖에 없었던 것이다. 이와 같이 호격접미사는 자유롭게 끼어들기를 하되, 어떤 때는 깜빡이를 켜지도 않고 마구 끼어드는 바람에 헷갈리기도 하지만 정신을 좀 바짝 차리고 보면 아주 흥미로운 사실들이 드러나게 된다.

여기서 한 가지 중요한 체크포인트가 있다. 어휘의 모습은 호격이 조화를 부려서 성형수술 한 후의 모습을 볼 게 아니라 성형 전의 모습, 즉 원판 몸통말을 들여다보아야 제 모습을 발견할 수 있다는 사실이다. 이게 대단히 중요하다.

여기서 잠시 곁길로 들어가자.

이 호격접미사 때문에 우리 역사에서 지명을 둘러싸고 벌어지는 해프닝의 예를 하나만 들어봄으로써 참고하고자 한다. 바로 우리 백제의 수도 웅진의 지명에 관한 것이다.

백제 최초의 수도는 하남 위례성이다. 그러다가 서기 475년 백제가 고구려의 장수왕에게 위례성을 함락당하자 천도하여 수도를 새로 정한 곳이 웅진으로서 현재의 공주이다. 이 웅진을 한자로는 웅진(熊津)이라 쓴다. '웅'은 곰 웅(熊)이고 '진'은 나루 진(津)이다. 그래서 이를 고대에는 우리말로 '곰+나루=곰나루'라 불렀다. 이 '곰나루'에 [곰]이 등장한다. 그러다 보니 이 웅진 즉 '곰나루'를 두고 역사학계 일각에서는 또 한번 헛다리를 짚으신다. 이 [곰]을 동물 '곰'으로, [나루]는 강의 배가 건너다니는 나루터의 '나루'로 여기는 것이다. [곰나루]라는 지명은 필시 그 부근 어딘가에 큰 나루터가 있었고, 거기에는 옛날에 곰의 출몰이 잦았기에 그를 [곰나루]라 했던 것으로 풀이한다. 이와 약간 다른 해석도 있긴 하지만 그게 그거다.

곰의 출몰은 둘째 치고라도, 웅진 즉 충청도 공주는 내륙이다. 금강이 하나 지나고 있어 배를 대는 나루터가 있을 법한 곳이긴 해도 그 강가에 딸린 나루터가 달랑 한 개뿐인가. 설령 그렇다손 치더라도, 한 나라의 수도 이름을 나루터라고 짓고는 거기에 곰이 많이 출몰하는 탓에 [곰나루]라 짓는다는 게… 과연 가당키나 한가?

이 웅진은 [곰나루] 말고도 [고마나라] 또는 [고마나루]라고도 불렸다. 일본서기(日本書紀)에서는 웅진(熊津)을 '구마나리(久麻那利)' 또는 '구마노리(久麻怒利)' 등으로 표기하였다. 이러다 보니 [곰나루]의 뜻을 두고 엉거주춤 이다. '곰이 출몰하는 나루'인 것 같기도 하고 아닌 것 같기도 하고….

필자가 정리한다.

[곰나루]의 몸통말은 [곰날]이다. 이 [곰날]은 [곰]과 [날]을 결합해서 만든 말이다. 즉 '곰+날=곰날'이다. 누차 언급한 대로 [곰]은 우리 상고어에서 신(god)이다. [날] 역시 신(god)의 씨앗말이다.

[곰]은 {감} 계열의 {감/검/곰/굼/금/김…}의 글자로서 [굼]과도 같다. 즉 [곰]=[굼]이다. 이 [곰]과 [굼]을 가지고 호격을 붙여보자.

- [곰]에 호격 [아]를 붙이면 '곰+아=고마'
- [곰]에 호격 [이]를 붙이면 '곰+이=고미'
- [굼]에 호격 [아]를 붙이면 '굼+아=구마'

한편 [날]은 {날} 계열의 {날/널/놀/눌/늘/닐…}의 글자로서 [놀]과도 같다. 즉 [날]=[놀]이다. 이 [날]과 [놀]을 가지고 호격을 붙여보자.

- [날]에 호격 [아]를 붙이면 '날+아=나라'
- [날]에 호격 [이]를 붙이면 '날+이=나리'
- [날]에 호격 [우]를 붙이면 '날+우=나루'
- [놀]에 호격 [이]를 붙이면 '놀+이=노리'

이렇게 만들어진 [곰] 쪽의 [고마] [고미] [구마] 중 한 개와 [날] 쪽의 [나라] [나리] [나루] [노리] 중 한 개를 뽑아서 결합해 만들어지는 말 중의 일부가 바로 [고마나라] [고마나루], 일본서기의 [구마나리] [고마노리]이다. 물론 [곰나루]는 [곰]을 그대로 쓴 채 [나루]를 붙인 것뿐이다. 즉 '곰+나루=곰나루'이다. 그러므로 '곰나루=고마나라=고마나루=구마나리=구마노리…'는 완전 등식관계이다. 그 뜻은 '신(god)'이므로, 웅진(곰나루)이라는 지명은 '신이 함께하는 또는 신성한' 땅이라는 말이다. 여기에서 보듯이 요즘 우리가 쓰는 '나라(國)'라는 어휘도 이렇게 만들어진 말이다.

[곰나루]의 어원을 풀어봄으로써 호격접미사의 존재감과 아울러 우리말 상고어의 조어방식을 간단히나마 살펴보았다. 이 [곰나루]를 한자 웅진(熊津)으로 표기한 것은 한자를 빌린 단순 훈차일 뿐이다.

각설하고, 곁길에서 빠져나와 되돌아온다.

호격접미사가 [아], [이], [우] 3개라 해서, 항상 이 3개를 다 갖다 붙여 쓰는 건 아니다. 어떤 건 3개를 다 쓰지만 어떤 건 2개 혹은 1개로 끝나는 것도 있다.

먼저 3개를 다 쓰는 경우부터 예를 보기로 한다.

▶ 우리말 여자의 몸통말은 [엿]이다. 이 [엿]에 호격을 붙여보자.

① 엿+아=여사

② 엿+이=여시

③ 엿+우=여수

① [여사] 이 [여사]는 용례가 있긴 있는데, 번지수를 약간 잘못 갔다. 품위 있는 점잖은 여자를 정중하게 일컬어서 '김여사, 박여사…' 할 때 쓰이는 말인 [여사]로 간 것이다. 여기서 보듯, [여사]는 단지 우리말 '여자'일 뿐인데 거창하게 한자로 음차해서 여사(女史)로 쓰기까지 한다. 동네 계모임 아줌마들 만나서 노시는 때 보면 서로들 다 [여사]라고 그러신다. 거듭 말하거니와, 한자는 우리 동이족이 만든 거다. 여사(女史)는 우리말에서 만들어진 말이다.

② [여시] "어유~ 저런 여시 같은 년…"에 용례가 등장한다. 여기서 말하는 [여시]가 본래는 우리 민간말에서 '여자'를 가리키는 말이다.

③ [여수] 이 역시 민간말의 "어마나~ 저런 여수 같은 년…"에 용례가 등장한다. 이는 [여시]와 같다. 그러므로 여기서 등장한 '여사=여시=여수'는 모두 여자를 뜻하는 말이다.

다른 예를 하나 더 보자.

▸ 아빠의 몸통말은 '압'이다. 이 [압]에 호격을 붙여본다.

① 압+아=아바

② 압+이=아비

③ 압+우=아부

① [아바] 이 '아바'의 영어단어는 Abba이다.

영어단어의 뜻풀이를 보듯이 이 Abba는 본래 그 뜻이 신(하나님)이다. 왜냐하면 [압] 글자 자체가 우리말 상고어로 신(god)의 씨앗말이기 때문이다. 호격접미사를 붙인다 해도 신(god)의 뜻에는 여전히 변함이 없다. 이 '아바(Abba)'의 된소리가 '압바', 즉 연음하여 우리말 '아빠'이다. 이는 의미변화를 거친 결과인데, 곳(God)이라는 단어처럼 직접 신을 칭하는 용도로 남은 단어 이외에는 거의 모든 단어가 이처럼 의미변화를 거쳐 오늘날의 어휘로 정착하게 되는 것이다. 이 [아바]는 가족호칭(아버지)으로 의미 변화한 사례이다. 이 [아바]에 호격 [이]가 한번 더 붙어서 북한말에서의 '아바이'가 된다. '아바이 순대'라는 말도 있다. 이 [아바]는 또 소리음가의 변화 없이 그대로 우리나라 궁중 사극에서 '아바마마'로 쓰인다.

> **Abba**
>
> 명 (신약성경에서) 아바, 하나님, 하나님 아버지(마가복음 14:36)

② [아비] 이 [아비]는 우리말 '아버지'로서 설명이 필요 없다. 이게 음편하면 '애비'이다(어미 ···› 에미 현상). 이 '애비'는 영어단어 abbey(애비)를 만든다. abbey는 '대수도원, 수도사, 사원' 등의 뜻으로서 종교 관련 어휘로 의미 변화한 사례이다.

③ [아부] 이 [아부]는 오늘날엔 안 쓰지만 국어사전엔 이를 예전에는 '아버지를 정답게 이르던 말'이라 하고 있다. 이 [아부]는 아랍 에미

리트의 수도인 아부다비의 [아부]이다. 이슬람권의 인명, 지명에서는 이 'Abu(아부)'가 부지기수로 등장한다. 왜냐하면 본래 그 뜻이 신(god)으로서 신성(神聖)을 나타내기 때문이다.

다음은 호격이 2개만 쓰이는 경우를 본다.

▸ 나귀의 몸통말은 [낙]이다.

이 [낙]의 영어단어는 nag이다.

① 낙+아=나가

② 낙+이=나기

③ 낙+우=나구

nag

명 작은말, 조랑말(pony)

이러고 보니, [나기] [나구]는 있는데, [나가]는 우리말에 용례가 없다. 그러므로 이는 호격이 [이] [우]의 2개만 붙는 경우이다. 여기서 [나귀]라는 말은 보이지 않는데, 이 [나귀]는 [나구]에 호격 [이]가 한번 더 붙어서 '나구+이=나귀'가 되거나, 단순 철자법상의 문제일 뿐이다.

이번에는 호격이 1개만 쓰이는 경우를 본다.

▸ 우리말 누나의 몸통말은 [눈]이다. 영어단어로는 nun이다.

① 눈+아=누나

nun [nʌn]

명 수녀(여승), 〈美속어〉 착실한 여자

② 눈+이=누니

③ 눈+우=누누

여기서는 우리가 쓰는 말인 [누나] 한 개밖에는 용례가 없다. 즉 [누니] 또는 [누누]라는 우리말에서 용례를 찾지 못한다.

끝으로 호격이 1개만 쓰이는 예를 하나만 더 본다.

▸ [식]은 우리말의 어린애를 말한다. 이 [식]의 영어단어는 chick(식)이다.

① 식+아=시가

② 식+이=시기

③ 식+우=시구

chick [tʃik]

명

1. 병아리, 새새끼

2. 아이, 어린애, (한 집안의) 아이들

여기서의 [시가] [시기]는 원칙적으로 용례가 없다. 다만 세 번째의 [우]가 붙은 [시구]만이 유의미한 용례이다. 이 [시구]가 호격의 자음중첩으로 강조음편 된 게 [식구]이다. 이 [식구]가 한자어 食口(식구)를 만든다. 한자어 식구는 이에서 만들어진 우리말이다.

그런데 이 [시구]가 강조용법 '식구'로 음편되지 않은 채 그대로 쓰이는 사례가 있다. 매우 중요한 용례이다. 바로 '얼시구 절시구'의 [시구]가 그것인데, 본래 [얼시구]는 우리말 상고어에서 신(god)의 뜻말이다. 그러기에 이 [얼시구]가 판소리 등에서 고수가 중간중간 흥을 돋워 주기 위해서 넣어주는 추임새로 자주 쓰이는 말이다.

이 [얼시구]의 짝말로서 [절시구]가 함께 등장한다. 이 [얼시구]와 [절시구]는 우리 타령이나 민요가락에서 자주 등장한다. 특히 각설이 품바타령에서는 이게 빠짐없이 등장한다. "얼씨구 씨구 씨구~ 들어간다. 절씨구 씨구 씨구~ 들어간다…."(이에 대하여는 기회가 닿으면 후술한다)

아무튼 이 [식]의 경우에는 호격 [우]의 용례만이 등장한다.

2. 호격접미사는 영어에서도 우리말 규칙대로 적용된다

이상에서 우리말에서의 호격접미사의 존재와 그 용례를 살펴보았다. 그런데 이 호격접미사는 우리말에만 적용되는 규칙이 아니다. 이는 영어 안에서도 그대로 적용된다. 참으로 놀랍고 흥미로운 점이다.

여기서는 영어단어 내에서 직접 발생하는 호격접미사의 사례를 보기로 한다.

요즘 우리말에 '잼나다'라는 표현이 횡행한다.

비단 이뿐만이 아니라 인터넷이나 문자 메시지 주고받을 땐 빠른 타이핑을 위해서도 그렇고 일부러 재미나게 하려는 의도 등으로 인해서 '잼나다'라는 말 외에도 수많은 축약어가 등장한다. 비속 표현이긴 하지만 "대갈 나쁘면 손발이 고생한다"에서는 '대가리'를 '대갈'로 축약했다. 또는 "제일 좋아"는 '젤 좋아', "수요일에 갈게"는 "수욜에 갈게", "내일 만나자"는 "낼 만나자", "처음으로"는 "첨으로" 등이다.

축약하는 게 우리말 표준어에서도 드문 건 아니다. 가을=갈, 마음=맘, 마을=말, 노을=놀, 배알=밸, 비암=뱀, 싸움=쌈, 즈음=즘 등이다.

아무튼, '잼나다' 또는 '잼있다'라는 표현은 '재미'라는 두 글자를 '잼'이라는 한 글자로 축약한 건데, 이게 사실은 축약이 아니고 몸통말 자체를 갖다 쓰는 유행이다. 뭔 말이냐 하면, '재미'의 몸통말이 바로 [잼]이라는 것이다. '대가리'의 몸통말은 '대갈'이다. 이에 호격 [이]가 붙은 게 '대가리'이다. 또한 '재미'는 이 몸통말 [잼]에 호격 [이]가 붙어서 만들어진 말이다. 즉, '잼+이=잼이=재미' 이렇게 된것이다.

이 우리 몸통말 '잼'을 영어단어로 스펠한 단어는 jam(잼) 이다. 영어단어의 jam(잼)은 우리말 '잼'나다의 [잼]과 같은 뜻이다. 즉, '잼나다'라는 말은 '기분 좋은 일, 유쾌한 일'이라는 뜻이다.

jam [dʒæm]

명

1. 잼
2. 〈英속어〉 기분좋은 일(것), 유쾌한 일

이 우리말 [잼]에 호격 [이]를 붙이면 '잼+이=재미'이다. 이를 영어로 스펠한 단어는 jammy(재미)이다.

이와 같이 '재미나다'의 [잼]을 보았는데, jammy는 명사 jam의 끝에 'y'를 붙여서 형용사 만드는 영어의 일반용법일 뿐이지, 그게 무슨 호격접미사냐는 반론이 있을 수 있다. 일단, 이에 대하여는 '구조적으로 영어가 형용사를 만드는 방법의 하나로서 택한 방식이 호격 [이]를 붙이는 방식에서 출발한 것'이라는 대답을 해두고 지나가기로 한다. 이게 호격접미사의 본질은 아니기 때문이다.

jammy [dʒæmi]

형

1. 끈적거리는
2. 〈英비격식〉 기분좋은, 유쾌한, 운이

영어에서도 우리말과 같은 방법으로 호격접미사가 작용하는 다른 사례를 본다. 다름 아닌 젖먹이 'baby'이다. 영어단어 baby는 우리말 그대로 젖먹이를 말한다. 갓난아기의 밥은 젖이다. 갓난아기들의 밥을 스펠한 게 영어단어 boob(밥) 이다. 영어사전은 boob의 뜻풀이를 '유방'으로 하고 있다. 영어는 이를 갓난아기들의 밥(젖)을 보관하

boob

명 〈속어〉 유방(= breast, booby)

는 밥통으로 본 모양이다.

각설하고, 젖먹이 baby의 몸통말은 우리말 [밥]이다. 이 [밥]에 호격 접미사 [이]를 붙여서 만들어진 게 baby이다. 즉, '밥+이=바비(baby)' 이렇게 된 것이다. 여기다 나머지 호격 [아]와 [우]를 붙여보자.

① 밥+아=바바

이 '바바'를 스펠한 단어는 baba(바바)이다.

baba [bɑ':bɑ:]

명 갓난아기, 어린이

② 밥+우=바부

영어에서는 [우]모음이 [으]로 약화되는 경향에 의해 [바브]이다. 이 [바브]를 스펠한 단어는 babe(바브)이다. 단, 우리말 '바보'가 아직 젖도 떼지 않은 어린애 수준의 얼간이라는 의미로 보면, 이 '바부/바보'를 그대로 스펠한 단어는 booboo(바부/바보)이다.

babe [beib]

명 〈옛투〉 갓난아기, 젖먹이

boo-boo

명 실수, 바보짓, 멍청한 짓

다른 예를 하나 더 보기로 한다.

영어단어 widow(과부)의 몸통말은 [윋]이다. 이 widow는 [윋]에 호격 [우]가 붙은 것이다. 이 [윋]에 다른 호격 [아] [이]를 붙여보자.

- 윋+아=위다(widder)
- 윋+이=위디(widdie)

widder [wi'dər]

명 〈방언〉 = widow

widdie [wi'di]

명 〈美속어〉(카드놀이)
= widow

그래서 결국 widow(위도)=widder(위다)=widdie(위디)이다.

※ 영어스펠 widow의 '-ow'는 우리말 [오]와 [우]를 동시에 구현한다는 신호이다. 그러므로 widow는 우리말 소리발음 [위도] / [위두] 두 개를 다 표현하는 것이며, 고대영어에서는 [위도우]가 아닌 [위도] 또는 [위두]로 읽었을 것이다. 이는 필자의 판단이다.

다른 사례이다.

우리가 잘 아는 단어 very(매우)인데, 이 베리(very)의 몸통말은 [벨]이다. 이 [벨]은 {발 벌 볼 불 블 빌 벨 밸…} 계열의 글자로서 우리말 신(god)의 씨앗말이다.

영어단어 very는 이 우리말 [벨]에 호격 [이]가 붙어서 생긴 단어이다. 그런데 영어사전을 보니 very=vera라고 한다.

- 벨+이=베리=very
- 벨+아=베라=vera

vera [verə]

부 〈스코〉 = very

이번에는 보다 흥미로운 사례를 하나만 더 보고 지나가기로 한다.

다름 아닌 영어단어 '슬픔'의 뜻인 sorrow이다. 영어단어에 sorra라는 단어가 하나 더 있는데, 영어사전은 이를 두고 sorra=sorrow라고 한다.

이 sorrow의 소리발음인 [소로]의 몸통말은 우리말 [솔]이다. 이 [솔]은 {설/설/솔/술/슬/실…} 계열의 글자로서 역시 신(god)의 뜻이다. 영어단어 sorra[소라]와 sorrow[소로]는 각각 [솔]에 호격 [아]와 [오]가 붙어 만들어진 단어이다.

- 솔+아=소라=sorra
- 솔+오=소로=sorrow

sorra [sɔ':rə]
〈스코, 아일〉 = sorrow

영어사전은 sorra=sorrow라고 못 박고 있다.

한편 이 [솔]에 나머지 호격 [이]를 한번 더 붙여보면, '솔+이=소리' 이렇게 된다. 이 [소리]로 발음되는 영어단어를 찾아보면 어떤 단어가 있을까?

문득 떠오르는 단어가 하나 있는데, 이는 바로 우리가 잘아는 sorry이다. 바로 이것이다. 이 sorry와 sorrow의 영어사전 뜻풀이를 보면 크게 2가지로 '슬픈, 유감스러운'의 뜻이 주종이다. 영어사전의 sorry와

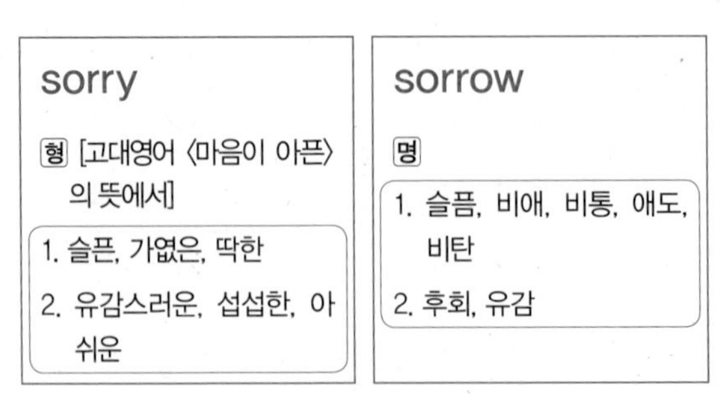
sorry
형 [고대영어 〈마음이 아픈〉 의 뜻에서]
1. 슬픈, 가엾은, 딱한
2. 유감스러운, 섭섭한, 아쉬운

sorrow
명
1. 슬픔, 비애, 비통, 애도, 비탄
2. 후회, 유감

sorrow의 뜻풀이를 비교해보면 이 두 단어는 쌍둥이 사이임을 알 수 있다.

이와 같이 살펴보니 사실상 영어단어 sorrow(소로)=sorra(소라)=sorry(소리)이다.

다시 말하면, 이 3개의 단어는 우리말 호격접미사의 규칙을 따라서 만들어진 단어들이다. 다만, 그 몸통말인 [솔]이 신(god)의 뜻임에도 여기서 파생한 이 단어들은 어찌하여 '슬픔, 유감, 후회'라는 비탄적 뜻을 지닌 단어가 되어 있을까 하는 점이 의아할 뿐인데, 이는 상고시대의 '인간과 신의 관계'의 속성의 한 단면을 드러내 주는 것으로서, 성경적, 종교적인 관점에서 보아야 파악될 수 있는 사안이므로 별도 후술하기로 한다.

이상에서 우리말의 호격접미사라는 음운습관이 영어 안에서도 공통적으로 벌어지고 있다는 중요한 사실을 관찰하였다. 이래서 영어는 우리말이다.

3. 호격접미사는 [아] [이] [우]+[어] [으] [오] 6개이다

앞에서 호격접미사는 [아] [이] [우] 3개라는 점을 살펴보았다. 그런데 사실은 이 호격접미사는 6개이다. 그 이유는 간단하다. 우리말의 모음조화 현상 때문이다.

호격접미사 [아] [이] [우]는 엄연한 모음이다. 우리말에서의 모음은 모음조화 현상을 따르는 게 필연적이므로, 이 호격접미사도 모음인 이상 모음조화를 따르지 않을수 없다.

결국 호격접미사는 우리말 경/중 모음간의 대칭관계를 따라서,

- [아]는 그 대칭 중모음 [어]
- [이]는 그 대칭 중모음 [으]
- [우]는 그 대칭 경모음 [오]로 각각 쌍을 형성하면서 등장한다.

그러므로 호격접미사의 수는 종전의 3개에서 6개로 늘어난다. 즉 [아/어] [이/으] [우/오] 6개이다. 이 6개를 섞어서 재배열 하면, '아/어 오/우 으/이'가 된다. 이러고 보니, 이는 우리 한글의 본래 기본모음 6개와 완전히 일치하는 모습이다.

놀라운 관전 포인트인데, 이를 다시 얘기한다면, 우리말에서든 영어에서든 호격접미사로 붙는 모음은 우리말의 기본모음 전체(6개)가 해당된다는 얘기이다. 이에 대하여는 뒤에서 이어 서술하기로 한다.

이 호격접미사의 모음조화는 경모음(양성모음), 중모음(음성모음) 구

분에 따른 모음조화를 일으키는 게 원칙이겠지만, 이는 좀 특이한 양상을 보여 예외가 많다. 단적인 예로, 영어에서의 호격 [아]는 거의 대부분 [어]로 대체된다. 그 이유는 영어에서 호격 [아]를 구현하는 수단이 대부분 스펠 끝에 [-er]을 동원해서 갖다 붙이는 건데, 이 영어단어 끝의 스펠 [-er]는 [-어] 음가로 발음되기 때문이다. 또 영어나 인도유럽어에서는 호격 [우]보다는 [오] 또는 [으]를 즐겨 쓴다(이에 대하여는 후에 다시 서술한다).

한편 우리말에서는 이 호격을 강제로 일괄 조치하는 경우가 있다. 그 대표적인 예로서 물고기 이름에 등장하는 [아] 호격은 무조건 [어]로 강제 조치된다. 한자 '고기 어(魚)'를 인위적으로 갖다 붙여서 한자말을 만들었기 때문이다.

붕어, 잉어, 숭어, 민어, 농어, 문어, 빙어, 향어, 송어, 다랑어, 상어….

이에는 좀 무리가 따른다. 우리말에서의 호격을 [아]로 하는 건 이 민족의 DNA에 새겨진 습성이기 때문이다. 그래서 지방 사투리에서나 시골의 할머니 할아버지들은 이를 무시하고 자유로움을 추구한다. 즉, 붕아, 숭아, 뱅아, 빙아, 북아… 등등이다. 본래 호격인 [아]를 찾아서 말이다.

또 다른 강제 통일대상의 호격은 바로 우리나라 꽃 이름들이다.

우리말 꽃의 이름은 [화]자 돌림이다. 물고기의 한자 '어(魚)'가 여기선 '꽃 화(花)'이다. 국화, 무궁화, 수선화, 목화… 등등의 꽃 이름에 붙는 [화]는 모두 호격접미사 [아] 또는 [하]의 변형이다(호격 [하]에 대하여는 후술한다). '봉숭아' 같은 예외도 있긴 하다. 이 봉숭아는 꽃 화(花)를 쓰지 않았다.

다른 예를 하나 본다.

우리의 명절인 '단오'는 몸통말 [단]에 호격 [오]가 결합하여 만들어진 말이다. [단]은 우리말 상고어로 역시 신(god)이다. 그러므로 '단오'는 '신(god)'이다. 따라서 단오절은 '신(god)의 날'이라는 뜻이다.

이 경우 [단]에 호격접미사 [우]를 붙이면 본래는 '단우'가 맞다. 그러나 우리말에서는 '단오'라는 말로 굳어져 있다. 한편 산스크리트어에는 이 '단오'가 본래말인 '다누'로 등장한다. '다누 라자'라는 말이 있는데, 여기서 '다누'는 우리말 '단우'의 연음일 뿐으로 그 어원이 우리말이다.

이와 같이 말을 만드는 사람, 만드는 지역에 따라서 '단오'라 하기도 하고 '단우'라 하기도 하는 것이다.

부연하면, 이 단오(端午)를 두고 한자의 뜻풀이를 하는 건 전혀 부질없는 짓이다. 단순 음차일 뿐이기 때문이다. 간혹 단오절의 유래라고 해서 "수뢰라는 개울에 밥을 던져서 굴원이라는 자의 제사를 지내던 습속에서 수릿날이라고 부른다"라는 소리들은 정말 헛소리이다. 이런 소리를 늘어놓는다는 건 천손민족이라 자처하는 우리 한민족의 정신세계를 모독하는 일이다.

단오절은 말 그대로 '단오(god)'의 날이다. 그날은 신(god)을 만나는 날이고, 그 신(god)에게 봄 농사 잘 마쳤으니 한해 풍년을 주십사 하고 기원하는 축제의 날이다. 온 민족이 그날 신(god)을 만난다는 기대와 즐거움에 축제를 벌이는 명절날이 단오절이다.

다른 예를 보자. 우리 고대국가 백제 왕의 이름 중에는 '개루'왕(4대)도 있고 '개로'왕(21대)도 있다. 이 '개루'와 '개로'는 같은 말이다. 왜냐하면 '개루'와 '개로'의 몸통말은 둘 다 [갤]이기 때문이다. 이 [갤]에 호격 [우]가 붙으면 '개루', 호격 [오]가 붙으면 '개로'일 뿐이다. 결국 '개루'와 '개로'는 오직 호격의 차이일 뿐이므로 완전히 같은 말이다.

다만, 실전에서는 이 호격접미사가 반드시 모음조화를 따라 움직이는 것은 아니다. 한마디로 자유분방하게 움직인다는 게 맞는 표현일 듯하다.

결론적으로 요약 정리한다.

호격접미사는 당초 [아] [이] [우] 3개이던 것이 모음조화로 인한 [아/어] [이/으] [우/오] 대칭쌍의 형성으로 결국 6개가 되었다.

이는 우리의 기본 단모음 6개와 완전히 일치하는 모음군이다. 즉, 호격접미사는 '아/어 오/우 으/이'이다.

4. 호격접미사는 중복사용을 허용한다

우리는 위에서 호격접미사는 당초 [아] [이] [우] 3개에서 모음조화의 영향으로 '아/어 오/우 으/이' 6개로 늘어났다는 점을 살펴보았다.

본래 호격접미사는 몸통말에 한번 붙이고 끝내는 것이 원칙이다. 하지만 실전에서의 양상은 이와 다르다. 중복사용이 발생한다는 얘기다. 즉, 호격접미사가 이중으로 붙는 경우가 있다는 말이다.

우리 일상에서의 아주 간단한 음운버릇을 하나 먼저 보기로 한다.

엄마라는 말은 그 자체로 이미 호격이 붙어 형성된 단어이다. 즉 몸통말 [엄]에 호격 [아]가 붙어, '엄+아=어마'가 되고 이 [어마]가 강조음편 된 게 '엄마'이기 때문이다. 그런데 우리 주변에서는 '엄마야~' 라고 하는 때가 수도 없이 많다. 이는 '엄마'에 호격 [야]를 한 번 더 붙여서 쓰는 것이다.

아바이라는 말은 북한말에서의 아버지를 부르는 말인데, 본래는 '아바'이다. 즉 몸통말 [압]에 호격 [아]가 붙어 '압+아=아바'. 그런데 여기다 호격 [이]를 한 번 더 붙여서 '아바이'라 한다. 이를 축약해서 읽으면 [아배] 또는 [아베]가 된다.

언니라는 말 역시 이미 호격이 붙어 정착된 단어이다. 그런데 이를 '언니야~'로 해서 부르는 건 다반사이다. 아예 이를 축약해서 [언냐]로 통하기도 한다.

형은 그냥 [형~]이라 호칭해서 호격 없이 부르기도 한다. 그런데 어린 애들 호칭을 보면 이를 [형아] 라고 한다. 즉, [형]에 호격 [아]를 붙여서 쓰는 것이다. 그래서 '형+아=형아'. 여기까지는 좋은데, 여기다가 호격 [야]를 또 한 번 붙여서 [형아야~] 이렇게 부르기도 한다.

이처럼 우리말 일상에서는 호격을 중복해서 사용하는 일이 비일비재하다. 이는 우리말의 음운습관이자 음운버릇이나 다름 없다.

그런데 이는 우리말에서만 그런 게 아니다. 만국 공통이다.

예를 들면, 나라 이름 이탈리아는 본래 Italy[이탈리]이다. 그런데도 이는 호격 [아]를 붙여서 '이탈리+아'로 통한다.

이 이탈리아가 성경에서는 [이달리야]로 등장하는데, 이 [이달리야]는 후술하겠지만 우리말이다. [이탈리] 또는 [이달리]는 이미 호격 [이]가 붙어서 형성된 단어이다. 그런데도 호격 [아]를 한 번 더 쓰는 것이다.

이 책의 앞에서 살펴본바 있는 영어권의 여자 이름 Mary(마리)와 Maria(마리아)의 경우도 그런 사례이다.

영어 이름 Mary(마리)는 몸통말 [말]에 호격 [이]가 붙어 '말+이=마리'가 된 것인데, 여기다 호격 [아]를 한 번 더 붙여서 '마리+아=마리아'라는 이름도 등장하게 되는 것이다.

이는 이미 호격이 붙어서 굳어진 [마리]라는 명사 자체를 아예 또 다른 몸통말로 인식하는 바람에 빚어지는 현상이다. 마치 우리말에서 '언니'라는 말에 호격 [야]를 한 번 더 붙여서 '언니야'로 쓰는 것과 다름없다.

다른 예를 본다.

우리나라 국호인 코리아(Korea)도 그런 사례이다.

우리 국호 Korea는 고대국가 고구려의 다른 이름인 '고리'에서 나왔다. 이 '고리'는 우리말 상고어에서 신(god)의 씨앗말인 [골]에 호격 [이]가 붙어서 만들어진 말이다. 즉 '골+이=고리'. 그러므로 '고리'라는 말뜻은 신(god)이라는 말이다. 나라 이름을 '고리'라고 지은 것은 곧 '하늘의 자손'이라는 의미이다.

참고로 고대에는 전 지구적 차원에서 이 '고리'라는 말이 매우 신성시되면서 더불어 많은 지명 등에 흔적을 남기고 있다. 이는 고대 수메르 문명에서 출토되는 이시타르 여신의 신상 또는 다른 왕이나 지배자의 신상 부조에서 손에 '고리'를 들고 있는 그림이 많이 나타난다는 점에서 확연히 드러난다. 이는 필자의 관찰과 판단이다. 즉 고대에는 '고리' 자체가 신(god)을 칭하는 명사로서 자리 잡았다는 방증이다. 그러다 보니 이 '고리'를 몸통말로 인식하게 됨으로써 여기에 또 호격을 붙이게 되는 것이다. 결국 '고리+아=고리아', 즉 '골+이+아=고리아' 이렇게 되어 호격을 중복 사용한 결과가 되었다. 이 '고리아'를 알파벳으로 옮기는 과정에서 격한 소리로 Korea(코리아)가 된 것이다. 인도유럽어에서 '골'과 '콜'은 동일하다(후술한다).

참고로 고려는 '고리+아'에서의 호격 [아]가 [어]로 바뀐 경우이다. 그래서, '고리어'인데 이게 두 음절로 축약된 게 '고려'이다.

그 밖에도 호격을 중복하는 사례는 비일비재하다. 당장 오늘날의 다른 나라 국명을 보더라도 그렇다. 잠비아, 아르메니아, 조지아, 시리아, 오스트리아, 인디아, 아라비아, 루마니아, 볼리비아… 등등이다. 이들 국명 끝에 붙은 [아] 모음은 모두 호격을 중복 사용한 것이다.

또는 하와이의 인사말인 '알로하'가 그렇다. '알로' 자체가 신(god)인데 여기다 호격 [하]를 또 붙였다. 또는 흘러간 노랫말에 "헬로아 헬로아 …" 라는 말이 있다. '헬로'에 호격 [아]가 더 붙었다. 또 시(詩)와 노래에 등장하는 '세노야'라는 말이 있다. 여기서 '세노'는 신(god)이다. 여기에 호격 [야]가 한번 더 붙었다. 이 '세노'는 우리말 '선우'와 같은 말이다. '선우'는 흉노 왕의 호칭이면서 우리 성씨 중 하나이기도 하다. 그러므로 '세노야'는 신(god)을 부르는 말이다.

이와 같이 호격접미사는 중복사용이 빈번하다. 우리말, 영어 가리지 않고 두루 발생하는 현상이다.

한편, 구약성경 출애굽기에 많이 나오는 '시내산' 또는 '시내광야'의 [시내]의 경우도 호격을 중복사용 하는 사례의 하나이다.

이 [시내]의 몸통말은 우리말 신(god)의 씨앗말인 [신](神)이다. 이 [신]에 호격 [아]가 붙으면 '신+아=시나' 가 되어 [시나]가 탄생하는데, 이 [시나]에 호격 [이]가 한 번 더 붙은 게 [시나이] 이다.

즉 '시나+이=시나이'. 이 '시나이'의 '나이'를 한 음절로 축약하면 [내]가 된다. 그래서 '시나이 ⋯→ 시내' 즉 [시내]로 된 것이다.

다만 현대 지명에서는 이 [시나이]를 축약 없이 그대로 쓰기도 한다.

근세에 이집트와 터키가 영토분쟁을 일으키다가 1967년 이스라엘의 군사점령 후 1979년 평화협정으로 이집트에 귀속된 그 유명한 시나이 반도가 그것이다.

5. 호격접미사는 '모든 모음'이다

앞에서 호격접미사는 당초의 3개(아/이/우)로 시작하였다가 모음조화라는 돌풍을 만나는 바람에 경/중모음의 대칭쌍으로 인해 [아/어] [오/우] [으/이] 6개로 늘어났다는 점을 보았다. 이는 우리말 본래의 기본 단모음 6개와 완전히 일치하는 배열이다. 즉, '아/어 오/우 으/이' 이다.

그런데 설상가상으로 호격접미사는 중복사용을 허용한다고 하는 또 다른 태풍을 만났다. 이에 정신을 가다듬고 한번 더 생각을 해보기로 한다.

① 첫번째는, 만일 처음호격을 [이]로 한 상태에서 중복사용에 동원되는 다른 호격이 있다면, 이런 양상이 될 것이다.

- 이+아=이아 (한 음절로 축약되면) [야]
- 이+어=이어 (한 음절로 축약되면) [여]
- 이+오=이오 (한 음절로 축약되면) [요]
- 이+우=이우 (한 음절로 축약되면) [유]
- 이+으=이으 (한 음절로 축약되면) (X)
- 이+이=이이 (한 음절로 축약되면) (X)

이 결과로 4개의 겹모음이 등장하게 되었다. '야 여 요 유'이다. 즉, 호격을 [이]로 한 상태에서 호격을 또 중첩하게 되는 경우에는 '야 여 요 유'의 겹모음까지로 확장된다는 것이다. 그러므로 이를 기본 6개의 호격과 합쳐서 배열을 해보면, '아 어 오 우 으 이+야 여 요 유' 10개가 된다.

이러고 보니 이 배열은 우리 한글 기본모음 10개와 완전히 일치한다. 즉, '아 야 어 여 오 요 우 유 으 이'이다.

② 다음은 두 번째로서, 중복사용하는 호격이 [이]로 고정되는 경우를 본다. 그러면 이런 양상이 될 것이다.

- 아+이=아이 (한 음절로 축약되면) [애]
- 어+이=어이 (한 음절로 축약되면) [에]
- 오+이=오이 (한 음절로 축약되면) [외]
- 우+이=우이 (한 음절로 축약되면) [위]
- 으+이=으이 (한 음절로 축약되면) [의]
- 이+이=이이 (한 음절로 축약되면) (X)
- 야+이=야이 (한 음절로 축약되면) [얘]
- 여+이=여이 (한 음절로 축약되면) [예]
- 요+이=요이 (한 음절로 축약되면) (X)
- 유+이=유이 (한 음절로 축약되면) (X)

이 결과로 7개의 복모음이 추가로 등장하게 되었다. 즉, '애 에 외 위 의 얘 예'이다.

이러고 보니 이는 우리 한글 기본모음에 [이]로 결합된 복모음 7개와 같다. 그러므로 방금 위에서 파악한 10개의 기본모음에다 여기의 복모음 7개가 추가되어 모두 17개의 모음배열이 되었다.

③ 끝으로, 이번엔 호격의 이중사용이 다음과 같은 복모음 형성의 경우를 본다.

- 오+아=오아 (한 음절로 축약되면) [와]
- 우+어=우어 (한 음절로 축약되면) [워]
- 오+애=오애 (한 음절로 축약되면) [왜]
- 우+에=우에 (한 음절로 축약되면) [웨]

이 결과로 4개의 복모음이 또 추가되었다. 즉, '와 워 왜 웨' 이다. 방금 위에서 파악한 총 17개의 모음에다 여기의 복모음 4개가 추가되면 총 21개의 모음으로 확장된다. 이를 열거하면 '아 어 오 우 으 이+야 여 요 유+애 에 외 위 의 얘 예+와 워 왜 웨'이다. 이러고 보니, 이는 우리의 모음체계 전체에 해당하는 21개의 모음과 완전히 동일해지고 말았다.

호격접미사로 쓰이는 모음에는 사실상 제한이 없다는 결론에 도달하였다. 즉, 모든 모음이 해당되는 것이다. 참으로 놀라운 사실이다. 이러한 결과는 우리의 모든 상고어 조어와 이를 한자로 음차하여 조성한 모든 한자어에 그대로 적용된다. 대단히 중요한 포인트이다.

예를 들어보자.

우리는 동이족이다. 이 동이족의 '동이'는 우리말 상고어 신(god)의 씨앗말인 [동]에 호격 [이]가 붙어서 만들어진 말이다. 따라서 '동이'라는 말은 '신(god)'이라는 뜻이다. 그러므로 '동이족'이라 함은 신(god)의 자손, 즉 천손이라는 말이다. 이 동이를 음차해서 한자 표기한 게 東夷(동이)이다. 그러니 이 동이(東夷)의 한자를 가지고 뜻풀이 하는 건 전혀 의미 없다. 동쪽이라는 방향과도 전연 상관없다. 그러니 동쪽의 오랑케(캐)니 뭐니, 동쪽의 활 잘 쏘는 족속이니 뭐니 하는 건 원천적으로 헛소리에 불과하다.

한마디 덧붙이면, 동이의 '오랑케 이(夷)'를 파자(破字)하여, 夷=큰대(大)+활궁(弓)이라고 하여, 이 이(夷)는 큰 활을 말하는 것이니 오랑케라기 보다는 '활 잘 쏘는 민족'을 상징한 글자라고 자위하는 것도 부질없다. 夷(이)를 구성하는 활 궁(弓)의 '활'은 그 활 쏘는 활을 말하는 게 아니다. 필자 판단으로 이 '활'은 신(god)의 씨앗말이다. 그러니 이(夷)라는 글자는 큰(大)+신(神)의 결합 글자로 보아야 한다.

한편, 고대어에서 '오랑케'는 야만족을 가리키는 말이 아니다. 상고어에서 '오랑케'는 역시 신(god) 또는 신성(神聖) 가리키는 말이다. 이 오랑케는 본래 [오랑에]이다. 이 [오랑에]는 몸통말 [오랑]에 호격 [에]가 붙은 것인데, 몸통말 [오랑]은 우리말 상고어 {아랑/어랑/오랑/이랑/우렁…} 계열의 말중의 하나로서 신(god)의 뜻말이다. 이 '오랑'에 호격 [에]가 붙어서 '오랑+에=오랑에' 가 되는 것이다.

참고로, 이 [오랑에]가 서양의 왕조의 이름으로 등장하는 아주 중요한 용례가 있다. 다름 아닌 서양사에서 오렌지공화국이라 불리는 그 '오렌지'가 바로 이 [오랑에]이다. 네덜란드를 통치한 오렌지왕가 라는 왕조도 있다. 이 오렌지를 영어로 Orange라 표기하는데, 과일 이름 오렌지와 동일한 스펠과 발음으로 읽히기에 우리가 알아차리지 못했을 뿐이다.

이 오렌지공화국의 '오렌지'의 네덜란드 혹은 프랑스식 발음이 '오랑예' 이다. 이 '오랑예'가 바로 우리말 [오랑에]와 음운상 완전히 같은 말이다.

왜 그런가 하면,

[오랑에]의 몸통말인 [오랑]을 알파벳으로 그대로 스펠 하면 'orang'이 될 것이다. 그리고 이 'orang'(오랑)에 호격 [에]를 붙여 본다면, 'orang(오랑)+e(에)=orang+e=orange' 가 되는데, 여기서 'orange' 라는 단어가 탄생한다. 그러니 이 'orange'의 본래 소리발음은 스펠대로 읽어서 [오랑에] 또는 [오랑게]가 되어야 하는 것이다.

> **Orange** [ɔ':rindʒ]
>
> 명
>
> 1. 오렌지 강(남아프리카의 강)
> 2. 오랑예 왕가(1815년 이후 네덜란드를 통치한 유럽의 한 왕가)
> 3. 오랑예 소공국(현재의 프랑스 일부)
>
> (출처: 프라임)

그런데 이 Orange를 두고 영미권에서는 [오렌지]로 발음한다. 그래서 세계지도나 세계사에서는 오렌지강(江) 이니, 오렌지공화국 이니, 오렌지왕조니 하는 이름들이 횡행하는 연유인데, 정작 중요한 점은 이 'Orange'를 그 본산인 네덜란드나 프랑스에서는 [오랑예]라고 읽는다는 사실이다. 이 [오랑예]와 우리말 오랑캐의 본래말인 [오랑에]와는 음운상 완전히 같은 말이다. 단지 호격 [에]와 [예]의 차이밖에 없기 때문이다.

이는 우리말 음운습관을 그대로 따르는 것이다. 예를 들어 우리 고대국가 '동예'의 경우가 그것이다. '동예'라는 국명은 몸통말 [동]에 호격 [예]가 붙은 것으로서 [동이]와 완전히 같은 말이다. 드라마 태조 왕건에 등장하는 태봉의 군주 '궁예'의 이름에 쓰인 [예]도 마찬가지이다.

그러니 몸통말 [오랑]에 호격 [예]가 붙으면 '오랑+예=오랑예' 이다.

결국 '오랑에=오랑예=오랑게=오랑케' 의 관계이다.

매우 중요한 포인트이다. 세계사의 '오렌지 왕조'는 곧 우리말로 하면 '오랑케 왕조'이고 이는 우리말이다.

후술하겠지만 호격접미사가 붙을 때 자음의 변화가 동반되는 규칙이 있다. 그에 따라 '오랑에 ···› 오랑게'가 되고, 이 '오랑게'가 읽을 때 거센소리화 되어 '오랑케(캐)'로 되는 것이다.

결국 상고시대의 오랑케는 고귀한 신분의 사람이나 족속을 가리키는 말이다. 이는 필자의 판단이다. 오랑케는 본디 야만인이 아니다. 그러니 우리 [동이]를 굳이 '동쪽의 오랑케'라고 풀고 싶다면 이를 '동쪽의 고귀한 족속'이라고 바꿔 하면 된다. 이때 기왕이면 '동쪽의' 라는 수식어도 빼고 그냥 '고귀한 족속' 이라 함이 옳다.

우리 역사에는 이 '동이'가 다양한 이름으로 변모하여 등장한다. 예를 들면, 고대국가 이름 '동예'가 그것이다. 동의보감의 '동의' 도 그것이고, 대동여지도의 '동여'도 그것이다. 그러니 대동여지도의 말뜻은 '大

동이지도' 라는 말이다.

요즘으로 보면 '동의'라는 이름을 쓰는 대학교도 있다. 또 '동아'라는 말도 '동이'와 완전히 같은 말인데, 이 '동아'라는 상호를 쓰는 기업이나 언론사도 있는 모양이다. 후술하겠지만, 동호, 동해, 동희, 동화 등은 몸통말 [동]에 {하} 계열의 호격이 붙어 만들어진 말들로서 모두 '동이'와 같은 말이다. '동이, 동아, 동오, 동우, 동여, 동예, 동애, 동와, 동의, 동위… 등의 말은 모두 같은 말이다. 단지 몸통말 [동]에 {아} 계열 호격이 붙은 것뿐이다. 또한, '동히, 동하, 동호, 동후, 동혀, 동혜, 동해, 동화, 동희, 동휘… 등도 역시 같은 어휘군이다. 이는 [동]에 {하} 계열 호격이 붙은 것뿐이기 때문이다. 결국 동이=동예=동호=동해=동하=동희 … 등으로 마구 섞여 나타나는 고대사의 국명, 지명, 인명 등은 모두 동일한 말로서, 이는 우리가 [동이]로 알고 있는 원조격 말과 모두 동의어 관계라는 점이다.

여기서 등장하는 [동예]는 고대국가 '부여, 옥저, 동예'의 [동예]이다. 그러니 고대국가 중 하나인 [동예]는 그 나라 이름을 [동이]로 삼았다는 말과 똑같다.

한편, [동해]도 등장한다. 이는 우리나라 동해 바다의 이름인데, 이는 당초 '동쪽 바다'라는 뜻의 동해(東海)가 아니라 본래 [동이]라는 말에서 출발한 것이다. 즉 우리의 동해 바다는 '동이 바다'이다. 이를 한자 동해(東海)로 한 것은 음차표기일 뿐이다. 이게 우리로 하여금 동해를 '동쪽 바다'로 여기게 한 착시유발의 원인이다. 참고로 '연해주'의 [연해]

를 연해(沿海)라고 썼다고 해서 그 땅이 '바다에 연한 땅'이 아닌 것이나 마찬가지다. 고구려를 이은 [발해]를 발해(渤海)로 적었다 해서 이를 '바다'로 여기지 않는 것도 역시 마찬가지이다. 신라 2대 왕인 [남해]는 바다 해(海)가 아닌 풀 해(解)를 써서 남해(南解)라고 한 점과 대조되기도 한다. 동해, 연해, 발해, 남해 등의 말에 쓰인 '해'는 호격접미사일뿐이다.

또한 [동호]도 등장한다. 보다시피 이 [동호] 역시 [동이]와 같은 말이다. 그러므로 역사서에 등장하는 고조선의 [동호]라는 말은 다름 아닌 우리 [동이]를 지칭하는 말에 다름 아닌 것이다.

이러한 예들은 고대사를 판별하는 데 아주 중요한 키포인트가 될 수 있는 것들이다. 그럼에도 우리는 이를 알아채지 못하였다. 우리 상고어를 알지 못한 까닭도 있지만, 이 호격접미사의 다양한 변신에 따른 어휘의 변화를 상상조차 못 했기 때문이다. 그래서 우리가 역사에서 놓친 부분이 실로 엄청나다 아니 할 수 없다.

결론을 요약한다.

호격접미사는 당초 [아] [이] [우] 3개로 출발하였지만, 우리말의 음운현상으로 인한 외연을 확장한 결과 '모든 모음'이 된다.

6. 호격접미사의 원조는 [하]이다

이제까지 호격접미사의 전모를 살펴보았다.

당초 기본 호격접미사는 [아] [이] [우] 3개로 시작하였다. 이 호격접미사 역시 모음이므로 모음조화의 영향 등으로 인해 [아/어] [오/우] [으/이] 쌍형성을 하는 통에 우리의 기본단모음인 '아/어 오/우 으/이' 6개가 다 동원되어 쓰인다는 점을 파악하였다.

그런데 호격접미사의 중복허용이라는 태풍을 만나는 바람에 모음의 결합현상으로 복모음까지 동원되는 사태에 이르렀다. 그러다 보니 우리의 기본모음은 물론 겹모음에, 복모음까지 몽땅 호격접미사의 자격증을 얻어 활약에 나선다는 법칙 아닌 법칙을 알아내기에 이르렀다.

이 호격접미사는 우리말뿐 아니라 영어에도 똑같이 적용되는 현상이며, 고대 상고어를 형성하는 공통규칙이라는 점도 간파하였다.

그런데 이게 다가 아니다.

한가지가 더 남았는데, 이는 다름 아니고 호격접미사는 [아][이][우]…와 같은 {아}모음만의 전유물이 아니라는 점이다.

{하} 모음이 가세한다. 본래 우리 고어에서의 호격조사는 [아]보다는 [하]가 더 우세했다. 우리의 고전가요나 고전시가들을 보면 호격조사는 거의 대부분 [하]를 쓴다.

백제가요 정읍사의 첫 구절은 "달하 노피곰 도다샤…"로 시작한다. '달아'가 아닌 '달하'로서 호격이 [하]이다. 또 고려가요로 추정되는 정석가(鄭石歌)라는 게 있다. 이 정석가는 "딩아 돌하 당금(當今)에 계샹이다"로 시작하는데, 여기서도 호격 [하]가 나타난다. 즉 '돌하'의 [하]가 그것이다. 참고로, 이 첫 구절에 등장하는 '딩아'의 [딩]과 '돌하'의 [돌]은 과연 뭘까?

필자가 정리한다. 여기서의 [딩] [돌]은 모두 신(god) 또는 신의 씨앗말이다. [딩]은 {당/덩/동/둥/등/딩} 계열의 글자로서 모두 신(god)을 칭하는 씨앗말이고, [돌] 역시 {달/덜/돌/둘/들/딜} 계열의 글자로서 우리 고어에서 신(god)의 뜻으로 매우 중요하게 쓰이는 말이다. 이 책 앞부분 어딘가에서 '돌산'에 대해 한번 살펴본 바가 있는데, 이 '돌산'의 돌이 그 돌(石)이 아닌 신(god)의 뜻이라는 것을 말이다. 그러므로 '딩아 돌하'는 곧 '하느님이시여' 라는 말이다.

다른 예를 하나 더 보자.

고려가요 정과정(鄭瓜亭)에 보면, "아소 님하, 도람 드르샤 괴오쇼셔" 하는 구절이 나오는데, 여기서도 '님하'라고 하여 호격 [하]를 썼다. 요즘말로 '님아'이다.

이상과 같은 예에서 보듯, 우리 고어에서는 호격으로 [아] 보다 [하]가 쓰이는 경우가 훨씬 많다.

더욱 확실한 사례가 있다.

우리 국문학에서 가장 오래된 고대가요인 삼국유사의 가락국 건국설화에 나오는 구지가(龜旨歌)의 첫머리에 나오는 '구하(龜何)'의 경우가 그것이다.

龜何龜何(구하구하)

首其現也(수기현야)

若不現也(약불현야)

燔灼而喫也(번작이끽야)

첫 구절 '龜何(구하)'의 [구]는 우리말 상고어에서 신(god)의 씨앗말이다. 그리고 [하]는 호격이다. 그러므로 [구하]는 '신(하나님)이시여' 하는 말이다.

이를 두고 거북이(龜)는 신령한 동물이니, 장수하는 동물이니… 해서 어쩐다느니 하는 건 부질없다. 이 순우리말 [구하]를 한자로 음차한 것 뿐이기 때문이다.

이 '구지가'의 [구지] 역시 신(god)이라는 점은 이미 이 책 다른 곳에서 한번 살펴본 바 있다. 이 [구지]는 몸통말 [긎]에 호격 [이]가 붙은 말이다. 즉 '긎+이=구지' 이렇게 된 것이다. 이 [긎]에 호격 [우]가 붙으면, '긎+우=구주'가 되는데, 이 [구주]가 바로 기독교에서의 예수 그리스도를 부르는 [구주]이다. 즉, [구주]는 하나님이라는 말이다. 이를 한자로 음차하여 救主(구주)로 표기한 것뿐이다. 그러니 [구주]는 순우리말이다.

궁중용어에서 전하(임금이나 왕), 폐하(황제), 저하(왕세자)… 등의 말과 오늘날의 '각하(대통령)' 등도 그것이다. 이는 모두 몸통말 [전] [폐] [저] [각] 등에 호격 [하]가 붙어서 굳어진 말이다.

한자로 전하(殿下), 폐하(陛下), 저하(邸下), 각하(閣下)… 등등으로 써놓으니까 이를 두고 해석한다는 말이, 전하=임금이 거하는 대궐의 아래에서, 폐하=대궐의 섬돌 밑에서… 우러러본다는 뜻이라느니 어쩌느니 하는데, 다 부질없는 소리다. 말도 안 되는 소리다.

이들 한자어 전하, 폐하, 저하, 각하… 등은 순우리말을 한자로 음차해서 표기한 것뿐이다. 그러므로 한자의 글자 뜻을 가지고 풀이해서 억지로 꿰어맞추려 하는 건 무의미하다. '귀하'의 경우도 마찬가지다.

앞에서 살펴본 대로, 우리 상고어에서 각각의 글자 하나하나는 모두 '신(god)의 씨앗말'이라는 점을 상기할 필요가 있다. 이에는 예외가 없다.

[전] [폐] [저] [각] 등의 글자는 각각 신(god)의 씨앗말이다. 여기에 호격 [하]를 붙이되, 이 [하]를 한자 '아래 하(下)'를 골라 썼을 뿐이다. 결국 전하, 폐하, 저하, 각하 등의 말은 신(god)을 부르는 말이다. 다만, 이게 의미변화 과정을 거쳐 '왕, 지배자, 신분 높은 사람' 등을 가리키는 호칭으로 의미 변화하여 정착된 것뿐이다. 합하(閤下)라는 말도 있는 모양인데 이 역시 같은 맥락이다.

아무튼, 전하, 폐하 등의 호칭은 호격을 [하]로 쓴 대표적이고도 강력한 사례이다. 이는 수천년을 이어져 내려온 언어역사적 유물이다.

이상에서 보았듯이 호격의 원조는 [아]가 아닌 [하]이다.

우리말에서 'ㅎ'은 'ㅇ'의 거센소리이다. 필자의 판단으로 고대어에서 보통소리와 거센소리는 서로 같은 것으로 통한다. 그 연장선에서 호격

[아]와 [하]는 같은 역할을 하는 것이다. 한편 음운상으로 귀에 들리는 소리음가에 있어서 [아]와 [하] 사이에는 실제적으로는 큰 차이를 느낄 수 없는 경우가 많다.

예를 들어, [각]이라는 몸통에 호격 [아]와 [하]를 붙이는 경우에는 소리음가가 명확히 차이 난다. 즉, '각아'는 [가가]로, '각하'는 [가카]로 소리나기 때문이다.

그러나 [날]이라는 몸통에 호격 [아]와 [하]를 붙여보면, '날아'나 '날하'나… 모두 그저 [나라]로 들릴 뿐이다. 또는 '불함'이나 '불암'이나 귀에 들리는 소리음가는 별 차이 없이 그저 [부람]으로 똑같이 들린다. 일부러 한 글자씩 또박또박 천천히 발음하지 않는 한, 그냥 일상적인 속도의 소리발음으로 연음하는 경우에는 거의 차이를 느끼지 못한다. 또한 [담]이라는 몸통글자에도 호격 [아]와 [하]를 각각 붙여서 읽어보면, '담아'나 '담하'나 귀에 들리는 소리는 둘 다 그저 [다마]로서 차이를 식별할 수 없다.

이는 [이]와 [히]의 경우도 마찬가지다. 이 둘은 소리음가상 차이를 거의 느낄 수 없는 경우가 많다. 이게 우리 맞춤법상의 논란을 유발하는 주범이기도 하다.

예를 들면, '일일히'가 맞는지 '일일이'가 맞는지를 따지는 등이다. 곰곰히/곰곰이, 깨끗히/깨끗이, 가까히/가까이, 솔직히/솔직이, 가만히/가만이, 조용히/조용이… 등등 수없이 많은 사례에서 '이/히' 맞춤법 논란을 부른다.

이러한 배경에는 [히]는 [이]의 거센소리 관계로서, [히]가 문두에 나오지 않고 음절 뒤에 따라 나오는 한 청각적으로는 사실상 이를 식별하는 건 불가하며, 이를 굳이 따지려 드는 건 맞춤법 통일이라는 사명 빼고는 별 실익 없는 일이라 할 수 있다.

아무튼 호격 [하] [히] [후] 계열은 이러한 소리음가상의 차이가 작거나 없다 보니, [아] [이] [우] 계열에 자리를 내주고는 서서히 퇴조하다가 오늘날에 이르러서는 아예 자취를 감추거나 또는 희미해진 것이다. 그러나 [하] [히] [후] 계열이 호격의 원조임은 부정할 수 없다. 이는 고대어에 많은 자취를 남기고, 더욱이는 한자어휘에 큰 흔적을 남기고 있기 때문이다.

필자판단으로, 독일어의 Ich(이히) Dich(디히) 등과 같은 발음에서는 이 호격의 영향이 남아 있는 것으로 판단된다. 이슬람권에서의 '알라흐' 같은 경우에도 {하} 계열의 호격이 지금도 남아 있는 것으로 여겨진다.

끝으로 호격접미사를 종합 정리해 본다.

호격으로 쓰이는 [하] [히] [후] 역시 [아] [이] [우] 경우와 마찬가지로, 모음조화의 작용으로 인해 [하/허] [히/흐] [후/호] 대칭쌍을 형성한 결과 '하/허 호/후 흐/히' 6개로 늘어난다.

또한 중복사용을 허용하는 호격접미사의 너그러움과 자유분방함에 힘입어 결국은 모든 [하] 모음을 정복하기에 이른다. 그리하여 열거하면 '하 허 호 후 흐 히+햐 혀 효 휴+해 헤 회 휘 희 해 혜+화 훠 홰 훼'이다.

결국 우리말에서의 호격접미사는 다음과 같다.

① {아} 모음의 '아 어 오 우 으 이+야 여 요 유+애 에 외 위 의 얘 예 +와 워 왜 웨'
② {하} 모음의 '하 허 호 후 흐 히+햐 혀 효 휴+해 헤 회 휘 희 햬 혜 +화 훠 홰 훼'

즉, {아}모음 전체와 {하}모음 전체, 이런 결론이다.

이는 우리말뿐 아니라 영어에도 적용되는 규칙이다. 또한 인도유럽어 계통의 인명, 국명, 지명 등도 모두 이 규칙을 따르고 있다. 다만, 영어나 인도유럽어의 모음은 우리보다 훨씬 단순하므로 위에서 열거한 모음이 다 쓰이지는 않고, 일부만 쓰일 뿐이다. 그쪽에서 주로 쓰이는 모음은 '아/어/오/우/으/이' 기본 단모음 6개에다, 영어알파벳의 기본모음인 '아/이/우/에/오'에 등장하는 [에]가 하나 더 추가로 동원되는 정도이다.

그러므로 영어 및 인도유럽어 계통에서 쓰이는 호격접미사의 모음은 '아/어/오/우/으/이/에' 와 '하/허/호/후/흐/히/헤' 등이다.

실례를 들면, 음악가 바흐의 이름은 바하/바흐, 두 가지로 읽힌다. '하/흐'가 호격접미사이기 때문이다. 또한 미술가 반 고흐의 이름은 '고호/고흐' 등으로 읽히는데 이 역시 호격접미사이기 때문이다. 이 {하} 계열의 호격은 특히 이슬람권 어휘에서 두드러지게 발달해 있는 듯하다.

위에서 살펴본 호격접미사는 고대 원시언어의 비밀을 풀 수 있는 비밀코드이다.

이 호격접미사는 몸통말인 각각의 글자와 글자를 결합하여 어휘를 만들 때 발음의 편의 또는 어휘의 중복을 피하기 위한 수단이 되거나 혹은 지역적, 시대적인 조류와 유행특성 등을 반영하면서 다양하게 작용한다. 우리말의 어휘, 영어의 어휘는 모두 이 호격접미사의 변화무쌍한 양상에 의해 생겨난 것이다. 세계의 지명, 인명, 고대사의 국명 등도 모두 이와 같다. 참고로 고대 태호 복희氏의 태호와 복희의 경우도 호격이다. 즉 태호는 [태]에 호격 [호], 복희는 [복]에 호격 [희]가 붙은 것이다.

이탈리아의 유명한 도시 밀라노를 영어사전에서 찾아보면 Milan으로 되어 있고 발음은 그냥 [밀란]이다. 그런데 이를 이탈리아 사람들은 Milano라 쓰고 [밀라노]라 부른다. 우리도 그렇게 부른다. 이거 왜 그런가?

한편 이탈리아의 수도 로마를 영어사전에서는 Rome으로 표기하고, 영미권 사람들은 이를 그냥 [롬]으로 읽고 끝낸다. 그러나 우리는 이를 [로마]로 읽는다.

프랑스 파리를 관통하여 흐르는 센(Seine)강을 우리는 세느강 이라고 부르기도 한다. 오스트리아의 강 이름 중에 Mur[물] 이라는 강이 있다. 강의 이름이 [물]이다. 이 Mur[물] 강을 Mura[무라] 강이라고도 부른다.

- ▶ 밀라노 = 밀란 + 오 = (연음하여) 밀라노(Milano)
- ▶ 로마 = 롬 + 아 = (연음하여) 로마(Roma)
- ▶ 세느 = 센 + 으 = (연음하여) 세느(Seine)
- ▶ 무라 = 물 + 아 = (연음하여) 무라(Mura)

이와 같이 각각의 지명에 느닷없이 [오] [아] [으] 등의 모음이 따라 붙었는데, 이게 바로 우리말의 호격접미사이다.

7. 호격접미사의 쓰임

이상 호격접미사의 양상에 대하여 알아보았다.

한마디로 하면, 호격접미사는 '아/이/우' 3개가 아닌 '모든 모음'이라는 결론이었다. 다만, 여기서 '모든 모음'이라 함은 모음의 제한이 없이 개방되어 있다는 말이지, 모든 모음이 실전에 무조건 다 등판하는 게 아니라는 건 두말할 나위 없이 당연한 말이다.

단순화/표준화를 위한 선행작업

호격접미사에 의한 조어용례를 살펴보기에 앞서 미리 한두 가지 단순화 작업을 선행하기로 한다. 앞에서 상고어에서 모음은 의미가 없고 자음만이 의미가 있으므로 우리말의 21개 모음에 걸친 모든 모음은 결국 동일한 말이라는 점을 살펴보았다.

예를 들어, {산} 계열은 '산=선=손=순=슨=신=샨=션=숀=슌=샌=센=쇤=쉰=싄=섄=셴=솬=숸=쇈=쉔' 이다. 그런데 이 21개 모음에 걸친 모든 글자가 항상 빠짐없이 용례가 등장하는 건 아니다.

현실적으로 존재하지 않는 글자도 있을 수 있다. 그럼에도 불구하고 필자가 이 21개를 항상 끌고 다니는 건 복잡해 보이기도 하고, 비효율적이기도 하다.

그래서 이 중에서 가장 기본적이고도 빈도가 높은 주요 모음만을 대상으로 압축하여 간소화를 하고자 한다. 이에 우리의 기본 단모음인

'아 어 오 우 으 이' 6개를 기본으로 하고, 여기에 우리말과 영어에서 자주 등장하는 복모음인 [에/애] 2개를 추가하기로 한다. 그러면 '아/어 오/우 으/이 에/애' 8개가 된다.

이를 표기의 통일과 일관성을 위해 {산/선/손/순/슨/신/센/샌}과 같은 모양으로 표기하고는, 이를 {산} 계열이라 부르기로 한다. {알} 계열이라 함은 {알/얼/올/울/을/일/엘/앨}과 같이 표시한 글자군(群)을 지칭하는 것으로 한다.

여기서 사용한 중괄호(속칭 꽃괄호), 즉 { }는 수학에서의 집합표시 기호이다. 이를 흉내 내기로 한다.

① 어떤 몸통말 글자의 계열을 호칭할 때는 [아]모음 글자를 써서 지칭하는 것으로 통일한다.
[곰]이라는 글자는 {감} 계열의 글자로서 [곰]은 {감/검/곰/굼/금/김/겜/갬}의 각 글자와 모두 같은 글자이다. 또, [주]라는 글자는 {자} 계열의 글자로서 [주]는 {자/저/조/주/즈/지/제/재}의 각 글자와 모두 같은 글자이다. 이런 방식의 개념하에 표기하기로 약속을 정하자는 것이다.

② 호격접미사로 동원하는 모음은 이 '아/어 오/우 으/이 에/애' 8개를 원칙으로 하되, 필요에 따라 그때그때 신축적으로 가감하기로 한다.

호격접미사에 의한 어휘 생성

호격접미사의 정체를 알아보느라 먼 길을 달려왔는데, 이제는 비로소 이 호격접미사를 실전에 등판시켜 보기로 한다.

첫 출전선수로는 {살} 계열의 말을 1번 타자로 삼아 보기로 한다.

누차 언급한 바와 같이 상고어에서 모든 글자는 각각 신(god)의 씨앗말이다. 그러므로 [살] 글자는 물론 {살} 계열의 모든 글자 {살/설/솔/술/슬/실/셀/샐}도 신(god) 또는 그 씨앗말이다. 이들 {살} 계열 내의 글자들끼리는 상호 우열이나 서열에 의한 차별이 없으므로 완전히 동일하다.

여기에 호격이 붙는다고 해도 불변이다. 한편 호격접미사 '아/어 오/우 으/이 에/애' 사이에서도 차별이 없음은 물론이다. 그러므로 다음의 표에서 보는 바와 같은 호격에 의해 생성된 개별어휘들 역시 모두 차등 없이 동등한 말이 되는 것이다. 다시 말하면, {살/설/설/술/슬/실/셀/샐}={사라/서라/소라/수라/스라/시라/세라/새라/사리/서리/소리수리/스리/시리/세리/새리…} 등식관계이다. 그러니 어떤 때는 '수리', 어떤 이는 '시라', 어떤 때는 '사로', 어떤 이는 '서라'… 이렇게 마구 변하는 것이다. 그래 봤자 서로 다 같은 말이다. 이는 한마디로 부르는 때와 부르는 사람의 마음대로라는 얘기나 다름없다. 속된말로 엿장수 맘이다.

그러한 결과가 고대 역사서에 그대로 반영되었으니 오늘날의 우리와 역사학자들이 헷갈릴 수밖에 없는 것인데, 역사서에 신라의 옛 이름을 '사라, 서라, 스라, 시라, 사로, 서나, 스나, 서벌, 시림, 계림, 서라벌

… 등의 다양한 이름으로 등장시킴으로써 후대의 우리들을 멘붕 상태로 몰고 갔던 미스테리가 비로소 풀리는 것이다. 이는 비단 신라의 경우만은 아니다. 고구려나 백제도 마찬가지다. 그뿐만이 아니다. 고조선의 이름 역시 다양하고도 화려하기가 그지없다. '조선, 주선, 주신, 조잔, 주잔, 주선, 숙신, 숙선…'

이는 다 우리말과 우리말 상고어의 음운버릇 때문에 비롯된 문제인데, 이제는 그 실타래를 풀 수 있게 되었다. 우리 고대사뿐 아니라 고대 세계사의 지명, 인명, 국명 등도 이와 다르지 않다. 이는 후술하면서 별도로 살펴보기로 한다.

이 표는 {살} 계열의 글자에 각각 호격접미사를 붙여서 만든 표이다.

{살}계열	살	설	솔	술	슬	실	셀	샐
호격접미사 [아]	사라	서라	소라	수라	스라	시라	세라	새라
호격접미사 [이]	사리	서리	소리	수리	스리	시리	세리	새리
호격접미사 [우]	사루	서루	소루	수루	스루	시루	세루	새루
호격접미사 [오]	사로	서로	소로	수로	스로	시로	세로	새로
호격접미사 [으]	사르	서르	소르	수르	스르	시르	세르	새르
호격접미사 [에]	사레	서레	소레	수레	스레	시레	세레	새레
호격접미사 [애]	사래	서래	소래	수래	스래	시래	세래	새래

이 표에서 보는 바와 같이 여러 다양한 어휘가 생성되었다.

그런데 중요한 점은 이 어휘들이 상고어에서는 모두 같은 말이라는 사실이다.

매우 중요한 포인트이다.

우선 눈에 띄는 게 있는데, '사로/서라/스라/시라/시리' 등이다. 이는 우리 고대국가 신라의 옛 이름들이다. 곧 신라의 어원이다. 이 어휘들은 그 몸통말 각 글자가 신(god)에서 출발한 것이므로 당연히 신(god) 또는 신성(神聖)의 뜻을 지닌다. 이 말들은 신의 이름, 천체, 자연물, 왕의 이름, 국명, 인명, 기후현상, 동식물의 이름 등등, 인간생활의 모든 영역에 걸친 생활어휘로 파생한다. 그 결과로 자리 잡아 정착되어 쓰이는 것이 바로 오늘날의 어휘이다.

위 표에서 만들어진 말들이 하나도 빠짐없이 전부 어휘로 정착하는 게 아님은 물론이다. 어떤 말은 상대적으로 빈도가 높거나 중요한 위치를 차지하는 반면 어떤 말은 한 번도 등장하지 않을 수도 있다. 또 어떤 말은 우리말에서, 어떤 말은 영어에서 용례를 보이기도 하고 또 어떤 말은 영어와 우리말 양쪽에서 모두 용례를 보이기도 하는 것이다.

하나씩 살펴보기로 한다.

[살]

- 사라: 성경 아브라함의 아내 사라(Sarah)의 이름
- 사리: 달이 차고 기우는 천체현상인 '사리 조금'의 사리
- 사로: 신라의 옛 이름 사로

- 사르: 사르곤 왕의 '사르'
- 사래: 아브라함의 아내 사라의 원래 이름 사래(Sarai)

[설]

- 서라: 신라의 옛 이름
- 서리: 초겨울의 서리(霜)
- 서래: 우리 지명(서래마을)

[솔]

- 소라: ① 일본말로 하늘, ② 우리 지명(소라里)
- 소리: 소리(音)
- 소로: 우리 지명(소로리)
- 소르: 소르본의 '소르'
- 소레: 소리(音)의 옛말
- 소래: 우리 지명(소래포구)

[술]

- 수라: ① 임금님 밥상, ② 인도네시아 지명 '수라바야'의 '수라'
- 수리: 하나님(수릿날)
- 수로: 김수로왕의 이름
- 수르: 북유럽신화에서 전쟁의 신 수르(Sur)
- 수레: 하나님(단오절의 수레떡)

[슬]

- 스라: 신라의 옛이름
- 스리: ① 하나님(스리랑의 스리)
  ② 힌두의 신에 대한 경칭

sri [sri:, ʃri:]

명 스리

1. 힌두의 신, 성자 등에 대한 경칭
2. 남자의 님, 선생(Mr, Sir에 해당)

[실]

- 시라: 신라의 옛 이름
- 시리: 신라의 옛 이름
- 시루: ① 하나님, ② 우리 지명 시루산(甑山)
- 시로: ① 하나님, ② 신라의 옛 이름

이처럼 이 {살} 계열에 호격접미사가 붙어서 생성된 어휘만으로도 우리는 매우 중요한 소득을 얻는다. 먼저 신라의 옛 이름은 이 {살} 계열에서 나온 것이 주종을 이룬다. 즉 신라의 이름은 '신(god)의 나라'라는 뜻이다. 아리랑에 나오는 '스리'와 '스리랑'의 어원을 찾았다. '스리'는 '수리'와 더불어 신(하나님)이다. 김수로왕의 '수로' 어원을 찾았다.

'수레'는 신(god) 이다. 그래서 단오날에는 수레떡을 해 먹는다. 수메르의 유물에서 소머리와 더불어 '수레'바퀴가 출토되는 이유도 여기 있다.

'수리'는 신(god)이다. 단오 수릿날의 어원이다.

수메르의 이시타르 여신의 부조상에 수리(부엉이)가 등장하는 이유가 여기 있다(그림 참조). 또는 각국의 국장에 수리(독수리)가 등장하는 이

유도 마찬가지이다. '수리'가 신(god)이 기 때문이다. 여기서는 언급이 안 되었지만, [실]에 호격 [위]가 붙으면 '실위'이다. 이 실위(室韋)는 중국 남북조 시대인 6세기 중엽부터 당나라 때까지 중국 둥베이[東北] 지방을 본거지로 한 민족으로서 칭기즈칸을 배출한 몽골 부족의 이름이다. 또한 [솔]에 호격 [호]가 붙으면 '솔호'(Solho)이다. 이 '솔호'는 만주족이 고려와 조선을 향해 개국 3백년을 넘길 때까지도 부르던 말이다. 이 '실위'나 '솔호' 는 그 어원을 본래 우리 고대국가 '신라'와 같이 하는 것이다.

한편, 천주실의라는 책이 있는데, 이는 예수회 선교사인 마테오 리치 신부가 저술한 기독교 변증서이다. 이 책의 제목을 한자로는 天主實義(천주실의)라고 적는다. 여기서 천주(天主)는 말 그대로 하나님이라는 말이다. 그런데 나머지 실의(實義) 라는 말의 뜻은 무엇일까. 여기에서 [실의]가 바로 신(하나님)이다. 몸통말 [실]에 호격 [의]가 붙은 것이다. 즉 '실+의=실의'. 그러니 천주실의라는 말은 '천주 하나님' 이라는 뜻이다.

이 '실의(實義)'의 한자 뜻을 풀어서 '참된 토론'이라 하지만, 이는 순 우리말 [실의]를 한자로 음차표기한 것뿐이다. 이는 필자의 판단이다.

8. 호격접미사는 자음중첩을 유발한다

호격접미사가 몸통말에 붙을 때 자음의 변화가 일어나는 때가 있다.

예를 들면 몸통말 [말]에 호격 [이]가 붙는다고 가정하면, '말+이=말이'로 되고, 이 '말이'가 연음되어 [마리]가 된다. 이게 일반적인 호격의 양상이다.

그런데 이 [말]에 호격이 붙을 때 [마리]가 아닌 [말리]로 변신하는 현상이 병존한다.

강화도의 마리산(= 마니산)은 '마리'이다. 그런데 저 유명한 몰디브의 말리섬이나 아프리카 서부의 나라인 말리공화국의 경우에는 '말리'(Mali)이다. 영어 이름에는 마리아(Maria)도 있고 말리아(Malia)도 있다. 여기서 '마리'와 '말리'는 완전 같은 말이다. 이런 현상은 우리말에서 머루 다래의 '다래'가 '달래'로 되는 것과 같은 음운버릇에서 기인한다. 즉 앞글자의 받침자음(이 경우에는 'ㄹ')이 꼽사리를 끼는 바람에 자음이 중첩되어서 강한 발음으로 소리 나는 것인데, 이를 두고 필자가 자음중첩이라 부르는 것이다.

한편 이와는 다른 양상을 보이는 경우가 있다.

몸통말의 받침이 이응(ㅇ)인 경우가 그것이다. 이 이응(ㅇ) 받침의 특징은 다른 자음들과는 달리 받침을 떼어내 연음처리를 할 수 없는 자음이다.

예를 들어, 막+아=마가, 안+아=아나, 붇+아=부다, 갈+아=가라, 맘+아=마마, 압+아=아바, 앗+아=아사… 등과 같이 ㄱ, ㄴ, ㄷ, ㄹ, ㅁ,

ㅂ, ㅅ 등의 받침은 몸통말에서 떨어져 나와서 그다음의 모음과 연결되어 연음처리 하는 게 가능하다.

반면, 이응(ㅇ)받침은 몸통에서 분리가 안 되는 유일한 자음이다. 예를 들어, [공]이라는 글자에 호격 [이]를 붙이면 '공+이=공이'가 되는데, 이는 떼어낼 받침 자체가 없으니 연음처리고 뭐고 할 게 없다. 그러니 그냥 [공이]일 뿐인데, 우리말에서의 자음중첩이라는 음운현상은 이를 그냥 포기하여 놔두지를 않는다. 예외를 인정해 주지 못하겠다는 것이다.

이 경우에는 특별하게도 기역(ㄱ) 자음을 추가해 준다. 그래서 '공+이=공이' ··· '공+ㄱ+이=공기'가 된다. 이 [공기]가 다름 아닌 우리말 공기(air)이다. [공이]는 M16 소총의 격발장치를 가리키는 바로 그 [공이]이다.

또는 [동]에 호격 [이]가 붙으면 '동+이=동이'가 일반 현상이다. 이 경우에는 '동+이=동이=동+ㄱ+이=동기'가 되는 현상을 보인다. 그러니 '동이=동기'가 되는 것이다.

필자의 관찰과 분석결과에 의하면 이런 양상은 우리말 고어에 등장하는 어휘의 식별을 매우 헷갈리게 한다. 또한 이는 우리말에서만의 현상이 아니고 영어 및 모든 인도유럽어에도 두루 나타나는 현상이다. 매우 중요하다. 이에 여기서는 이를 '호격의 일반 자음중첩'과 '호격의 이응(ㅇ) 자음중첩'의 둘로 나누어 살펴보고자 한다.

1) 호격의 일반 자음중첩

저 북극 얼음땅에서는 얼어 죽은 고생물 맘모스의 화석이 무더기로 발견된다. 이 맘모스는 영단어로 mammoth인데, 이를 영어발음으로는 [매머드]로 한다. 그래서 '매머드급 이벤트', '매머드급 태풍'이라는 등의 말을 쓰기도 하는데, 우리는 이를 '맘모스'라고도 한다. 예전에 서울의 어느 곳에 '맘모스'라는 이름의 백화점이 있었다. 이 [맘모스]는 [매머드]와 같은 말이다.

한편 기원전 18세기경 바빌로니아의 왕 함무라비의 영어발음은 [하무라비]이다. 이를 어떤 때는 하무라비, 어떤 때는 함무라비라고 하기도 한다. 고대 카르타고의 장군 한니발도 어떤 때는 '하니발', 어떤 때는 '한니발'로 부른다. 문장 쓸 때 찍는 쉼표 부호를 어떤 이는 '코마', 어떤 이는 '콤마'라고 한다. 구약성경 출애굽기에서 광야에 머물던 이스라엘 백성들이 받아먹은 하늘에서 내려오는 양식을 성경에서는 '만나'라고 하는데, 이의 영어발음은 [마나](manna)이다.

한니발의 '한니'는 우리말 [한]에 호격 [이]가 붙은 말이다. 즉 '한+이=하니'인데 그럼에도 [한니발]이라고 하는 소리발음이 병존한다는 점이다.

성경에 나오는 '만나'는 우리말이다. 이 '만나'의 몸통말은 [만]으로서 신(god)의 씨앗말이다. 여기에 호격 [아]가 붙어서 '만+아=마나'가 되는 것이다. 이를 성경에서는 [만나]로 표기하고 있다. 그리스어의 세 번째 알파벳 글자인 감마(gamma) 역시 우리말이다. 이는 우리말 신

(god)의 씨앗말 {곰} 계열의 글자인 [감]을 몸통말 삼아 호격 [아]가 붙은 것이다. 즉, '감+아=가마'이다. 이 [가마]를 우리는 [감마]라고 부르기도 한다.

한니발의 '한니', 성경의 '만나', 알파벳 '감마' 등은 모두 몸통말에 호격이 붙으면서 발생하는 현상인데, 이런 현상은 우리말의 일상적인 음운버릇에서 기인하는 것이다.

우리말에서 '풀잎에 아침 이슬이 알알이 맺혔다' 할 때의 '알알이'의 표준 소리발음은 [아라리]이다. 하지만, 간혹 어떤 이는 이를 [알라리]로 발음하기도 한다. 한편 '일일이 참견하다' 할 때의 '일일이'의 표준발음은 [이리리]가 아니고 무조건 [일리리]이기도 하다.

경상도나 전라도 사투리에서는 '자음'을 잃어버리지 않으려고 애쓰는 음운현상을 보이는 예가 있다.

예를 들면, 날이 추운걸 "아이고~ 춥어라" 하고, 날이 더우면 "아이고~ 덥어라"와 같이 하는 경우이다. '춥다'가 원형인데 이를 '추워라' 해버리면 본래 몸통말 [춥]의 받침이 사라져서 [추]가 되고 마는 게 못내 못마땅한 것이다. 몸통말의 원래 받침을 놓치지 않으려고 애를 쓰는 현상이다.

이처럼 받침을 놓치지 않으려 애쓰는 현상이 호격접미사가 붙을 때도 따라온다. 그래서 [감]이라는 글자에 호격을 붙이면, '감+아=감아'

인데 이를 연음하면 [가마]가 되면서 몸통말 [감]에 있던 종성받침 'ㅁ'이 떨어져서 뒤 음절인 [아]의 초성자음으로 가버렸다. 그 결과 몸통말은 [감]에서 ···› [가]로 변하고 말았다.

우리말은 이를 그냥 용서하고 지나치기도 하지만, 뭔가 마뜩잖아 못마땅할 땐 그냥 두지 않는다. 이때는 몸통말에서 떨어져 나간 종성받침을 어떻게든 하나 더 구해 와서 이를 원래 자리에 강제로 갖다 붙여 주는 것이다. 그래야 직성이 풀리는 모양이다. 그래서 '감+아=가마'로 탄생한 '가마'의 [가]에다가 원래 받침인 'ㅁ'을 다시 붙여 주는 것이다. 그러니 '감+아=가마' ···› '가+ㅁ+마=감마' 이렇게 되어버린다.

이는 호격이 붙더라도 몸통말의 원형만큼은 절대 잃지 않겠다는 의지의 표현이다. 바로 여기에서 [감마]의 앞글자 [감]의 종성받침인 'ㅁ'과 뒷글자 [마]의 초성자음인 'ㅁ'이 중첩되는 현상이 일어나게 되었다. 결국 [가마]가 ···› [감마]로 거듭나게 되는 것이다.

이렇게 되면 소리발음이 된소리처럼 강렬하게 들리는 강조음편의 효과가 발생한다. 그래서 어감의 차이가 있긴 하다. 하지만 이 둘은 항상 완전히 똑같은 말이다. 즉 [가마]=[감마]이다.

그래서 우리가 '매머드'를 [맘모스]로, '하니발'을 [한니발]로, '코마'를 [콤마]로, '하무라비'를 [함무라비]로, '서머'(summer)를 [섬머]···라고 섞어 쓰더라도 아무도 이를 시비 걸지 않는 까닭이 여기에 있다.

중간 요약한다.

이러한 음운현상을 두고 이름하여 '자음중첩'이라고 한 것인데… 이는 필자가 설명의 편의상 제멋대로 작명해두고 본 것이다.

자음중첩!

이 호격의 자음중첩은 모든 경우에 예외 없이 적용되는 현상이다. 그러니 규칙이나 다름없는 셈이다. 우리가 여기서 보고 있는 '자음중첩'의 효과는 우리말에만 유효한 규칙이 아니다. 영어에도, 인도유럽어에도 똑같이 적용된다. 고대 인명, 지명, 국명 등에도 역시 마찬가지이다.

이런 현상을 음운적으로 뭐라 표현하는 게 좋을지 아무리 잔머리를 굴려봐도 뾰족한 답이 나오지를 않기에 하는 수 없이 '자음중첩'이라 하여 궁여지책으로 일단 갖다 붙인 것이다.

선행자음 중복강조? 선행자음 복구? 자음강조 음편? 등등, 무식한 티를 좀 숨겨보려는 일념에 몇몇 시답잖은 용어를 떠올리며 궁리해 보긴 해 봤지만, 좀 무식하더라도 '짧고, 간단, 부르기 좋은' 작명이 낫겠다 싶은 생각에 이렇게 한 것이다.

일단 '호격접미사의 자음중첩'이라 해놓고, 필자는 제 길을 가기로 한다. 역시 갈 길이 바쁘기 때문이다.

방금 앞에서 {살} 계열에 호격접미사가 붙어 생기는 어휘를 보았다.

이에 여기서는 같은 동일한 {살} 계열에 호격을 붙이되 '자음중첩' 효과에 의한 어휘의 변모를 보기로 한다.

다음의 표는 {살} 계열의 글자에 호격접미사의 자음중첩을 반영하여 만든 표이다.

[살]계열	살	설	솔	술	슬	실	셀	샐
호격접미사 [아]	살라	설라	솔라	술라	슬라	실라	셀라	샐라
호격접미사 [이]	살리	설리	솔리	술리	슬리	실리	셀리	샐리
호격접미사 [우]	살루	설루	솔루	술루	슬루	실루	셀루	샐루
호격접미사 [오]	살로	설로	솔로	술로	슬로	실로	셀로	샐로
호격접미사 [으]	살르	설르	솔르	술르	슬르	실르	셀르	샐르
호격접미사 [에]	살레	설레	솔레	술레	슬레	실레	셀레	샐레
호격접미사 [애]	살래	설래	솔래	술래	슬래	실래	셀래	샐래

여기서 {살라/설라/솔라/술라/슬라/실라/셀라/샐라/살리/설리…} 등은 첫음절에 모두 'ㄹ' 받침이 붙어있다. 이들은 모두 신(god)의 뜻말로서 서로가 완전히 같은 말이다.

이들은 앞에서 본 바와 같은 호격의 자음중첩이 없는 보통의 연음 결과에 의한 {사라/서라/소라/수라/스라/시라/세라/새라/사리/서리/소리/수리/스리/시리/세리/새리…} 등과 대조되는 어휘들인데, 이게 위 표에서 보듯이 자음중첩을 하고 나니 {살라/설라/솔라/술라/슬라/실라/셀라…} 등이 되어 이들은 저들과는 다른 모습으로 변신을 하여 나타났다.

그러면 이러한 변신의 결과로 이들과 저들은 서로 남남이 되고 마는가?

아니다. 완전히 동일한 사이로서 절대 남남이 아니다. 이를 염두에 두고 보면, 이 표에서는 매우 주목할 만한 단어가 등장한다. 이에 주요한 몇 개만 골라서 살펴보기로 한다.

먼저, 우리 고대국가 신라의 이름이 비로소 등장했다. 이 표에서 보이는 '실라'가 그것이다. '신라'와 '실라'의 철자는 분명 다르다. 그러나 여기서 '실라'가 소리발음의 원본으로서, 신라(新羅)는 이 '실라'를 한자를 빌려서 음차표기한 것뿐이다.

고대국가 신라의 소리발음은 [실라]이다. 이 나라 이름 '신라'의 한자(漢字) 작명은 이 [실라]라는 소리음가를 유지할 수 있도록 하되, 가장 그럴듯한 한자(漢字)를 골라서 표기한 것뿐이다. 그렇게 작명된 것이 新羅(신라)이다. 그러므로, 이 新羅(신라)라는 한자(漢字) 글자의 뜻을 따져서 나라 이름의 의미를 찾는 시도는 전혀 의미 없는 일이다.

비단 이뿐이 아니다. 조선(朝鮮) 고려(高麗) 발해(渤海) 동이(東夷)… 등등의 모든 게 한자(漢字) 뜻과는 전혀 직접 상관없다.

나라 이름 신라(新羅)의 뜻은 그저 '신(god)'이라는 의미이다. 즉, '신(god)이 함께하는 신성한, 거룩한 나라'라고 하는 신성(神聖)의 표시일 뿐이다. 우리 고대사나 중국의 역사서 등에 등장하는 나라의 이름이나 인명, 지명 등은 예외 없이 순우리말 상고어를 한자(漢字)를 빌려서 단순 음차한 것에 지나지 않는다.

이는 필자가 영어어원 탐구와 관련하여 수많은 고대 지명, 인명 등을 탐색하면서 마주친 것들을 우리말 상고어 조어 현상과 대조하여 비교 관찰한 결과 내린 판단이다.

이 실라가 영어로 스펠된 단어 중에 schiller라는 단어가 있다.

이 단어의 뜻은 '섬광, 광채'인데, 이는 신(god)의 속성(빛, 광채)을 담은 단어로써 본래 '실라'가 영어에서도 신(god)의 뜻이라는 것을 방증해 주는 단어이다.

schiller[ʃi'lər]
명 (광물의) 섬광, 광채 (풍뎅이 등의) 무지개 색

한편 이 실라가 외국의 인명으로 두루 쓰이는 게 바로 Schiller(실러)라는 이름이다. 또는 Sheila/Sheiller(실러)로 스펠되는 여자 이름이다. 라오스 북부에는 Sila(실라)족이라는 종족이 있기도 하다.

한편 성경에도 '실라'라는 이름이 등장한다. 사도바울과 함께 동역한 실라가 그렇고, 구약 창세기의 라멕의 아내 '씰라'도 있다.

그다음은 대단히 중요하고도 놀라운 사실이다.

앞에서도 이미 한 번 언급한 바 있지만, 이제까지 기독교계에서 성경의 난제로 불려왔던 '실로'라는 말이 그것이다. 이 '실로'는 구약성경의 사사기, 사무엘상 등을 비롯한 여러 곳에서 매우 자주 등장하는 아주 중요한 지명이다. 또한 이 '실로'는 신약성경에 등장하는 '실로암'의 '실로'이기도 하다.

이 '실로'가 지명으로만 쓰였다면 성경의 난제라고 불릴 이유가 없다. 그런데 성경에는 이 '실로'가 지명이 아닌 다른 용도로 쓰인 곳이 있어서 성경을 읽을 때 궁금증을 자아내는데, 그 구절을 찾아보면, 창세기에서 말년에 죽음을 앞둔 야곱이 그의 열두 아들들을 모아놓고 축복하는 장면이 나온다.

"홀이 유다를 떠나지 아니하며
치리자의 지팡이가 그 발 사이에서 떠나지 아니하시기를
실로가 오시기까지 미치리니 그에게 모든 백성이 복종하리로다"
(창세기 49:10)

이 구절에 등장하는 '실로'는 그동안 기독교계에서 풀지 못한 난제로 여겨져 왔다. 이 '실로'는 성경의 히브리어 원전에 나와 있는 말의 소리 발음 그대로 옮겨 적어 놓은 것인데, 이 '실로'라는 말이 도무지 무슨 말인지를 알 수가 없었기 때문이다. 앞뒤 문맥으로 보아 '실로'는 다시 오실 하나님(메시야)일 것으로 추측은 하지만, 이를 확신은 하지 못하는 상태이다.

그런데 여기서 보듯이 이 '실로'는 우리말이다. 신(god)을 뜻하는 말인 '실라'와 더불어 '실로' 역시 '신(god)'이다. 그러므로 성경학자들이 추측하던 대로 다시 오실 하나님(메시아)을 가리키는 말이 맞다. 참으로 경이롭고도 놀라운 일이다.

참고로 이 성경구절 첫 부분의 "홀이 유다를 떠나지 아니하며"의 [홀] 역시 우리말 상고어 {할} 계열 {할/헐/홀/훌/흘/힐}의 글자로서 신(god), 즉 하나님이다.

이 '실로'가 영어성경에서는 Shiloh(실로)로 표기된다.

이 '실로' 말고 하나 더 있다. 다름 아닌 '셀라'이다. 본래 이 '셀라'는 성경에 등장하는 주요 인명 중의 하나이다.

이 '셀라'가 성경에서 인명과 지명으로만 쓰였으면 이 또한 궁금해할 일은 아니다. 그런데 이 '셀라'가 성경의 시편 속에 다른 용도로 수십 번도 넘게 등장한다. 성경 시편의 구절 중간 또는 구절의 끝에 붙이거나 또는 한 편(章) 전체가 끝나는 때에 붙어서 따라나온다. 이 셀라는 성경에서 Selah(셀라)로 표기된다.

한 구절만 인용해보자.

"구원은 여호와께 있사오니
주의 복을 주의 백성에게 내리소서 (셀라)"
(시편 3:8)

이 구절의 끝에 '셀라'가 등장했다 이와 같이 쓰이는 '셀라'도 성경에서 궁금증을 주는 말인데, 성경학자들 역시 궁금해할 뿐 풀지는 못하는 말이다.

앞의 표에서 보듯이 '셀라'는 우리말이다. 이는 신(god)을 뜻하는 말인 '실라' '실로'와 더불어 '셀라' 역시 '신(god)을 뜻하는 말이다. 그러니 시편 구절에 등장하는 '셀라'는 '하나님'을 가리키는 것이다. 즉 '아멘'과 완전히 동일한 말이다.

이 성경 시편에 등장하는 '셀라'는 우리말이다. 이는 필자가 지금 섣부른 판단을 하는 것이 아니다. 그럴만한 충분하고도 일관된 음운적 근거가 있기 때문이다. 성경의 모든 지명, 인명은 모두 우리말 상고어이다. 여호와의 이름, 메시아, 그리스도, 엘로힘, 아도나이… 여호와 이레, 삼마, 닛시, 베델, 아멘, 할렐루야 등등 수많은 말들이 다 우리말이다.

너무도 감격적이어서 입을 다물 수가 없다. 이에 대하여는 성경의 용어 관련 본문을 따로 집성하여 상술할 예정이다. 성경은 우리말이다.

그다음으로 주요하게 살펴보는 말이 '술래'이다.

이 '술래'는 우리 민속 강강술래의 '술래'이다. 이 '술래' 역시 신(god)이다. '강강술래'의 '강강'도 역시 우리말 상고어로 신(god)이다. 그러니 강강술래=강강(god)+술래(god)이다. 따라서 '강강술래'는 '하나님'이라는 말이다. 그러므로 강강술래는 찬송가이다.

우리 민족은 8월 대보름날 마을 동산에 올라 휘영청 밝은 둥근 보름달 밑에서 모두 모여 손을 잡고 빙글빙글 돌면서, '강강술래', 즉 하나님을 부르며 찬양을 하던 천손민족이다.

그 밖에 여러 가지 언급할 중요 내용들이 많지만 이는 관련되는 다른 부분에서 다시 살펴보기로 하되, 한두 가지 단어만 더 살펴보고 지나가고자 한다.

다름 아닌 '솔라/솔로/솔리'이다.

- 솔라: 영어단어 solar(솔라)의 어원이다.
- 솔로: 영어단어 solo(솔로)의 어원이다.
  또한 인도네시아 자바섬의 강(江) 중에 Solo강이라는 강이 있다.
- 솔리: 영어단어 solely(솔리)의 어원이다.

영어단어 solar는 '해, 태양의' 뜻으로서 하늘(god)을 뜻하는 우리말 '솔라'를 스펠한 단어이다. 영단어 solo/solely는 '홀로/오직/아주'라는 뜻으로서 '전능자 하나님은 한 분'이라는 신의 속성을 담아 우리말을 스펠한 단어이다.

한편, 샐리(Sally), 셜리(Sherley), 설리 등은 외국 인명, 우리 인명에 두루 쓰이는 이름이다. 셀리(또는 셀로이)로 불리는 단어 Selli는 그리스신화에서 제우스를 섬기는 신관을 가리키는 단어이다.

이와 같이 우리말에서는 물론 영어 안에서도 우리말 음가를 따른 신(god)의 뜻말에서 여러 단어가 파생하는 것을 볼 수 있다.

다른 예를 들어본다.

우리말 신(god)인 몸통말 [알]에 호격 [아] [이]를 붙여본다. 그리고 자음중첩 현상을 같이 보자.

- 알+아=아라=아+ㄹ+라=알라
- 알+이=아리=아+ㄹ+리=알리

이렇게 해서 이슬람의 신 '알라'와 이슬람권의 보편적인 용어 '알리'라는 어휘가 만들어지는 것은 이미 살펴본 바와 같다.

이번에는 역시 {알} 계열의 하나인 몸통말 [엘]에 호격 [이]를 붙여보자.

• 엘+이=에리=에+ㄹ+리=엘리

이렇게 만들어진 '엘리'는 곧 신(god)이다. 아주 중요한 점이 있다. 이 '엘리'는 예수님께서 십자가 위에서 직접 쓰신 말이다.

"제 구시 즈음에 예수께서 크게 소리 질러 가라사대
엘리 엘리 라마 사박다니 하시니
이는 곧 나의 하나님, 나의 하나님, 어찌하여 나를 버리셨나이까
하는 뜻이라"

(마태복음 27:46)

이 성경구절에서 보듯이, 엘리=하나님이다.

한편 이는 성경에 나오는 제사장 '엘리'의 이름이다. 이 '엘리'에 호격접미사 [야]가 중첩되어 만들어진 이름이 성경의 인물 '엘리야'인 것이다.

우리말이다.

2) 호격의 이응(ㅇ) 자음중첩

앞서도 잠깐 언급했듯이 몸통말의 받침이 이응(ㅇ)인 경우에는 좀 특이한 변화를 보인다.

앞글자와 뒷글자의 사이에 기역(ㄱ)을 끼워준다. 예를 들어, '동+이=동이'가 된 후 글자 사이에 기역(ㄱ)이 꼽사리를 끼고 들어가서 '동+ㄱ+이=동기'가 되어버린다. 이 '동기'가 뭐냐 하면, 우리말에 친척 형제지간을 '동기'라 하는데 이 '동기'가 그것이다. 그러니 이 [동기]라는 말은 애초 [동이]와 같은 말이다.

또한 이 '동기'를 된소리로 한 게 '똥기'인데, 엄마, 아빠가 아직 돌배기도 안된 애기를 손바닥에 세워놓고는 허공에서 손을 위아래로 저으며 "똥기 똥기~" 하는 바로 그 소리이다. 이게 우리 전통 육아법인 단동십훈의 열 가지 동작 중의 하나이다. 이 '똥기'는 [동이]와 마찬가지로 신(god)의 뜻말이다. 우리의 전통 육아법인 단동십훈은 어릴 적부터 아이들을 품에 안고 신(하나님)의 이름을 가르쳐 주기 위해 실시하는 과연 천손민족다운 교육법이다. 여기에 아이들의 신체발육을 촉진하는 동작을 가미해서 말이다(단동십훈에 대하여는 기회가 닿으면 후술한다).

한편, 몸통말을 [둥]으로 하고 호격 [애]가 붙어 '둥+애=둥애'가 되고, 여기에 기역(ㄱ)이 꼽사리를 끼면 '둥+ㄱ+애=둥개'가 된다.

이 [둥개]는 또 뭐냐 하면, 우리 민요 한강수타령 같은데 등장하는 "얼싸마 둥개 디여라네~"의 [둥개]가 그것이다. 몸통말 [둥]이 [동]과 마찬가지로 신(god)의 뜻이므로 이 [둥개] 역시 신(god)의 뜻이다. 이 노래에서 '얼싸마=둥개=디여'는 모두 신(god)의 뜻말이다.

재미나는 것도 하나 있다.

몸통말을 [동]으로 하고 여기에 호격 [애]를 붙여본다. 여기서 [동]은 우리 민간말에서의 어린애를 가리키는 말이다.

'동+애=동애'가 되고, 여기에 기역(ㄱ)이 꼽사리를 끼면, '동+ㄱ+애=동개'가 된다. 여기서 [동개]라는 말이 탄생했는데, 이는 그저 어린애라는 말이다.

이 [동개]를 된소리로 하면 [똥개]가 되는데, 이 [똥개]가 뭐냐 하면 우리 민간에서 엄마나 할머니가 귀여운 아들 손주를 두고서는 "아유~ 이쁜 우리 똥개…"라고 하는 표현에 등장하는 [똥개]이다.

우리는 이제껏 이 [똥개]가 멍멍이 똥개(dog)인 줄로 알았다. 그래선지 요즘의 어떤 할머니들은 [똥개] 대신 아예 '똥강아지'라고 하는 판이다. "아유~ 구여운 우리 똥강아지…"

알고 보니 이 [똥개]는 그 똥개(dog)가 아니다. 그저 어린애를 가리키는 말이었던 것이다. 엄마나 할머니가 눈에 넣어도 아프지 않을 자신의 아들 손주를 가리켜 똥개(dog)라고 부를 리는 만무하다.

또 다른 재미난 예를 하나 더 본다.

몸통말 [영]에 호격 [애]가 붙으면 '영+애=영애'가 된다. 이 '영애'는 '딸' 또는 '어린 여자애' 라는 말이다. 대통령의 딸을 높여서 영애라고 부르기도 한다. 그런데 이 '영애'에 호격 [애]가 붙으면서 자음중첩 하면, '영+애=영애=영ㄱ+애=영개'가 된다. 여기서 [영개]라는 말이 탄생한다.

이 [영개]는 소리발음상 [영계]와 잘 구분이 안 되는 탓에 [영개]와 [영계]는 우리 민간말에서 혼동되며 같이 쓰이기도 한다.

여기서 보듯이, 영개(영계)라는 말은 본래 어린 딸 또는 어린 여자애라는 말이다. 즉 나이가 어리다는 뜻이다. 그런데 이 [영개]가 우리 민간말에서 두 가지로 가지를 친다.

하나는, [영게]가 버젓이 한자말로 바뀌면서 [영계]가 된다. 영계백숙이란 아직 다 자라지 않은 어린 닭을 푹 쪄서 만들어내는 음식이다.

다른 하나는, 우리 동이족 술꾼 성님들이 도우미 아가씨 있는 술집 현관에서부터 이른바 고래고래 소리 질러 '영계'를 찾으시는 행태의 어원이 바로 여기에 있다. 즉, 나이 어리고 아리따운 아가씨들이 있는지를 찾는 것이다.

참고로 이 영개(영게)의 몸통말인 [영]을 스펠한 단어가 'young'이다. 또한 이 [영]은 한자의 '어린아이 영(嬰)'자를 만든다.

아무튼 이를 '호격의 이응(ㅇ) 자음중첩'이라 하겠다.

그러면, 왜 기역(ㄱ)이 끼어드는 것인가?

필자는 이를 음성 내지 음운학적으로 설명할 재간은 없다. 다만 간단한 예를 들어서 설명을 대신하고자 할 뿐이다.

영어단어 singer(가수)의 소리발음은 [싱어], 즉 자음중첩 없는 평소 발음 그대로이다. 그런데 young(젊은)의 비교급 younger의 소리발음은 [영거]이다. 이는 우리말의 '영개'처럼 자음중첩한 현상이다.

인도 갠지스강의 다른 이름을 'Ganga[강가] 강' 이라고 부르는 까닭도 여기 있다. 갠지스강의 몸통말은 [강](gang)으로서 우리말 강(江)과 그대로 같은 말이다. 이 [강]에 호격 [아]가 붙으면 '강+아=강아'가 되고 여기에 기역(ㄱ)이 끼어들면 '강+ㄱ+아=강가', 이렇게 되는 것이다. 인도의 갠지스강은 우리말이다.

이번에는 우리말 쪽에서 살펴보기로 한다.

예를 들어, [빙]이라는 몸통말이 있다고 하자. 이 [빙]을 누가 알파벳으로 표기하라 하면 'bing'이 될 것이다. 그리고 이 bing에 호격 [오]를 붙여보라 하면, 'bing+o(오)=bingo' 이렇게 될 것이다. 그러고 나서 이제 이 'bingo'를 읽어보라 하면, 모름지기 십중팔구는 [빙고]라고 발음할 것이다.

이 [빙고]가 뭐냐 하면, 우리가 빙고게임을 하거나, 때로는 엄지 척을 하면서 "빙고!"라고 외칠 때 하는 말인 바로 그 [빙고]이다. 이 [빙고]의 몸통말 [빙]은 우리말 상고어에서 {방} 계열의 {방/벙/봉/붕/빙…}의 글자로서 신(god)의 씨앗말이다. 그러므로 [빙고]라는 말은 신(god)의 뜻말이다. 그러니 이 [빙고]라는 말은 우리말로는 '만세!' 영어로는 '오 마이 갓' 정도의 뜻이다. 이 [빙고]는 우리말이다. 이 [빙고]는 또한 서울의 어느 동네 이름이기도 하다. 빙고동이라는 동네가 있는데, 동/서 양쪽으로 나뉘어 서빙고동, 동빙고동이라 하는 모양이다. 이를 두고 옛날 조선시대 때 얼음을 보관하던 창고가 있어서 이를 빙고(氷庫)동이라 한다는 설(說)이 있긴 하지만….

다른 예를 하나만 더 본다.

몸통말 [붕]이라는 글자가 있다 하고 여기에 호격 [아]를 붙이면, '붕+아=붕아'가 탄생한다. 이 [붕아]가 호격의 자음중첩 현상으로 기역(ㄱ)이 들어가면, '붕+ㄱ+아=붕가'가 되어 [붕가]라는 말이 탄생한다.

이 [붕가]라는 말이 뭐냐 하면, 우리 민간말에서의 비속어로서 성교를 뜻하는 [붕가붕가]라는 말의 어원이다. 여기서의 몸통말 [붕]은 [방][뽕]과 더불어 우리말에서 성교를 뜻하는 말이다. 돌림방이라는 말에서의 [방]이 성교라는 점은 이미 이 책 여러 군데에서 살펴본 바 있다.

이와 같이 호격의 자음중첩 현상에 따른 어휘의 변모는 기상천외하다. 이런 까닭에 우리 고어나 역사서에 나오는 수많은 지명, 인명을 알아채지 못하고 헷갈려 왔던 것이다. 그뿐만 아니라 우리말 자체의 어원도 알 수 없었다.

한마디로 하면, 바로 위에서 예로 들었던 '동이'라는 말과 '동기'라는 말이 결국은 같은 말인 줄을 어찌 눈치챌 수 있었겠으며…, 게다가 우리 민요가락에 등장하는 "에루화… 둥개 디여라네~" 하는 말의 [둥개]가 무슨 말인지를 어찌 알 수 있었겠는가? 이 [둥개]가 신(하나님)을 가리키는 말이라는 것을 말이다.

마무리하면, 이와 같은 '호격의 자음중첩' 현상은 만들어지는 어휘의 수를 급격하게 늘려준다. 이 현상이 'ㄱ, ㄷ, ㅂ, ㅈ' 같은 받침에 적용되면 된소리화의 효과가 되기도 한다.

참고로 덧붙이면, 이 '자음중첩' 현상은 비단 호격접미사에서만 발생하는 음운현상은 아니다. 호격이 아니더라도 몸통말 글자가 두 개 이상 결합되는 때에도 발생하는 현상이기 때문이다.

한편, 이렇게 만들어진 어휘는 우리 고대사의 지명, 인명에서 착시를 일으키게 하는 요인이 되기도 한다. 예를 들어 고구려의 '순나부'라든지 '연나부'는 각각 '수나', '여나'와 같은 말이다. 즉, [순나]는 '순+아=수나, [연나]는 '연+아=여나'의 호격 자음중첩으로 만들어진 말이기 때문이다. 지하철 분당선의 '수내'역은 다른 동네의 지명인 '순내'와 완전 같은 말이다.

이렇게 같은 어원의 동일한 말인데도, 자음중첩 효과로 인한 받침을 달고서 등장하면 이를 완전 각기 다른 남남인 줄 알았던 것이 사실이다. 그러나 이제는 이 호격의 자음중첩 현상을 간파하였으므로 역사를 보는 시력이 한층 좋아질 듯하다.

영어는 우리말이다 (1)

펴낸날 2018년 4월 20일

지은이 홍인섭
펴낸이 주계수 | **편집책임** 윤정현 | **꾸민이** 전은정

펴낸곳 밥북 | **출판등록** 제 2014-000085 호
주소 서울시 마포구 양화로 59 화승리버스텔 303호
전화 02-6925-0370 | **팩스** 02-6925-0380
홈페이지 www.bobbook.co.kr | **이메일** bobbook@hanmail.net

ISBN 979-11-5858-412-2 (04700)

※ 이 도서의 국립중앙도서관 출판시도서목록(CIP)은 e-CIP 홈페이지(http://www.nl.go.kr/cip)에서 이용하실 수 있습니다. (CIP 2018011661)